总第67辑

Nomocracy Forum

法治论坛

广州市法学会 / 编

中国法制出版社
CHINA LEGAL PUBLISHING HOUSE

目录 CONTENTS

生态法治

实务研究

案例分析

法谈法议

生态法治

空间治理语境下土地立体化开发利用权责关系探究

王权典　吕　翾[*]

【内容提要】我国城市发展已进入土地立体化开发利用阶段，面临私法缺失、公法调整不足的困境，难以有效解决土地开发利用过程中权属界定和权利冲突等难题，土地空间开发利用的实效并未彰显。本文通过全面梳理并分析地下空间开发利用过程中的若干权责关系，以城市空间治理理论为基石，兼以“规划管控为核心”的公法和“利用和协调为核心”的私法为视角，以构建安全、科学、协同的土地立体化空间规划为引领，以权利弹性转让和统一登记为抓手，完善开发利用指引规则、明确空间权属范围，从而推动城市空间治理并促使权利运行顺畅及保障有效。

【关键词】土地立体化　建设用地使用权　权责关系　法律规制

一、我国土地立体化开发利用实践现状和研究现状

我国城市土地立体化开发利用早已进入空间时代，但其实效并未彰显，究其根源在于规划管控与具体利用协调层面。在规划管控层面，我国目前地下空间

---

* 王权典——广东省法学会新型城镇化法治研究中心主任，华南农业大学法学教授，主要研究领域：土地法、环境法、经济法。吕翾——华南理工大学法学院讲师，硕士生导师，主要研究领域：房地产法。广东省委党校管理学教研部副教授杜荃深为本文写作的基础调研提供了指导意见。本文为浙江省城市治理研究中心“钱学森城市学金奖”专项课题（20QXS005）、广东省社科规划一般项目“土地立体化开发利用的权利协调与法律规制研究”（2020GZGJ21）、广东社科规划一般项目“区域协调发展视域下广东省国土空间规划立法与实施路径研究”（GD21CFX08）阶段性成果。

开发规划的相关法律法规缺少强制性约束，相关部门监管缺乏协调统一。[1]地下专项实施缺乏指导性，控制性详细规划区域覆盖不全面，可操作性差，登记规则适用机械化，规划边界不一致，给规划管理及实施造成运作难度。[2]在具体利用协调层面，国家或者集体作为土地所有者才有权在土地上设立空间建设用地使用权。[3]《民法典》通过建设用地使用权分层设计肯定了开发利用空间资源的正当性，私主体即可通过分层出让的方式获得分层建设用地使用权。[4]然而，这一原则性立法过于简略，难免存在疏漏，有待进一步细化，重在明确权属内容及权利冲突解决规则，使其适于解决实践问题，促使城市土地立体化开发利用有序进行。

学界对城市地下空间开发利用的研究伴随着相关实践探索，获得了丰富的研究成果，不过较多从土地开发利用过程中单环节进行权责研究，而缺乏对规划与利用全链条法律关系的综合梳理与分析。地质（理）学研究领域多关注空间开发利用的科学性、适宜性以及可持续性，并以此指导空间规划的编制。蒋旭等利用指标体系以及地理信息系统软件对地下空间开发进行评估，并基于此提出地下空间开发与利用的建议。[5]王东辉等在全面收集地质和工程勘察的基础上，提出地下城市分区、分层开发利用建议。[6]胡学祥等利用层次分析法和模糊综合评判方法，开展空间开发适宜性研究，为城市地下空间规划利用提供理论依据。[7]法学研究领域多关注城市地下空间物权的独立、地下空间权的分层界定以及地下空间权的权利冲突及解决。秦彪、张民安综合研究空间所有权肯定说与空间所有权否定说理论，提出承认空间所有权及其独立性是解决现有空间所有权理论问题的最佳路径。[8]崔文星认为完整的空间物权体系在《民法典》中已经确立。[9]朱岩、王亦白认为分层建设用地使用权冲突的解决需要从立法层面

1 史浩明：《我国地下空间开发法制体系的反思与完善》，载《苏州大学学报（哲学社会科学版）》2017年第5期。

2 蔡玉军、张宇：《深圳市地下空间规划的若干思考》，载《当代经济》2013年第9期。

3 梁慧星著：《中国物权法研究（下）》，法律出版社1998年版，第669页。

4 参见吕翾：《国土空间立体化开发中的权属界定及管理》，载《法学》2020年第6期。

5 参见蒋旭、王婷婷、穆静：《地下空间开发利用适宜性与资源量的应用研究》，载《地下空间与工程学报》2018年第5期。

6 参见王东辉、倪化勇、李鹏岳、郝明：《城市地下空间资源综合利用实践——以成都市地质环境图集（2017）数据集为例》，载《中国地质》2019年第2期。

7 参见胡学祥、刘干斌、陶海冰：《基于ArcGIS宁波市地下空间开发适宜性评价研究》，载《地下空间与工程学报》2016年第6期。

8 参见秦彪、张民安：《〈民法典〉空间所有权制度研究》，载《河南社会科学》2021年第3期。

9 参见崔文星：《民法典视野下空间物权体系的解释论》，载《江汉论坛》2020年第11期。

进行改良，从立法体系中寻求准用相关制度。[10]

综观已有研究不难发现，地质学研究重点在于通过地下空间利用的科学方法和技术手段，实现高质量的地下空间开发与利用；法学研究基于权利分层视角及基础物权理论，重点探索空间物权的独立性、地下空间权利利用的规范性，构建完善的法律制度、明确具体的规则措施，从而实现地下空间利用的规范性，为地下空间的科学开发提供保障。目前，法学界对权利分层视角下地下空间开发利用的研究仍未从“规划”与“利用”、“公法”与“私法”角度，全面分析地下空间开发利用中权责关系。本文在厘清权责关系的基础上，完善建设用地使用权分层制度，规范地下空间利用，并以此为逻辑起点，构建法律制度和规则，促进权利冲突的解决。

二、土地立体化开发利用所涉主要法律关系的梳理

立足中国公、私法二分的法律体系，可从两个维度研究城市土地立体化开发利用权责关系，以私法作为界分暨确权定责的依据，以公法制定的运行规则促进权利行使与保护。公法领域的权责关系主要包括土地立体化开发利用过程中的规划管控关系、分层建设用地使用权出让关系、产权登记关系以及公共管理关系，涉及的公法主要包括《城乡规划法》与《不动产登记暂行条例》；私法领域的权责关系主要包括土地立体开发利用过程中的基本产权关系、分层建设用地使用权之并置关系及空间相邻关系，涉及的私法主要包括《民法典》。依法促进分层建设用地使用权良好运行，有助于优化城市空间资源配置暨空间治理。

（一）空间开发利用中的规划管控关系

城市土地立体化开发利用是一个复杂系统，对其有序开展须以完善规划为保障。城市地下空间规划是在城市总体规划的基础上，各级政府及城市规划、建设主管部门为城市地下空间开发建设所描绘的蓝图，并通过有效手段保证其合理实施的活动。[11]我国城市土地立体化利用历经初始“多头管理”之乱象以后，最终通过区分民防工程与一般工程的不同特性，秉持“专业的人办专业的事”的理念，形成在人防工程之下，将民防工程的规划、建设、管理、登记及发证等工程完整交由人防部门；在一般工程之下，将空间综合管理和一般规划

10 参见朱岩、王亦白：《分层建设用地使用权的权利冲突及其解决》，载《中国土地科学》2017 年第 10 期。

11 郭庆珠著：《城市地下空间规划法治研究——基于生态城市的面向》，中国法制出版社 2006 年版，第 59－60 页。

交由具有综合优势的规划管理部门，将建设用地使用权登记发证交由不动产统一登记机构，将建设管理交由建设部门。由于规划部门管理空间规划具有专业性、综合性的优势，成为多数城市立体空间规划编制和管理单位。城市规划内容主要包括两个部分：一是空间开发利用专项规划，涵盖空间开发的战略与目标、空间资源评估、开发利用的层次、规模布局、步骤以及其他相关内容；二是控制性详细规划，是对前者内容和指引的具体化，主要是为空间规划的控制和引导提出各项指标，以便城市规划在城市中真正地“落地”，内容包括地下空间开发的范围、深度、强度、出入口位置、地下交通设施的安保范围、地下大型市政设施的设置区位等规划控制指标和要求。

（二）空间建设用地使用权出让关系

空间建设用地使用权出让，一般是指国家（政府）作为土地所有者，将土地使用权转让给土地使用者一定年限并收取相应出让价款的行为。[12] 土地使用权出让是实现资源配置的有效手段。就我国分层建设用地使用权取得方式而言，符合《划拨用地目录》建设目的的，可通过划拨方式获得；而不符合其建设目的的，则可通过有偿方式获得分层建设用地使用权。[13] 此外，依据法律实施的协议出让、租赁等也可成为获得分层建设用地使用权的途径。据相关法律可知，协议出让应当由建设用地使用权人与政府主管部门签订书面合同。[14] 合同包括土地用途、出让价款等法律规定的一般内容。[15] 因此，空间建设用地使用权的出让关系主体为土地主管部门及私人。土地主管部门是否以准私人的法律地位参与出让关系，关键在于行政机关是否以土地管理者的身份参与；若行政机关以私人的身份参与到出让关系中，则出让合同可能发生民事效力。

（三）空间开发利用中的产权登记关系

不动产物权登记，是指专门的登记机构将不动产物权的设立、变更和消灭

---

12 参见吴琪洁：《国有土地使用权收回问题研究》，南京工业大学 2008 年硕士学位论文，第 23 页。

13 《划拨用地目录》第 3 条规定：对国家重点扶持的能源、交通、水利等基础设施用地项目，可以以划拨方式提供土地使用权。对以营利为目的，非国家重点扶持的能源、交通、水利等基础设施用地项目，应当以有偿方式提供土地使用权。

14 《城市房地产管理法》第 15 条规定：土地使用权出让，应当签订书面出让合同。土地使用权出让合同由市、县人民政府土地管理部门与土地使用者签订。

15 根据《民法典》第 348 条的规定，建设用地使用权出让合同一般包括当事人的名称和住所，土地界址和面积，建筑物、构筑物及其附属设施占用的空间，土地用途，使用期限，出让价款及支付方式，争议解决方式等。

等事项依据法定程序记载于专设的登记簿（或登载于电子登记系统）的法律行为，也是一个国家或地区物权制度的重要组成部分。[16]不动产登记作为表彰不动产物权及其变动的法定公示和维护不动产秩序与交易安全的有效措施，是不动产物权获得法律承认和保护的基本依据，同时也是国家对不动产运行进行管理、课征税负的依据。[17]我国《民法典》对基于法律行为产生的不动产变动采取混合变动模式，即以登记生效作为物权变动的主要模式，以登记对抗作为物权变动的辅助模式。对于建设用地使用权，《民法典》规定建设用地使用权分层设立并以登记生效为要件。[18]2019年修改的《不动产登记暂行条例》规定建设用地使用权具有登记能力，并且登记内容包括“空间界限”，产权登记关系的主体为不动产登记机关和申请人。[19]

（四）空间开发利用中的公共安全管理关系

空间开发利用中的公共安全管理关系是指不特定主体对地下空间进行公益性使用而产生的权利义务关系。随着城市化加快，城市地下空间利用愈加凸显其对地面环境的保护作用及对外部危机的防护潜能。因此，私人不动产利益与公共利益间的紧张和冲突难免，土地“利用—负担”关系逐渐从特定主体之间延伸到特定主体与不特定主体之间，从而呈现复杂、立体和多元化趋势。[20]目前基于公益目的而在不动产之上形成的“利用—负担”关系主要有“强行通过”“临时用地”“管制性征收”等调整模式。

对于“强行通过”，学者认为，铺设管线、修建地下铁路乃国家行使其土地最高所有权或公权力之结果，性质上属于公法上之强制关系，不宜解释为民法上之地上权关系。[21]一般认为，源于美国现代法律语境之“公共使用”相当于“公共目的”（public purpose），即它能给公众带来好处和利益——只要政府合理

16　王利明著：《物权法论》，中国政法大学出版社2008年版，第71页。

17　刘保玉：《不动产登记机构错误登记赔偿责任的性质与形态》，载《中国法学》2012年第2期。

18　《民法典》第349条规定：设立建设用地使用权的，应当向登记机构申请建设用地使用权登记。建设用地使用权自登记时设立。登记机构应当向建设用地使用权人发放权属证书。

19　《不动产登记暂行条例》第5条规定：“下列不动产权利，依照本条例的规定办理登记：……（五）建设用地使用权；……”第8条规定：“……不动产登记簿应当记载以下事项：（一）不动产的坐落、界址、空间界限、面积、用途等自然状况；（二）不动产权利的主体、类型、内容、来源、期限、权利变化等权属状况；（三）涉及不动产权利限制、提示的事项；（四）其他相关事项。”因此，空间开发利用中的产权登记关系为不动产登记机关和申请人。

20　孙悦：《公共地役权在不动产利益冲突调和中的适用》，载《甘肃政法学院学报》2020年第4期。

21　杨与龄：《论分层地上权》，载《法令月刊》1997年第6期。

地相信对财产的征收会为公众带来好处，即合乎“公共目的”的要求；换言之，若征地达到“公共使用”的要求，只要满足两个条件：一是政府征地具有合法的公共目的；二是征地与达到这一目的有合理的关系。[22]对于“临时用地”，以社会公共利益为前提，土地征收仅涉及经济建设需要与抵御自然灾害等方面进行临时用地的问题，其取得的是财产使用权；而“管制性征收”的本质是一种在法律判决之前以政府合法管制的行使出现的征收行为，取得的是财产所有权。[23]尽管其在启动征收程序前，颁布一系列管制性法令限制土地权利，但产生效果与征收无异。[24]因此，空间开发利用中的公共安全管理关系，在我国法律背景下，表现为土地立体化利用空间的征收征用关系。

（五）土地立体化开发利用中的基本产权关系

所谓土地空间权，一般是指以他人土地为依托而不直接与地表相连接，在地面或地下建造建筑物、构筑物或维持工作物的权利。[25]在比较法上，普通法国家与大陆法国家分别从不同的概念构建空间权制度，如美国的“空中权”，德国的“区分地上权”。日本和我国台湾地区则均采用区分地上权的概念，认为区分地上权乃指在他人土地空间之一定范围内设定之地上权。[26]所谓“土地上下一定空间”系指就土地立体观察，依水平取其一定之上下范围而言，包括土地之上空、地下或上下间一定范围，或地面以上或以下一定范围。[27]土地空间权主体是在土地空间权中一定权利享有者和一定义务承担者。[28]鉴于我国法律并未对土地空间权的主体作特殊规定，故而一切民事主体均可成为该法律关系主体。

在国有土地公有制下，土地空间权包含于土地权利之中，因而土地空间权当然属于国家或集体所有，而其他民事主体通过法定程序享有土地空间使用权。所以，土地空间权既是建设用地使用权，也是用益权和不动产权。土地空间权的客体是空间，指横切于土地地表的地上或地下范围，具有一定深度或高度的

22 刘向民：《中美征收制度重要问题之比较》，载《中国法学》2007年第6期。

23 朱学磊：《管制性征收的请求权基础》，载《时代法学》2015年第1期。

24 王洪平、房绍坤：《论管制性征收的构成标准——以美国法之研究为中心》，载《国家检察官学院学报》2011年第1期。

25 胡兰玲：《土地空间权论》，载《西南民族学院学报（哲学社会科学版）》2001年第9期。

26 史浩明、张鹏：《海峡两岸空间权利设计思路之比较——以“区分地上权”和“空间建设用地使用权”为中心》，载《苏州大学学报（哲学社会科学版）》2010年第1期。

27 赵秀梅：《土地空间权与其他权利的冲突及协调——以〈物权法〉第136条的适用为中心》，载《法律适用》2012年第3期。

28 温丰文：《空间权之法理》，载《法令月刊》1988年第3期。

断层空间。由此，并非任何空间均是土地空间权的客体，其排除了地上权人行使权利所及的空间。此外，建筑区分所有权人对专有部分“空间”的利用，对建筑物外墙或者楼顶平台之上的“空间”的利用，此“空间”也不是土地空间权的客体。[29]土地空间权的权利内容是其主要内容，包括对地下空间中进行开发利用的权利、对地下空间权利进行流转的权利、排除第三方妨害的权利等；义务内容为其次要内容，包括支付对价、符合建筑安全标准、符合城市规划等。

（六）空间建设用地使用权间的并置关系

建设用地使用权“分层”设立，必然导致同一宗地之上出现数个用益物权并置局面。[30]空间建设用地使用权之间的关系，首先体现在各层建设用地使用权在设立上的先后关系，其次体现在各层建设用地使用权之间在设立后的并置关系。然而地上、地下建设用地使用权之间并置不违背“一物一权”原则，地下建设用地使用权与地表建设用地使用权在空间构造上具有相对独立性，能够通过绘图技术进行明显区分；二者功能在分层之下，具有相对的完整性，可以进行排他性使用；二者在不动产登记之上具有可操作性，在三维图谱技术和互联网存储技术的帮助下，能够登记成为特定的不动产单元。依据物权优先性原则，地下空间权优先于建设用地所有权人，建设用地所有权之间遵循“时间在先，权利在先”的规则，然而该规则过于粗浅，无法解决纷繁的空间建设用地使用权间的权利冲突。最后体现在地表建设用地使用权与地下建设用地使用权之间可能存在冲突关系，以及若存在冲突是否需经在先权利人同意方可设立。为解决地下和地表建设用地使用权之间的权利冲突，比较法上存在两种立法例：一种以日本为典型代表的事先同意主义；一种以德国为典型代表的事后同意主义，即新设立的建设用地使用权不得损害已设立的建设用地使用权。

（七）空间开发利用中的相邻关系

相邻关系是指两个以上相互毗邻的不动产的所有权人或使用权人，在行使不动产的所有权时或使用权时，因行使权利的延伸或限制而发生的权利义务关系。[31]其本质是对所有权的限制，属于所有权的范畴，而非一项独立的物权。[32]

29　参见崔文星：《民法典视野下空间物权体系的解释论》，载《江汉论坛》2020年第11期。

30　朱金东：《建设用地使用权分层设立问题研究——以城市地下空间利用为中心》，载《理论导刊》2009年第12期。

31　翁里、王梦茹：《城市地下空间开发之立法初探》，载《行政与法》2010年第4期。

32　陈每洪：《地役权研究》，苏州大学2007年硕士学位论文，第15页。

故而地下空间权涉及相邻关系即表现为相互毗邻的建设用地使用权人之间因权利的限制而产生的权利义务关系。《民法典》规定的相关原则要求相邻的权利人应当正确处理相邻关系，以维持权利的正常运行。[33]地下空间权适用相邻关系，将有助于避免事后处理争端带来的社会成本，推动城市空间治理。地下空间权受制于相邻权的情形包括：一是在环境保护方面，已开发的空间建设用地不得破坏"横向"延伸与"竖向"拓展的建设用地的自然环境；二是在安全影响方面，开发已有地面建筑的地下空间或开发已有地下建筑的土地应当符合国家施工、消防等安全标准，免除相邻对方遭受危险或者损害，而非机械照搬技术规范进行"退一半"；三是在生活便利方面，后续立体空间开发工程应当满足既有工程提供通行、通风等生活需求；四是在污染防治方面，相邻方堆积易燃易爆、恶臭等物品时，应当与相邻对方保持一定距离或采取相应的隔绝措施。相邻对方权利人遭受损失的，有权要求相邻方进行损害赔偿。

三、土地立体化开发利用权责关系调整规制实践探索

土地空间资源是城市发展的重要资源。立体化开发与利用城市土地，对于统筹城市存量与增量用地、优化建设用地结构布局具有重大意义。然而，我国城市地下空间规划存在立法简乏、执行混乱的情况。城市空间开发规划部门不统一、不协调，导致地下空间规划编制与地上规划编制出现"两张皮"的现象。控制性规划范围只针对重点区域，内容简单，导致实施层面仍留有诸多空白，加上管理性决策依据阙如，致使现阶段的城市空间立体开发处于个案阶段，增加了规划管理与实施难度。本文基于上海、广州等大城市的地方立法或规范性文件展开相关土地立体化开发利用与权责规制中"以建设用地分层利用设权、宗地划分确权登记等为代表的纵向规制关系"和"以权利转让、权责协调为代表的横向利用关系"两大层面的实例探析，将进一步阐明权力运作规制及权利保障机制。

（一）空间开发利用中的规划管控关系

实践中，土地立体化开发是从规划编制，经历土地一级开发、土地储备与供应等主要前期准备，至空间出让（土地二级开发）、"双规"（建设用地规划许可、建设工程规划许可）审批、建设工程开工验线、建设工程规划验收，并

33　《民法典》第288条规定：不动产的相邻权利人应当按照有利生产、方便生活、团结互助、公平合理的原则，正确处理相邻关系。

最终取得建（构）筑物产权登记的系列流程。[34]综合各典型城市与空间开发利用中的规划管控关系相关的法条，可知实践中的规划管理关系：（1）突出安全保障的重要性。在此过程当中兼顾不同需要，特别是将安全保障作为首要目标，充分考虑到了人民群众的安全利益，为城市长远发展提供了重要保障。例如，广州市规定地下空间规划应优先满足城市基础设施及公共服务设施需求。[35]上海市规定地下空间开发优先安排基础设施并兼顾城市良好运行。[36]（2）注重地下空间的科学规划，明确地下空间开发利用的边界。有利于划分地下空间使用权属，平衡保护地下建设用地开发者和地表土地使用者的合法权益。（3）缺乏统一的协作管理机制。在土地立体化开发利用中，规划管控存在管理混乱的现象。各类土地开发利用工程因其性质差异由不同的行政部门管理，而这些部门之间缺乏必要的交流与沟通，容易造成管理体制的不顺，导致土地立体化开发利用的混乱无序。因此，基于土地立体化开发利用复杂性的现实与科学性的必要，我国土地立体化开发利用的统一管理体制亟待构建。

（二）空间建设用地使用权出让关系

建设用地的“分层”设立，已成为土地管理的又一创新范式。对地表、地上、地下划分不同宗地，分别设立建设用地使用权，既有利于实现资源的优化配置，也有利于城市的综合治理。综合各典型城市空间建设用地使用权出让关系的相关法条，可知实践中：（1）我国目前有关地方性规范就地下空间建设用地使用权的设立的程序突出特点在于，在“先实质上办理并取得权利，在形式上书面出让权利”。因为地质条件较大地限制地下建设用地使用权的开发利用，故在地质情况极为复杂无法事先确定和地下工程建设技术要求极高的情况下，一旦未全面勘测与规划，事后将难以补救。（2）各地就地下建设用地使用权的使用年限、出让金以及出让程序进行规定。就使用年限而言，为保持法律适用的统一性，参照既有的土地使用权期限和法定用途的规定，应不超过相同用途的土地使用权期限。就出让金而言，在实践中，通过有偿方式取得地下建设用地使用权的，一般根据地下建设所在地块相对应用途的基准地价折算为楼面地

34　吕翾：《国土空间立体化开发中的权属界定及管理》，载《法学》2020年第6期。

35　《广州市地下空间开发利用管理办法》第10条规定：编制地下空间规划，应当优先安排地下交通、应急防灾、消防、公共安全、人民防空、垃圾处理、电力设施、通信、水务等城市基础设施和公共服务设施，并划定综合管沟等公共工程和特殊工程的地下空间控制范围。

36　《上海市地下空间规划建设条例》第8条第2款规定：本市地下空间实行分层利用。地下空间开发应当优先安排市政基础设施、民防工程、应急防灾设施，并兼顾城市运行最优化的需要。

价的一定比例收取出让金。[37]就出让程序而言，通过划拨方式取得地下建设用地使用权的，应当符合法律规定的项目和要求；通过“招拍挂”等方式取得地下建设用地使用权的，应当符合城市规划。

（三）空间开发利用中的产权登记关系

空间开发利用中的产权登记关系作为一种行政机关与行政相对人之间的管理性纵向关系，对行政相对人有序而合法地获得相关空间开发利用权具有深远意义。综合各典型城市空间开发利用中的产权登记关系的相关规范实践可知：(1）空间建设用地使用权在设立过程中具有难以事先明确界限、难以与其他建设用地使用权相协调等特点，对规划与统筹要求十分高，所以在地下空间产权登记的程序设计方面应当在参考地表建设用地使用权一般程序的同时做出修改和调整。上海在此方面进行了详细规定，使地下空间得以有法可依，但成都等大多数城市并未对此进行详细规定，已有的相关规定也大同小异。[38]（2）除了以地上空间规划作为参照确立地下空间开发的制度，使地下与地上空间融会贯通，合理规划，地下空间的实际探测问题也尤为突出，在登记制度中更是发挥不可替代的作用，而通过相关规制的梳理也可以看出一些地方政府疏于对这方面的考虑。地下空间的开发利用实际与规划往往相去甚远，而地下空间开发后往往难以进行相应的补正修改，耗费成本巨大。出于土地利用经济的考虑，开发中的事前探测规划就显得格外重要。在登记制度中应当明确将规划探测作为参考依据，这不仅有利于经济效益，更重要的是为空间开发利用中的确权提供了重要保障。

---

37 可参见各地实践，如2018年修订的《上海市地下建设用地使用权出让规定》第8条第2款规定：“地下一层基本价格以基准地价为依据，按照与同类用途、相应级别地上建设用地使用权基准地价的一定比例确定（详见附表）。地下二层按照地下一层的50%确定，地下三层及以下按照上一层的60%确定。”上海还编制了单独的《地下空间基准地价表》作为参考。再如《杭州市区地下空间建设用地管理和土地登记暂行规定》（2009年）第8条规定，“……地下一层土地出让金按基准地价相对应用途楼面地价（容积率为2.0）的20%收取……地下二层的土地出让金按地下一层的标准减半收取；地下三层的土地出让金按地下二层标准减半收取，并依此类推”。成都、苏州、无锡等市也有类似规定。

38 《上海市城市地下空间建设用地审批和房地产登记试行规定》第8条规定：地下建（构）筑物的土地使用权、房屋所有权、房地产他项权利等的房地产权利登记，应当按照本市房地产登记方面的法规、规章和技术规范处理。房地产登记机构在办理地下建（构）筑物的土地使用权初始登记时，应当按照建设工程规划许可证明确的地下建（构）筑物的水平投影最大占地范围和起止深度进行记载。……对本办法实施前经批准建造的地下建（构）筑物，在申请房地产登记时，应当提交《上海市房地产登记条例》第二十二条、第二十三条和第二十五条规定的文件……其中，房地产登记申请人与相关批准文件记载的主体不一致的，还应当提交房地产权属来源证明；登记机构受理登记申请后，应当向有关部门核查，并将有关情况在本市主要报纸或者其他媒体上公告。公告六个月期满无异议的，应当核准当事人的登记申请。

（四）空间开发利用中的公共安全管理关系

基于公共利益，对城市进行立体化开发，开建地下工程已经成为国内外普遍的用地情形。该种情形中的“用地”，在我国法律上即表现为征收征用。即政府因公共利益的需要，可以征收征用城市地下空间，进行公用建设，包括人民防空工程建设、轨道交通建设、防震减灾工程建设等。综合各典型城市开发利用中的公共安全管理关系相关规范实践可知，地下工程除符合工程建设安全和质量标准外，地下工程建设既需处于大型市政基础设施的安全保护区范围之外，也需满足防汛、排涝、消防等方面的需要，并保证在紧急情况下能迅速提供给相关部门和单位使用。然而对于何谓公共利益，如何进行征收征用补偿等问题，相关立法并未明确。这就需要有权主体在进行征收征用时准确判断公共利益，并对地下空间所涉的公共利益与私权利进行谨慎权衡。

（五）土地开发利用中的基本产权关系

基于《民法典》中的建设用地分层理论，各地方规范性文件将城市地下空间开发利用称为地下建设用地使用权。厦门市在城市土地立体化开发利用运用地下建设用地使用权的概念，构建城市空间管理规划。[39] 杭州市进一步细化地下建设用地使用权行使范围。[40] 综合各典型城市关于土地空间立体化开发中相关产权条款的规定可知，我国城市主要基于分层，将建设用地使用权分为地上建设用地使用权、地表建设用地使用权以及地下建设用地使用权。但地下空间规划管理没有土地范围界定或者红线划分没有一致的标准，规划部门无法提供三维用地界限，土管部门也就无法明确地下空间使用权权属。[41]

（六）空间建设用地使用权之间的关系

基于建设用地的国有制，国家当然成为土地所有权人，当然有权在地表、地上、地下合理空间范围内为民事主体设立建设用地使用权。然而在实践中，

---

39 《厦门市地下空间开发利用管理办法》第 5 条规定：开发地下空间应当取得地下建设用地使用权。地下建设用地使用权的取得，应当遵守城市总体规划、土地利用总体规划和地下空间开发利用专项规划的规定，服从规划管理。

40 《杭州市区地下空间建设用地管理和土地登记暂行规定》第 1 条规定：本规定所称的地下空间建设用地使用权，是指经依法批准建设，净高度大于 2.2 米（含，地下停车库净高度可适当放宽）的地下建筑物所占封闭空间及其外围水平投影占地范围的建设用地使用权。地下资源、埋藏物不属于地下空间建设用地使用权范围，起止深度以规划行政主管部门审批文件为准。

41 参见王权典、欧仁山、吕翾著：《城市土地立体化开发利用法律调控规制》，法律出版社 2017 年版，第 74－75 页。

城市规划的混乱往往导致即将新设的地下建设用地使用权受制于“横向”与“竖向”相邻的用益物权。综合各典型城市地表建设用地使用权与地下建设用地使用权之间的关系的相关法条可知，当前立法规范对土地空间开发利用的权责设定以及如何解决相关的权利冲突存在不足与缺漏，亟须进一步规制与完善，具体表现在以下几个方面：(1) 在权利设定方面，由于相关地下空间权属立法欠缺，使得开发利用过程中民事法律关系模糊。《民法典》仅对建设用地使用权之间的关系从原则上进行了规定，并未明确划分建设用地使用权的权能，由此导致实践中新设立的建设用地使用权与同一宗地已设立的建设用地使用权之间产生权利冲突，却无法可依予以解决的困难局面。(2) 在权利冲突协调方面，一方面，私法规范缺乏明确的指引。尽管《民法典》制定相关指引原则及禁止性规定对建设用地使用权的设立及利用进行限制，但对于新设立的建设用地使用权与已经设立的用益物权之间的冲突协调规制过于简单，难以具体指导实践。[42] 另一方面，公法对分层设立的建设用地使用权之间的调整功能不足。目前，由于我国主要由行政法规等公法规范对土地使用权进行调整，因此实践中解决同一地块不同建设用地使用权之间的冲突仅停留在管理层面上。而解决建设用地使用权之间的冲突，应从调整私主体之间的财产关系出发，而非从公主体与私主体之间的管理关系着眼。同时，部门规章或地方性法规是土地管理部门进行空间管理的主要依据，效力低下、标准未统一，容易造成空间管理陷入多头管理或无人管理的两难境地。

（七）空间开发利用中的相邻关系

空间开发利用中的相邻关系主要涉及通行、环保、防险等。各城市空间开发的相关规定均对地下建设用地使用权的合法权益给予保护，要求新设权利不得损害已设的权利，若对后者造成实际损害，则应予以赔偿。综合各典型城市空间开发利用中的相邻关系的相关法条，可知我国目前关于空间开发利用中的相邻关系规定主要体现在通行、环保、防险等方面，注重城市土地立体化开发的有序性、各建设用地使用权之间的协调性，在保障地下空间资源得以集约、安全利用的同时，促进城市的和谐发展。深圳市规定相邻空间的建设用地使用权人可依据法律对建设用地使用权在通行、给水、排水等方面进行书面互利性的约定。[43] 但

---

42 《民法典》第 346 条规定：设立建设用地使用权，应当符合节约资源、保护生态环境的要求，遵守法律、行政法规关于土地用途的规定，不得损害已经设立的用益物权。

43 《深圳市前海深港现代服务业合作区立体复合开发用地供应管理若干规定（试行）》第 22 条第 1 款规定：相邻空间的建设用地使用权人之间可以就通行、给水、排水、采光、支撑等建设用地使用权行使过程中的相互利用和相互限制情形，进行整体互惠性的书面约定，但约定不得违反法律的强制性规定，不得损害公共利益，不得侵犯第三人的合法权益。

是，由于我国法律并未对建设用地使用权的权能进行明确划分，导致地下空间产权登记制度的实施仍存在困难，使得空间建设用地使用权人和利益相关人之间的权利义务关系无法获得民事法律的保护，可能会出现无法可依的局面。此外，相邻权利受到损害如何进行权利救济还有待法律的进一步完善。

四、土地立体化开发利用权责关系协调机制的科学构建

通过对现有法条的梳理和归纳可知，我国城市地下空间开发利用中遇到的分层建设用地使用权设立、确权及权利冲突的解决等私法规则仍停留在二维层面，公法规则也缺乏实操性，难以真正解决土地立体化开发利用中产生的实务难题。因此，完善我国城市土地立体立法利用中相关权责关系，一方面应当完善以规划管控为核心内容的公法规则，另一方面应当完善以利用与协调为核心内容的私法规则。从这两类基本权责关系出发，产生了以下对科学构建并完善土地立体化开发利用相关权责关系的协调规制和立法建议。

（一）构建安全、科学、协同的土地立体开发空间规划

合理开发利用地下空间资源，须以科学规划为前提。编制城市土地立体开发空间规划首先应坚持以城市整体规划为指导，协同地上地下空间规划为原则。地下空间规划内容是城市整体规划内容向下的拓展，其与地上空间规划在原理上具有相通的编制思路，在实践中具有相互交通的必要，因此地下空间规划在城市整体规划编制中具有重大意义。坚持集约化发展的理念，积极探索“地上问题、地下解决”，推动规划编制思维从平面走向立体，将有助于地表、地下空间的高效利用，推动城市综合治理能力的提升。[44] 其次，在土地空间开发规划的诸多要素中，“竖向分层划分”是核心事项，决定着其他各项空间开发规划要素运行实施。因此，在规划中应首先形成“分层”之核心理念，从而优化土地利用总体规划与专项规划等指引规定，明确空间范围界定，合理划分权属关系，规范有关部门职责，在源头上做好城市整体规划。再次，构建与完善地下空间开发利用的指引规则。在空间上，由于土地空间利用形式多样，既可能地下空间单纯地穿越或单独地占有使用，也可能地下地上空间互相纵向延伸，甚至连为一体。[45] 在时间上，分层建设用地使用权在同一宗地上设立存在先后关系。

44　赵毅、赵雷、葛大永、李伟：《江苏城市地下空间开发利用规划编制策略》，载《规划师》2017 年第 2 期。

45　参见郑美珍、朱国华：《中国土地地下空间权利立法研究》，载《中国土地科学》2012 年第 4 期。

尽管《民法典》第 366 条以“先来到”的方式明确了在先用益物权的优先性，但仍应当在相关的法律法规当中明确各层建设用地使用权之间衔接的具体要求，以及损失赔偿责任的标准等，以解决因设定时序不同造成的权利冲突。最后，采用三维地籍管理方法和技术。城市土地立体化开发的客体是“三维空间”，运用分层划分的理念进行空间划分，需要用三维几何体来表达其空间范围，以“体”占有的方式表达空间特征。[46] 该“体”的空间标记在参考二维宗地地图编制方法的基础上，采用三维宗地透视图法，对不可见的界址线采用虚线进行标注，对空间体积、平面面积以及起止高程等信息准确标记。[47] 而对地下工程的标记，应着重表示与地上的连通关系。即便是未取得地表建设用地使用权的电梯井等附属设施，也应当予以标注并登记。[48]

（二）构建地下空间权转移的弹性机制

构建地下空间权转移的弹性机制，首先应采取“分布核定法”对“招拍挂”出让方式供应的土地进行核定。“分布核定法”是指国土资源部门依据相关法律文书或协议书对权利人已按照规划指标要求建设的建筑物的实际占用空间进行检查、核实的方法。这一方法虽然没有在法律中予以规定，但在各城市土地立体化开发利用中已得到反复实践。具体而言，建设单位先以依据规划在二维或三维地图籍中划定的空间范围作为建设用地实际占用空间并进行登记；然后建设单位严格依照规划指标所划定的空间范围进行空间建设，实际建设空间不得超越划定的空间范围；最后国土资源管理部门在建设工程竣工后，对实际空间占用范围进行核定，并以此进行确权登记，颁发证明文件。若相关部门在核定过程中发现存在违法违约行为，则依法责令权利人承担法律责任，并采取措施整改或补救；不予改正的，则限制其分割、转让等权利。

其次，对以划拨或者协议方式出让的线性工程采取弹性处理。考虑到地质条件、施工技术和成本投入对地下轨道交通、地下市政设施等重大工程影响巨大，因此，权利人通过合法程序取得建设用地使用权后，经过符合城市规划的建设，在权利人保证用地性质不会改变，也不影响其他新增使用权人行使权利的情况下，若该工程局部位移不超过划拨决定书或使用权出让合同约定的空间范围 5 米且调整率不超过 10%，无须重新磋商变更决定书或协议内容；若超出上述限额，则应当组织技术团队进行空间范围测量，组织专家论证确定调整可

46　参见罗平、罗婷文著：《土地管理三维思维——土地立体化利用管理技术》，科学出版社 2018 年版，第 145 页。

47　参见赵秀梅著：《土地空间权法律问题研究》，法律出版社 2019 年版，第 180 页。

48　参见王瑞：《上海城市土地空间权利体系与登记研究》，载《上海国土资源》2014 年第 3 期。

行性，刊载调整信息，公示无异议后，按照调整后的宗地空间核发划拨决定书补充文件或签订建设用地使用权合同补充协议。[49]

最后，优化建设用地使用权的转移程序。在城市土地立体化利用中，应对分层建设用地转移审批程序做特别设计。其一，增加“地质勘查”作为地下建设用地使用权前置程序。[50]对于地质条件要求较高的工程项目，如若不事先进行相应的勘查即予以批准划拨或出让进行工程建设，可能产生事后其他建设用地使用权人无法再利用相应空间的问题。其二，对调“规划许可证的申请”与“出让合同的签署”顺序。这既与“招拍挂”规定相符，又可减少利益输送。土地立体化利用中，建设单位通过划拨方式取得建设用地使用权的，在第三方机构完成施工图审查后，向土地一级开发机构申请划定三维空间，由后者报市级政府同意后，按规定向建设单位核发划拨决定书。[51]

（三）构建地下空间权属统一登记制度

统一不动产登记机关，不仅是我国法律制度的要求，也是社会经济发展、人民幸福生活的要求。对于分层建设用地使用权的登记问题，从登记簿登记内容来看，应依据登记生效模式，严格对每一层的地下空间作为不动产单元予以登记。登记应当注明每一层的层次和垂直方向的高层。视有无地下或地上建筑物，登记应当将同一主体建设结建工程一并登记，单建地下工程则单独登记。依据登记对抗模式，相邻关系人可以对约定事项进行登记，约定事项自双方达成合意后即告成立，但未经登记不产生对抗第三人的效力，以便更好地保护第三人的利益，促进交易。从登记对象来看，登记应当扩大登记对象。登记机关不仅应将地下停车场、商业服务设施、物资仓储等经营性建筑物登记在册，还应涵盖市政管道、民防工程、地铁场站等公益性建筑物。[52]从登记程序来看，分层建设用地使用权应遵循“实质审查为原则、形式审查为例外”的思路。其理由在于，地下空间一般用于基础设施建设或重大建设项目，为平衡开发成本与建设项目不确定性之间的矛盾，在登记时，除对登记的形式条件进行审查外，还应当实质性审查有关权利的取得、与第三方的关系、资源评估及开发规模等

49　参见杜茎深、陈箫、于凤瑞：《土地立体利用的产权管理路径分析》，载《中国土地科学》2020 年第 2 期。

50　张鹏、史浩明：《论中国空间建设用地使用权的设立》，载《中国土地科学》2012 年第 1 期。

51　陈耀东：《建设用地使用权法律问题的经济学分析——法律经济学意义上的探讨》，南开大学 2005 年博士学位论文，第 106 页。

52　参见凌彩虹：《对建设用地使用权分层设立的几点思考——从轨道交通建设、地铁经过我家门口想到》，载《江西国土资源》2012 年第 7 期。

事项。从登记错误赔偿的角度来看，采取国家赔偿更为适宜。目前学界对不动产登记赔偿存在“国家赔偿”和“民事赔偿”两种观点，尽管国家赔偿和民事赔偿在赔偿范围上区别不大，但考虑到地下土地空间范围和地下不动产的建设、修理、拆除等工程施工均消耗大量人财物，唯有国家赔偿才能更好地保护在重大工程项目中因错误登记受到损害的当事人的利益。从登记技术来看，三维地籍对地下空间管理更为有效。传统的二维地籍以地表为登记范围，难以满足土地立体化利用的需要。

学者曾提出三种解决登记方案，分别为完全的三维地籍登记方案、三维登记与二维登记混合登记方案以及在现行登记体系中的三维注释登记方案[53]。采取第三种方案，即在二维地籍之上进行三维注释，更为适宜。该方案克服了三维地下空间与二维地表割裂登记的劣势，也克服了三维空间独立登记技术要求高、试验期长、成本高的困难，在登记信息数字化技术之下，可以更迅捷地实现不动产统一登记的目标。

（四）构建空间建设用地使用权权利冲突机制

建设用地使用权分层设立导致的权利冲突有两种解决方式，即“事先同意”与“事后同意”。日本采用“事先同意”主义，要求相关权利人的全体同意。[54]德国采用“事后同意”主义，要求不使邻地失去必要支撑。二者均有利弊。我国《民法典》其实是通过事后救济的手段解决建设用地使用权分层设立导致的权利冲突，此举有助于保障土地所有权人的权利自由，并促进资源的有效利用。

结合我国具体实践来看，分层设立的各种建设用地使用权之间的关系可以参照地表平面分布的不同宗地之间的相互关系进行调整。[55]在关系协调方面，适用相邻关系、地役权制度；在权利救济方面，适用侵权责任。一是适用相邻关系。地下空间涉及的相邻关系表现为地表或地下建筑物互相影响。随着城市地下空间的立体化开发，垂直方向上建筑物之间形成的立体相邻关系，难以被平面相邻关系的规则充分调整，但仍可适用平面相邻关系的规定。尽管地表、地下不动产之间的立体相邻关系不同于地表不动产之间的平面相邻关系，但其主要内容仍然关涉截水、排水、通行、采光等方面。二是适用地役权。当相邻一方具有更高的限制要求时，可通过协商签订地役权合同，设立空间地役权，

53　参见朱金东：《建设用地使用权分层设立问题研究——以城市地下空间利用为中心》，载《理论导刊》2009 年第 12 期。

54　胡碧霞、姜栋：《部分国家和地区土地空间利用法律制度比较》，载《中国土地科学》2010 年第 12 期。

55　董彪：《权利分层视角下地下空间利用问题研究》，载《现代城市研究》2021 年第 5 期。

有偿使用对方不动产，满足自己更高的需求。[56]尽管有学者提出，欲实现解决双方权利冲突的目的，可采用赋予已设建设用地使用权人优先权的方式。但笔者认为除建设用地使用权人建设地表地下或地下多层工程项目以外，在先建设用地使用权人不应当对同一宗地其他空间的开发利用享有优先权。三是主张侵权责任。《民法典》第1166条规定之“损害”不仅包括财产损失也包括权利行使上的不便。由该“损害”产生侵权责任当可适用《民法典》关于侵权责任的相关规定。因此，受害人可以依据侵权责任规则，向侵权人请求经济赔偿或停止侵害等。同时应当注意，若损害的范围在相邻权限制范围内则不应当主张侵权；若损害是由于自然原因导致的则不得主张侵权责任。

56 朱金东：《建设用地使用权分层设立问题研究——以城市地下空间利用为中心》，载《理论导刊》2009年第12期。

生态环境惩罚性赔偿的规范构造及其优化

杨雅妮　雷晓媛*

【内容提要】《民法典》第1232条、《人民检察院公益诉讼办案规则》第98条第2款以及《最高人民法院关于审理生态环境侵权纠纷案件适用惩罚性赔偿的解释》均对生态环境惩罚性赔偿作了规定，为惩罚性赔偿在生态环境侵权案件中的适用提供了规范依据。从现行规范来看，生态环境惩罚性赔偿仍存在对行为人主观方面要求过于狭隘，对行为"违法性"要件解释过于宽泛以及公益损害惩罚性赔偿请求权缺乏依据等不足。要进一步优化生态环境惩罚性赔偿的规范构造，应将"重大过失"纳入惩罚性赔偿主观要件范围，将"违反法律规定"中的"法律"限定为狭义法律，并在立法中新设公益损害惩罚性赔偿请求权。

【关键词】生态环境损害　惩罚性赔偿　规范构造

一、问题的提出

《民法典》第1232条[1]首次以基本法的形式规定生态环境惩罚性赔偿制度，赋予了"被侵权人"在生态环境侵权案件中的惩罚性赔偿请求权。《民法典》实施以来，最高人民法院、最高人民检察院以该条规定为基础陆续发布司法解释，对惩罚性赔偿制度在污染环境和破坏生态案件中的适用进行了规范。2021

---

* 杨雅妮——兰州大学法学院教授，主要研究领域：民事诉讼法学。雷晓媛——甘肃省人民检察院第十检察部副主任，主要研究方向：民事诉讼法学。本文为2020年甘肃省人民检察院检察理论研究课题"民事公益诉讼惩罚性赔偿制度研究"、2021年度国家社科基金西部项目"检察机关办理公益诉讼案件民行刑衔接机制研究"（批准号：21XFX015）的阶段性成果。

1 《民法典》第1232条："侵权人违反法律规定故意污染环境、破坏生态造成严重后果的，被侵权人有权请求相应的惩罚性赔偿。"

年6月29日，最高人民检察院发布《人民检察院公益诉讼办案规则》（高检发释字〔2021〕2号，以下简称《公益诉讼办案规则》），明确将惩罚性赔偿引入环境民事公益诉讼领域，根据该规则第98条第2款的规定，“人民检察院”在“破坏生态环境和资源保护领域案件”中，有权提出惩罚性赔偿诉讼请求。2022年1月12日，《最高人民法院关于审理生态环境侵权纠纷案件适用惩罚性赔偿的解释》（法释〔2022〕1号，以下简称《惩罚性赔偿解释》）发布，专门针对《民法典》第1232条的适用问题作了解释，根据该解释第12条[2]的规定，“国家规定的机关或者法律规定的组织”有权作为“被侵权人”代表，请求判令侵权人承担惩罚性赔偿责任。至此，我国生态环境惩罚性赔偿的规范构造日益清晰和完善，其在生态环境公私益诉讼中的适用均获得了明确法律依据。

与此同时，学界也重点围绕生态环境惩罚性赔偿的主观要件、行为要件、结果要件以及请求权主体等问题展开了研究，尤其是对如何理解《民法典》第1232条中的“被侵权人”范围进行了广泛讨论并形成了不同观点。一种观点认为，“生态环境损害不宜适用惩罚性赔偿”，《民法典》第1232条规定的惩罚性赔偿“应限定于环境侵权私益诉讼”，该条中的“被侵权人”不包括“国家机关和有关社会组织”；[3]另一种观点则认为，《民法典》第1232条并未对“被侵权人”的范围作出明确规定，纵观立法进程及《民法典》的立法宗旨，该条规定的惩罚性赔偿制度首先针对的应该是生态环境损害，因此，“被侵权人”应该包括“国家规定的机关和法律规定的组织”。[4]遗憾的是，学界虽然对生态环境惩罚性赔偿展开了激烈而深入的讨论，但迄今为止，对于其能否适用于“重大过失”行为、如何理解行为的“违法性”要件以及公益损害惩罚性赔偿请求权

2　《惩罚性赔偿解释》第12条：“国家规定的机关或者法律规定的组织作为被侵权人代表，请求判令侵权人承担惩罚性赔偿责任的，人民法院可以参照前述规定予以处理。但惩罚性赔偿金数额的确定，应当以生态环境受到损害至修复完成期间服务功能丧失导致的损失、生态环境功能永久性损害造成的损失数额作为计算基数。”

3　参见周勇飞：《解释论下环境侵权惩罚性赔偿的适用限制》，载《南京工业大学学报（社会科学版）》2021年第6期；王利明：《〈民法典〉中环境污染和生态破坏责任的亮点》，载《广东社会科学》2021年第1期；王艳分：《〈民法典〉环境侵权惩罚性赔偿的司法适用》，载《江汉学术》2022年第3期；谢秋凌：《生态环境侵权惩罚性赔偿责任的证成及适用：兼评〈民法典〉第一千二百三十二条》，载《广西社会科学》2021年第1期；顾向一、鲁夏：《环境损害惩罚性赔偿适用研究》，载《行政与法》2021年第11期；陈学敏：《环境侵权损害惩罚性赔偿制度的规制——基于〈民法典〉第1232条的省思》，载《中国政法大学学报》2020年第6期。

4　参见李华琪、潘云志：《环境民事公益诉讼中惩罚性赔偿的适用问题研究》，载《法律适用》2020年第23期；丁晓华：《〈民法典〉与环境民事公益诉讼赔偿范围的扩张与完善》，载《法律适用》2020年第23期；梁勇、朱烨：《环境侵权惩罚性赔偿构成要件法律适用研究》，载《法律适用》2020年第3期。

的正当性等问题，学者之间仍未形成共识。在这种背景下，要正确适用生态环境惩罚性赔偿制度，就必须以现行规范为基础，通过对生态环境惩罚性赔偿规范构造的解读，发现其不足之处并提出具体的优化路径。

二、生态环境惩罚性赔偿规范构造之解读

从现行规范来看，不论是《公益诉讼办案规则》中对“人民检察院”生态环境惩罚性赔偿请求权的规定，还是《惩罚性赔偿解释》中对“被侵权人”以及作为“被侵权人”代表的“国家规定的机关或者法律规定的组织”生态环境惩罚性赔偿请求权的规定，都是以《民法典》第 1232 条为基础的。基于此，为全面呈现我国生态环境惩罚性赔偿的规范构造，本部分主要以《民法典》第 1232 条的规定为依据，同时兼顾《公益诉讼办案规则》对环境民事公益诉讼惩罚性赔偿的规定以及《惩罚性赔偿解释》对生态环境损害赔偿诉讼[5]惩罚性赔偿的规定，从主观要件、行为要件、结果要件和请求权主体等层面，对生态环境惩罚性赔偿的规范构造进行解读。

（一）主观要件

在主观要件方面，《民法典》第 1232 条将生态环境惩罚性赔偿的主观要件明确规定为“故意”，《公益诉讼办案规则》和《惩罚性赔偿解释》均以《民法典》第 1232 条为依据，规定只有在行为人“故意”实施污染环境、破坏生态行为时，才能适用惩罚性赔偿。同时，《惩罚性赔偿解释》第 7 条还对何为“故意”作了进一步解释，明确列举了 10 种应当被认定为“故意”的情形。由此可见，不论是在环境侵权私益性诉讼中，还是在环境民事公益诉讼和生态环境损害赔偿诉讼等公益性诉讼中，惩罚性赔偿的适用均须以行为人在主观上存在“故意”为要件。（如表 1 所示）

表 1　不同类型诉讼中惩罚性赔偿的主观要件

诉讼类型	主观要件	法律依据
环境侵权私益性诉讼	故意	《民法典》第 1232 条、《惩罚性赔偿解释》第 4 条
环境民事公益诉讼	故意	《公益诉讼办案规则》第 98 条第 2 款
生态环境损害赔偿诉讼	故意	《惩罚性赔偿解释》第 7 条

5　从诉讼目的及损害赔偿方面进行审查，生态环境损害赔偿之诉也可以界定为一种特殊形式的环境民事公益诉讼。参见邓少旭：《生态环境损害赔偿诉讼：定义与定位矫正》，载《中国环境管理》2020 年第 3 期。

其实，在《民法典》的制定过程中，我国学者就认为应当将生态环境惩罚性赔偿的主观要件限定为故意，并就如何认定行为人是否存在“故意”心态进行了思考。有学者认为，只要行为人“实施‘违反法律规定’的行为，则可以认定行为人主观上存在‘故意’”。[6]对此，笔者不敢苟同。从理论上讲，“故意”与“违反法律规定”分属于侵权行为的不同构成要件，不能将二者等同视之。“故意”是对行为人主观心态的要求，属于主观要件范畴，是指侵权人在实施不法行为时主观应是明知的，且“希望”或“放任”损害后果发生的一种心态；而“违反法律规定”是对行为“违法性”的要求，属于行为要件范畴，是指只有侵权人所实施的行为“违反法律规定”时，才能适用惩罚性赔偿。基于此，根据现行规范，在对行为人是否存在“故意”进行判断时，应将“故意”与“违法性”要件区分开来，并将其主观心态严格限定为“明知 + 希望”（直接故意）与“明知 + 放任”（间接故意）两种形态。

（二）行为要件

在行为要件方面，《民法典》第 1232 条和《公益诉讼办案规则》第 98 条第 2 款均在“污染环境、破坏生态行为”前使用了“违反法律规定”的修饰语，在《惩罚性赔偿解释》第 5 条[7]中，对如何理解《民法典》第 1232 条规定的“违反法律规定”作了具体解释，将违反法律、法规乃至规章的行为均纳入“违反法律规定”的行为。（如表 2 所示）由此可见，司法实践对生态环境惩罚性赔偿的行为“违法性”要件是从宽把握的，其既可以适用于违反狭义法律的行为，也可以适用于违反行政法规、地方性法规乃至规章的行为。

表 2　不同规范对行为“违法性”要件的规定

规范名称	行为要件	条文序号
《民法典》	违反法律规定	《民法典》第 1232 条
《公益诉讼办案规则》	违反法律规定	《公益诉讼办案规则》第 98 条第 2 款
《惩罚性赔偿解释》	是否违反法律规定，应当以法律、法规为依据，可以参照规章的规定	《惩罚性赔偿解释》第 5 条

6　刘超：《〈民法典〉侵权责任编的绿色制度创新》，载《法学杂志》2020 年第 10 期。

7　《惩罚性赔偿解释》第 5 条：“人民法院认定侵权人污染环境、破坏生态的行为是否违反法律规定，应当以法律、法规为依据，可以参照规章的规定。”

在我国，为给生态环境保护提供最严密的法治保障，自 1979 年《环境保护法（试行）》实施以来，以《环境保护法》为基础，由若干单行性环境法律、法规以及规章等不同层次法律规范共同构成的生态环境保护法律体系已初步形成并逐渐趋于成熟。除《宪法》《环境保护法》以及全国人大及其常委会制定的单行法（如《水污染防治法》《噪声污染防治法》等）之外，国务院及其各部委以及各级地方人大还制定了一批行政法规、规章以及地方性立法，这些规范都是生态环境保护的重要法律依据。2020 年 3 月，中共中央办公厅、国务院办公厅印发的《关于构建现代环境治理体系的指导意见》进一步要求，到 2025 年要“健全环境治理法律法规政策体系”。在这种背景下，可以预见的是，随着生态文明法治规范体系的日趋完善，惩罚性赔偿的适用范围也会越来越广。

（三）结果要件

在结果要件方面，《民法典》第 1232 条明确规定，只有侵权人行为“造成严重后果的”，被侵权人才有权请求惩罚性赔偿，《公益诉讼办案规则》第 98 条第 2 款延续《民法典》第 1232 条的规定，要求检察机关只有在被告行为“造成严重后果”时，才可以提出惩罚性赔偿诉讼请求。遗憾的是，上述规范仅要求惩罚性赔偿的适用必须以“造成严重后果”为要件，但对于何为“严重后果”并未作出具体规定，学界虽然对此进行了广泛而激烈的讨论，但至今仍未形成统一认识。一种观点认为，《民法典》第 1232 条的主要目的在于保护私权利并非保护环境公益，“环境侵权责任中不包括对生态环境本身造成的损害”[8]，《民法典》第 1232 条所规定的“严重后果”与应当仅限于对被侵权人受损权益本身造成的严重后果，即对“被侵权人人身或财产的重大损害”[9]，“不宜扩大至生态环境损害”[10]。另一种观点则认为，《民法典》第 1232 条中的“严重后果”并未特指由公民承受的、因环境污染或生态破坏所导致的人身权或财产权损害，因此，“只要损害后果能够被《民法典》救济且具备严重性，都应落入该条的保护范围之中。是故，生态环境损害的确是我国环境惩罚性赔偿制度的保护客体”[11]。笔者认为，要研究生态环境惩罚性赔偿是否适用于对生态环境造成的严重损害，

8　李丹：《环境损害惩罚性赔偿请求权主体的限定》，载《广东社会科学》2020 年第 3 期。

9　王冲：《〈民法典〉环境侵权惩罚性赔偿制度之审视与规制》，载《重庆大学学报（社会科学版）》2010 年 10 月 21 日。

10　参见王艳分：《〈民法典〉环境侵权惩罚性赔偿的司法适用》，载《江汉学术》2022 年第 3 期；周勇飞：《解释论下环境侵权惩罚性赔偿的适用限制》，载《南京工业大学学报（社会科学版）》2021 年第 6 期。

11　唐克、王灿发：《环境惩罚性赔偿制度的妥当责任边界——以美国埃克森案展开》，载《求是学刊》2021 年第 5 期。

应将其置于我国生态环境损害赔偿制度的大背景下进行讨论。在我国，生态环境损害一直被视为环境损害的“下位”概念，在2014年环境保护部（现生态环境部）发布的《环境损害鉴定评估推荐方法（第Ⅱ版）》中，就将环境损害分为两类：一类是因环境污染、生态破坏行为而导致的人身财产损害；另一类是生态环境自身的“可观察或可测量”的“不利改变”，即“生态环境损害”[12]。这种具有层次性的概念体系为我国生态环境损害赔偿制度的构建与完善奠定了基础，不论是《生态环境损害赔偿制度改革方案》（2017年），还是《最高人民法院关于审理生态环境损害赔偿案件的若干规定（试行）》（2019年），抑或《惩罚性赔偿解释》（2022年），都将生态环境损害作为重要救济对象。基于此，将对生态环境造成的严重损害纳入惩罚性赔偿的适用范围，既体现了对不法行为的惩戒与威慑，也符合我国生态环境损害赔偿制度的演进逻辑。

其实，将对生态环境造成的严重损害纳入惩罚性赔偿适用范围的观点，已经得到了我国司法实践的认可。《惩罚性赔偿解释》第8条第2款[13]在对《民法典》第1232条中规定的“严重后果”进行解释时，不仅将生态环境损害纳入了惩罚性赔偿适用范围，而且分别针对“人身、财产损害”方面的“严重后果”和生态环境损害方面的“严重后果”作了具体规定。（如表3所示）以此为据，在环境侵权私益性诉讼中，惩罚性赔偿的适用应以造成“他人死亡、健康严重损害，重大财产损失”为要件；在生态环境公益性诉讼中，惩罚性赔偿的适用应以造成“生态环境严重损害或者重大不良社会影响”为要件。

表3　不同规范对惩罚性赔偿结果要件的规定

规范名称	结果要件	法律依据
《民法典》	造成严重后果	《民法典》第1232条
《公益诉讼办案规则》	造成严重后果	《公益诉讼办案规则》第98条第2款
《惩罚性赔偿解释》	造成他人死亡、健康严重损害，重大财产损失，生态环境严重损害或者重大不良社会影响的	《惩罚性赔偿解释》第8条第2款

12　“生态环境损害”是指因污染环境、破坏生态行为所导致的，与人身财产损害相并列的，专属生态环境本身的损害，即“生态环境及其生态系统服务”的“不利改变”。

13　《惩罚性赔偿解释》第8条第2款：“侵权人污染环境、破坏生态行为造成他人死亡、健康严重损害，重大财产损失，生态环境严重损害或者重大不良社会影响的，人民法院应当认定为造成严重后果。”

（四）请求权主体

明确的请求权主体是生态环境惩罚性赔偿正确适用的关键要素。自《民法典》第1232条规定生态环境惩罚性赔偿制度以来，学界就对如何理解该条中的“被侵权人”进行了讨论，争议焦点在于“被侵权人”应否包含环境民事公益诉讼和生态环境损害赔偿诉讼的适格原告。对此，一种观点认为，基于文义解释与目的解释，该条规定的“被侵权人”应“仅限于私人主体，不包括国家机关和有关社会组织”[14]，在生态环境公益性诉讼中，诉权主体不宜提出惩罚性赔偿，惩罚性赔偿请求权“应当仅由特定的被侵权人享有”。[15]另一种观点则认为，惩罚性赔偿不应局限于私益侵害，[16]在生态环境公益性诉讼中适用惩罚性赔偿，既有利于发挥该制度的惩罚、遏制及预防功能，[17]也能够借助私法诉讼程序实现维护环境公共利益的目的，[18]《民法典》“第1232条规定了私益惩罚性赔偿与公害惩罚性赔偿两种责任形式”，[19]“国家规定的机关和法律规定的组织”以及检察机关都应当属于该条规定的“被侵权人”。[20]

后一种观点得到了我国司法实践的认可，《公益诉讼办案规则》第98条第2款规定了检察机关在环境民事公益诉讼中的惩罚性赔偿请求权，《惩罚性赔偿解

---

14 参见王艳分：《〈民法典〉环境侵权惩罚性赔偿的司法适用》，载《江汉学术》2022年第3期；黄忠顺：《惩罚性赔偿请求权的程序法解读》，载《检察日报》2020年11月9日，第3版；李丹：《环境损害惩罚性赔偿请求权主体的限定》，载《广东社会科学》2020年第3期。

15 参见王冲：《〈民法典〉环境侵权惩罚性赔偿制度之审视与规制》，载《重庆大学学报（社会科学版）》2021年10月21日；李丹：《环境损害惩罚性赔偿请求权主体的限定》，载《广东社会科学》2020年第3期；邹海林、朱广新主编：《民法典评注：侵权责任编》，中国法制出版社2020年版，第619页。

16 参见王树义、刘琳：《论惩罚性赔偿及其在环境侵权案件中的适用》，载《学习与实践》2017年第8期；最高人民法院民法典贯彻工作领导小组主编：《中华人民共和国民法典侵权责任编理解与适用》，人民法院出版社2020年版，第538－539页。

17 参见柴冬梅、田漫：《生态环境公益诉讼中惩罚性赔偿适用条件与规则》，载《检察日报》2020年9月11日，第3版；房绍坤、张玉东：《论〈民法典〉中侵权责任规范的新发展》，载《法制与社会发展》2020年第4期。

18 李华琪、潘云志：《环境民事公益诉讼中惩罚性赔偿的适用问题研究》，载《法律适用》2020年第23期。

19 苏伟康：《公害惩罚性赔偿及其请求权配置——兼论〈民法典〉第1232条的诉讼程序》，载《中国地质大学学报（社会科学版）》2021年第4期。

20 参见刘鹏、肖玉林、闵晶晶：《惩罚性赔偿在环境民事公益诉讼中的适用》，载《中国检察官》2021年第5期；申进忠：《惩罚性赔偿在我国环境侵权中的适用》，载《天津法学》2020年第3期；苏伟康：《公害惩罚性赔偿及其请求权配置——兼论〈民法典〉第1232条的诉讼程序》，载《中国地质大学学报（社会科学版）》2021年第4期；房绍坤、张玉东：《论〈民法典〉中侵权责任规范的新发展》，载《法制与社会发展》2020年第4期。

释》第12条则将“国家规定的机关或者法律规定的组织”视为“被侵权人”代表，赋予了其在生态环境损害赔偿诉讼中的惩罚性赔偿请求权。（如表4所示）实务中，不论是首例适用惩罚性赔偿的污染环境案——“海蓝公司环境污染案”[21]，还是首例适用惩罚性赔偿的破坏生态案——“陈某荣、杨某莲非法捕捞水产品案”[22]，都是由人民检察院提起的，上述案件本质上都属于环境民事公益诉讼，人民法院在裁判时也都援引了《民法典》第1232条的规定。

表4　不同规范对惩罚性赔偿请求权主体的规定

规范名称	请求权主体	法律依据
《民法典》	被侵权人	《民法典》第1232条
《公益诉讼办案规则》	人民检察院	《公益诉讼办案规则》第98条第2款
《惩罚性赔偿解释》	自然人、法人或者非法人组织；国家规定的机关或者法律规定的组织	《惩罚性赔偿解释》第2条、第12条

三、生态环境惩罚性赔偿规范构造之不足

虽然现行规定已经对生态环境惩罚性赔偿制度作了规范，但从具体内容来看，已有规范对生态环境惩罚性赔偿的规定呈现出明显的同质性，均存在主观要件过于狭隘、对行为“违法性”的要求过于宽松以及公益损害惩罚性赔偿请求权缺乏依据等不足。

（一）将主观要件限于“故意”不利于发挥惩罚性赔偿的功能

作为一种具有显著公法属性的私法责任，惩罚性赔偿集救济、惩罚、威慑与预防功能于一身，是一种非常严厉的责任承担方式。也正因如此，世界各国在适用惩罚性赔偿时，都将其范围严格限制为道德上具备“可责难性”的行为。我国也是如此，不论是《民法典》第1232条、《公益诉讼办案规则》第98条第2款，还是《惩罚性赔偿解释》第7条，均将惩罚性赔偿的主观要件限定为

21　此案为江西省高级人民法院发布十大典型案例之一，由公益诉讼起诉人浮梁县人民检察院提起，法院最终判决被告浙江海蓝化工集团有限公司赔偿3025071.91元，其中环境污染惩罚性赔偿171406.35元，并在国家级新闻媒体上向社会公众赔礼道歉。被告服判不上诉，该判决已发生法律效力。

22　此案为江西省高级人民法院发布十大典型案例之一，由公诉机关武宁县人民检察院在刑事诉讼中作为附带民事公益诉讼起诉人提起，法院最终判决两被告共同交付生态修复资金7000元，并共同承担惩罚性赔偿金3000元。宣判后，当事人当庭表示服判不上诉。

"故意"，"未将重大过失作为生态环境侵权惩罚性赔偿责任的主观要件"[23]。也就是说，只有当侵权人在主观上"明知"且以积极意志追求或者放任损害后果发生时，才能对其适用惩罚性赔偿。但从实践中看，并不是只有"故意"才具备道德上的"可责难性"，也并不是只有"故意"才能导致严重的损害后果。"重大过失"的心理状态与"故意"极为相似，同样体现了对他人人身、财产利益的毫不顾及以及对其他法益的极不尊重，不仅具备道德上的"可责难性"，而且所导致的损害后果可能等于甚至甚于因"故意"所导致的损害后果。基于此，在生态环境侵权案件中，如果将"重大过失"排除在惩罚性赔偿的适用范围之外，可能会导致一部分同样在道德上具有高度"可责难性"的侵权人逃脱惩罚性赔偿责任，既不利于发挥惩罚性赔偿的制裁、威慑与预防功能，也难以实现对受损法益的充分救济。

（二）对行为"违法性"的扩大解释过分加重了侵权人的责任负担

惩罚性赔偿是"私法加之于行为主体的一种惩罚"[24]，是在填补性赔偿之外的一种"额外"负担，因此，为防止惩罚性赔偿适用范围过大而给侵权人带来过重负担，各国在规定惩罚性赔偿制度时，均对行为的"违法性"作了要求，我国也是如此。前已述及，《民法典》第1232条和《公益诉讼办案规则》第98条第2款均仅要求行为必须"违反法律规定"，《惩罚性赔偿解释》第5条对《民法典》第1232条中的"法律"作了扩大解释，将违反"法规"乃至"规章"的行为也纳入了惩罚性赔偿的适用范围。从现行规定来看，《惩罚性赔偿解释》第5条的规定在一定程度上减少了侵权人的抗辩可能性，有利于更好地救济受损生态环境，但从理论上讲，"惩罚性赔偿的适用必须基于立法者的特定立法目的，不得通过法律解释的方法来推论惩罚性赔偿的适用范围等"。[25]基于此，作为法律解释的一种类型，司法解释应无权对惩罚性赔偿的适用范围进行推论，《惩罚性赔偿解释》第5条将"法律"扩大解释为法律、法规乃至规章的做法，与《民法典》第179条第2款以及我国惩罚性赔偿的传统做法不符，[26]

23　杨立新、李怡雯：《生态环境侵权惩罚性赔偿责任之构建——〈民法典侵权责任编（草案二审稿）〉第一千零八条的立法意义及完善》，载《河南财经政法大学学报》2019年第3期。

24　孙佑海、张净雪：《生态环境损害惩罚性赔偿的证成与适用》，载《中国政法大学学报》2022年第1期。

25　朱晓峰：《论〈民法典〉中的惩罚性赔偿体系与解释标准》，载《上海政法学院学报（法治论丛）》2021年第1期。

26　根据《民法典》第179条第2款的规定，惩罚性赔偿应当由"法律"规定，且从我国的传统做法来看，能够适用惩罚性赔偿的行为一般也都是由狭义的法律所规定的。

不仅给生态环境惩罚性赔偿的适用造成了泛化风险，而且难以实现生态环境保护与经济社会发展之间的平衡，过分加重了侵权人的责任负担，甚至可能直接导致企业破产。

（三）公益损害惩罚性赔偿面临实体法与程序法双重障碍

近年来，虽然检察机关已经在部分环境民事公益诉讼案件中探索提出了惩罚性赔偿请求并且得到了法院裁判支持，[27]但从现行规定来看，《民法典》第1232条规定的“被侵权人”与“侵权人”直接对应，应是与侵权行为有直接利害关系的特定受害人，而在环境民事公益诉讼和生态环境损害赔偿等公益性诉讼中，并不存在特定的“被侵权人”。[28]因此，作为公益诉权主体的“国家规定的机关和法律规定的组织”以及人民检察院并不属于《民法典》第1232条规定的“被侵权人”，将其视为公益损害惩罚性赔偿请求权主体，不仅在权利基础方面存在障碍，而且不符合我国法律的规定。首先，在环境民事公益诉讼中，由于生态环境的公共性、非独占性等特点，“环境权”难以成为个人权利的客体，将环境民事公益诉讼的适格原告视为“被侵权人”，在权利基础方面难以解释。其次，在生态环境损害赔偿诉讼中，虽然“自然资源国家所有权”理论可以在一定程度上成为“赔偿权利人”的权利基础，但“这一理论主张并未得到现有规范性文件的肯认，且亦因为其无法涵盖大气、阳光等环境要素而存在瑕疵”[29]，也难以为“国家规定的机关和法律规定的组织”的公益损害惩罚性赔偿请求权提供充分的理论依据。再次，现行立法没有明确规定人民检察院的公益损害惩罚性赔偿请求权，仅依据《公益诉讼办案规则》第98条第2款的规定就认为人民检察院享有惩罚性赔偿请求权，既与惩罚性赔偿的法定性特征不符，也违反了《民法典》第179条第2款中只有法律才能规定惩罚性赔偿的原则性规定。最后，从《惩罚性赔偿解释》第12条的规定来看，是将“国家规定的机关和法律规定的组织”作为“被侵权人”的代表来看待的，也未将其直接纳入“被侵权人”范围。这是因为，从语义上分析，该条中的“代表”一词应为动词，具有“代替执行任务、行使权利”之意，而既然“国家规定的机关和法律规定的组织”是代替“被侵权人”行使权利的，那么，该条所规定的惩罚性赔

27　参见（2021）鲁02民初69号判决书、（2020）赣0222民初796号判决书、（2021）陕0429刑初22号判决书、（2021）川0823民初2349号判决书。

28　参见王利明：《〈民法典〉中环境污染和生态破坏责任的亮点》，载《广东社会科学》2021年第1期。

29　周勇飞：《解释论下环境侵权惩罚性赔偿的适用限制》，载《南京工业大学学报（社会科学版）》2021年第6期。

偿请求权仍以救济“被侵权人”的“人身、财产损害”为目的，在本质上应属于私益损害惩罚性赔偿请求权。综上可见，《民法典》第 1232 条并不能成为公益损害惩罚性赔偿的法律依据，公益损害惩罚性赔偿请求权在我国仍面临实体法与程序法双重障碍。

四、生态环境惩罚性赔偿规范构造之优化

在此背景下，要进一步优化生态环境惩罚性赔偿规范构造，有效发挥生态环境惩罚性赔偿的功能，应从主观要件、行为“违法性”要件等方面对生态环境惩罚性赔偿规范进行反思，将“重大过失”行为纳入惩罚性赔偿的主观要件，将“违反法律规定”中的“法律”限定为狭义法律，并在立法中新设公益损害惩罚性赔偿请求权。

（一）将“重大过失”纳入惩罚性赔偿主观要件范围

对于生态环境惩罚性赔偿的主观要件，各国做法并不一致，学界也存在较大争议，焦点在于惩罚性赔偿能否适用于因“重大过失”而实施行为。对此，多数学者认为，综合考虑已有规范的语义、“重大过失”的行为特点以及现行法律的内部衔接和逻辑自洽等因素，应排除惩罚性赔偿在“重大过失”领域的适用，将其主观要件严格限定为“故意”[30]，该观点也为我国立法和司法解释所采纳。但也有一部分学者认为，“重大过失”同样“具有较高的法律上的可责难性”[31]，“表现出对他人生命和财产毫不顾及、对他人权利极不尊重的状态，漠视其法定义务”[32]，“与‘故意’极为相似”[33]，因此，应将重大过失纳入惩罚性赔偿责任的主观要件，允许受害者对因行为人“重大过失”所导致的重大损失主张惩罚性赔偿。

笔者认为，将“重大过失”纳入惩罚性赔偿的主观要件范围，既是对“重大过失”行为进行惩戒和预防类似行为发生的需要，又迎合了我国生态环境司法实践的需求，具有理论正当性、现实必要性与实践可行性。一方面，在我国民法规范中，“故意”和“重大过失”往往一并使用，用来表明民事主体恣意

---

30 王晓翔：《惩罚性赔偿在生态环境侵权中的司法适用——兼析〈民法典〉第 1232 条》，载吕忠梅主编：《环境资源法论丛》，法律出版社 2021 年版，第 271 – 272 页。

31 王笑寒：《生态环境侵权惩罚性赔偿制度的法律适用问题》，载《山东社会科学》2021 年第 3 期。

32 顾向一、鲁夏：《环境损害惩罚性赔偿适用研究》，载《行政与法》2021 年第 11 期。

33 杨立新、李怡雯：《生态环境侵权惩罚性赔偿责任之构建——〈民法典侵权责任编（草案二审稿）〉第一千零八条的立法意义及完善》，载《河南财经政法大学学报》2019 年第 3 期。

行事的主观过错，体现相似的道德非难程度。[34]“重大过失”虽然属于过失，但其并非与一般过失并列而是与故意更为相似，是对明知可能发生的损害结果的放任，对应当履行的义务的漠视，在这种心理状态下，行为人对损害结果的发生往往具有很大的主观恶意，需要适用惩罚性赔偿对其进行惩戒。早在《民法典》侵权责任编三审稿审议时，就有人大常委会委员认为，“过失”造成严重损害的，也应适用惩罚性赔偿，否则难以对企业起到警示作用。[35]另一方面，在我国司法实务中，已经出现了对“重大过失”行为适用惩罚性赔偿的案例。以安徽省首例适用民法典污染环境惩罚性赔偿条款的案件[36]为例，该案中，浙江博某特公司的实际控制人余某就因“未核实被告人赵某有无处置危险废物资质”，没有尽到查验义务，最终被法院判决与其余三被告共同承担9.58万余元的惩罚性赔偿。这些案件的出现，说明将生态环境惩罚性赔偿的主观要件扩大至“重大过失”，具有现实必要性与实践可行性，符合我国生态环境司法的客观需求。

不仅如此，将“重大过失”纳入惩罚性赔偿的主观要件范围，也是对域外成功经验的借鉴，有域外经验的支持。例如，在美国，法律统一委员会制定的《惩罚性赔偿示范法》第5条（a）（2）就规定，惩罚性赔偿的适用以被告在主观上具有恶意、故意及“重大过失”为要件。实践中，虽然各州对适用惩罚性赔偿的主观要件认识不同，但“有8个州要求被告具有重大过失即可判决惩罚性赔偿金”[37]。在1989年的埃克森（Exxon）案[38]中，联邦最高法院也以埃克森公司在主观上介于“疏忽”和“恶意”之间为由，判决其承担了5.07亿美元左右的惩罚性赔偿。[39]在英国，2001年Kuddus v. Chierconstable of Leicestershire

34 参见叶名怡：《重大过失理论的构建》，载《法学研究》2009年第6期。

35 刘士国：《民法典“环境污染和生态破坏责任”评析》，载《东方法学》2020年第4期。

36 宋淼淼：《全省首例适用民法典污染环境惩罚性赔偿条款案件一审宣判》，载淮南长安网，http：//www.hnzzb.gov.cn/yasf/8212658.html，最后访问于2022年6月21日。

37 陈聪富著：《侵权归责原则与损害赔偿》，北京大学出版社2005年版，第222－223页。

38 该案是一起因游轮原油泄漏而引发的环境污染案件。1989年，“埃克森·瓦尔德兹”号油轮发生原油泄漏事故，致使阿拉斯加州瓦尔德兹市沿岸几百公里长的海岸线遭到严重污染，数以千计的海鸟和水生动物丧生，万余名渔民赖以生存的渔场和相关设施被迫关闭，鲑鱼和鲱鱼资源近于灭绝，几十家企业破产或濒于倒闭。污染受害者根据埃克森公司自己报告的每年平均盈利50亿美元的财务状况，集体向联邦法庭提出了诉讼。最终，联邦最高法院苏特大法官宣布：“埃克森所为，在主观上介于‘疏忽’和‘恶意’之间，应重新考察惩罚性赔偿的数额。”从而将惩罚性赔偿数额定格在5.07亿美元左右。

39 参见林海：《埃克森案：对环境污染惩罚性索赔》，载《检察风云》2015年第18期。

Constabulary 案[40]之后，上议院开始将惩罚性赔偿的适用范围扩展到基于疏忽的案件。[41] 2002 年，枢密院在审理来自新西兰的上诉案件——A v. Bottrill 案[42]时，也以被告存在疏忽大意的不当行为为由，维持了新西兰一审法院的惩罚性赔偿判决。

（二）将“违反法律规定”中的“法律”限定为狭义法律

早在《民法典》制订过程中，学界就对生态环境惩罚性赔偿的行为“违法性”要件进行了讨论，但截至目前，学者们对于如何理解《民法典》第 1232 条中的“法律”，依然存在争议。有学者认为，为防止惩罚性赔偿适用范围不当扩张，对该条中的“法律”应作狭义理解，即仅限于全国人大及其常委会制定的法律，不包括行政法规、地方性法规和规章等。[43]有学者则认为，该条中的“法律”应指国家环境行政法律法规，既包括全国人大及其常委会制定的法律，也包括国务院制定的有关生态环境保护的法律法规。[44]还有学者认为，在认定污染环境、破坏生态的行为是否违反法律规定时，应当以法律、行政法规、地方性法规为依据，可以参照规章。[45]

从学理上讲，惩罚性赔偿属于一种非常严苛的责任方式，其适用必须遵循审慎性、谦抑性原则，也正因如此，各国在规定其行为“违法性”要件时，都显得非常谨慎。我国也不例外，从《民法典（征求意见稿）》第 1008 条中的“违反国家规定”到《民法典》第 1232 条中的“违反法律规定”（如表 5 所示），其发展变化过程充分体现了立法者对惩罚性赔偿的审慎、谦抑态度。这是因为，在我国，“国家规定”与“法律规定”在范围上明显不同，对于何为“国家规定”，通常是参照《最高人民法院关于准确理解和适用刑法中“国家规

---

40 在该案中，原告控告一名治安巡警，他认为巡警的职务行为不当，提起诉讼并要求惩罚性赔偿。初审法院认为巡警的不当职务行为不是 1964 年以前可以适用惩罚性赔偿的行为，故驳回原告的惩罚性赔偿诉讼请求。原告最后上诉到英国的上议院，英国上议院推翻了惩罚性赔偿要遵循 1964 年之前关于这类案件适用范围的认定，支持了原告的诉讼请求。

41 张诺诺：《惩罚性赔偿制度研究》，吉林大学 2010 年博士学位论文，第 58 页。

42 该案是一起关于治疗不当的诉讼，起因是医师明显误解了宫颈刮片的使用说明，被告方存在严重并且是疏忽导致的不当行为。

43 参见王艳分：《〈民法典〉环境侵权惩罚性赔偿的司法适用》，载《江汉学术》2022 年第 3 期；王冲：《〈民法典〉环境侵权惩罚性赔偿制度之审视与规制》，载《重庆大学学报（社会科学版）》2021 年 10 月 21 日；申进忠：《惩罚性赔偿在我国环境侵权中的适用》，载《天津法学》2020 年第 3 期。

44 参见季林云、韩梅：《环境损害惩罚性赔偿制度探析》，载《环境保护》2017 年第 20 期；刘超：《〈民法典〉侵权责任编的绿色制度创新》，载《法学杂志》2020 年第 10 期。

45 孙佑海、张净雪：《生态环境损害惩罚性赔偿的证成与适用》，载《中国政法大学学报》2022 年第 1 期。

定”的有关问题的通知》（法发〔2011〕155号），将全国人民代表大会及其常务委员会制定的法律和决定，国务院制定的行政法规、规定的行政措施、发布的决定和命令等均纳入其中；而此处的“法律规定”应仅限于全国人大及其常委会制定的法律。由此可见，“国家规定”的范围要明显大于“法律规定”的范围，相应地，“违反国家规定”的行为在范围上也要大于“违反法律规定”的行为。

表5　《民法典》立法过程中对“违法性”要件的表述

公布时间	文件名称	条文序号	表述方式
2018年9月	《民法典（征求意见稿）》	第1008条	违反国家规定
2019年12月	《民法典（草案）》	第1232条	违反国家规定
2020年5月	《民法典》	第1232条	违反法律规定

笔者认为，在《民法典》的立法进程中，立法者之所以将“违反国家规定”的表述修改为“违反法律规定”，其真实目的应是限缩生态环境惩罚性赔偿的适用范围。基于此，出于对惩罚性赔偿规律性的尊重，应将《民法典》第1232条中的“法律”限定为狭义的法律，这样既准确反映了立法者的真实意思，又能够防止侵权人因侵权行为而承受过重的责任负担。

（三）在立法中新设公益损害惩罚性赔偿请求权

近年来，我国学者对应否在立法中设立公益损害惩罚性赔偿请求权进行了初步探索，形成了两种代表性观点。“反对说”认为，现有的法律制度，如“按日计罚”“生态环境修复”以及刑事制裁等，已经能够实现惩罚性赔偿的制度目的，我国生态环境公益救济的渠道很通畅，再增加生态环境损害这种公益损害惩罚性赔偿会使企业负担过重，因此，没有必要在立法中新设公益损害惩罚性赔偿请求权。[46]“赞同说”则主要从惩罚性赔偿的性质与价值、“私人执法”的必要性、惩罚性赔偿适用范围的周延性等角度出发，认为生态环境损害惩罚性赔偿与生态环境公益诉讼的价值与性质更为契合，在立法中新设公益损害惩罚性赔偿请求权，既有利于改善生态环境保护行政执法不力的现状，也能够有效

46　参见陈学敏：《环境侵权损害惩罚性赔偿制度的规制——基于〈民法典〉第1232条的省思》，载《中国政法大学学报》2020年第6期；周勇飞：《解释论下环境侵权惩罚性赔偿的适用限制》，载《南京工业大学学报（社会科学版）》2021年第6期；李丹：《环境损害惩罚性赔偿请求权主体的限定》，载《广东社会科学》2020年第3期；王利明：《〈民法典〉中环境污染和生态破坏责任的亮点》，载《广东社会科学》2021年第1期；等等。

弥补环境刑事责任之不足，具有理论上的正当性和重要的实践价值。[47]

前已述及，《民法典》第1232条并不能成为公益损害惩罚性赔偿请求权的规范依据。这就意味着，当生态环境遭受严重损害时，公益诉权主体是难以依据《民法典》第1232条提出惩罚性赔偿请求的，这种情形既不符合环境损害结果的"二元性"特征，也难以实现对生态环境的全方位保护。一方面，环境侵害行为往往会同时造成"人身、财产利益损害"（私益损害）与生态环境损害（公益损害）两种损害后果，新设公益损害惩罚性赔偿请求权"有助于在制度上兼顾对私益和公益的双重保护"[48]，能够实现私益损害与公益损害的同步救济。另一方面，新设公益损害惩罚性赔偿请求权既能够"极大地改善部分案件中责任认定困难、赔偿数额过低的现状"[49]，又能够"改变部分案件中处罚不力、威慑不足的现状"[50]，有利于推动惩罚性赔偿私法上救济功能与公法上惩戒功能的协同发挥，能够为生态环境提供全方位保护。

需要注意的是，作为一种"具有准刑事罚性质的特殊民事责任"[51]，惩罚性赔偿必须以法律明文规定为前提，随意扩大惩罚性赔偿的适用范围是对法治的破坏，无异于审判者可以随意剥夺经营者的财产权。[52]迄今为止，惩罚性赔偿的法定性特征已"为各国立法所一致认可"[53]，各国"在惩罚性赔偿的创设上采严格的法定主义"[54]，这就表明，只有在"法律有特别规定的情况下"[55]，才能适用惩罚性赔偿。我国《民法典》第179条第2款也明确规定："法律规定惩罚性赔偿的，依照其规定"，这就意味着，在环境民事公益诉讼和生态环境损

47 参见王树义、刘琳：《论惩罚性赔偿及其在环境侵权案件中的适用》，载《学习与实践》2017年第8期；周骁然：《论环境民事公益诉讼中惩罚性赔偿制度的构建》，载《中南大学学报（社会科学版）》2018年第2期；吴卫星、何钰琳：《论惩罚性赔偿在生态环境损害赔偿诉讼中的审慎适用》，载《南京社会科学》2021年第9期；申进忠：《惩罚性赔偿在我国环境侵权中的适用》，载《天津法学》2020年第3期。

48 孙佑海、张净雪：《生态环境损害惩罚性赔偿的证成与适用》，载《中国政法大学学报》2022年第1期。

49 孙佑海、张净雪：《生态环境损害惩罚性赔偿的证成与适用》，载《中国政法大学学报》2022年第1期。

50 孙佑海、张净雪：《生态环境损害惩罚性赔偿的证成与适用》，载《中国政法大学学报》2022年第1期。

51 顾向一、鲁夏：《环境损害惩罚性赔偿适用研究》，载《行政与法》2021年第11期。

52 参见王政勇：《消费公益诉讼的司法理念及特殊审判规则的构建》，载《法律适用》2014年第11期。

53 许凯：《比较法视野下惩罚性赔偿的识别标准》，载《江西社会科学》2021年第11期。

54 辜明安、梁田：《从〈民法典〉看惩罚性赔偿制度体系的完善》，载《西南民族大学学报（人文社会科学版）》2021年第3期。

55 黄薇主编：《中华人民共和国民法典总则编释义》，法律出版社2020年版，第474页。

害赔偿诉讼中，公益诉权主体要想主张公益损害惩罚性赔偿，必须有“法律”的明文规定，即必须在全国人大及其常委会制定的法律中明确规定公益损害惩罚性赔偿请求权。当前，应当以在制订“环境法典”为契机，在未来立法中对生态环境损害惩罚性赔偿制度作出规定，新设公益损害惩罚性赔偿请求权，并对请求权主体的范围作出具体规定。

结语

《民法典》第 1232 条对生态环境惩罚性赔偿请求权作了规定，《公益诉讼办案规则》《惩罚性赔偿解释》等司法解释也对生态环境惩罚性赔偿的具体适用作了解释，但迄今为止，生态环境惩罚性赔偿规范在主观要件、行为“违法性”要件以及请求权主体等方面还存在诸多争议。在这种背景下，要正确适用生态环境惩罚性赔偿制度，充分发挥惩罚性赔偿的诸项功能，应进一步优化其主观要件、行为要件、请求权主体等规范要素。在主观要件方面，应将“重大过失”行为纳入惩罚性赔偿的主观要件；在行为要件方面，应从严把握“违法性”要件，将“违反法律规定”中的“法律”限定为狭义的法律；在请求权主体方面，应随着国家生态环境治理体系的不断完善，在立法中新设公益损害惩罚性赔偿请求权，赋予“国家规定的机关和法律规定的组织”等公益诉权主体惩罚性赔偿请求权。本文的研究仅是对我国生态环境惩罚性赔偿规范构造的初步思考，仍存在诸多不足和缺陷，期待学界同仁能够加入，共同探讨生态环境惩罚性赔偿规范的优化路径。

恢复性司法视角下环境犯罪刑民责任衔接的实现

周峨春　赵慧婷*

【内容提要】 环境犯罪作为严重破坏环境的行为，在承担刑事责任的同时，往往需要承担相应的民事责任，必须妥善处理好刑事责任和民事责任的衔接，以实现环境资源审判的“绿色”化。恢复性司法所追求的恢复性正义理念和秉持的当事人主义模式在司法程序上保障了刑法民法化的实现，有助于协调环境犯罪中刑事责任和民事责任的冲突，实现环境修复的价值目标。在诉讼模式上，需要将基于同一案件事实的环境刑事诉讼和环境民事诉讼合并审理，即采取刑事附带民事诉讼的模式；在诉讼顺序上，则应选择先民后刑的顺序，将环境修复作为犯罪行为人从轻或减轻处罚的酌定情节，激励其积极承担环境修复义务。

【关键词】 恢复性司法　环境修复　刑事责任　民事责任

随着我国环境立法的逐渐完善，环境法治的重心已由环境立法转向环境司法，生态环境的司法保护成为生态文明建设的切入点。在建设美丽中国的时代背景下，环境资源审判被赋予了“绿色”内涵，以环境保护优先作为审判的基本原则，贯彻恢复性司法的基本理念，统筹适用刑事、民事、行政责任，落实以生态环境修复为中心的损害救济制度。环境犯罪作为严重破坏环境的行为，在承担刑事责任的同时，往往还需承担相应的民事责任，必须妥善处理好刑事

---

* 周峨春——青岛大学法学院刑事法教研室主任、讲师，主要研究领域：刑法。赵慧婷——青岛大学法学院硕士研究生，主要研究方向：刑法。本文为山东省社科规划一般项目“环境刑事附带民事公益诉讼刑民衔接研究”（项目编号：21CFXJ05）阶段性研究成果。

责任和民事责任竞合的关系。作为两种不同的责任刑事，环境刑事责任和民事责任的衔接不能偏离环境修复这个中心，应以恢复性司法的理念作为衔接机制构建的依据。

一、恢复性司法的价值内涵和功能表现

恢复性司法的产生源自刑罚功能的变迁和被害人保护运动的兴起，其通过犯罪行为人对被害人的赔偿来修复被犯罪破坏的社会关系，又称为修复性司法或修复性正义[1]，它与非监禁化及社区矫正相呼应，力求通过恢复性的司法程序和法官的自由裁量权，来实现犯罪行为人对被害人和社会的恢复性结果。

（一）范式嬗变：从报应性正义到恢复性正义

长期以来，在国家本位主义刑法观和报应性刑罚思想的主导下，刑事审判所关注的重心是犯罪行为和犯罪行为人，从而对犯罪行为人处以抽象的刑事处罚，对社会关系的破坏和被害人的损害却没有给予足够的重视。报应性正义论认为，犯罪是对社会的严重侵害，犯罪被视为犯罪行为人与社会之间的激烈冲突，而犯罪行为人对被害人的伤害则被忽视。在诉讼过程中，被害人往往是被动的旁观者，只是发挥“帮助”国家指控犯罪行为人的作用。犯罪行为人被证明有罪后，司法机关关注更多的是如何对其进行惩罚和犯罪的预防，被害人的权益则被置于“被遗忘的角落”。

恢复性司法正是在调适国家本位主义刑法观和报应性刑罚思想的基础上形成的，它通过恢复性程序，使犯罪行为人与被害人面对面沟通与交流，处理犯罪带来的后果和影响，从而使被害人遭受的损害得到修复，使犯罪行为人通过积极的行为回归社会。作为对传统刑罚思想的扬弃，恢复性司法重构了正义观，报应性正义被恢复性正义取代。按照报应性正义论的逻辑体系，正义的实现与否主要看犯罪行为人是否受到与其犯罪程度相对应的惩罚。这种正义没有从实质上解决犯罪行为对社会和被害人的伤害问题，也剥夺了犯罪行为人向社会和被害人赎罪的机会，其实只是一种形式上的正义。恢复性正义论则认为，正义实现的标准不单单是犯罪行为人得到应有的处罚，还应包括被害人遭受的损害是否得到补偿，被破坏的社会关系是否得到修复，损害的恢复是社会正义不可或缺的一部分。因此，对犯罪施以刑罚不是刑事审判的唯一功能，刑事审判应致力于弥补犯罪所造成的损害和修复被破坏的社会关系。与传统的报复性正义

1　王树义、赵小姣：《环境刑事案件中适用恢复性司法的探索与反思——基于 184 份刑事判决文书样本的分析》，载《安徽大学学报（哲学社会科学版）》2018 年第 3 期。

相比，恢复性正义着眼于给受害人、犯罪行为人一个机会，使他们能够共同确定犯罪行为所造成的不利影响，同时寻求一种消除不利影响、修复损害后果并促进犯罪行为人回归社会的办法，是实质的正义。作为一种新的纠纷解决范式，恢复性正义增强了被害人在诉讼中的主动权，同时兼顾了犯罪行为人的参与权，这对修复社会关系和预防犯罪大有裨益。

（二）制度表达：从职权主义模式到当事人主义模式

理论范式的生命力在于制度表达，理论范式从报应性正义到恢复性正义的调适，伴随的是制度表达从职权主义模式到当事人主义模式的演进。职权主义模式是以法官为中心的审判模式，在价值取向上强调保护公共利益，追求实体真实，偏重对犯罪的惩治，忽视对被告人权利的保护和被害人损害的恢复。在职权主义模式中，法官在诉讼程序中居于主导地位，不但犯罪行为人和被害人的诉讼权利受到严格的限制，而且检方的职权也相对弱化。法官依职权指挥庭审活动，调查证据、查明案件事实，检方只起配角作用，在法官的主导下举证质证、参与法庭辩论。而对被告人而言，其无权对抗法官的调查，只有根据法官的提问进行回答的义务，在最后陈述阶段才可以发表意见，辩护权受到很大限制。

与职权主义模式不同，当事人主义模式以保护当事人的诉讼权利、解决当事人的实体权利纠纷为价值目标，其理论基础是当事人的理性、意思自治和权利本位。在当事人主义模式中，检察官和被告人作为对等意义上的“当事人”，可以在一定范围内处分自己的权利，这些权利既包括防御性权利也包括救济性权利。与职权主义模式相比，双方“当事人”的诉讼地位获得了极大提升，扮演着推动诉讼进行的角色，决定着诉讼进程，而法官甘当默默无闻的配角，作用被弱化，由主导诉讼活动转变为侧重维护双方“当事人”的公平诉讼地位。如果职权主义模式可以称为“主动的法官、被动的当事人”，当事人主义模式则可称为“被动的法官、主动的当事人”。在当事人主义模式下，由于重视“当事人”（包括被害人）的主体地位和处分权，法官的判决更加贴近于“当事人”的意愿，因而判决更加具有可执行性，从而最大限度地保护了当事人的合法权益。

（三）功能表现：刑民分离和对立的调适

根据传统法律部门的分工，民法主要承担赔偿的职责，刑法主要承担惩罚的职责，但刑法的民法化打破了刑法和民法的界限，刑法的惩罚职责和民法的赔偿职责在一定程度上实现了融合，这在我国的刑法中也得到了体现，刑事责任被赋予浓厚的民事责任色彩：第一，根据《刑法》第36条的规定，由于犯罪行为造成被害人经济损失的，在对犯罪行为人判处刑罚的同时，应判处其赔偿损失；当惩罚和赔偿相冲突时，应坚持民事优先原则，先承担对被害人的赔偿责任。这实际上引进了民法“赔偿损失”的责任承担方式，并确立了民事优先的原则。第二，根据《刑法》第 37 条的规定，对于犯罪情节轻微的犯罪行为人，可以免予刑事处罚，要求其承担“赔礼道歉、赔偿损失”的责任。这也是民法承担责任的方式。第三，根据《刑法》第 276 条之一关于“拒不支付劳动报酬罪”的规定，针对没有造成严重后果的行为，在被公诉前积极承担赔偿责任的，可以减免处罚。除此之外，司法解释中也有很多刑民责任协调适用的体现，如关于交通肇事刑事案件适用法律的司法解释，将赔偿能力作为减免刑罚的依据；再如关于盗窃刑事案件适用法律的司法解释，将“退赃、退赔”作为不起诉或免予刑事处罚的依据。

恢复性司法追求的恢复性正义理念和秉持的当事人主义模式在司法程序上保障了刑法民法化的实现。当事人主义模式充分体现了犯罪行为人与被害人的意思自治，犯罪行为人和被害人的主体地位和处分权得到了尊重，合法权益得到了最大限度的实现：对犯罪行为人而言，不但通过赔偿损失等责任形式减轻了损害后果，而且认识到了自己的罪责，从而降低或排除了刑事处罚的必要性[2]；对被害人而言，可以获得更多的金钱赔偿或者其他方式的补偿，从而减轻犯罪行为给自己造成的损害。

二、恢复性司法：环境修复的理论基石和现实保障

恢复性司法以结果正义作为自己的价值目标，通过非对抗的方式解决当事人之间的冲突，促使被告主动承担刑事责任，积极恢复或弥补犯罪行为所造成的危害结果，最大限度地修复受损的社会关系，这为环境修复提供了坚实的理论基石和有力的现实保障。

（一）恢复性正义与环境伦理的契合

与传统的报应性正义不同，恢复性正义追求犯罪行为人、被害人、社会之间的利益平衡，从被害人和社会的实际需求出发，恢复或补偿被害人和社会遭受的损害，对犯罪行为人来说，其损害后果负责的方式，不是简单地接受刑事处罚，而是应通过自己的行为弥补这些损害，将受损的社会关系恢复到之前的状态。恢复性正义的责任形式有别于以惩罚为目的的责任形式，它关注的是如何实现对社会秩序的真正恢复，而不是如何惩罚破坏社会秩序的人。恢复性正

---

2 窦海阳：《刑法与民法的“分”“合”之辨》，载《北京工业大学学报（社会科学版）》2017 年第 5 期。

义吸纳犯罪行为人、被害人以及其他社会成员，共同参与到案件的处理过程，通过非对抗的方式化解犯罪行为人与被害人之间的冲突，促使犯罪行为人主动承担责任，并对损害结果进行补偿，最大限度地满足被害人遭受的经济上、情感上的损失[3]。因此，恢复性正义相较于报应性正义更加具有全面性，其从社会治理的角度认识犯罪、规制犯罪，既有利于社会关系的恢复，又有利于犯罪行为人改造后重新融入社会。

伦理是处理社会关系所应遵循的道德和准则，而处理人与环境关系的道德和准则便是环境伦理。环境犯罪虽然属于行政犯的范畴，却也具有违反伦理道德的特性，不仅违反了社会伦理，还违反了环境伦理。环境伦理为环境刑法提供立法指导和评价机制，同时为司法实践中环境犯罪的惩治提供道德上的保障。环境犯罪的规制必须正确认识环境伦理的本质特征，从表面来看，环境伦理调整的是人与自然之间的关系，但实质上调整的是人与人之间的关系，因为环境保护问题终究要落实到人的行动中[4]。环境伦理通过调整人与自然的关系，最终实现人与人关系的和谐，在这里人与自然关系的调整是手段，而人与人之间的和谐相处则是终极目标。对环境犯罪而言，简单地惩罚犯罪行为人，并不能修复被破坏的社会关系，而必须让犯罪行为人承担现实的、具体的对环境的责任：认识自己的犯罪行为对环境造成的破坏，尽最大可能恢复环境，通过环境的恢复，来“缝补”因为环境破坏而被“撕开”的社会关系。恢复性正义的核心要素是恢复损害，其顺应生态文明建设的发展趋势，也符合审理环境犯罪案件的新要求。因此，恢复性正义与环境伦理在惩罚环境犯罪、恢复环境方面是完全契合的——通过环境修复来弥合被破坏的社会关系，实现人与人之间的和谐相处。

（二）当事人主义与环境修复的契合

司法的功能在于使被侵害的权利或社会关系得到救济或恢复，公正裁判是实现这一功能的基本保障。在职权主义的审判模式下，由于整个审判过程以法官为中心，当事人的诉讼权利被严格限制，其意志自由无法真正表达，从而不利于公正裁判的实现。而当事人主义模式采取“当事人推进主义”，诉讼程序的推进基本上由控、辩双方协商确定，法院只起“维持秩序”和最终裁判的作用。在责任形式方面，当事人主义模式可以包括以下内容：赔礼道歉，即犯罪行为人认识到自己行为的罪责，向被害人承认错误，表达歉意；赔偿损失，即犯罪行为人因其犯罪行为而赔偿被害人所遭受的损失，弥补被害人所造成的财产损

---

3 张霞：《生态犯罪案件中恢复性司法应用研究》，载《政法论丛》2016年第2期。

4 张彭松：《生态伦理与环境伦理的差异及其实质意义》，载《理论界》2018年第11期。

害、人身损害或其他损害；恢复原状，即犯罪行为人采取措施，使受到其犯罪行为损害的权利或社会关系恢复到该犯罪行为实施以前的状态；社区服务，即由犯罪行为人为社区提供劳务，重新获得社会的认可，从而尽快回归社会。司法裁判作为利益冲突的一种协调方式，以维护冲突各方的利益最大化以及实现共赢作为其根本原则。当事人主义模式的责任形式，充分尊重了犯罪行为人的意志自由，给予其改过自新的机会，从而使受其侵害的权利或社会关系得到最大限度的弥补或恢复，有助于实现各方的利益最大化和共赢。

环境犯罪作为一种新型犯罪具有特殊性，除了造成传统意义上的人身权、财产权的损害，还造成环境利益的损害。环境犯罪侵害法益的特殊性、治理的复杂性等，对传统的刑罚方式提出了挑战。在新时代背景下，环境修复已经成为国家生态文明建设的基本政策内涵[5]，刑事治理如何适应生态文明建设和环境利益保护的需要，是值得思考的重要问题。就我国刑事司法而言，在刑罚方式中配置恢复性司法手段[6]，是保护环境利益、建设生态文明的必然要求。因此，针对环境犯罪，除了对犯罪行为人施以自由刑与罚金刑等传统的刑事处罚外，更应关注如何修复受到侵害的生态环境，传统的职权主义审判模式无法实现刑罚方式上的这一变革要求，而当事人主义审判模式，在尊重当事人意志自由的情况下，给予其在不同的刑罚方式中做出选择的机会，促使其在传统刑罚方式与环境修复之间做出有利于自己的理性选择，这便是选择环境修复的责任方式，犯罪行为人的内在需求与环境修复的社会需求不谋而合，实现了自我改造和回归社会的有机统一。

三、恢复性司法视角下环境刑民责任衔接机制的构建

刑民责任的衔接是实现环境修复的重要保障，其涉及环境犯罪的惩罚、受害者利益的维护和环境的恢复等一系列问题，恢复性司法为这一系列问题的解决提供了价值目标和程序支持。

（一）刑民诉讼模式的选择

对于环境刑事案件中涉及的民事损害问题，司法实务中存在两种选择模式：一是分离管辖，即就同一犯罪事实，按照民事诉讼和刑事诉讼各自的管辖原则，由不同的法院分别审理；二是合并管辖，即就同一犯罪事实，采取刑事附带民

5 刘超：《环境修复审视下我国环境法律责任形式之利弊检讨——基于条文解析与判例研读》，载《中国地质大学学报（哲学社会科学版）》2016 年第 2 期。

6 焦艳鹏：《我国污染环境犯罪刑法惩治全景透视》，载《环境保护》2019 年第 6 期。

事诉讼的方式，由同一法院一并审理。虽然存在两种选择，但从实际情况来看，绝大部分环境刑事案件并未提起附带民事诉讼，被告人应当承担的赔偿损失、恢复原状等民事责任未能及时地得到追究[7]。为何会出现这种状况呢？从法律规范来看，一方面，我国已经建立起环境刑事附带民事诉讼的基本制度。我国《刑事诉讼法》第 101 条规定，遭受物质损失的被害人可以在刑事诉讼过程中提起附带民事诉讼，如果遭受损失的是国家或集体，人民检察院可以提起附带民事诉讼。这其实赋予了被害人及检察机关提起环境刑事附带民事诉讼的权利。《最高人民法院、最高人民检察院关于检察公益诉讼案件适用法律若干问题的解释》则赋予了检察机关提起环境刑事附带公益诉讼的权利，该解释第 20 条规定，检察院对破坏生态环境的犯罪行为提起刑事诉讼时，可以一并提起附带民事公益诉讼。另一方面，目前我国关于环境刑事附带民事诉讼制度还有诸多模糊的地方，导致司法实践与制度设计的脱节。根据《最高人民法院关于适用〈中华人民共和国民事诉讼法〉的解释》和《最高人民法院、最高人民检察院关于检察公益诉讼案件适用法律若干问题的解释》的规定，环境民事公益诉讼案件由侵权行为地或被告住所地中级人民法院管辖，而环境刑事案件则一般由基层法院管辖。民事和刑事法律规范对级别管辖的差异性规定，阻碍了环境刑事附带民事诉讼的提起，给环境刑事和民事案件的合并审理设置了天然屏障。

诉讼模式的选择决定着环境修复能否及时、有效实现。一方面，环境修复应具有及时性。倘若遭到迟延，环境损害的持续易导致环境破坏的加剧，一旦超出环境的承载力，便会形成不可逆转的环境损害。环境刑事诉讼和民事诉讼分离审理，刑事诉讼审结后单独提起民事诉讼的做法，有碍环境的及时修复。另一方面，环境修复应具有有效性。破坏容易恢复难，环境的恢复需要投入巨大的人力物力。环境犯罪行为人作为责任人，不能仅仅承担刑事责任，而对环境修复袖手旁观。通过刑民责任的协调，可以促使犯罪行为人积极履行环境修复的责任，而刑民责任的协调需要建立在刑事诉讼和民事诉讼合并审理的基础上。综上，为了实现环境修复的价值目标，需要将基于同一案件事实的环境刑事诉讼和环境民事诉讼合并审理，即采取刑事附带民事诉讼的模式。根据现行的法律规范，对由被害人提起的附带民事诉讼而言，不存在级别管辖的差异，而由法律规定的机关和有关组织、检察院提起的附带民事公益诉讼，则受到级别管辖的束缚。因此，应调整目前关于环境附带民事公益诉讼的级别管辖规则，改为由受理刑事诉讼的法院一并审理，基层法院受理刑事诉讼后，无论是被害人提起附带民事诉讼，还是法律规定的机关和有关组织、检察院提起附带民事

7 王中义：《我国环境资源刑事附带民事诉讼探悉》，载《法律适用》2019 年第 15 期。

公益诉讼，都向该基层法院提起，由该基层法院一并审理，无须移送中级人民法院。但对于附带的民事公益诉讼，基层法院应当将相关情况上报中级人民法院，以便中级法院监督指导[8]。

（二）刑民诉讼顺序的选择

明确了“基于同一案件事实，采用刑事附带民事审理”的基本原则，接下来需要确定环境刑事附带民事诉讼案件的审理顺序，目前有两种机制可供选择，一种是“先刑后民”，另一种是“先民后刑”。“先刑后民”是审理刑民交叉案件常用的衔接机制，一般指在刑事附带民事诉讼中适用“刑事优先于民事”的裁判规则，民事诉讼的裁判在刑事审判之后进行，刑事裁判所认定的事实应为民事裁判所采纳。[9]刑事裁判相较于民事裁判，不仅居于顺序上的优先位置，更是在既判力上具有优先性。“先刑后民”机制在我国的确立源于规范性法律文件的明确规定，而其在司法实践中被广泛运用则不单是法律确认的结果，同时也符合司法人员的利益诉求，逐渐成为指导各级法院审理刑事附带民事案件的一个基本原则。但是，“先刑后民”带有先天性的不足——刑事诉讼和民事诉讼之间存在天然的价值冲突，刑事诉讼体现的是国家本位主义的价值[10]，而民事诉讼体现的是当事人本位主义的价值，为了最大限度地保护附带民事诉讼主体的合法权益，“先民后刑”机制应运而生，成为克服“先刑后民”缺陷的新的机制选择。所谓“先民后刑”，指法院采取“民事优先于刑事”的裁判原则，民事诉讼程序在刑事诉讼程序之前结束的审理模式。“先民后刑”并不是对“先刑后民”的简单取代，而是一种与调解结案紧密结合的诉讼模式，民事调解先于刑事裁判，法院对积极赔偿的被告人适当从轻量刑[11]。

“先民后刑”机制相较于“先刑后民”机制，具有以下特点：其一，有利于被害人获得赔偿。“先民后刑”是恢复性正义的直接体现，符合尊重与保护人权的要求[12]，充分保障了被害人的诉讼利益，增强了其对诉讼结果的心理认同感，通过调解的方式最大限度弥补其遭受的损害。其二，有利于被告人承担较轻的刑罚。被告人在法院的调解下积极赔偿损失，是其认罪悔过的重要表现，

---

8 胡志伟、张志灯：《论刑事附带环境民事公益诉讼规则的建构路径——以“两高”司法解释原则性规定为视角的实践展开》，载《司法体制综合配套改革与刑事审判问题研究——全国法院第30届学术讨论会获奖论文集（下）》。

9 陈瑞华：《刑事附带民事的三种模式》，载《法学研究》2009年第1期。

10 王昭武：《经济案件中民刑交错问题的解决逻辑》，载《法学》2019年第4期。

11 陈瑞华：《刑事附带民事的三种模式》，载《法学研究》2009年第1期。

12 刘少军：《论“先民后刑”刑事附带民事诉讼程序的构建——兼论〈刑事诉讼法修正案〉对附带民事诉讼制度的改革》，载《政治与法律》2012年第11期。

从而可以被法院认定为酌定从轻处罚的情节，使被告人获得量刑上的“优惠”。而如果按照“先刑后民”机制，先确定刑事处罚再确定民事赔偿，被告人赔偿的动力会相对不足，甚至会转移财产逃避赔偿。[13] 其三，有利于法院审判和执行顺利进行。在法院的调解下，被害人可以最大限度地获得赔偿，被告人可以获得从轻判决的机会，这有助于提高诉讼效率，尽快审结案件。同时，在这种情况下，被告人对被害人的赔偿属于“自愿”赔偿，被告人能够较为自觉地履行赔偿义务。

对环境刑事附带民事诉讼而言，“先刑后民”还是“先民后刑”，决定了环境修复价值目标的实现程度。在“先刑后民”的审判机制下，由于犯罪行为人的刑事责任已经先行确定，无论其是否积极承担环境修复的民事责任，都不会改变对其的刑事处罚，自然不会承担环境修复的义务，或者即使承担了也很难会去积极履行。判决生效后，虽然可以将积极履行环境修复的义务作为减刑的依据，但此时的义务履行对环境修复而言已经具有严重的迟滞性，无法实现对环境的及时修复[14]。而“先民后刑”的审判机制则有助于及时、有效地实现环境修复。虽然赔偿损失、恢复原状是环境侵害人应当自觉履行的义务，属于民事诉讼的范畴，但这些义务如若放到刑事附带民事诉讼中，便具有了刑事诉讼的价值，即可以作为犯罪行为人从轻或减轻处罚的酌定情节，激励犯罪行为人积极承担环境修复义务。犯罪行为人为了从轻或减轻处罚，会尽最大努力修复环境。

结语

环境治理现代化要求环境资源审判落实以生态环境修复为中心的损害救济制度，在环境犯罪案件的审理中，传统的报应性正义和职权主义模式不利于环境修复的真正实现，恢复性司法与环境伦理、环境修复完美契合，有助于解决传统模式的不足。在恢复性司法的框架下，通过“刑民合并审理”和“先民后刑”的审理机制，可以有效平衡环境犯罪惩罚、受害者利益维护和环境修复等问题之间的关系，从而在环境犯罪治理中最大限度地实现环境修复。

13 陈纯柱、樊锐：《“先民后刑”模式的正当性与量刑研究》，载《中国政法大学学报》2012 年第 2 期。

14 汪劲、马海桓：《生态环境损害民刑诉讼衔接的顺位规则研究》，载《南京工业大学学报（社会科学版）》2019 年第 1 期。

论环境民事公益诉讼中生态修复责任的实现路径

苟应鹏*

【内容提要】 为适应生态文明建设的需要，我国《民法典》确立了以生态修复责任为主的环境损害救济制度。但是，由于《民法典》对生态修复责任的性质、实现方式等具体内容缺乏详细规范，制约了生态修复责任制度优势的真正发挥。对此，在环境民事公益诉讼中，有必要树立科学合理的生态修复目标体系，确立以实施生态修复行为为主的具体责任承担方式，构建以慈善信托为基础的生态修复资金管理使用机制，以此发挥生态修复责任的应有功能。

【关键词】 环境民事公益诉讼　生态修复责任　生态修复目标　生态修复费

由环境污染和生态破坏造成的生态环境损害并不仅仅是单一环境或生态状况受到不利影响，而是包括多种生态环境要素在内的整体生态环境系统功能和价值因素的改变。因此，针对自然环境损害的救济应当注重生态环境系统的整体性，以维护生态环境的公共利益。为适用自然环境损害救济的特殊需要，最高人民法院此前陆续出台相关司法解释等规范性法律文件，原则上确立了以生态修复责任为主要内容的生态环境损害救济制度，其主要存在于环境民事公益诉讼当中。但是，各类规范性法律文件对生态修复责任的性质、内容和实现方式等具体内容缺乏详细规范，现有理论研究也多集中于环境民事公益诉讼

* 苟应鹏——南京大学法学院司法制度研究中心研究员，主要研究领域：民事诉讼法学。

的主体[1]等程序规范，对生态修复责任这一程序与实体交叉内容本身关注较少。生态修复责任制度在具体规范和理论研究上甚至远远落后于司法实践的现实需要，[2]这严重制约着生态修复责任及其制度优势的功能发挥。本文尝试以生态修复责任的实现路径为宗旨，立足生态修复责任的基本理论，结合具体案例分析其在环境民事公益诉讼中的适用情况，分析制约其制度价值的现实障碍，以为生态修复责任的司法适用与制度完善提供一套可行的操作方案。

一、我国生态修复责任内涵的立法选择

根据生态修复内容的不同，生态修复责任有广义和狭义之分。广义的生态修复责任是自然环境和社会生态的综合修复过程，指的是自然环境损害的责任主体通过采取必要措施来修复受损的自然环境，使失衡的自然生态系统尽可能地恢复平衡。在自然修复的同时，由国家、政府、社会、民众进一步参与，通过合理的社会资源分配，修复因自然环境损害而造成的社会经济发展不平衡状态，最终实现人类社会可持续发展。[3]狭义的生态修复责任仅仅针对自然环境修复。具体而言，生态环境损害发生后，侵权人通过采取替代性修复措施、实施必要的生态修复行为、承担生态修复费用等，利用生态系统的自我组织和调节能力来恢复、重建或改建受损的生态系统，尽可能地恢复自然环境原有的价值功能。[4]

我国学界通常选择将生态修复责任的内涵限于自然环境生态修复，并认为其是以救济生态环境损害为目标的综合责任体系，涉及多种责任而非单一责任。[5]我国司法实践通常也采取这种认识。最高人民法院在 2016 年发布的《关于充分发挥审判职能作用 为推进生态文明建设与绿色发展提供司法服务和保障的意见》就明确提出“落实以生态环境修复为中心的损害救济制度”。一般认为，这里的“生态环境修复”作为环境损害救济制度的核心，指的是“采取各项必要的、合理的措施将生态环境及其生态系统服务恢复至生态环境损害未发生时的状态

1　参见朱凌珂：《环境民事公益诉讼中原告资格的制度缺陷及其改进》，载《学术界》2019 年第 12 期。

2　参见魏旭：《生态修复制度基本范畴初探》，载《甘肃政法大学学报》2016 年第 1 期。

3　参见吴鹏：《生态修复法制初探——基于生态文明社会建设的需要》，载《河北法学》2013 年第 5 期。

4　参见王治国：《关于生态环境修复若干概念与问题的讨论》，载《中国水土保持》2003 年 10 期。

5　参见李挚萍：《生态环境修复责任法律性质辨析》，载《中国地质大学学报（社会科学版）》2018 年第 2 期。

（基线水平），同时补偿期间损害”。[6]因此，生态修复责任不应被孤立片面地看待，而应将其视为一个独立的责任救济体系。

在我国，生态修复责任作为生态环境侵权的一种责任承担方式，最早是由《最高人民法院关于审理环境民事公益诉讼案件适用法律若干问题的解释》第20条、《最高人民法院关于审理环境侵权责任纠纷案件适用法律若干问题的解释》第14条确立的。最高人民法院明确将“生态环境修复”区分为承担生态环境修复行为和支付生态环境修复费用的“本位责任和替代责任”。[7]生态环境修复的概念则建立在生态环境受损害之上，即无损害无修复。[8]虽然最高人民法院已经通过司法解释肯定生态环境修复的责任承担方式，但理论上常有观点认为生态修复责任只是对“恢复原状”责任的扩充性解释，本质上是恢复原状而非一种新的责任承担方式。[9]这种见解在《民法总则》制定过程中也得到了体现。

2016年，《民法总则（草案一审稿）》在民事责任条款规定了“恢复原状、修复生态环境”的责任形式，但是《民法总则（二审稿）》《民法总则（三审稿）》乃至正式通过的《民法总则》都删除了“修复生态环境”的责任形式。其主要原因就在于部分学者认为“恢复原状”的外延已经包含了“生态修复”，因而没有单列的必要。[10]然而理论上多数学者认为，虽然可以通过扩张恢复原状责任的概念外延将生态修复责任纳入其中，但二者在保护的权利、救济的利益性质、救济的对象与手段等方面存在明显区别，生态环境修复与民法中的物理恢复存在本质差异。[11]“生态环境修复更多体现的是环境法的整体主义思维、风险预防和公众参与原则、技术与法律的协同等理念和制度”[12]，民法上的

---

6 王小钢：《〈民法典〉第1235条的生态环境恢复成本理论阐释——兼论修复费用、期间损失和永久性损失赔偿责任的适用》，载《甘肃政法大学学报》2021年第1期。

7 参见竺效：《民法典为环境公益损害救济提供实体法依据》，载《光明日报》2020年6月5日，第11版。

8 参见王麒睿、毋爱斌：《环境民事公益诉讼责任承担方式体系论——基于39起典型案件的实证研究》，载《法治论坛》2020年第1期。

9 参见吕忠梅、窦海阳：《以“生态恢复论”重构环境侵权救济体系》，载《中国社会科学》2020年第2期；王利明：《〈民法典〉中环境污染和生态破坏责任的亮点》，载《广东社会科学》2021年第1期；刘士国：《民法典“环境污染和生态破坏责任”评析》，载《东方法学》2020年第4期。

10 参见民法总则立法背景与观点全集编写组：《民法总则立法背景与观点全集》，法律出版社2017年版，第57页、第145页。

11 参见徐军、何敏：《生态环境修复责任的法律困境与制度突破》，载《青海社会科学》2019年第6期；宁清同：《民事生态修复责任之理论证成》，载《广西社会科学》2020年第9期。

12 吕忠梅、窦海阳：《以“生态恢复论”重构环境侵权救济体系》，载《中国社会科学》2020年第2期。

“恢复”主要在于使单个“物”的物理形态恢复至最初状态。生态环境修复请求权不同于恢复原状等传统民事责任，是环境公益救济的主要责任承担方式，具有显著的公法性质。[13]

在这种认识的影响下，我国《民法典》第1234条规定：“违反国家规定造成生态环境损害，生态环境能够修复的，国家规定的机关或者法律规定的组织有权请求侵权人在合理期限内承担修复责任。侵权人在期限内未修复的，国家规定的机关或者法律规定的组织可以自行或者委托他人进行修复，所需费用由侵权人负担。”从法律层面正式明确“生态修复责任”是生态环境民事责任中一项独立的、主要的责任承担方式，确定生态修复责任有利于实现对生态环境功能的及时恢复。[14]对于生态修复责任与恢复原状责任的关系，权威解释也明确指出，“生态环境修复，是指对被污染或破坏的生态环境予以修复，恢复其内在功能”，不使用已有的“恢复原状”是因为生态环境具有特殊性，一旦生态环境遭到污染或破坏，不可能完全恢复到受损害前的状态，只能通过技术措施尽可能地恢复其原有的生态功能、文化功能等，所以生态环境修复的概念内涵更加宽泛，生态修复责任实际上是传统恢复原状责任在生态环境侵权领域的具体表达。[15]从具体应用层面来看，生态环境修复大致涵盖三个递进层次的内容：第一，清除受损区域的有害因素或污染物质；第二，有效切断污染因素或物质持续扩散的途径；第三，使受损区域生态环境系统的生态功能、文化功能等尽可能地恢复到原有水平。[16]

二、环境民事公益诉讼中生态修复责任的适用考察

（一）环境民事公益诉讼中生态修复责任的适用表征

生态修复责任直接指向环境公益的维护与救济，符合环境民事公益诉讼制度的性质和目标，因此在环境民事公益诉讼中得到了广泛适用。由于生态修复责任的丰富内涵，在环境民事公益诉讼的司法实践中，多数情况下法院判决使

13 参见吕忠梅：《修复生态环境责任的实证解析》，载《法学研究》2017年第3期；王慧：《〈民法典〉生态环境修复请求权的二元构造及其实现路径》，载《安徽大学学报（哲学社会科学版）》2021年第4期。

14 参见最高人民法院民法典贯彻实施工作领导小组：《中华人民共和国民法典侵权责任编理解与适用》，人民法院出版社2020年版，第564－565页。

15 参见黄薇主编：《中华人民共和国民法典侵权责任编解读》，中国法制出版社2020年版，第259－260页。

16 参见李戈：《生态修复责任在环境公益诉讼中的实现路径》，载《人民法院报》2021年4月1日，第8版。

用的也是多种责任集合的方式。以最高人民法院在2017年发布的十起环境公益诉讼典型案例中的八件民事案件为例，原告诉请和法院判决的责任承担方式除了停止实施环境侵权行为，还包括恢复原状、按照生态修复方案进行修复或者承担代履行费用、直接赔偿生态环境修复费用及功能损失、依法及时处置生态环境污染物等，各地司法实践中的具体生态修复责任方式还包括复绿固土、异地补植、放养鱼苗、补种护理林木等。[17] 必须承认的是，适用因地制宜的生态修复责任承担方式，能够有针对性地应对复杂多样的环境损害事件并及时采取适当的综合性救济措施，真正做好生态环境修复工作。

环境民事公益诉讼典型案例中的部分诉请和责任承担方式

案件名称	诉讼请求	裁判结果
江苏泰州市环保联合会诉泰兴锦汇化工有限公司等水污染案	判令赔偿环境修复费	判决赔偿环境修复费用1.6亿余元，如能够通过技术改造降低环境风险……技术改造费用可以在1.6亿元的40%额度抵扣
中华环保联合会诉山东德州晶华集团振华有限公司大气污染案	判令停止排放污染物，增设防治设施……赔偿生态修复费用和服务功能损失	判决承担生态修复责任，赔偿2198.36万元用于大气环境质量修复
中华环保联合会诉江苏江阴长泾梁平生猪专业合作社等养殖污染案	判令停止污染行为……排除环境污染危险，对环境要素进行修复并承担相应的生态修复费用	判决自行按照修复方案进行修复并达到规定标准……如不能则承担法院将委托第三方进行修复的费用
江苏省徐州市人民检察院诉徐州市鸿顺造纸有限公司水污染案	判令对被污染损害的环境恢复原状……如无法恢复原状判令其支付生态修复费用	判决赔偿生态修复费用及服务功能损失共计105.82万元
江苏省镇江市生态环境公益保护协会诉江苏优立光学眼镜公司固体废物污染诉讼案	判令采取措施消除污染，承担固体废物处理费用或者赔偿因其环境修复所需费用	判令在环境保护的监督下按照一般废物依法处置涉案废物

17 参见李戈：《生态修复责任在环境公益诉讼中的实现路径》，载《人民法院报》2021年4月1日，第8版。

（二）环境民事公益诉讼中生态修复责任适用存在的问题

1. 生态修复目标不明确制约着生态修复责任的判决和执行

明确合理的生态修复目标是落实生态修复责任的前提。从各国立法和实践的适用情况来看，受民法上的恢复原状责任制度的影响，各国法律对生态环境修复的目标要求一般是将受损害的生态环境恢复到原来甚至更好的状态，恢复受到影响环境的所有利用价值、修复到损害发生之前的状态和功能等，恢复原状似乎是环境修复最基本的目标。[18]但是，以民法物理意义上的恢复原状目标来要求环境法上系统生态功能意义上的生态环境修复，没有注意到生态环境修复的特殊性，生态环境遭受损害后，往往很难真正恢复到侵害前的功能状态。生态修复的目标仅仅是尽可能恢复受损的生态环境。除此之外，对生态修复目标的确定还存在以下现实难题：

首先，生态修复前的状态难以确定。生态环境具有“共产财产”属性，同时环境质量状况具有隐藏性。多数情况下法院、侵权人不得不借助专业人员和专门设备对受损环境的具体状况进行检测和评估，但由于我国环境质量档案制度缺失，因此很难像一般的人身权、财产权那样明确生态环境受损前的功能价值与现实状态。其次，生态环境损害的程度难以确定。在“差额说”的传统责任判定方法下，侵权人承担的生态修复责任应与其造成的损害相对应。然而，法院在认定生态环境的损害事实时，因生态环境具有“牵一发而动全身”的显著特征，加上对生态环境污染破坏程度的判定需要科学的技术方法，而这超出了多数法官的认知能力，因此法院很难确定侵权人实施的环境侵害范围及其造成的具体损害，进而无法确定生态环境修复的具体目标和修复内容。最后，在很多时候，生态环境损害后具有不可逆转性，如大气污染、流动水污染等，有些生态环境遭受损害后因现有的环境恢复技术水平不够或恢复成本过高而使生态修复客观上无法实现，致使判决执行陷入困境。

基于这些现实难题，司法实践中，法院判决确定的生态修复目标往往存在如下问题：一是法院判决确定的生态修复责任目标不统一，不同判决对同一环境要素的生态修复目标的最终完成度不尽相同。二是判决确定的生态修复责任目标模糊，责任内容难以科学有效地执行。[19]例如，同样是水污染责任纠纷的环境民事公益诉讼案件，不同法院判决确定的生态修复责任内容笼统且存在较

---

18 参见李挚萍：《环境修复目标的法律分析》，载《法学杂志》2016年第3期。

19 参见康京涛：《生态修复司法适用的实证分析——以212份环境裁决文书为中心》，载广州市法学会编：《法治论坛》（2018年第3辑），中国法制出版社2018年版。

大差异，有的是清除水体污染物，有的是增殖放流，有的则是直接要求被告承担生态环境修复费用，没有一个清晰明确的量化指标指引法院确定恰当的生态修复方案。三是判决确定的生态修复责任目标缺乏整体主义思维，法院判决大多只考察个别直接受损的环境要素，没有意识到任何环境要素的损害都会影响生态环境的整体功能。

2. 法院判决确定的生态修复责任具体承担方式错位

通过对实践案例研析不难发现，生态修复责任在环境民事公益诉讼中的具体承担形式主要包括实施生态修复行为、承担生态修复费用、采取替代性修复措施等，且这些责任承担形式之间具有转换性。根据环境民事公益诉讼的制度目的以及生态修复责任的制度特性，侵权人直接实施生态修复行为对受损环境进行修复应当作为该类诉讼的首要诉请和判决内容，只有侵权人不能或不愿实施生态修复行为时，侵权人才可以通过承担替代履行的生态修复费用等方式履行其应当履行的生态修复责任。也就是说，“替代责任”是“本位责任”的备位责任履行方式。

在司法实践中，法院判项却以侵权人直接承担替代履行的生态修复费用为主。以笔者在“中国裁判文书网”中检索到的39件要求侵权人承担生态修复责任的环境民事公益诉讼案件为例，其中判令侵权人直接实施生态修复行为的仅有4件，判令侵权人限期内实施修复行为、否则应支付生态修复费用或承担第三方履行费用的有8件，判令侵权人直接承担生态修复费用的达23件。[20]直接实施生态修复行为的责任承担方式适用范围较窄的原因同样可以归结为上文描述的生态修复责任目标不明确、环境损害的程度难以确定、生态修复方案难以设计等。因此，多数法院倾向于将生态修复责任核算为一定的金钱给付责任，直接判令侵权人支付相应数额的生态修复费用，以节省时间和精力。

然而，直接判令侵权人承担生态修复费用的责任承担方式同样存在现实难题：在环境质量评估不完善、生态修复经济成本难以核算的情况下，生态修复费用的具体数额难以确定、衡量标准不统一；多数受损环境无法修复或者生态修复成本过高，侵权人无力承担行为责任，导致判决陷入难以执行的尴尬境地；更为重要的是，我国生态修复资金管理使用制度并没有真正建立起来，生态修复资金的管理使用程序长期处于混乱状态，加上缺乏合法有效的监管机制，导致生态修复资金基本无法用到刀刃上。

20 相关案例可以参见安徽省马鞍山市中级人民法院（2016）皖05民初113号民事判决书、重庆市第一中级人民法院（2017）渝01民初773号民事判决书、江苏省常州市中级人民法院（2014）常环公民初字第2号民事判决书。

3. 生态修复资金管理使用主体混乱、程序不健全

要求侵权人承担生态修复费用的目的同样是使受损的生态环境能够尽可能地恢复至原有的系统功能与文化功能。在侵权人不履行或者无力履行生态环境修复行为的时候，一般只能依赖生态修复资金的有效管理和使用，推动生态修复工作实施。然而，我国并没有建立完善的生态修复资金管理使用制度，特别是在生态环境修复费用的运行过程中存在较为明显的赔付方式简单粗糙、监督管理规则缺少混乱等问题，导致生态修复资金管理使用制度无法真正实现其助力生态环境修复的本来目的。[21]

为解决这一现实问题，实践中出现了法院、政府以及环境公益基金会等不同管理使用主体的规范样式。例如，《山东省生态环境损害赔偿资金管理办法》将生态修复资金作为政府非税收入上缴国库；《昆明市环境公益诉讼救济专项资金管理暂行办法》规定由环境保护局开设专门账户对生态修复资金统一核算和管理；等等。但前述做法或多或少都存在一定的问题。比如，由环境保护部门支配和使用，社会公众会怀疑其违法使用、消极履职；由法院管理使用，既加重了法院的工作负担，也容易造成角色冲突；由公益组织负责管理使用，缺乏明确的法律依据，而且很多公益组织往往为公益诉讼案件中的原告；由相关利害关系人管理运营，则易引发道德风险。对于生态修复资金的管理使用，最高人民法院一直尝试建立环境公益诉讼专项基金，专款用于生态环境修复，维护环境公共利益。[22]地方政府在试点生态环境损害赔偿制度改革时则倾向于将生态修复资金作为政府非税收入上缴地方国库，纳入地方预算管理。

总体来看，生态修复资金的管理使用主要有两种模式：一种是公权力主导的资金管理模式，将资金放入国库或财政专用账户，由政府部门统一管理使用或法院申请使用；另一种是民间力量主导的资金管理模式，通过与现有的公益性基金会或慈善信托机构进行合作，通过基金会下设专项基金或委托信托机构对修复资金进行管理和使用，保证资金能够切实有效地运用到特定地域生态修复工作中。[23]实践做法的不统一，既可能引发社会公众对生态环境修复责任制度可行性的质疑，也极易影响环境民事公益诉讼的制度目标与执法效果。

21　参见张洋：《公益诉讼生态环境修复费用运行规则建构——基于〈中华人民共和国民法典〉第 1234 条的分析》，载《南海法学》2021 年第 3 期；徐蓬勇、李芳芳：《环境民事公益诉讼中生态修复义务的实现路径探析》，载《人民法院报》2021 年 6 月 10 日，第 8 版。

22　参见《关于全面加强环境资源审判工作为推进生态文明建设提供有力司法保障的意见》第 14 条。

23　参见竺效、蒙禹诺：《论生态损害赔偿金的信托管理模式——以环境公益维护为视角》，载《暨南学报（哲学社会科学版）》2018 年第 5 期。

三、环境民事公益诉讼中生态修复责任有效实现的制度完善

（一）多方面整合确定科学合理的生态修复目标体系

首先，生态修复目标的确定先需要考虑的是生态环境的整体性问题。生态环境是由水、土壤、大气、植被、微生物等多个环境要素组成的，具有内在联系的有机整体。在生态修复目标的确定过程中，要明确哪些环境要素需要修复以及修复的具体程度，结合各个环境要素的特殊性分别确定相应的生态修复标准。因此，对生态修复目标的确定必须坚持生态环境修复的整体主义思维，注意各项环境要素间的相辅相成关系，注重对破坏的生态系统稳定、平衡状态的恢复，而不是只针对单个环境要素进行生态环境整治，需要高度重视生态系统各个组成部分之间关系的协调和平衡，从保护生态系统完整性的角度确定科学、合理的生态环境修复目标。[24]

其次，生态修复目标的确定需要处理好生态修复的短期目标和长期目标，明确生态环境的直接修复可能性与替代修复可能性。根据原环境保护部发布的《环境损害鉴定评估推荐方法（第Ⅱ版）》，短期生态修复目标一般是在环境受到损害后，致力于将环境污染的范围、程度所带来的风险（包括健康风险和生态风险）控制在“可接受风险水平”之内，长期生态修复目标是将生态环境的物理、化学或生物特征及其提供的生态服务系统功能恢复至“基线状态”。一般而言，“可接受风险水平”可以根据法律规定的质量标准并结合具体环境要素进行确定，主要作用在于制止环境侵害的扩大化，具有明显的应急性；“基线状态”则需要根据受损环境的不同特征确定具体的范围和规模，主要作用在于尽可能使受损环境“恢复原状”。

最后，生态修复目标的确定需要不同利益主体合力参与。生态环境具有明显的公共性，不同利益主体对生态修复有着不同的要求。例如，社会公众因为在环境中生存、生活，一般重视的是排除环境致人体健康风险的恢复，企业作为环境资源开发利用主体关注的是环境特定用途的恢复，政府作为环境质量负责主体看重的是环境质量标准状态的修复。[25]因此，为使制定的生态修复目标科学、合理、可行，法院有必要听取受生态环境损害影响的不同利益主体的意见，防止公共利益异化为少数人的利益。

24　参见吕忠梅、窦海阳：《以“生态恢复论”重构环境侵权救济体系》，载《中国社会科学》2020年第2期；王灿发：《论生态文明建设法律保障体系的建构》，载《中国法学》2014年第3期。

25　参见李挚萍：《环境修复目标的法律分析》，载《法学杂志》2016年第3期。

（二）确立以实施生态修复行为为主的生态修复责任具体承担方式

以侵权人实施生态修复行为作为生态修复责任的首要责任承担方式，能够促使侵权人采取有效的生态修复行动和措施，及时实现生态环境修复的目的，增强环境民事公益诉讼的执法效果。也就是说，只有在侵权人没有修复好生态环境或者没有提出具体可行的修复方案的情况下，侵权人才可以通过承担生态环境修复费用等方式代替履行生态修复责任，以保证生态环境修复责任作为行为责任的性质。[26] 法院在判决时应当明确："被告制定修复方案并进行修复，被告逾期不履行修复义务或者修复未达到保护公共利益标准的，需赔偿生态修复费用……"[27] 同时，将实施生态修复行为作为优先选择的环境损害救济责任承担方式也能够避免诸多现实难题，如判断生态修复费用是否必要合理，考虑生态修复费用如何支付、管理和使用等。

为保证侵权人实施生态修复行为时发挥其应有效用，还应做好相关配套机制的完善工作。比如，为弥补侵权人自身环保专业性知识的不足，在做好生态环境保护专业人才和机构建设的基础上，规范引导他们参与和监督侵权人的生态修复工作，确立正确的生态修复目标，制定科学的生态修复方案，保证生态修复方案的正确、及时实施。对于侵权人自身的生态修复能力特别是经济能力确实不足的，判决中可以使用技术改进奖励等判项激励侵权人认真开展生态修复工作，执行过程中可以协调相关行政机关或环保组织给予侵权人一定的政策或资金支持。同时，规范引导社会公众参与对侵权人实施生态修复行为的方案制定和方案实施监督，保证生态修复目标如期实现。

（三）构建以慈善信托为基础的生态修复资金管理使用机制

生态修复资金的管理和使用应当坚持安全、有效原则。安全是指对生态修复资金进行安全管理保证不被侵占，有效是指降低生态修复资金管理成本，保障生态修复资金真正用于生态环境修复。公权力主导下的资金管理模式，安全性虽无疑问，有效性却存在一定程度上的不足。一方面生态修复资金作为政府非税收入纳入地方财政以后，未必会全部用于生态修复；另一方面因政府内部管理流程约束，生态修复资金的使用往往需要较长时间，无法及时用于生态环境修复。

从生态环境修复的合目的性与效率方面看，民间主导的管理模式似乎更具

26　参见徐以祥：《〈民法典〉中生态环境损害责任的规范解释》，载《法学评论》2021 年第 2 期。

27　典型案例可以参见山东省烟台市中级人民法院（2017）鲁 06 民初 8 号民事判决书。

优势。对资金的使用实际是一种“散财之道”，信托机构、基金会的组织管理相比政府等行政机构也更具专业性。对民间主导模式安全性的顾虑则可以通过完善信息公开透明度、加强社会监督机制进行保障。对比公益基金会和慈善信托，慈善信托的设立相对简单，资金管理更为灵活，管理成本也相对较低，而且可以保证专款专用，因此对于能够原地修复的受损环境修复资金以慈善信托的方式管理使用较为合适。[28] 从法理上看，生态环境损害赔偿诉讼可以被理解为一种以自然资源国家所有原则为赔偿权利人的程序性权利来源，以公共信托环境权益损害为救济对象的特殊诉讼。[29] 因此，以慈善信托方式管理使用生态修复资金是完全符合环境民事公益诉讼的制度目的和结构的。具体而言，法院裁判生效后，法院可以与信托机构签订合同，由信托机构对生态修复资金进行专业管理。信托机构可以聘请环境保护公益组织作为公益顾问，弥补环保专业知识不足的问题，协助其确定生态修复方案、选任生态修复机构、监督生态修复情况等。为增强生态修复资金管理使用的“阳光度”，慈善信托需要按照规定设立监察人对生态修复资金的管理使用情况进行全程监督。信托机构也应按照规定在全国慈善信息公开平台及时公开相关信息，接受社会公众监督，从而形成内部监督与外部监督并行的双重监督机制。生态修复完成以后，信托机构则需要将生态修复资金使用情况、生态修复情况等向法院报告，法院通过组织环境保护部门对生态修复效果进行验收，验收合格的，裁定执行结案。

对于不能原地修复的受损环境，则可以通过设立专门的环境公益基金，并建立以基金会为主体，由基金会设立营利性法人企业经营营利性环保业务的组织结构，环境公益基金由政府财政部门、自然资源部门、生态环境部门共同监督和管理。[30] 例如，地方实践中出现的贵阳生态文明基金、昆明环境公益诉讼专项基金就属此类。为了解决跨区域受损生态环境修复问题，则可以设立全国性的环境公益基金会并在各省建立分基金会。环境公益基金以各级财政拨款为主要资金来源，但环境公益基金会也可以通过设立环保投资公司从事营利性环保事业以扩大资金来源，从而形成基本基金、专项基金与投资基金的多元基金模式。[31] 基

28 参见王麒睿、毋爱斌：《环境民事公益诉讼责任承担方式体系论——基于 39 起典型案件的实证研究》，载广州法学会编：《法治论坛》（2020 年第 1 期），中国法制出版社 2020 年版。

29 参见王小钢：《生态环境损害赔偿诉讼的公共信托理论阐释——自然资源国家所有和公共信托环境权益的二维构造》，载《法学论坛》2018 年第 6 期。

30 参见孟庆瑜、徐艺霄：《生态环境修复基金制度构建的实证分析与理论设想》，载《河北学刊》2021 年第 2 期。

31 参见何璐希：《多元共治背景下生态环境损害代修复之刍议——以〈民法典·侵权责任编〉第 1234 条为视角》，载《哈尔滨工业大学学报（社会科学版）》2021 年第 2 期；孟庆瑜、徐艺霄：《生态环境修复基金制度构建的实证分析与理论设想》，载《河北学刊》2021 年第 2 期。

金会获得的环境公益基金主要用于环境损害发生的一定区域内的生态修复工作或者公益诉讼资金支持。环境公益基金会也可以与慈善信托有机结合，共同助力生态环境修复目标实现，如环境公益基金会可以作为委托人将其接受的生态修复资金以慈善信托的方式交由信托机构管理，用于特定区域的生态环境修复治理。[32]

结语

《民法典》第 1234 条对生态修复责任的正式确立，为我国生态文明建设提供了新的支点。不过，生态修复责任要真正起到环境损害救济的功能，既需要环境民事公益诉讼提供有力支持，还需要与相关制度有效衔接和配套。比如生态环境修复实施方案的修复目标与技术方案如何进行确定，生态环境修复的监管机制如何落实，如何建立科学的生态环境修复费用管理规则，等等。这些问题都有待进一步细化和落实。

32 参见李戈：《生态修复责任在环境公益诉讼中的实现路径》，载《人民法院报》2021 年 4 月 1 日，第 8 版。

实务研究

我国海洋科学研究管理立法现状、不足及应对策略

郭　萍　李雅洁*

【内容提要】全球海洋治理背景下海洋科学研究活动日趋频繁，并逐渐成为海洋大国新的角力场，但我国海洋科学研究管理采取“三元分立”的立法模式，且多以规章或规范性文件为主。在海洋科学研究保密事项、科研设备管理、海洋生态环境保护、海洋科学研究活动监管处罚、科考船船员及设备操作人员队伍专业化等方面存在规定过简、缺失等不足。本文通过对我国关于海洋科学研究的国内立法以及我国参加的相关国际条约双重维度分析，提出应当加强对海洋科学研究活动综合管理的立法，并提升其法律位阶，以更好地贯彻实施海洋强国战略，维护海洋权益和国家安全。

【关键词】海洋科学研究　综合管理　立法分析　应对策略

引言

国家“十三五规划”实施以来，我国海洋科技发展总体较好。在国家创新驱动发展战略和科技兴海战略的指引下，海洋科技覆盖范围逐步扩大，海洋科技创

---

* 郭萍——中山大学法学院、南方海洋科学与工程广东省实验室（珠海）教授、博士生导师，最高人民法院民事审判第四庭国际海事法律研究基地（中山大学）执行主任，主要研究领域：海商法、海洋法。李雅洁——中山大学法学院博士研究生，南方海洋科学与工程广东省实验室（珠海）海洋战略与法律团队研究人员，主要研究方向：海商法、海洋法。本文系国家社科基金“新时代海洋强国建设”重大研究专项（20VHQ005）以及南方海洋科学与工程广东省实验室（珠海）资助项目（ML2020SP005）阶段性成果。

新能力不断提升，我国科学家赴境外海域从事科学研究活动的频次增加。截至2022年6月，我国已完成第38次南极科学考察[1]、第12次北极科学考察[2]、深海地质第10航次[3]。中国大洋75航次科考已经启航，履行与国际海底管理局签订的多金属结核勘探合同。[4]海洋经济持续向好与大力开展海洋科学研究活动密不可分。

海洋科学研究的管辖权及相关问题曾是第三次海洋法会议谈判的焦点问题之一，[5]虽然与会各国通过协商、妥协达成折中解决方案，但仍有一些问题未能从根本上得以解决。如在专属经济区从事海洋科学研究活动是否应事先得到沿海国明示同意，各国法律规定不同。《联合国海洋法公约》虽以专章规定了海洋科学研究的一般原则、国际合作规则、争端解决方式等，但并未对海洋科学研究的概念予以界定，这使得在“水文测量”与“军事测量”是否属于海洋科学研究范畴等方面存在分歧。而西方一些国家则利用此公约空白，以所谓“水文测量”与“军事测量”为名，在我国管辖海域频繁活动，挑战《联合国海洋法公约》“为和平目的”之原则。[6]

海洋科学研究是开发利用海洋资源的基础，[7]我国目前仅有《涉外海洋科学研究管理规定》对涉外海洋科学研究活动予以专门规定，尚未存在针对海洋科学研究综合管理的专门性立法。为进一步实施《涉外海洋科学研究管理规定》，相关主管部门先后发布通知等规范性文件。但这些规范性文件不仅法律位阶较低，而且内容较为零散，与我国现阶段管理海洋科学研究的现实与实践需求难以适应和匹配，滞后性比较明显。而对于非涉外海洋科学研究的管理，目前我国尚未有专门性立法，仅在《海洋环境保护法》《测绘法》《海洋观测预报管理条例》等相关法律法规个别条文中有所提及。为进一步探索海洋、开发海洋和

1 新华社：《中国第38次南极科学考察圆满收官》，载中华人民共和国中央人民政府官网，http：//www. gov. cn/xinwen/2022－04/26/content_ 5687388. htm#1，最后访问于2022年9月15日。

2 新华社：《中国第12次北极科学考察圆满完成》，载中华人民共和国中央人民政府官网，http：//www. gov. cn/xinwen/2021－09/28/content_ 5639873. htm，最后访问于2022年9月15日。

3 韦振权：《海洋地质六号完成2020年首项远洋科考任务凯旋》，载自然资源部地质调查局官网，https：//www. cgs. gov. cn/gzdt/zsdw/202008/t20200811_ 645215. html，最后访问于2022年9月15日。

4 《中国大洋75航次（北京先驱第2航次）第一航段海上调查工作圆满收官》，载中国海洋信息网，https：//www. nmdis. org. cn/c/2022－10－17/77736. shtml，最后访问于2022年9月15日。

5 参见白佳玉：《〈联合国海洋法公约〉缔结背后的国家利益考察与中国实践》，载《中国海商法研究》2022年第2期。

6 参见傅崐成：《全球海洋法治面对的挑战与对策》，载《太平洋学报》2021年第1期。

7 参见余敏友、周昱圻：《专属经济区海洋科学研究与测量活动的国际法分析》，载《时代法学》2021年第3期。

经略海洋，推动我海洋强国战略实施，海洋科学研究综合管理立法体系亟须完善。

一、我国有关海洋科学研究管理的立法现状

我国目前虽尚未针对海洋科学研究管理进行法律层面上的专门性立法，但总体上我国有关海洋科学研究管理的法律体系已初步形成。以下从国内立法、我国批准或参加的国际条约两个维度进行梳理。

（一）国内立法维度

1. 法律层面

我国针对不同海域内从事海洋科学研究活动的管理规定散见于不同的单行立法中。1992 年 2 月，《领海及毗连区法》颁布实施，其中第 11 条涉及在我国领海内从事科学研究的内容，明确非法进入我国领海进行科学研究、海洋作业等活动的，由有关机关依法处理。1998 年颁布实施的《专属经济区和大陆架法》在第 3 条、第 4 条以及第 9 条分别对在我国专属经济区和大陆架进行的海洋科学研究进行规制，明确任何国际组织、外国组织或者个人在我国专属经济区和大陆架进行海洋科学研究，须经我国主管机关批准。2021 年 1 月，《海警法》通过，其中第 12 条第 1 款第 5 项明确规定海警机构依法对涉外海洋科学研究等活动进行监督检查，查处违法行为；第 27 条规定海警机构对在我国管辖海域进行海洋科学研究的国际组织、外国组织和个人的船舶具有监管职责，并可以根据实际情况派出执法人员随船监管。除上述法律外，尚有部分单行法律的条文规定涉及海洋科学研究，例如《海洋环境保护法》第 2 条和第 5 条、《渔业法》第 37 条、《海域使用管理法》第 9 条等。[8]

2. 行政法规层面

中华人民共和国成立后，为加强对我国管辖海域内进行涉外海洋科学研究活动的管理，国务院于 1996 年 6 月 18 日以第 199 号令颁布《涉外海洋科学研究管理规定》。其颁布实施具有深刻的国际和国内背景。《联合国海洋法公约》生效，并对海洋科学研究作专章规定，进一步履行公约义务是《涉外海洋科学研究管理规定》出台的国际因素。其国内背景是基于对我国现实情况的考虑。因

---

8 此外，我国《湿地保护法》第 30 条，《测绘法》第 2 条、第 4 条、第 8 条、第 17 条、第 37 条、第 41 条、第 61 条，《野生动物保护法》第 3 条、第 9 条、第 11 条、第 21 条、第 24 条至第 27 条、第 34 条、第 45 条，《放射性污染防治法》第 43 条，《矿产资源法》第 8 条、第 9 条、第 22 条，均直接涉及海洋科学研究事项。

为从 20 世纪 70 年代末至 90 年代初，我国先后与美国、德国和日本等国合作开展了中美南海海洋地质联合调查、中美联合长江口及东海陆架沉积作用联合研究、中美热带西太平洋海气耦合响应合作实验、中德南海地球科学联合调查研究和中日黑潮调查研究等一系列科研活动，[9] 在取得相关海洋科研成果的同时，因涉外海洋科研领域的管理立法缺失所带来的问题不断涌现。

《涉外海洋科学研究管理规定》共 15 条，分别从以下七个方面对海洋科学研究进行规制：一是开宗明义地指出该规定的立法目的在于促进海洋科学研究的国际交流与合作，维护国家安全和海洋权益。二是界定管理的对象和内容分别为国际组织、外国的组织以及个人在我国内水、领海以及我国管辖的其他海域内进行的对海洋环境和海洋资源等方面的调查研究活动。并将海洋矿产资源（包括海洋石油资源）勘查、海洋渔业资源调查和国家重点保护的海洋野生动物考察等活动排除在适用范围，因为在我国管辖海域从事对海洋矿产和石油资源勘查、海洋渔业资源调查以及海洋野生动物考察等涉外活动，应分别以我国有关矿产资源、渔业、野生动物保护等单行法律、法规为依据。三是确定管理和执法主体为国务院相关机构和国家海洋行政主管部门及其派出机构或者其委托的机构。四是根据水域的性质，分别规定开展海洋科学研究的具体方式。即在我国内海和领海内，外方应当与中方合作进行；在我国管辖的其他海域内，外方可以单独或采取与中方合作的模式，而且上述活动均须经国家海洋行政主管部门批准或报请国务院批准，并遵守我国有关法律、法规。五是明确了申请程序和时限。即在我国管辖海域内无论采取中外合作模式，还是外方单独开展海洋科学研究，均须于计划预定开始日期前 6 个月提交书面申请、书面研究计划并随附相关说明材料。但不同模式下的启动程序略有差异。如果是中外合作模式，应由中方向国家海洋行政主管部门提出；如果是外方单独进行研究活动，则由外方通过外交途径向国家海洋行政主管部门提出。六是重视海洋科学研究活动全过程的监管。例如在我国内海或领海内使用外籍调查船进行中外合作研究的，应当于格林尼治时间每天 00 时和 08 时向相关部门报告船位及船舶活动情况；外方单独或中外合作使用外籍调查船在我国管辖的其他海域内进行科研的，则应当于格林尼治时间每天 02 时报告相关情况。此外，该规定还对不同海域所获原始资料以及样品的使用分别予以明确；对科研活动结束后，外籍调查船对其所获资料和样品的检查和报送程序等予以规定。七是明确了违反该管理规定的相关处罚措施。

9　参见徐贺云：《我国涉外海洋科学研究管理实践和对法规修订的思考》，载《边界与海洋研究》2019 年第 4 期。

总体而言，该规定在一定程度上使外方在我国内水、领海及管辖的其他海域内进行的海洋科学研究活动得以有序开展，在维护国家安全与主权完整的同时，促进海洋科研领域的国际合作。但是毋庸置疑，该规定名称中的“涉外”一词是单向涉外并非双向涉外，即仅聚焦于外方在我国管辖海域从事海洋科学研究活动的规制管理，没有涉及我方机构或人员赴境外海域从事海洋科学研究活动的事项。

除关于涉外海洋科研的专门规定外，我国在《自然保护区条例》《海洋观测预报管理条例》《渔业法实施细则》《地质资料管理条例》《测量标志保护条例》《基础测绘条例》等行政法规的个别条文中涉及对我国管辖海域内从事海洋科学研究活动管理的事项。

3. 部门规章与规范性文件层面

（1）部门规章

为了规范极地科考，加强我国对科考活动的管理，有效履行国际条约规定的义务并行使相关权利，原国家海洋局制定了有关极地考察活动行政许可、环境保护、数据管理等规定，例如《南极考察活动行政许可管理规定》《南极考察活动环境影响评估管理规定》《南极考察队员考核管理规定》《北极考察活动行政许可管理规定》《南极活动环境保护管理规定》《中国极地考察数据管理办法》《中国极地科学考察样品和数据管理办法（试行）》等。这些部门规章构成我国对极地科考活动有效管理与规制的法律基础。

除上述涉及南北极科考管理的专门性规定外，《海洋自然保护区管理办法》《海洋倾废管理条例实施办法》《海洋行政处罚实施办法》《海洋计量工作管理规定》等相关部门规章有零散且数量有限的条文关涉海洋科学研究事项。

（2）部门规范性文件

随着涉外海洋科学研究活动日益频繁，《涉外海洋科学研究管理规定》实施及规制内容不够详尽、明晰等问题逐渐显露。1999 年，外交部、解放军总参谋部和原国家海洋局等部门联合发布《关于严格执行〈中华人民共和国涉外海洋科学研究管理规定〉的通知》，以维护国家主权与安全为根本，针对单独或合作开展涉外海洋科学研究的立项审批程序、对外提供样品和资料的审查等方面予以加强管理。2000 年原国家海洋局发布《关于涉外海洋科学研究执法监察工作有关问题的通知》（以下简称《2000 年科研监察通知》），对涉外海洋科学研究执法监察实施主体、方式、内容以及处罚等方面予以进一步规定。外交部于 2019 年发布《关于对赴外国管辖海域开展科学研究进一步加强管理的通知》，对我国赴外国管辖海域进行科研的申请、审批以及人员管理等方面进行规制。此外，原国家海洋局还颁布了一些针对南北极科考活动的规范性文件。

除上述针对涉外海洋科学研究的部门规范性文件外，《国家级海洋保护区规范化建设与管理指南》《国家海洋调查船队管理实施细则》等规范性文件的个别条文规定也涉及海洋科学研究管理事项。

上述部门规章与规范性文件在一定程度上扩大了我国对海洋科学研究活动管理的范畴，从之前仅涉及外方在我国管辖海域从事科学研究活动管理，到我国赴极地科考的规范，再到我方机构或人员赴外国管辖海域从事科学考察及科研活动的管理。这些规定对于规范我国海洋科学研究活动综合管理，促进海洋科学研究国际交流与合作，维护国家安全和海洋权益发挥了积极作用。

4. 地方性法规、规章及规范性文件层面

部分地方尤其是沿海地区的人民代表大会常务委员会、政府，在加强当地海洋经济建设的同时，也日益重视海洋科学研究的管理与规制，先后颁布或发布了一些地方性法规、规章及规范性文件。尽管这类地方性立法鲜有针对海洋科学研究管理活动进行专门规制，但部分条文涉及该内容。例如，浙江省人民代表大会常务委员会于 2007 年 1 月颁布《宁波市韭山列岛海洋生态自然保护区条例》，第 1 条明确指出该条例制定目的在于促进海洋科学研究和海洋经济的可持续发展；第 11 条至第 14 条分别对海洋科学研究的申请、审批、规制和管理予以明确。广西壮族自治区人民政府于 1994 年 7 月颁布《广西壮族自治区北仑河口海洋自然保护区管理办法》，明确提出立法目标是促进海洋科学研究，合理开发利用海洋资源，维护生态平衡。青岛市人民代表大会常务委员会于 2011 年 10 月颁布《青岛市科技创新促进条例》，深圳市人民政府于 2013 年 11 月发布《深圳市海洋产业发展规划（2013—2020 年）》，分别对鼓励海洋科学研究举措、海洋科学研究管理等作出原则性规定。这些地方性立法或政策文件为非涉外因素的海洋科学研究活动管理提供了一定的依据。

（二）国际法维度：基于多边或双边条约

为了加强我国对海洋、海底矿物等资源的研究，1986 年原国家海洋局作为中方代表签署了《中华人民共和国国家海洋局和德意志联邦共和国联邦研究技术部关于海洋科学技术发展合作的议定书》；为遵守相关南极条约，1988 年我国同阿根廷签订了《中华人民共和国政府和阿根廷共和国政府南极合作协定》；全国人大常委会于 1996 年 5 月 15 日批准《联合国海洋法公约》，同年 7 月该公约对我国生效；1999 年我国与新西兰签署了《中华人民共和国政府和新西兰政府关于南极合作的联合声明》；2018 年我国与葡萄牙签署了《中华人民共和国和葡萄牙共和国关于进一步加强全面战略伙伴关系的联合声明》；等等。

除签署上述条约外，我国历来重视并积极探索涉外海洋科学研究的发展与合作路径。在《联合国海洋法公约》生效之前，我国就与加拿大、日本、美国以及俄罗斯通过签订《北太平洋海洋科学组织公约》加入了北太平洋海洋科学组织。该公约旨在加强海洋科学研究的合作，并重视对“有关区域”内情报、资料的收集与交流。[10] 1995 年，第四届北太平洋海洋科学组织的年会在青岛举办，此后中国多次作为会议东道国，在大连、青岛等城市举办该组织的年会。

我国积极参与相关条约制定，注重与其他国家的友好合作，通过双边或多边条约、联合声明等形式，一方面为我国涉外海洋科学研究提供了和平与稳定的法律保障，推动涉外海洋科学研究交流与合作；另一方面有利于海洋科学技术的转让，提升全球海洋科技的发展水平，合理利用海洋科技资源。

综上所述，我国有关海洋科学研究管理的立法体系已经基本形成。

二、我国现有海洋科学研究管理立法体系存在的不足及其评析

通过前文对我国海洋科学研究立法体系现状的分析，我们认为目前我国关于海洋科学研究管理的立法总体上采取“三元分立”模式，即分别针对外方在我国管辖海域开展海洋科学研究、我方在境外海域从事海洋科学活动以及无涉外因素的我国海域的科学研究活动的管理事项分别予以立法规定。具体表现为通过《涉外海洋科学研究管理规定》这一专门法规规制外方在我国内水、领海、专属经济区、大陆架以及其他管辖海域内从事海洋科学研究活动，通过部分部门规章或规范性文件规定我国机构或个人赴极地或外国管辖海域开展科学研究活动，而没有涉外因素的我国管辖海域的海洋科学研究管理规定散见于个别单行法律、法规、规范性文件及地方性法规和政策文件中。因此，海洋科学研究管理缺乏系统性与全面性的立法规定，立法的碎片化、层级较低等特征明显，诸如管理主体不甚明确、下位法与上位法存在冲突等问题突出。

随着我国海洋强国战略的实施以及海洋科学研究水平及能力的提高，我国赴境外海域从事海洋科学研究的实践活动日益增多。[11] 此外，科技水平的提高，使无人科考船、无人潜航器、水面无人滑翔机等无人设备在海洋科学研究领域

10　《北太平洋海洋科学组织公约》第 3 条规定：本组织的宗旨为：1. 促进和协调海洋科学研究，包括但不仅限于海洋环境以及海陆、海气间的相互作用及其他在全球天气与气候变化中的作用，海洋所有动、植物及其生态系统，海洋的利用及其资源，以及人类活动对海洋的影响，以提高对“有关区域”及其生物资源的科学认识；2. 促进对于“有关区域”内海洋科学研究的情报、资料的收集与交流。

11　参见张海文：《百年未有之大变局下的国家海洋安全及其法治应对》，载《理论探索》2022 年第 1 期。

得到广泛应用。而《涉外海洋科学研究管理规定》颁布实施距今已 26 载，粗线条、原则性的条文规定与我国不断增多的海洋科学研究实践活动之间的矛盾日益突出，缺失对无人设备在海洋科学研究领域应用的管理规制。而散见于其他一些法规、规章、规范性文件以及地方性立法中涉及海洋科学研究管理事项的条文内容，在法律位阶、适用范围、规制内容、管理范畴等方面都存在明显的局限性和滞后性，无法满足新技术、新形势下海洋科学研究活动的开展。《联合国海洋法公约》本身有关海洋科学研究的规定不尽翔实与明确，因此在推动海洋科学研究国际合作与交流方面，仍需两个或多个国家间通过订立国际条约的路径实现。而一项国际条约从协商、谈判到达成共识、签署、批准耗时长久，因此通过修订、完善国内立法仍然是比较可行的现实路径。

（一）国内相关立法分散且总体法律位阶有待提升

目前我国对海洋科学研究管理“三元分立”模式的立法现状不但影响我国对海洋科学研究活动的综合监督和管理，且易造成参与相关活动的机构和人员权责不明，部门规章或规范性文件适用范围受限等不足，进而影响我国对海洋科学研究管理的效率和质量。

以外方在我国内水、领海以及其他管辖海域进行海洋科学研究的规制为例，《涉外海洋科学研究管理规定》仅作出一般原则性规定，《1999 年涉外科研通知》和《2000 年科研监察通知》分别予以补充性规定。这些补充性规定一方面细化了《涉外海洋科学研究管理规定》的内容，另一方面对海洋科学研究活动开展中遇到的现实问题进行适当回应。但这两个文件的效力等级明显低于《涉外海洋科学研究管理规定》，不利于相关部门的监督管理。而分散化立法的模式又会增加海洋科学研究监督管理执法成本并可能带来执法结果的异质化。又如，《海洋行政处罚实施办法》第 3 条规定县级以上各级人民政府海洋行政主管部门是海洋行政处罚实施机关，而《海警法》明确规定海警机构享有行政处罚权，并在第 12 条以开放式列举的形式规定了海警机构的相关职责。因此，《海洋行政处罚办法》的规定与《海警法》在执法主体权责方面的规定不一致。此外，虽然《2000 年科研监察通知》对执法监察工作的规定较为详细、全面，但由于 2018 年国家机构改革以及 2021 年《海警法》的出台，执法监察主体和内容已经出现新的变化，因此已有的海洋科学研究管理立法在内容方面的滞后性明显。

《涉外海洋科学研究管理规定》本身存在单向性，并未涉及我国机构或人员赴境外海域从事海洋科学研究的相关内容，而由《1999 年涉外科研通知》或赴极地考察相关规范性文件予以补充规定。后者作为部门规章或部门规范性文件，不仅法律位阶较低，而且在适用范围方面的局限性日益突出。因为针对赴境外海洋科学研究的管理，不仅仅涉及外交部门、海洋管理部门，还可能涉及教育、科技、国家安全等其他部门。因此我国对涉外海洋科学研究双向管理立法的跛足性特点凸显。现有法律体系构建模式不仅显得分散、冗余、碎片化，而且易造成管理机制的分裂性、双重性或多重性，不但影响我国对海洋科学研究综合管理活动的法律威信力，也与我国目前全面贯彻实施海洋强国战略的目标不相吻合，不利于参与海洋科学研究活动相关人员法律意识的提高，对海洋科学研究活动的综合管理和监察工作也产生了一定阻力。

（二）海洋科学研究管理的地方立法存在缺失或者与上位法冲突

目前部分沿海地区通过地方性立法规制海洋科学研究管理活动，但是这些地方性立法更多地表现为宣誓性、政策性或原则性规定，缺乏与我国现有海洋科学研究管理立法的有效衔接、深入细化或者落实实施。随着海洋强国战略的提出和实施，一些沿海城市逐渐重视或加强对海洋科学研究活动的管理。因此，通过出台相关地方性立法以规制和促进海洋科学研究活动会成为未来的趋势。目前个别沿海地区虽然在相关地方性立法中提及或对海洋科学研究活动进行规制，但仍然普遍存在规定过简的问题，总体上缺乏对该管辖区域开展海洋科学研究活动所需的审批和监管主体、对象以及内容等方面的详尽规定，甚至存在与上位法规定冲突的现象。例如，《上海市金山三岛海洋生态自然保护区管理办法》第 11 条是对科学研究活动的申请与审批的规定，对监管主体、责任以及具体监管举措等内容规定过于简略；第 14 条关涉涉外科研活动，规定申请的主体可以为境外组织与个人，申请科研的方式为独立或与境内组织或者个人合作开展，受理与审批的单位为上海市海洋局，该条文涉及境外组织或者个人可以申请单独开展科学研究的内容，与《涉外海洋科学研究管理规定》第 4 条规定的在内水与领海内，外方应当采取与我方合作的方式开展科研活动的规定相冲突。此外，根据《涉外海洋科学研究管理规定》，涉及外方开展科学研究活动的须经国家海洋行政主管部门批准或者由国家海洋行政主管部门报请国务院批准，而非由沿海地区人民政府海洋管理部门审批决定。

（三）现行立法普遍缺乏对保密内容的规制

我国有关海洋科学研究活动管理的立法，总体上缺乏有关保密义务的明确内容。《涉外海洋科学研究管理规定》第 10 条第 4 款仅在有限程度上关涉保密义务。除此之外，《2000 年科研监察通知》仅在第 6 条提及海洋执法监察部门应当审查拟对外提供的资料和样品的保密审查程序及保密审批手续。[12] 事实上，海洋科学研究的对象本身及获取数据和样品的方式在一定程度上关涉国家安全和国家海洋权益。

由于海洋科学研究的特殊性，其所获取数据的处理方式包含两个方面：共享与保密。二者之间既有密切联系又存在一定的矛盾。相关数据及成果的共享是基于科学研究本身的无国界性，因此科学研究的成果应由全人类共享。我国《科学数据管理办法》《数据安全法》《数据出境安全评估办法》等在数据共享与开放、数据的创新与应用方面予以规定，但并未对海洋科学研究数据流动事项作专门性规定。[13] 而涉及海洋科学研究的相关数据与成果的适当保密机制又是基于国家安全与国家利益考虑。我国分别在《保守国家秘密法》《保守国家秘密法实施条例》以及科技领域的《科学技术保密规定》等相关立法中，从国家安全与利益的视角对保密内容和方式予以规定，但其缺乏针对海洋科研领域数据与成果共享的内容。

（四）缺乏对智能化无人科研设备有效管理的规定

随着科技的发展，两栖水面滑翔机、无人潜航器以及无人科考船等无人智能设备在科学研究领域广泛应用。水下自主机器人已被用于北极冰层下海底测绘，可以获取常规手段所不能搜集和捕捉的高质量数据和图像。[14] 隶属于南方海洋科学与工程广东省实验室（珠海）的智能无人科考母船——“珠海云”号已经下水，可搭载大量空、海、潜无人系统装备。[15] 但现有立法受立法年代、技术等多方面因素影响，并未预见到新技术对海洋科学研究活动管理可能带来的挑战及规范问题。

---

12 原国家海洋局《关于涉外海洋科学研究执法监察工作有关问题的通知》第 6 条规定：海洋执法监察部门对国内项目承担单位的检查：检查的内容主要有：涉外海洋科学研究活动是否按照经批准的计划进行；合作项目在我国内海、领海所获得的原始资料和样品是否已全部得到；合作项目在我国专属经济区和大陆架所获得的资料或者复制件和样品或者可分样品是否已得到；拟对外提供的资料和样品是否经过有关部门的保密审查、履行保密审批手续；是否按照有关规定在调查研究活动结束后 1 个月内将所获资料和样品目录一式两份，在 1 年内将阶段性研究成果和最终研究成果一式两份，报海洋行政主管部门等。

13 参见孙苗等：《海洋科学数据共享政策法规与标准规范研究及启示》，载《科技导报》2022 年第 10 期。

14 参见吴尚尚、李阁阁、兰世泉等：《水下滑翔机导航技术发展现状与展望》，载《水下无人系统学报》2019 年第 5 期。

15 雷爱侠、吴春燕：《“珠海云”下水 为全球首艘智能型无人系统母船》，载《光明日报》2022 年 5 月 19 日，第 8 版。

（五）对海洋生态环境保护义务规定过简

《涉外海洋科学研究管理规定》仅第8条提及了在海洋科学研究中不得引入外来污染物质和擅自钻探或使用炸药造成海洋环境污染，并未规定违反该义务的法律后果。《1999年涉外科研通知》未对海洋环境保护的相关内容作任何规定。《2000年科研监察通知》仅第7条第4项重申了对违反《涉外海洋科学研究管理规定》第8条情形的相关处罚。实际上，现行有关海洋科学研究管理的立法对海洋生态保护的规定过于简单，且处罚机制不尽完善或缺乏详尽的处罚规定等。极地海洋科学考察的相关规章及规范性文件虽对极地考察活动环境影响评估、环境保护等予以规定，但这些规章或规范性文件法律位阶不高及适用范围受限，无法规制所有的海洋科学研究活动项下的生态与环境保护问题。

（六）海洋科学研究活动监管处罚规定缺位

有关海洋科学研究的现行立法普遍缺乏对监管处罚的专门规定。《涉外海洋科学研究管理规定》仅有一个条文涉及处罚责任，而且罚款数额过低。除对违反海洋生态环境保护义务的处罚规定不够明确外，对未经审批或审批流程不符合相关规定的问责机制亦不够明晰；对实际科研时间超过申报期限的处罚未作规定；对外方在我国管辖海域进行科学研究提交科研申请资料信息不实以及违反如实提交科研申请资料义务的责任承担等法律后果未明确规定。《2000年科研监察通知》虽然从执法监察角度对外方违反我国管辖海域内的海洋科学研究活动的监管处罚进行了适当细化，但是该通知内容法律位阶较低，适用范围受限。

（七）缺乏海洋科考船船员及设备操作人员队伍专业化管理与发展的法律机制

海洋科考船是海洋科学研究的重要载体，科考船上的船长、船员以及相关科研设施、设备的操作人员均不同程度参与科考船舶航行、科学研究等相关活动。

原国家海洋局颁布的《国家海洋调查船队管理实施细则》旨在整合我国海洋科考资源，通过政策引导、志愿加入、统筹协调等方式，合理利用海洋科研资源，以促进我国海洋调查船队的发展。但该规范性文件未涉及海洋科考船船员或相关设备人员专业化人才队伍的培养、发展与储备问题。

我国目前尚未针对海洋科考船船员的培训、发证、值班标准等方面作出专门规定，基本上参照海上运输商船船员培训、发证及值班标准要求予以管理，缺乏一支专业化的科考船船员队伍。而科考船在航线设计、安排以及船上相关科学研究设备、仪器的操作布放等方面，区别于普通海上商业运输船舶，对船长、船员以及相关操作人员的科学研究素养和专门知识提出了更高的要求。

随着无人潜航器、无人海洋系统或设备在海洋科学研究领域的广泛应用，对上述设备操作人员的技能要求更高、更为专业。而这些智能或无人系统及设备的操作将直接影响海洋科学研究活动相关科学数据的收集、传输，样本的获取及其保管等，进而可能影响科学研究的成效。因此，需要进一步提高科考船船员以及操作人员的专业素养，以适应未来科考船舶及设备智能化、无人化发展的趋势。

三、完善我国海洋科学研究管理立法体系的应对之策

（一）加强海洋科学研究综合性管理并提升法律位阶

随着科技的发展，各国参与海洋科学研究的广度和深度与日俱增。日益频繁的科学研究活动，使一些国家意识到应当加强对海洋的管理。例如，2021年6月，韩国海洋和渔业部[16]修订实施《海洋科学研究法》。该法涉及两大方面，一方面对外国公民、国际组织以及韩国公民在韩国领海、专属经济区、大陆架及其管辖海域开展的科研活动进行规制；另一方面对韩国公民赴外国管辖海域进行科学研究作出相关规定。[17] 2009年英国颁布《海洋与海岸带准用法》（British Maritime and Coastal Zone Access Act），该法案不仅与包括《联合国海洋法公约》在内的英国所加入的有益于海洋可持续发展的有关国际公约相衔接，[18]同时与英国国内涉海法律相衔接，是一部综合性的海洋管理法。英国还设立了海洋管理组织（Marine Management Organization，MMO），专门负责对渔业、航行、海洋环境保护以及研究活动的许可、管理。[19]俄罗斯在《内水、领海和毗

---

16 此前该法由韩国国土海洋部修订并实施，由于韩国政府机构改革，因此由韩国海洋和渔业部修订。

17 See Marine Scientific Research Act, Article 6, Article 7, Article 10, Article 20 – 2, Korean Law Information Center, available at https://www.law.go.kr/LSW/eng/engLsSc.do? menuId = 2§ion = lawNm&query = MARINE + SCIENTIFIC + RESEARCH + ACT&x = 23&y = 32#liBgcolor1, last visited on 2022 – 09 – 30.

18 李光辉：《英国特色海洋法制与实践及其对中国的启示》，载《武大国际法评论》2021年第3期。

19 See Marine and Coastal Access Act 2009, Chapter 1 Establishment, Article 1 The Marine Management Organisation, Chapter 4 Miscellaneous, General And Supplemental Provisions, Article 23 MMO's role in relation to applications for development consent, Article 24 Research, available at https://www.legislation.gov.uk/ukpga/2009/23/pdfs/ukpga_20090023_en.pdf, last visited on 2022 – 09 – 30.

连区法》《专属经济区法》以及《大陆架法》中均有专门章节对海洋科学研究进行明确规定。[20]摩纳哥《海洋法典》以专章的形式规定了海洋科学研究的相关内容。[21]

上述国家对海洋科学研究综合管理的立法值得我们借鉴，但是综合考虑我国有限的立法资源，如果直接针对海洋科学研究综合管理进行单独立法的难度较大。因此，我们建议可以分两步走：首先，可以考虑在未来制定我国海洋基本法时，能够对海洋科学研究综合管理作出明确的原则性规定，明确海洋科学研究管理的专门机构，在总体上负责审批、协调与统筹海洋科学研究活动及其发展的相关事项。其次，可考虑在对现有法规、部门规章及规范性文件等条文内容进行整合的基础上，采取一体化综合性管理的立法模式，即制定综合性行政法规以强化对海洋科学研究活动的管理，改变现有海洋科学研究管理立法碎片化、层级较低、条文分散的现状，弥补现有“三元分立”模式的不足，从而进一步完善我国的海洋法律制度。但制定综合性海洋科学研究管理法规时，仍需要注意与我国已有的涉海或涉科学研究的其他立法进行有效衔接，明确适用范围及其边界。

（二）明确并细化保密义务的内容

从维护国家主权以及国家总体安全观的角度，应当在海洋科学研究综合管理法规中明确保密主体、保密内容、保密期、脱密期等具体内容。针对海洋科学研究的具体内容、研究方式、获取原始资料和样本所在海域的不同，区别性地予以规范，并明晰不同程度的保密义务和责任承担。对海洋科学研究活动产生的数据传输、共享以及跨境流动等，应当依据《保守国家秘密法》《数据安全法》等相关保密以及数据安全等方面的规定，秉持维护国家安全与开放共享的原则，在海洋科学研究综合性管理立法中予以明确。

（三）加强对智能化无人科研设备的管理

随着新技术发展背景下无人智能设备的广泛应用，无论是我国赴南北极考察或赴外国海域开展科学研究，还是外方在我国管辖海域内从事科学研究活动，均应在海洋科学研究综合管理法规中明确并加强对智能科考船、无人科考设施和设备的有效监管。例如，应明确无人设备或设施布放位置、种类、布放数量、

20 参见张海文、张桂红、黄影著：《世界海洋法译丛：欧洲卷Ⅲ》，青岛出版社2017年版，第109－113页、第132－137页、第83－87页。

21 参见张海文、张桂红、黄影著：《世界海洋法译丛：欧洲卷Ⅱ》，青岛出版社2017年版，第53－54页。

续航时间、回收手段、回收时间等处理措施，从而做到对智能化无人海洋科研设备监管更加专业化、具体化，权责更加明晰化。

（四）强化海洋生态与环境保护义务

随着科学研究方式的多样化、科考船的智能化以及海洋科学研究活动与实践的广泛深入，海洋科学研究活动对海洋生态及环境污染的方式趋于隐蔽性、多样化。例如，无人潜航器或其他无人设备投放后，一旦失去续航能力或操作系统发生故障或损毁，可能会成为海洋垃圾；一些研究探测设备可能产生噪声污染，对鱼群产卵、繁殖及周边海洋生物系统产生不利影响。因此应当在海洋科学研究综合管理法规增加对海洋生态与环境保护的相关规定，明确根据海域性质、海域功能区划以及海洋保护区等不同类型，分别具体规定参与海洋科学研究活动的主体应承担的防止海洋生态环境污染以及保护海洋环境的义务，并对违反该义务的法律责任及后果予以具体而明确的规定。

（五）完善并细化海洋科学研究活动监管处罚规定

我国海洋科学研究活动在监管、行政处罚及法律责任等方面的权责需进一步明晰化、具体化。应当在海洋科学研究综合管理法规中对监管主体、监管对象和违反具体海洋科学研究相关规定的法律责任、处罚措施及处罚数额等予以明确。必要时可以规定承担刑事责任的内容及条款。例如，韩国《海洋科学研究法》明确规定，对于违反相关规定的行为，最高可以判处五年以下有期徒刑。[22]

（六）重视和加强海洋科考船船员及设备操作人员队伍专业化建设

2021 年 5 月，交通运输部、教育部、财政部、人力资源和社会保障部、退役军人事务部、中华全国总工会联合印发实施《关于加强高素质船员队伍建设的指导意见》（以下简称《船员指导意见》），明确要大力倡导优化船员职业发展环境，提升船员队伍整体素质与水平。《船员指导意见》提出在船员培训及船员队伍建设方面要注重培训实效、优化培训模式，注重与相关航海专业的衔接，协同制定教学标准和课程设计。专业化的船员队伍是海洋科考顺利开展的重要力量，以《船员指导意见》为契机，应当在制定海洋科学研究综合管理法规中

---

22 See Marine Scientific Research Act, Article 24 (1), Korean Law Information Center, available at https://www.law.go.kr/LSW/eng/engLsSc.do?menuId=2§ion=lawNm&query=MARINE+SCIENTIFIC+RESEARCH+ACT&x=23&y=32#liBgcolor1, last visited on 2022-09-30.

对科考船员的管理和职业发展进行专门规定，这将对建设专业化的科考船队具有重要意义。

鉴于从事海洋科学研究活动的船舶具有区别于普通海上运输商船的特殊性，可考虑在现有海船船员培训、发证及值班标准管理体系和机制的基础之上，增加专门针对海洋科学研究船舶上船员及设备操作人员的管理规定，包括但不限于对特殊科研设备及设施或者智能化无人设备的操作知识、综合科学技术及素养的提高、涉及海洋科学研究管理的国内法律以及国际法常识等内容，提升在船人员的综合软实力。从而打造我国专业化、高素质、稳定化的海洋科考船船员及设备操作人员的专业化队伍，以实现我国海洋科学研究活动可持续、健康、有序发展的战略目标。

（七）通过地方立法对海洋科学研究管理活动进行细化规定

沿海地区的人大常委会或人民政府可根据本地区实际情况，适时出台相关地方性立法。在确保与上位法有效衔接的基础上，保障有关海洋科学研究管理立法在该管辖区域的落实与有效实施。特别是针对不具有涉外因素的海洋科学研究活动，应明确开展海洋科学研究的内容、方式、审批流程、监管与处罚规定等。既有利于海洋科学研究发展、交流与合作，又坚决维护我国国家安全与海洋权益。对涉及海洋科学研究的现行相关地方性立法规定，一方面应当根据我国法律、法规的规定适时修改，尤其是修改与上位法存在冲突的条文，不断健全相关机制；另一方面可以根据该地区科技发展水平和经济发展实践对海洋科学研究的需求等，对地方性立法的内容进行修订、完善、细化，做到与时俱进。

结语

随着我国海洋强国战略的实施，不论是当下还是未来，海洋科学研究活动的开展必将日益频繁，因此应当在维护国家主权权益、保障国家总体安全的前提下，兼顾和重视海洋科学研究活动规范化、综合性管理，同时应当继续履行《联合国海洋法公约》的义务，通过签订多边或双边条约、签署备忘录以及发表联合声明的方式，促进海洋科学研究的国际交流与合作。在不断提升我国海洋科学研究能力的同时，推动海洋科学研究水平和实力的提升，助力我国海洋经济发展，并不断深化我国探索海洋、开发海洋和经略海洋的能力。

刑事合规的本土化困境及单位固有责任论的化解思路

潘　璐　于改之*

【内容提要】 合规计划与刑事实体法的脱节是我国刑事合规实施的本土化困境之所在，具体表现为规制视角、规制模式及规制策略上的冲突。核心原因归结于传统单位犯罪刑事责任在单位犯罪责任原理、单位犯罪归责路径、单位犯罪责任内容上存在的理论偏差。单位固有责任论放弃存在意义的犯罪主体论，具有组织模式的特征，提倡社会罪责观念。单位固有责任论契合刑事合规事先预防的规制视角，顺应刑事合规的激励模式，保障企业内部管理的有效实施。引入单位固有责任论是化解刑事合规本土化困境必要且可行的方式。单位固有责任论的引入应当满足其应用标准，包括遵循对等原则、坚守单位过失的底线要求及确保量刑结果唯一。

【关键词】 刑事合规　单位犯罪　单位固有责任论　组织模式　责任原理

一、问题的缘起

刑事合规制度起源于1977年美国国会颁布的《反海外腐败法》，其中规定，应整合企业内部控制与企业外部规制，共同加强对企业腐败犯罪的法律规制。1991年颁布的《联邦组织量刑指南》将刑事合规制度全面引入各领域中，更详细的制度条款可见于1999年《霍尔德备忘录》、2003年《汤普森备忘录》以及2008年《菲利普备忘录》。2002年《萨班斯—奥克斯利法案》将刑事合规制度

* 潘璐——华东政法大学刑事法学院博士研究生，主要研究领域：刑法学。于改之——华东政法大学刑事法学院教授，博士生导师，主要研究领域：刑法学。

的意义进一步放大，即通过立法强制企业实施合规计划，其中上市公司的高管被要求有责任建立以及维持内部控制机制，否则可能面临民事和刑事的双重责任。[1]2017 年澳大利亚颁布的《刑法立法修正案（企业犯罪）》中明文设定了施加于企业的合规刑事责任，用以预防海外贿赂犯罪行为。在我国，自 2018 年合规元年以来，合规理念也经历了学科分化。2021 年 4 月最高人民检察院下发《关于开展企业合规改革试点工作的方案》，标志着刑事法领域内的第二期合规改革试点工作正式启动。2021 年 6 月 3 日九部门印发《关于建立涉案企业合规第三方监督评估机制的指导意见（试行）》的通知，初步建立第三方监督评估组织，对涉案企业的合规承诺进行调查、评估、监督和考察，为人民检察院依法处理单位犯罪案件提供重要参考。

可见，单位犯罪的治理正逐步摆脱思维惯性，刑事合规的制度正逐步渗透。[2]刑事合规的本土构造在宏观上要求合规计划推动企业犯罪的规制视角由事后规制转向事前预防，聚焦于通过激励而非威慑的规制策略，促使企业犯罪的规制模式从外部规制转向自我管理，引导企业进行自我管理和犯罪预防。[3]面对刑事合规的本土化实施路径，应重新审视单位犯罪罪责，揭示传统单位犯罪刑事责任理论的不足。然而，既有研究仍以偏向实用主义纬度为常态模式，对基础法理的研究暂付阙如。遂通过理论牵引为刑事合规的实施提供启发，不仅有助于刑事合规的相关研究获得有意义的实质性进展，也对完善单位犯罪制度具有重大意义。

二、刑事合规的本土化困境

“刑事合规性”并不是刑法的替代物，而是跨学科认知和系统化推动预防工作的一种新形式。[4]刑事合规的抽象概念通过合规计划的具体形式予以实现。合规计划的实质是执法机构从外部强制企业实施的一项治理结构与内控机制，以帮助预防、发现或制止潜在的犯罪行为。[5]在我国，纵然合规计划的实施具有一

---

1 Sarbanes-Oxley Act of 2002, Pub. L. 107－204, § 302, 116 Stat. 745（2002）.

2 各个国家和地区对单位犯罪的提法不尽相同。本文中出现的“企业犯罪”“单位犯罪”“法人犯罪”，在概念上具有同一含义。

3 万方：《合规计划作为预防性法律规则的规制逻辑与实践进路》，载《政法论坛》2021 年第 6 期。

4 ［德］埃里克·希尔根多夫著：《德国刑法学：从传统到现代》，江溯、黄笑岩等译，北京大学出版社 2015 年版，第 504 页。

5 Sean J. Griffith, Corporate Governance in an Era of Compliance, 57 William and Mary Law Review 2075（2016）.

定的基础，其成效依旧难以凸显。在实际的实施过程中，现实不断抛出对刑事合规实施效果的存疑，致使合规计划与刑事实体法衔接的病灶不断显现于外，这也正是我国刑事合规的本土化困境之所在。

（一）合规计划与刑事实体法脱节

刑事合规施行的第一步是寻求单位犯罪归责的实质，这也是我国单位犯罪刑法规范中内部的逻辑起点。然而，合规计划提倡的灵活性与刑事实体法力求的稳定性之间本就相互背离。可以说，合规计划与刑事实体法的脱节是刑事合规本土构造中最根本的实体性冲突，具体体现为规制视角、规制模式及规制策略上的背离。

在规制视角上，合规计划注重事前预防，而刑事实体法依赖事后惩治。刑事合规是合规管理体系在刑法领域的延伸，通过合规计划可以预先对企业进行有针对性的制度纠错和管理修复，提前切断犯罪发生的因果链条，从而建立整体的、全面的和长远的预防犯罪机制。相反，刑法规范则通过刑罚同时达到惩罚犯罪人以及预防犯罪的目的，实践中司法机关也同样聚焦于已发生犯罪的调查、追诉与惩罚等司法活动。因而，无论采用单罚制还是双罚制的处罚原则，都无法消除法人犯罪的内生性因素，无助于企业犯罪的减少，更容易导致单位犯罪治理的应然效能小于实然效能。与此同时，刑法规范强调事后惩治的规制视角在一定程度上也为单位规避刑事责任创造了条件。特别是在网络等典型的风险领域，网络平台服务提供方早已具备独立性和主动性，也正因如此，网络安全保障义务基于物理空间的远程属性而产生诸多不确定因素。网络风险领域较传统领域来说更容易规避组织自身的刑事责任风险。若不引入自主防控法律风险的合规机制，依然等到犯罪后再追责，单位犯罪对社会的危害将更为显著。

在规制模式上，合规计划创制激励模式，而刑法规范侧重威慑模式。具体而言，激励模式的实质是出罪激励，刑事合规旨在将包含业务性质、决策事项的集权方式、管理制度的政策倾向、运营模式、风险发生后的应急机制、默认规则在内的合规计划上升为单位法律义务，以此作为刑法激励模式。德国经济刑法学先驱梯德曼教授先有“前过错”理论，进行有序组织应当成为单位的一种法律义务，后有对高管人员保证人地位的确立，完善了对单位及单位员工违反秩序行为的规制。[6]合规计划激励模式有利于维护社会公共利益，使之与功能

---

6 ［德］克劳斯·梯德曼著：《德国经济刑法导论》，周遵友译，载北京师范大学刑事法律科学研究院主办：《刑法论丛》（2013 年第 2 卷），法律出版社 2013 年版，第 24 页。

性刑法观保持实质平衡。相反，威慑模式的实质是威慑入罪。单位犯罪制度的设立天然地取决于实践的发展经验，进而言之，利用功利主义原理达到威慑犯意的目的。在规范和实践上，单位犯罪入罪标准的扩大化以及司法对单位作为被告时所享有的诉讼权利和诉讼义务的模糊化使得隐忧逐渐显现。单位犯罪严重化趋势似乎并未实现立法者的期待——通过发挥刑法的行为规范指引以及惩罚的威慑效应而得到遏止和缓解。[7] 在此前提下，以威慑模式为核心的选择在当下似乎也无法成为控制单位犯罪的最优项。从立法所增设的罪名数量看，2014年《刑法修正案（九）》对单位犯罪罪名的增设的数量一度达到了13个。除了罪名增加外，单位犯罪立法规制范围的扩大也同样体现在定罪标准的调整上。例如，2007年印发的《最高人民法院、最高人民检察院关于办理侵犯知识产权刑事案件具体应用法律若干问题的解释（二）》规定，单位实施侵犯知识产权的犯罪，依照相应个人犯罪的定罪量刑标准定罪处罚。最高人民检察院和公安部2022年联合发布修订后的《最高人民检察院、公安部关于公安机关管辖的刑事案件立案追诉标准的规定（二）》在可以由自然人主体和单位主体构成的经济犯罪中也规定，原则上不再区分自然人犯罪和单位犯罪的立案追诉标准，隐含了单位犯罪与自然人犯罪的定罪标准趋向统一化的信号。因此可见，现有刑法规范不能为企业合规理念提供实现路径，亦不利于达成企业非罪化治理模式。可以说，以严格规制主义为核心的威慑模式应为宽缓主义让道，才是对激励模式权力来源的理性回归。

在规制策略上，合规计划实施内部管理，而刑法规范以外部规制。合规计划有两面性和相对性，在考察公司事前是否违反特定义务的同时，也审查事后的内部预警和惩罚机制，都是为加强预防单位犯罪治理而服务。应当说，合规计划的内部管理始终贯穿于刑事合规的全过程。当下，一边刑事合规在不断加速渗透，另一边单位犯罪因果关系链条在不断拉长，企业对社会的话语权和影响力还在不断加深，不可忽视企业文化日益呈现的决定性作用。目前强调若将单位的自身特征、文化氛围和环境气质进行平移，反映的即是行为人的德性和恶。我国刑法所确立的单位犯罪，通常都是通过直接责任人员以积极作为的方式实施的犯罪行为。由于主要是根据直接责任人员的行为和罪错来推论单位的行为和罪错，司法机关难以从单位自身的政策、规章、制度、行为规范等方面，独立确定单位的犯罪意图。准确来说，法条对单位行为的指引仅停留在外部规制。然而，以企业德性为征表的内部管理才能对单位犯罪进行根治。

7　孙国祥：《单位犯罪的刑事政策转型与企业合规改革》，载《上海政法学院学报（法治论丛）》2021年第6期。

（二）传统单位犯罪刑事责任论存在理论偏差

刑事合规在理念上体现了注重事前预防、创制激励模式、实施内部管理的特征，然而实施效果却不尽如人意。刑事合规的理念及制度模式在我国的实体法与程序法中都尚无法可依，上升为企业的法定义务的做法暂时无法根植于我国的法律土壤，制定专门立法的提议无法解决燃眉之急。[8]推表及里，传统单位犯罪刑事责任理论是刑事合规本土化困境的内在诱因，分析考察单位犯罪刑事责任理论既是使刑事合规有效推行的重要动力，也是达成治理目标反哺归责本质的合理途径。总体而言，传统单位犯罪刑事责任理论存在偏差，具体包括单位犯罪责任原理的偏差、单位犯罪归责路径的偏差以及单位犯罪责任内容的偏差。

第一，单位犯罪责任原理存在偏差。阿尔图·考夫曼提出责任原理的绝对性着眼人格性质，从人类存在的本身引导出责任原理，也即伦理性责任、意思责任。然而，这一观点遭到了麦兹格的批判："刑法上的责任不是伦理意义上的责任，而是法律意义上的责任。"[9]笔者赞同站在单位犯罪的角度，不同于违反社会伦理价值的自然犯，责任原理出处并非违背社会伦理性义务。然而，我国传统单位犯罪刑事责任理论一直都未摆脱伦理意义上的责任，成因在于设立单位犯罪制度时的社会背景及经济背景。根据我国早期社会背景，单位行政依附性较强，在市场上的主体地位较弱，单位作为主体缺乏犯罪动机，社会危害性无法确证。同一时期，社会主义市场经济体制正在起步阶段，从公有制到有计划的商品经济体制的跨越，其本身也是经济学中罕见的概念和壮举。因此，早期单位犯罪归责的实质源于内部成员的犯罪行为，单位犯罪的罪过是由单位决策机关指挥员工实施犯罪而形成的。当处于劳动者不能控制自己的劳动环境时，难以在一开始就对单位及单位成员独立进行责任追究和认定。自 20 世纪 90 年代末起，企业经济结构不断发生重大调整，在目前经济结构和企业发展的背景下，企业结构呈现多链条的复杂结构，企业高层指派普通员工参照操作守则执行的情况如何认定成为难题，要证明企业高层与末端具体犯罪行为之间的联系越发困难，再沿用伦理意义上的责任来评估单位责任很难构建理想模式。在既有纵向阶层管理也有横向业务分工的单位中，更无法找到决定、纵容或默认犯罪行为的决策机关或个人。

8　刘霜：《意大利企业合规制度的全面解读及其启示》，载《法制与社会发展》2022 年第 1 期。

9　［日］甲斐克则著：《责任原理与过失犯论》，谢佳君译，中国政法大学出版社 2016 年版，第 10 页。

第二，单位犯罪归责路径存在偏差。在经历从法人否定说向法人肯定说的跨越之后，目前的问题并非在于是否可以承认法人的犯罪能力，而是处罚法人如果是必要的，应基于何种理论构造来理解其犯罪能力。[10]单位犯罪归责路径分为自然人归责路径和单位归责路径，通常说的决策机关反映单位意志，高级职员反映单位意志的做法都是自然人归责路径的典型形式，也是一直以来我国传统单位刑事归责理论的立场。我国单位犯罪的认定采用自然人归责路径的矛盾之处在于立法明确了企业和企业成员两个主体的归责，企业归责适用的是以特定企业内个人犯罪行为为处罚根据的同一视原则。[11]一方面，单位犯罪归责路径的理论偏差源于单位犯罪定义的模糊。传统单位犯罪刑事责任理论过于强调单位与自然人在犯罪机理上的等价性，对单位主体性缺少规范上的独立评价。[12]我国《刑法》第30条没有给出单位犯罪的确切定义，单位犯罪的内涵和外延所涉的实质内容缺位，该条款实属宣誓性条款。在我国，单位犯罪概念的法定化虽然经过了整个司法实践流变和刑法理论争鸣的过程，但其内涵至今没有被明确界定。从表象上看，“单位名义”“违法所得归单位”“单位决策”等字眼是基于主客观相统一原则对单位犯罪模式进行了更细化的规定，实质上是将原本就存在的分歧从隐忧变成了明患。另一方面，单位犯罪归责路径的理论偏差源于单位与单位成员关系的相互交织。[13]值得强调的是，对单位犯罪主体资格、犯罪主体个数、单位犯罪责任依据的讨论，始终都绕不开单位与单位成员关系这一命题。2014年第十二届全国人民代表大会常务委员会第八次会议通过的《全国人民代表大会常务委员会关于〈中华人民共和国刑法〉第三十条的解释》的规定与《刑法》第30条宣示单位主体的条款存在责任的交织，使单位主体实施刑法规定的危害社会行为但不构成刑法中单位犯罪时是否要追究单位成员责任成为疑问。在这种单位犯罪和自然人犯罪互相交织的模式下，若只运用自然人犯罪的分析判断方法进行阐述和解释，无法达成刑事合规理想的分析判断模式。

第三，单位犯罪责任内容存在偏差。一直以来，我国传统单位犯罪刑事责任理论都强调责任主义的重要性，预防必要性仍然作为一个待解释项。在心理责任概念的前提下，责任内容是对行为人“故意或者过失心理态度”的评价；在人格责任概念的基础上，责任内容的评价对象是行为人“反社会的危险人格倾向”；在规范责任概念的视野下，责任内容又成为对“他行为可能性”的评

10 ［日］佐伯仁志著：《制裁论》，丁胜明译，北京大学出版社2018年版，第125页。

11 蔡仙：《组织进化视野下对企业刑事归责模式的反思》，载《政治与法律》2021年第3期。

12 王志远、邹玉祥：《刑事合规视域下单位犯罪刑事治理的检视与完善》，载《甘肃社会科学》2020年第5期。

13 潘璐：《企业合规对单位刑事归责理论的冲击与回应》，载《中国检察官》2022年第7期。

价。[14]目前，我国传统单位犯罪刑事责任理论贯彻的仍是心理责任学说下的责任主义，要求只有行为人在实施危害时具有个人责任能力，也即具有故意和过失时，行为人才能成立犯罪。正因如此，我国单位犯罪刑事责任理论所提倡的单位主观罪过的研究路径是对责任主义的天然贯彻，哪怕是通过拟制的手段来反映单位意志。此举存在主观性的内在倾向，具有一定的利益色彩。承袭早期单位主体否定说的逻辑预设，要摆脱对《刑法》第30条规定和通说观点的质疑，需让单位主体获得与自然人主体一样的物理上的犯罪主体身份，于是单位主体拟人化方案陆续受到追捧。但事实上，单位犯罪拟制论是单位犯罪否定论的另一种形式，对作为拟制人格的单位所实施的行为进行归责。[15]这对评价主体来说是基于不同价值观作出价值判断的过程，最终会影响规范判断。恰恰矛盾的是，刑事合规的制度受预防思想的校正，本质上对单位犯罪心理要素进行了弱化。也就是说，允许一定范围内的行为归责，若能基于因果关系将刑法条文规定的危害行为与单位主体联系起来，就意味着单位可能受到刑罚处罚。从一定意义上说，也是遵从责任与预防相联系的整体性思考方式。

三、单位固有责任论之引入

针对传统单位犯罪刑事责任理论的解构与再构，存在两种观念。一种观念坚守古典主义的法治国刑法理念，认为刑事合规不是对刑法教义的颠覆和重构，而是在传统单位刑事归责理论基础上的新发展。[16]而更多的观点提出，企业合规应立足于发展新的刑法理论。[17]对此，笔者同意在刑事合规实施的背景下考虑放弃传统单位犯罪刑事责任理论，即重叠说或者并用说采用的传统单位形式归责理论的旧路难以寄托持续发展的现实构想。在此基础上，单位固有责任论能够矫正理论偏差，是化解刑事合规本土化困境必要且可行的方式。

（一）单位固有责任论的特征

单位固有责任不是犯罪行为时的责任，而是没有采取令人满意的预防和改

14　［德］汉斯·海因里希·耶赛克、托马斯·魏根特著：《德国刑法教科书》，徐久生译，中国法制出版社2017年版，第559页。

15　张克文：《单位盗窃犯罪深究——法人犯罪拟制论的部分展开》，载《政治与法律》2010年第5期。

16　孙国祥：《刑事合规的刑法教义学思考》，载《东方法学》2020年第5期。

17　［德］托马斯·罗什：《合规与刑法：问题、内涵与展望——对所谓的“刑事合规”理论的介绍》，李本灿译，载北京师范大学刑事法律科学研究院主办：《刑法论丛》（2016年第4卷），法律出版社2016年版，第365页。

善措施来应对已发生的犯罪的“应对责任”（reactive corporate fault）。[18] 2001 年6月8日 意大利颁布第231号法令，标志着将“法人基于犯罪的行政责任”正式引入法律体系之中。随着理论的发展，单位固有责任论又被赋予了新的概念。单位承担刑事责任的根据原本就不是它故意或过失借成员之手为某种具体犯罪行为，而是单位治理方式或经营结构导致其中的自然人实施了刑法规定的危害行为。[19] 单位固有责任论放弃存在意义的犯罪主体论，具有组织模式的特征，提倡社会罪责观念，单位固有责任论的特征能够纠正传统单位罪责研究的理论偏差。

首先，单位固有责任论放弃存在意义的犯罪主体论。在单位犯罪刑事立法的早期，整体责任论、复合主体论的提倡者都认为单位犯罪只有单位一个犯罪主体，单位成员仅是单位主体的组成部分。单位处罚制度是同一刑事责任根据单位成员在犯罪中所处的地位和作用不同而作的不同分担，是对单位犯罪行为综合性的全面处罚。[20] 后提出引入人格化社会系统责任论、组织体系统责任论、单位嵌套责任论、单位责任分离论的学者都认为单位犯罪存在两个犯罪主体。虽然在主体的数量上判断相同，但对单位主体是否具有存在意义的问题仍然模棱两可。肯定存在意义的单位犯罪主体论或忽视了行为的组织体性，或没有对一个行为分别评价给两个主体的矛盾进行解释。责任意味着非难可能性，如果自由的意思决定的可能性是非难可能性的前提，那么意思决定的自由就成为责任的前提。[21] 凯尔森的中心归责理论提出，考虑某一后果的责任承担能否归属于某个个体，而非一定归属于某人。[22] 在刑事立法活性化的当下，应站在机能主义刑法观的角度和功利主义的视角，承认单位固有责任论不以存在论意义上的犯罪主体为必要前提。单位固有责任论即是将单位主体视作具有独立性的架空存在意义的组织体，自由意志弱化为次要要素，因而责任的评价主要源于法的非难而非源于伦理的非难。从表象看单位与自然人似乎已平等地成为刑法的主体，但是对单位刑事责任的认定不能生搬自然人刑事责任能力的理论。对未成年人、怀孕的妇女、精神病人等设置的特殊条款和特别程序不可能适用于单位主体，单位显然不符合刑法中有关自然人限制或减轻刑事责任能力的规定。换言之，对单位主体而言，只存在绝对化的有刑事责任能力和绝对化的无刑事

---

18 Brent Fisse, Reconstructing Corporate Criminal Law: Deterrence, Retribution, Fault, and Sanctions, 56 S. Cal. L. Rev. 1141 (1983).

19 时延安：《合规计划实施与单位的刑事归责》，载《法学杂志》2019 年第 9 期。

20 陈兴良著：《刑法适用总论（上卷）》，法律出版社 1999 年版，第 590 页。

21 马克昌：《比较刑法原理》，武汉大学出版社 2002 年版，第 392 页。

22 ［奥］凯尔森著：《纯粹法理论》，张书友译，中国法制出版社 2008 年版，第 392 页。

责任能力。唯有提倡放弃存在意义的犯罪主体论才能够厘清法人的本质概念，才能破解单位犯罪责任原理的问题。

其次，单位固有责任论具有组织责任模式的特征。从刑事合规的规制策略上来看，单位犯罪的归责应当抛弃自然人归责路径，以单位组织结构为归责的根本出发点。不同于个人责任模式以自然人为前提的间接归责，组织体责任模式体现为从单位自身出发的直接归责。在此意义上，单位刑事责任应当归属于组织责任，与自然人道义责任不存在重合。作为组织责任模式的开端之论，人格化社会系统责任论将单位的整体性作为决定性因素，首先推导出单位犯罪中存在两个犯罪主体的结论，但并没有说明单位为何能够独立于自然人承担刑事责任。[23] 提倡“单位嵌套责任论”的学者解释，单位犯罪是单位与单位成员共同实施的犯罪，因而单位成员与单位间是一种“嵌”与“套”的关系，呈现的是共同犯罪形态。[24] 但如此解释绕不开与代位责任及同一视理论存在重合的困惑。企业组织体责任论最早由板仓宏教授提出，目的就是克服代位责任、转嫁责任的理论构想，试图构建法人自身的责任。[25] 黎宏教授率先借鉴国外强调单位组织体特征的新观念，可以不以自然人为中介，直接追究单位自身的刑事责任。[26] 组织体责任论将所有与业务具有客观关联性的员工的行为，在只要能够证明法人违反了注意义务的前提下，都视为法人的行为。这么做忽视了具体行为人的不特定性，无法回应绝对责任的质疑，更无从认定法人过错与违法行为之间的因果关系。通过对组织责任模式下的不同理论的分析可以看出，应当以与责任主义相协调的形式来构筑法人本身的固有刑事责任。[27] 单位固有责任论从属于组织责任模式，并修正了前述责任模式中裹藏的缺陷。单位固有责任论否定以自然人为进路的个人责任模式，毋须先考虑成立自然人犯罪，再考虑成立单位犯罪。单位固有责任论不受制于自然人的犯罪理论，不依赖作为单位内部人员的自然人推导单位自身的刑事责任，而是肯定单位行为归属。单位的独立意志通过其自身组织结构、管理制度、经营方式、企业文化等因素体现。在客观行为方面，单位仍旧通过其内部组成人员的行为来体现，在行为的评价上既考虑单位核心成员也考虑单位一般从业人员。

最后，单位固有责任论提倡社会罪责观念。时至今日，刑罚目的早已经走

---

23 李本灿：《单位刑事责任论的反思与重构》，载《环球法律评论》2020 年第 4 期。

24 陈忠林、席若：《单位犯罪的“嵌套责任论”》，载《现代法学》2017 年第 2 期。

25 ［日］佐伯仁志著：《制裁论》，丁胜明译，北京大学出版社 2018 年版，第 139 页。

26 黎宏著：《单位刑事责任论》，清华大学出版社 2001 年版，第 323 页；黎宏著：《组织体刑事责任论及其应用》，载《法学研究》2020 年第 2 期。

27 ［日］佐伯仁志著：《制裁论》，丁胜明译，北京大学出版社 2018 年版，第 120 页。

过了绝对报应刑的历史，而走向了报应与预防折中的并合主义，刑罚正当化根据应变更为报应的正当性与预防犯罪目的的合理性。[28] 一方面，单位固有责任论注重单位主体对法规范的忠诚，单位固有责任论以社会罪责观念占据支配地位。单位固有责任论主张如果单位主体对法规范的态度有所改变，该改变就会成为影响刑事责任大小的根据。这一理念直接反映为将单位的注意义务进行细分以及注重单位的文化气质，以此作为单位主体对法规范态度衡量的标准。值得注意的是，对法规范的忠诚态度不仅是量刑情节，还是一个影响责任的因素，同时适用于犯罪论和刑罚论，确保体系的完整性。澳大利亚 1995 年《联邦刑法典》中就规定，单位内部存在指引、鼓励、容忍或者导致不遵守法律规定的企业文化以及单位未能建立要求遵守法律的企业文化等事实都可以成为确定单位主观方面的标准。另一方面，单位固有责任论将社会解决冲突的可能性纳入考量范围，单位固有责任论以社会罪责观念占据支配地位。道义责任论或规范责任论在确定刑法罪责时不考虑可能存在的预防性方面的问题，因为预防不能存在于个人伦理性的报应层面，应当通过社会比较的考量来补充罪责概念。[29] 将行为主体放入现实语境和时代背景下对责任的内容加以理解，是社会文化和组织体文化的互相渗透。事实上，《最高人民法院关于充分发挥审判职能作用为企业家创新创业营造良好法治环境的通知》就提出了办理涉企业、企业家犯罪慎用强制措施。此外，《最高人民检察院关于充分履行检察职能加强产权司法保护的意见》也强调在案件处理时充分考虑经济安全、市场秩序等因素，严格依法把握起诉条件，从经济安全、公共利益、市场秩序等各方面准确认定社会危害性，综合考虑政策调整、经营不善、市场风险等市场主体意志以外的因素，严格贯彻宽严相济的刑事政策。

（二）引入单位固有责任论化解刑事合规本土化困境

1. 引入单位固有责任论确有必要

对企业犯罪形成有效预防是合规计划实施的原始动力，激励机制是合规计划实施的最终目的，影响和改变企业内部治理结构和内控机制是合规计划实施的具体方式。引入单位固有责任论与刑事合规的治理目标相一致，满足刑事合规的实施模式，有助于内部管理的实施，将单位固有责任论作为刑事合规本土化改造的法理依据确有必要。

---

28 李勇：《“合规计划”中需有刑法担当》，载《检察日报》2018 年 5 月 24 日，第 3 版。

29 王钰：《罪责观念中自由和预防维度——以相对意志自由为前提的经验功能责任论之提倡》，载《比较法研究》2015 年第 2 期。

首先，引入单位固有责任论与刑事合规事先预防相契合。刑事合规的理念和重要机能就在于对企业的出罪以及刑罚的弹性减让，相比于寻求较重的刑罚配置来治理企业犯罪而言，刑事合规是为了更有效地抑制单位犯罪。民事上将代表人的行为归属于法人的做法，纯粹是基于交易关系的原则，使行为人与法人形成连带关系从而充分救济被害人，与刑法上的单位责任没有实质关联。支撑单位主体肯定说的实质动因便是通过处罚法人达到预防犯罪、抑制犯罪的目的，放弃存在意义犯罪主体论的单位固有责任论能够通过组织抑制模式预防单位犯罪。由于单位固有责任放弃自然存在意义上的行为能力与意志能力，因此也可以认为组织抑制模式调整的是法人的意思决定过程。从这一点来看，可以作为刑事合规的理论依据。恰恰相反的是，《全国人民代表大会常务委员会关于〈中华人民共和国刑法〉第三十条的解释》的做法是通过调整单位核心成员的行为来抑制单位犯罪，采取的是个人抑制模式。只把特定自然人的责任当作法人责任的做法，与处罚法人的刑罚目的不协调。为个人谋取利益犯罪可以按普通的自然人犯罪处理，如果接受指派又转化为核心成员的认定前后抵牾，难以贯彻到底。应当说，无论从一般预防还是特别预防相结合角度，都应当采用组织抑制模式。简单而言，对单位犯罪的预防是使其不再实施相同的犯罪，并且督促其采取必要的组织性的改善措施，包括完善经营方针，审视内部惩戒规则等。

其次，引入单位固有责任论能够顺应达成刑事合规的激励模式。美国的《联邦组织体量刑指南》规定实施有效的合规计划可减轻刑罚，以合规计划积极鼓励单位形成内部的预防犯罪、发现犯罪和报告犯罪的机制，属于合规考察免责模式。与之对应，美国单位严格责任不考虑单位主观罪责，只要单位成员在履行职务过程中实施了犯罪行为即承担单位责任的独特设计与合规考察免责模式相互制约，也与该国立法定性拥有自由裁量的特有机能平衡。英国施行的是企业失职入罪模式，以2010年颁布的《反贿赂法案》中明确规定“商业组织预防贿赂失职罪”为代表。企业失职入罪模式强调企业承担刑事责任的基础是企业内部成员在职务范围出于实现企业利益的目的所实施的犯罪行为，总结归纳为替代责任原则和同一性责任原则。略微不同的是，根据代位责任，企业可能对其任一从业人员行为负刑事责任，同一视原则要求企业仅对内部核心成员的行为负刑事责任。[30]可以发现，刑事合规的激励模式以各国的刑事法律制度为参照对象，并且与各国的单位犯罪归责理论相互牵扯。从我国目前的刑事合规实施方向来看，主要采用的是企业通过建立或者实施合规管理体系来证明自己

---

30 Guy Stessens, Corporate Criminal Liability: A Comparative Perspective, International and Comparative Law Quarterly, 1994, Vol. 43, pp. 496 - 507.

履行了法律规定的监督管理义务，从而免除了自身的刑事责任法定管理义务履行模式。[31]根据我国刑事合规的本质意义和实施刑事合规的实质初衷，激励的对象只能为企业而非企业家。但在我国企业合规的试点过程中，既松绑了企业也松绑了企业家。虽然将单位中特定人的思想和行为视为单位自身的思想和行为的做法缓解了单位犯罪面临的责任原则方面的诘难，但对刑事合规而言，便是使其法定义务履行模式停摆。根据法定义务履行模式的推导，刑事合规反对单位严格责任以及单位犯罪拟制论，传统的单位犯罪刑事责任理论不足以成为区分单位责任与单位内部员工责任的根据。只有企业的整体意志得到独立的认定，对其刑事责任的追究才有合理性和正当性。[32]单位的组织体特性使单位成为具有社会实态的法律形式，组织责任的性质，通过发挥责任切割的作用，有利于合规监管部门的工作，能够逃出“放过企业也放过犯罪人”的窠臼。单位固有责任论之旨趣就是让单位自身的组织特征能够决定对单位的刑事归责，通常犯罪行为与组织特征关联程度越低，对单位出罪的激励就越大。以单位内部的治理结构和运营方式为基础可以较好地区分单位犯罪和自然人犯罪，同时也能够为单位犯罪的成立寻求相对合理的法理根据。

最后，引入单位固有责任论有助于企业内部管理的有效实施。单位固有责任论的社会罪责观念为合规计划的具体化提供制度空间，使单位固有责任论有助于合规计划的实施。建立并有效实施了合规计划的企业，其预防的必要性显著降低，因此有充分理由使其减轻甚至免除刑罚处罚。长此以往，制度合规就能逐步形成合规文化，从而进一步实现刑罚的一般预防目的。具体而言，其一，单位固有责任论帮助企业形成差异化的内控方式。在现阶段的经济体制改革下，组织体在形式、行为能力、责任能力、经营范围等方面差异很大。现今，单位犯罪归责的实质转变为对社会利益的调整，使得单位犯罪刑事责任的正当依据也随之改变，单位刑事责任应当同时包括决策机关指挥的过错以及管理上的过错。引入单位固有责任论有助于合规计划达成差异化的目的，针对不同组织体实施不同的内控方式。其二，单位固有责任论有效防止任意处罚。单位固有责任论的社会罪责观念使刑事归责的过程变得更严格，以防止对单位造成任意处罚，有助于内部管理的有效实施。单位固有责任论所倡导的社会罪责观念在单位刑事归责的认定上体现得更为谨慎，最终能否将特定犯罪事实归咎于单位，需要根据对法规范的忠诚度以及社会治理能力标准依次检验。其三，单位固有责任论使责任主体之间不易产生株连。雀巢员工侵犯公民个人信息案持续纷争

31 陈瑞华：《企业合规出罪的三种模式》，载《比较法研究》2021 年第 3 期。

32 陈瑞华：《合规视野下的企业刑事责任问题》，载《环球法律评论》2020 年第 1 期。

的焦点在于行为归属个人还是单位，一审法院[33]及二审法院[34]都对公司承担责任持否认态度，从司法上避免了株连的发生。单位固有责任论为避免株连提供了正当性注解，按照顺向逻辑，单位固有责任论要求组织责任具体化，防止个人株连单位。按照逆向逻辑，单位固有责任论承认法人的实质精义源于法人的基本形态和本体意义，防止单位株连个人。

2. 引入单位固有责任论切实可行

在刑事合规的背景下，对单位犯罪刑事责任理论的筛选无法脱离对域外源流的考察。换言之，唯有在借鉴域外的基础上才能更好地进行本土化适用。综观域外刑事合规的实施模式，典型当属美国所采用的量刑激励模式和考察免责模式。依据《联邦组织量刑指南》的规定，在犯罪行为发生后，若企业已构建和实施了合规计划，可以帮助企业减轻刑罚。[35]与此同时，暂缓起诉协议制度和不起诉协议制度是合规考察免责模式的表现形式，对已经构成犯罪的涉案企业纳入合规考察的对象，根据考察结果确定起诉与否。除此之外，刑事合规程序的主导范式还包括英国的抗辩模式。此外，需要强调的是，在世界企业合规法律体系中占据重要席位的意大利“第231号法令”则将企业人员分为企业高管和企业雇员，并依据职位的不同，分别规定了不同的企业免责条件。详言之，在企业高管实施了犯罪的情况下，如果企业能够证明已经建立了有效的合规计划以及委托监管机构进行持续的监管，企业无须承担责任，除非诈欺性行为或监管机构监管不足。我国的刑事合规制度模式同于意大利的出罪模式，将企业有效的合规行为作为法定出罪事由，直接免除企业的法律责任。

不可否认，刑事合规的制度模式与单位归责理论具有内在关联，各国的单位责任依据的差异化源于企业合规的不同模式。对我国而言，将单位固有责任论作为企业合规本土改造的法理依据切实可行。事实上，出于考察企业出罪的目的，同时为方便作出更清晰的评价，有学者提出在刑事合规的过程中可尝试通过对系统性的单位犯罪与非系统性的单位犯罪区分的方式进行更为精准的评判。然而，该方式有将单位放入行为人刑法的判断框架之嫌，对企业合规而言，正确的做法应当是秉持行为责任原则，并在我国现有的刑法语境下找到单位固有责任论的生存空间。

从实体法上，刑法条文没有明显违背单位固有责任论的理论取向。单位固有责任论将自身监督管理义务上升为刑法义务，提高了企业合规的法律地位，

---

33 甘肃省兰州市城关区人民法院（2016）甘0102刑初605号刑事判决书。

34 甘肃省兰州市中级人民法院（2017）甘01刑终89号刑事裁定书。

35 U. S. Sentence Guidelines Manual § 8C2. 5（f）.

《刑法修正案（九）》所增设的拒不履行信息网络安全管理义务罪可以作为合理的例证。单位固有责任论也能够理性解释《最高人民法院关于审理单位犯罪案件具体应用法律有关问题的解释》第2条及第3条的规定，该规定绝非对法人人格的否认，更非消灭法人的主体资格。从单位固有责任论的角度，其中，个人为进行违法犯罪活动而设立的公司不存在单位的决策意志和归责，以实施犯罪为主要活动应理解为非职务行为，盗用单位名义实施犯罪等同于诈欺性行为。与此同时，单位固有责任论与刑罚论的规定相互协调，双罚制的处罚原则与单位固有责任论的理论取向一致。在此意义上，目前的代位责任或转嫁责任实质上均构成二重处罚。从程序上，我国《刑事诉讼法》中已设置的针对未成年人犯罪的附条件不起诉制度、认罪认罚从宽制度等与单位固有责任论相辅相成，从整体和特殊上为单位固有责任论提供指导。涉罪企业的合规计划是体现涉罪企业认罪态度和认罚行为的重要载体，一方面顺应因地制宜、因时所需的重要举措，另一方面高效、快速地实现正义。在这样的制度之下，刑事合规不仅作为一种激励机制，更是作为对教育刑的积极回应。若在司法实践中妥善适用合规计划，即等于给特殊预防提供了一种新的可能性，帮助确定犯罪人再犯可能性的高低。单位固有责任论下单位责任和单位成员责任在构成上的各自独立恰巧为司法程序提供了条件，反过来说，我国的程序制度也为单位固有责任论的引入提供了空间。

此处需要指出的是，单位固有责任论的引入应当满足其应用标准。首先，单位固有责任论的应用应当遵循对等原则。相比于在 US v. Bank of New England 案中被认可的集合原则[36]，对等原则具有更稳固的理论与实践地位。集合原则存在的主要意义在于当犯意加总时才能满足单位犯罪构成要件的场合，集合原则将元素综合，最终扩展单位主体刑事责任的范围。对等原则将单位的一些成员具体化，能够更好地进行分析和归责，厘清归责链条。

其次，坚守单位过失底线要求，将过失犯的成立限定在一定的合理范围内。因此，对单位过失的底线要求应采用新过失论，对风险的限定也意味着要通过结果回避义务来实现。也就是说，在单位过失责任的认定上，单位主体的注意义务是对结果的回避义务。需要明确的是，只有采取体制过失责任论，单位犯罪论和过失犯罪论才能协调。[37] 因为，从处罚单位犯罪的规范保护目的的角度而言，单位主体不能仅对与单位内部的规章制度、治理结构、企业文化尽忠实

36 See US v. Bank of New England, 821 F. 2d 844 (1987).

37 聂立泽、胡洋：《单位犯罪中的预见可能性：兼论结果无价值单位过失犯罪论的疑问》，载《贵州民族大学学报》2016年第6期。

义务，更要体现对整体法规范的忠实。此外，从主体的角度而言，单位主体的过失应由单位自身整体能够达到的标准判断。如果沿用旧过失论的绝对具体的预见可能性标准，将会放任单位主体的过失行为。因为单位主体的组织体性特性决定了单位无法满足高度的预见可能性，对单位内部成员的具体行为也难以有具体的预见可能性。新过失论在预见可能性上只要求相对具体的预见可能程度即可，重点关注对结果的回避义务。在运用注意义务的判断标准过程中，应考虑不同单位的个体性要素，使单位主体可以对结果回避义务前提条件明确化的可能性和结果回避义务内容具体化的可能性做注脚。此时单位履行结果回避义务的合格线可以通过合规制度进行考察，具体而言，通过单位制定并落实适当的合规计划进行考察。[38]

最后，确保量刑结果唯一。由于单位组织结构迥然，合规计划的成立与单位固有责任论的引入相当于为单位刑事责任的承担拟定一个不确定的函数关系。正确的做法是，单位固有责任论的引入需要确保对单位自身及内部成员进行类型化处理，保证刑事责任归责结果的唯一性。合规计划使得量刑过程分布进行，以致单位固有责任论使函数关系成立。纵使需要法官葆有公平、正义的观念，也需要有可视化的标准作为辅助。在此基础上，伴随社会结构、经济发展不平衡、犯罪类型等微弱影响因素，也能够使得值域在有限的区间内浮动。对此，组织量刑指南与合规计划是企业合规实施过程中的一体两翼。具体罪责指数可以根据业务性质、决策事项的集权方式、管理制度的政策倾向、运营模式、风险发生后的应急机制、默认规则所决定，这正好也是合规计划的具体内容。组织量刑指南主要对犯罪等级及罪责指数进行规范，犯罪等级根据实体法所规定的罚款金额确定，犯罪等级及有效的合规计划影响具体的罪责指数，最终由罪责指数决定最终的量刑。

结语

单位固有责任论在为刑事合规实施提供理论基础的同时，也能够一并弥合立法规范现实困惑，消解对具体问题的争议。单位固有责任论有利于辨清单位主体，完善单位犯罪处罚制度，明确单位过失犯罪的废增，调整单位主体的法定刑和量刑激励机制，帮助实现刑事合规制度的本土化构建。

1. 单位犯罪主体的重构。站在单位固有责任论的立场，单位具备独立的犯罪能力是单位主体承担刑事责任的基础。对应到立法规范上，对于一人公司而言，其无法满足具有独立于单位成员的决策机制和规则的要求，一人公司不具

38 耿佳宁：《单位固有刑事责任的提倡及其教义学形塑》，载《中外法学》2020 年第 6 期。

备独立犯罪能力，不应成为单位犯罪主体。除此之外，单位固有责任论进一步考察单位刑罚适应能力。否则，针对单位主体的罚金刑就无法发挥刑罚预防目的。在此意义上，国家机关、国有公司缺乏刑罚适应能力。因此，仅当相关犯罪行为的犯罪对象为财物、资产、财产性利益时，国家机关及国有公司才能成为实施相关犯罪行为的主体。

2. 单位过失犯罪的废止。传统单位刑事责任理论所采取的理论构造是把自然人的行为和意思直接解释为单位的行为和意思，单位固有责任论的引入意味着单位的过失犯罪是客观监督过失而非主观过失。因而，应考虑将对我国《刑法》分则中的第 189 条“对违法票据承兑、付款、保证罪”、第 363 条第 2 款“为他人提供书号出版淫秽书刊罪”等无监督过失可能性的单位过失犯罪予以废止。

3. 单罚制单位犯罪的纠偏。只处罚单位成员而不处罚单位的单罚制不符合单位犯罪的归责基础，更确切而言，单罚制单位犯罪本质上不是单位犯罪，应当被剔除在单位犯罪的外延之外。单位固有责任论是将单位主体与自然人主体割裂开来，对自然人和法人的行为分别进行独立的判断。单位固有责任论体现的是自然人责任和组织体责任的二元构造，对单位犯罪进行单罚失之偏颇。

4. 法定刑与量刑激励的调整。根据刑事合规的宽缓主义的立场，单位犯罪的成罪标准不应同于自然人，单位作为主体与自然人作为主体的犯罪中法定刑设置、量刑幅度设置、量刑激励机制的设置不应当相同。但是，统一对单位成员和纯正的自然人犯罪的定罪标准和处罚力度则是刑事合规本土化构建的具体体现。

认罪认罚“阶梯式”从宽机制的再思考

石经海　林需需*

【内容提要】 目前我国认罪认罚采取了“认罪越早、从宽越多”的阶梯式从宽量刑机制，该机制存在助推无辜刑事被追诉人被定罪、导致刑事被追诉人承受过重刑罚的公正隐忧。究其原因，实践中与理论上主要将认罪认罚从宽制度的价值片面理解为提升诉讼效率，错认为刑事被追诉人认罪越早人身危险性越小、定罪量刑的权力可由检察机关掌握、量刑可在定罪前。应明确认罪认罚从宽制度同时追求实体公正与诉讼效率且诉讼效率受实体公正的制约，认罪认罚从宽制度并未改变先定罪后量刑的诉讼逻辑，量刑权仅能由人民法院独立行使等。为消解该隐忧，可从实体上明确认罪认罚从宽制度的理据包括人身危险性降低和诉讼效率提升，比照自首与坦白情节综合确定阶段性从宽幅度，遵循最有利于被追诉人原则来认定“量刑建议明显不当”，同时，可借助人工智能技术辅助量刑，减轻风险社会下积极刑事立法的案件审判压力。

【关键词】 认罪认罚　阶梯式从宽　公正与效率　实体消解　量刑建议

一、问题的提出

当前我国刑事司法实践呈现出新样态，体现在社会潜在风险增多与公众对

---

*　石经海——西南政法大学法学院教授，刑法学科带头人（负责人）、量刑研究中心主任，博士生导师，主要研究领域：刑法学。林需需——西南政法大学法学院博士研究生，主要研究领域：刑法学。本文系2020年国家社科基金重点项目“认罪认罚从宽制度的刑法应对研究”（20AFX012）和2021年西南政法大学学生科研创新项目“预防刑法观下自动驾驶风险的刑责分配”（2021XZXSZC－008）的阶段性研究成果。

安全感需求提升，促使刑事立法不断完善，一些既往非罪行为入刑[1]；国家法治进步和人权保障持续完善，刑事诉讼中认定犯罪的证据标准逐步提高；一些新型犯罪的犯罪手段更为隐蔽，案件侦破难度显著增大。在这些因素的综合作用下，刑事诉讼"案多人少"矛盾凸显。认罪认罚从宽制度旨在构建一种协商式司法格局，由司法机关告知被追诉人如实供述自己罪行可以从宽处理和认罪认罚的法律规定，检察机关提出量刑建议，被追诉人如实认罪供述，从而实现更快查明案件事实、提升诉讼效率的目的，间接服务于审判中心主义改革。该制度中，量刑从宽既关乎能否激励被追诉人自愿认罪认罚，以实现程序繁简分流、提升司法效率，又关乎能否保障被追诉人认罪认罚后的实体权利，以贯彻落实宽严相济刑事政策，因而具有双重意义，[2]有必要着重研究。

对于认罪认罚实体从宽的幅度，最高人民法院、最高人民检察院的司法解释与实践探索均采纳了"认罪越早、从宽越多"的阶梯式从宽量刑机制。司法解释如最高人民法院、最高人民检察院、公安部、国家安全部、司法部《关于适用认罪认罚从宽制度的指导意见》（以下简称《认罪认罚指导意见》）第9条[3]指出，办理认罪认罚案件要考虑认罪认罚所处的诉讼阶段差异，将"早认罪优于晚认罪"作为一项刑罚评价原则。实践探索如济南市院在试点期间会签的量刑指导意见规定在批捕、起诉、审判阶段认罪认罚的刑罚分别减少20%、15%与5%以下。[4]福建省厦门市集美区人民法院推出了"321"的阶梯式从宽量刑机制，在侦查、审查起诉与审理阶段认罪认罚的分别减少基准刑30%、20%和10%。对于司法解释与实践中认罪越早、从宽幅度越大的做法，一些理论学者也持赞

1　近十多年来，醉驾、替考、恶意欠薪、使用虚假身份证件、冒名顶替上大学或入职公务员、高空抛物等行为陆续入刑。

2　陈实：《论认罪认罚案件量刑从宽的刑事一体化实现》，载《法学家》2021年第5期。

3　《认罪认罚指导意见》第9条规定了认罪认罚从宽的幅度。第1款：办理认罪认罚案件，应当区别认罪认罚的不同诉讼阶段、对查明案件事实的价值和意义、是否确有悔罪表现，以及罪行严重程度等，综合考量确定从宽的限度和幅度。在刑罚评价上，主动认罪优于被动认罪，早认罪优于晚认罪，彻底认罪优于不彻底认罪，稳定认罪优于不稳定认罪。第2款：认罪认罚的从宽幅度一般应当大于仅有坦白，或者虽认罪但不认罚的从宽幅度。对犯罪嫌疑人、被告人具有自首、坦白情节，同时认罪认罚的，应当在法定刑幅度内给予相对更大的从宽幅度。认罪认罚与自首、坦白不作重复评价。第3款：对罪行较轻、人身危险性较小的，特别是初犯、偶犯，从宽幅度可以大一些；罪行较重、人身危险性较大的，以及累犯、再犯，从宽幅度应当从严把握。

4　马云云、崔岩：《济南认罪认罚等级评定，表现"好"最高可减刑30%》，载齐鲁晚报官网，https：//www.qlwb.com.cn/detail/9716434，最后访问于2022年4月25日。

成态度。[5]“阶梯式”量刑从宽机制的明确性特点，有助于刑事被追诉人有效理解认罪认罚从宽制度的内涵，有利于促进刑事被追诉人自愿认罪认罚。然而，实践中一些从宽机制的“梯度”设置不合理，叠加实践中部分裁判人员对“阶梯式”从宽量刑机制的误解，共同导致该种量刑优惠机制在运行中有造成冤假错案、量刑不公等的缺陷，为保障“阶梯式”量刑从宽机制更好、更准确地发挥作用，有必要对该机制的运行情况进行详细分析，作针对性调整，设置保障性措施。

众所周知，认罪认罚从宽幅度的确立本质上是实体法问题，因此，判定“阶梯式”从宽量刑机制是否适当、如何调整等也应以实体法为判断标准，认罪认罚从宽幅度的确立也应从实体法中寻找依据。据此，本文尝试从实体法视角对认罪认罚从宽幅度展开研究。具体行文时，首先，反思该“阶梯式”从宽量刑机制，分析其在实践中可能导致的实体不公现象，并厘清其引发实体不公的原因；其次，探寻认罪认罚从宽幅度确立的理论依据；最后，从实体法角度提出消除实体不公的路径。

二、认罪认罚“阶梯式”从宽机制的公正隐忧及其原因

认罪认罚案件中的实体不公体现为错将无辜被追诉人定罪和对被追诉人施加过重刑罚两方面。造成这些不公的原因，除认罪认罚制度实施过程中的偏差外，“阶梯式”从宽量刑机制也难辞其咎。更深层次的原因是，理论与实务工作者错将认罪认罚的价值片面理解为提升诉讼效率，错认为被追诉人认罪阶段越早、人身危险性越低，错认为定罪量刑的权力可由检察机关代为行使，错认为量刑可置于定罪前。

（一）认罪认罚“阶梯式”从宽机制的公正隐忧

第一，助推无辜刑事被追诉人被定罪。认罪认罚从宽制度的显著特点在于协商性，众所周知，谈判或协商的双方或多方主体仅当处于平等地位时才能保证谈判结果的公正。但以检察官为代表的刑事司法机关相较于刑事被追诉人拥有更多的权力，如发动强制措施的权力，决定对被追诉人是否适用认罪认罚从宽，间接决定被追诉人能否享有程序从简优惠的权力。刑事诉讼程序本就带有

5　参见刘伟琦：《认罪认罚的“321”阶梯式从宽量刑机制》，载《湖北社会科学》2018 年第 12 期；胡铭：《认罪认罚案件中的量刑协商和量刑建议》，载《当代法学》2022 年第 2 期；刘伟琦、刘仁文：《阶梯式从宽量刑不同诉讼阶段的认罪认罚》，载《学术论坛》2019 年第 6 期；宋一心、李晨：《“认罪越早、从宽越多”量刑理念的实例应用及价值探究》，载《法律适用》2019 年第 22 期。

一定的惩罚属性，“一个人被怀疑有罪进入刑事诉讼程序，不论最终判决其有罪还是无罪，程序均将同样分配给无辜者和有罪者，对最终结论的等待过程，其间的不断询问、情况核实、调查以及对不确定、未知结论的等待的心路历程，本身就是一个令人煎熬的过程”[6]。反观被追诉人，他们普遍缺乏法律专业领域知识，法律规定的值班律师由于人数少、动力小等客观因素不足以对被追诉人提供充分的帮助，被追诉人很可能会处于迷茫和孤立无援的境地。

在这种地位高低和权力大小对比下，最终结果是，刑事司法实践中，由于检察机关相对于刑事被追诉人的显著优势地位，进入刑事诉讼程序的理性刑事被追诉人除了争取认罪认罚从宽处理外，其他选择的空间很小[7]。原本，被追诉人可选择在审查起诉阶段认罪认罚，该阶段检察官主要审查侦查机关移送的材料，判定被追诉人是否构成犯罪和决定起诉，处于权利相对弱势地位的被追诉人可在此时作无罪争辩。但“阶梯式”从宽量刑机制下，被追诉人在侦查阶段认罪认罚的适用刑罚较为轻微，[8]而在审查起诉阶段认罪认罚的，从宽量大幅减少，权衡利弊下，被追诉人通常会选择在侦查阶段认罪认罚。作此选择的被追诉人并非均认为自己构成犯罪，认为自己无辜的被追诉人愿意认罪的另外一个原因是：被追诉人相信即使在侦查阶段认罪，仍可在审查起诉阶段尤其是审判阶段被认定为无罪，但这种设想很可能难以实现。[9]

侦查阶段认罪认罚的被追诉人大概率会被定罪。[10]具言之，案件进入移送审查阶段后，对在侦查阶段已经认罪的被追诉人，检察机关作为追诉机关不会主动推翻被追诉人的认罪，检察官的任务核心也不在定罪而在量刑。并且，被追诉人提出的无罪辩解很可能被视为不认罪认罚，不能享受量刑优惠。考量到如此境况，被追诉人大概率将不再在移送审查阶段作无罪辩解，转而寄希望于法院公正审判。遗憾的是，认罪认罚从宽制度运行中，法院一般会采纳检察官提出的量刑建议，更倾向于对被追诉人定罪量刑。[11]如此，就形成一种反常现象：进入刑事诉讼程序的被追诉人更愿意在侦查阶段认罪认罚，而在该阶段认罪认罚的被追诉人最终也更可能被定罪。在此过程中，有罪的被追诉人认罪认

6 王瑞君著：《认罪认罚从宽司法改革疑难问题研究》，山东大学出版社2020年版，第32页。

7 孙长永：《认罪认罚从宽制度实施中的五个矛盾及其化解》，载《政治与法律》2021年第1期。

8 认罪认罚案件中被追诉人触犯的通常是轻罪，被追诉人在侦查阶段认罪认罚的，从宽后，所适用的刑罚大概率是一年以下有期徒刑、拘役，刑罚执行方式也可能是缓刑。

9 参见郭华：《认罪认罚从宽制度的权力俘获及纾困程序》，载《清华法学》2022年第5期。

10 参见周新：《公安机关办理认罪认罚案件的实证审思——以G市、S市为考察样本》，载《现代法学》2019年第5期。

11 参见陈卫东：《刑诉中检察官主导地位：形成、发展与未来》，载《检察日报》2019年8月21日，第3版。

罚得到量刑减让，同时节省了司法资源提升了诉讼效率；无辜的被追诉人要承担不适当的刑罚。[12] 目前，已有个别无罪的刑事被追诉人被定罪然后通过再审程序宣告无罪的案例。[13] 根据前述分析，导致这种实体不公的原因，除检察官与被追诉人权利（权力）悬殊外，"阶梯式"从宽量刑机制促使被追诉人在侦查阶段早早放弃无罪辩护权也发挥了助推作用。

第二，导致刑事被追诉人承受过重刑罚。"阶梯式"从宽量刑机制还可能使有罪者承受过重的刑罚。根据《认罪认罚指导意见》的相关规定，认罪认罚案件并不降低证据要求和证明标准。但司法实践中，该规定有时无法得到充分执行。在普通刑事程序中，证明被追诉人有罪和罪行轻重依赖侦查机关收集的客观证据，这些证据对被追诉人既可能有利也可能不利。而在认罪认罚案件中，侦查机关根据被追诉人的口供寻找被追诉人有罪的证据。出于诉讼效率的考量，侦查机关往往将重点放在根据追诉人提供的口供搜集认定被追诉人有罪和罪重的事实与证据，这就导致侦查机关缺乏收集被追诉人罪轻证据的动力。[14] 并且，原本拥有最大动力和机会提出罪轻证据的被追诉人，由于专业知识限制与利益衡量，其主动提出自己罪轻证据的意愿并不高。具体而言，缺乏法律知识的被追诉人和值班律师很难主动提出能够证明被追诉人罪轻的事实与证据。尤其在"阶梯式"从宽机制作用下，被追诉人为获取最大限度的程序与实体刑罚优惠，担心提出罪轻证据被视为不自愿认罪认罚，在利益衡量下，很可能缺乏主张自己罪轻的"勇气"。进入审查起诉阶段，检察官所审查的是侦查阶段提供的表征被追诉人构罪与罪重的事实和证据，检察官基于自己的追诉机关定位，也缺乏主动寻找证明被追诉人罪轻的事实与证据的动机。被追诉人面对能够提出"量刑建议"的检察官，也倾向于配合控方完成指控，不愿意提出罪轻事实与证据，增加控方工作压力。[15] 案件进入审判阶段，法官裁判的依据是检察官提供的证据，因此，即使存在罪轻事实与证据，法官也不能主动提取，最终导致刑事被追诉人承受过重刑罚。

12　已有学者通过实证研究，证明侦查阶段认罪认罚的无辜刑事被追诉人被错误定罪。参见周新：《公安机关办理认罪认罚案件的实证审思——以G市、S市为考察样本》，载《现代法学》2019年第5期。

13　如宁夏回族自治区吴忠市中级人民法院（2020）宁03刑再1号刑事判决书。参见孙长永：《认罪认罚从宽制度实施中的五个矛盾及其化解》，载《政治与法律》2021年第1期。

14　参见陈子奇：《论认罪认罚案件证据开示的两种逻辑》，载《法律科学（西北政法大学学报）》2022年第4期；康景文：《论认罪认罚从宽制度中认罪供述的撤回——以证据排除为视角》，载《河南大学学报（社会科学版）》2022年第2期。

15　参见简琨益、杨乐：《认罪认罚从宽制度中量刑建议的风险及其控制》，载《学术探索》2022年第12期。

除由于证据收集不充分导致被追诉人承受过重刑罚外，检察官提出的量刑建议偏重也会导致被追诉人承担过重刑罚。法官对案件审查时发现量刑建议偏重的，可以“量刑建议明显不当”为由调整量刑。但由于当前理论界与实务界对“量刑建议明显不当”的理解有偏差，致使法官也难以保障被追诉人的权利。理论上与实践中，对“量刑建议明显不当”主要采取的是幅度刑判定方法，即仅在量刑建议偏离应判处刑罚一定幅度时，才属于“量刑建议明显不当”。例如，有观点认为量刑建议超过应处刑罚一定百分比时即属于明显不当；[16]还有观点认为量刑建议畸轻畸重时就属于量刑建议明显不当。[17]如此两种观点都认为最终量刑可高于被追诉人应当承担的刑罚，只要保持在一定限度内。根据这两种观点，则很有可能得出下述结论：法官即使发现检察官的量刑建议高于被追诉人应当承担的刑罚，也要肯定量刑的合理性，这会侵害被追诉人的合法权利，是对被追诉人的实体量刑不公。

（二）引起定罪量刑公正隐忧的原因

第一，将认罪认罚从宽制度的价值片面理解为提升诉讼效率。认罪认罚从宽制度旨在通过减让对被追诉人的刑罚换取被追诉人的认罪供述和认罚，从而减小取证难度和缩短诉讼过程，提升诉讼效率，实现宽严相济刑事政策和解决社会矛盾。前述目的的实现仰赖代表追诉机关的检察院与被追诉人的协商，但被追诉人并不会主动寻求与检察官协商，刑罚减让是促进被追诉人协商的关键，而从宽幅度的特点在调动被追诉人寻求协商的过程中发挥不同功能。具言之，从宽幅度越大被追诉人寻求合作的积极性越高，从宽幅度越明确被追诉人的预期目标越能得到满足。如此，确定认罪认罚阶段越早，从宽幅度越大的“阶梯式”从宽量刑机制并明确各阶段可从宽幅度，无疑是促进被追诉人选择协商的最优选择。如此，“阶梯式”从宽量刑机制的确立主要是从效率角度进行的考量，也符合提升诉讼效率的认罪认罚制度的目的。然而，前述如“321”阶梯式从宽量刑机制体现出诉讼效率对从宽幅度的决定性影响，存在忽视实体公正的情形。司法实践中，被追诉人得到的从宽幅度，除受认罪认罚阶段所表征的诉

16　从定量维度看，法官拟判处的刑罚超过精准刑量刑建议上下的20%，或者超过幅度刑量刑建议上限或下限的20%，或者二者的刑期差超过一年，可以作为同一法定刑幅度内“量刑建议明显不当”的界分点。参见陈峰：《认罪认罚案件量刑建议明显不当的司法认定》，载《人民检察》2021年第5期。

17　量刑建议畸重畸轻都属于通常的量刑明显不当，畸轻畸重相对偏轻偏重而言，是在量刑幅度内过于偏下或偏上，如应判处3年以上10年以下有期徒刑的，被告人犯罪情节较重，刑罚却接近3年有期徒刑，犯罪情节较轻，处刑却接近10年有期徒刑，亦即量刑明显过轻或过重。参见陈卫东：《认罪认罚案件量刑建议研究》，载《法学研究》2020年第5期。

讼效率提升程度影响外，还与被追诉人人身危险性降低的程度密切相关，被追诉人最终得到的刑罚减让，是两种因素综合影响的结果，因此，在移送审查起诉阶段认罪认罚的最终从宽幅度并非一定大于审判阶段。事实上，“阶梯式”从宽量刑机制作为认罪认罚从宽制度的具体机制设置，虽然存在以诉讼效率为导向的价值追求，其运行也需要维护基本的诉讼公正要求。[18] 详言之，认罪认罚制度虽强调诉讼效率，但仍赋予被追诉人不同形式或程度的无罪推定权、辩护权与公正审判权，以这些诉讼权利保障被追诉人的正当实体权利。被追诉人即使在侦查阶段认罪也并不能据此降低证明被追诉人构罪和罪重的证据标准，配置值班律师制度辅助被追诉人实现有限度的辩护权，由人民法院对认罪认罚的自愿性、量刑建议的合理性进行独立审查，并作出调整量刑建议的决定。遗憾的是，实践中出现了口供定案、卷宗定案的倾向，证据审查形式化严重；值班律师人数少、权利小，无法提供实质辩护；法院的审查权也没有充分发挥作用。在这些主客观因素的综合作用下，法律赋予被追诉人的用于保障其实体权利的无罪推定权、辩护权与公正审判权等得不到充分保障，认罪认罚制度运行没有达到理想效果。

第二，错认为刑事被追诉人“认罪越早、人身危险性越低”。实践中采纳“阶梯式”从宽量刑机制的实务人员[19] 与理论上[20] 支持该机制的学者均认为，设置该机制的实体理由是“认罪越早、人身危险性越低”。这种将认罪认罚实体从宽的正当性根据立足于被追诉人人身危险性降低的认识，必然得出认罪越早、从宽幅度越大的结论。此种认识也为旨在提升诉讼效率的“阶梯式”从宽量刑机制的合理性提供了实体支撑，实现了实体从宽与提高诉讼效率的完美耦合。但如此理解存在难以克服的缺陷，如被追诉人分别在侦查阶段和审查起诉阶段认罪认罚，若前者认罪认罚是为了掩盖更严重的罪行，而后者认罪认罚是真实且全面的，就不能说前者的人身危险性小于后者，即认罪阶段越早并不能推导出被追诉人的人身危险性更低。更重要的是，即使肯定“被追诉人认罪越早、人身危险性越低”的判断，也不能得出“阶梯式”从宽量刑机制。原因是，预

18　参见陈文聪：《论审判中心主义改革与认罪认罚从宽制度的关系》，载《华东政法大学学报》2022 年第 5 期。

19　实务部门如认罪认罚制度试点地区厦门市集美区人民法院审判委员会专职委员和集美区人民法院法官均认为，“早认罪说明被告人悔罪好、主观恶性低、其人身危险性要低于晚认罪或不认罪的，对其多些刑罚减让符合宽严相济刑事政策”。参见宋一心：《“认罪越早，从宽越多”量刑原则的探索与实践——厦门集美法院“321”阶梯式从宽量刑改革总结》，载石经海主编：《量刑研究》（2019 年第 1 辑），社会科学文献出版社 2019 年版，第 104 页。

20　行为人分别在侦查、审查起诉、审判阶段开始认罪认罚的，表征其人身危险性呈阶梯式递增。参见刘伟琦：《认罪认罚的“321”阶梯式从宽量刑机制》，载《湖北社会科学》2018 年第 12 期。

防刑理论（人身危险性）并不能圆满解释为何认罪认罚能够成为区别于坦白、自首、悔罪情节之外的从宽量刑情节。[21]人身危险性仅是认罪认罚实体从宽的部分根据，仅以此作为实体从宽的根据必然导致定罪量刑失当。

第三，错认为定罪量刑的权力可由检察机关掌握。在认罪认罚案件中，检察官在审查起诉阶段判断刑事被追诉人是否构成犯罪，并与刑事被追诉人协商量刑减让幅度，确定量刑建议，这是检察官介入定罪量刑过程的表现，但检察官是追诉机关而非裁判机关的定位并未改变，因为对检察官的定罪量刑建议，法院拥有审查确认权，未经审查确认不能生效。但实践中，检察机关的权力显示出僭越裁判权的倾向，体现在：认罪认罚案件中，法庭调查与法庭辩论被简化，庭审内容提前被检察官所展示的事实框定，法官定罪量刑权受到较大限制。[22]如此，检察机关就实质上掌握了定罪量刑权。在没有法官制约的情形下，检察官可能充当最终裁决者的角色，刑事案件处理是否公平合理也主要仰赖检察官的定罪量刑业务水平和公正立场。就业务水平而言，检察官以往主要任务是围绕定罪评价，而量刑活动相较定罪更为烦琐和复杂，检察官缺乏相应经验。[23]就公正立场而言，检察院兼具追诉机关与法律监督机关双重定位，但在刑事案件中，其犯罪追究机关的定位更为根深蒂固。对于定罪量刑，量刑经验缺乏和追诉犯罪定位的检察官，很难在短时间内转变为中立的裁判者。当前，检察官“迎难而上”实现定罪量刑权，因受追诉职能的司法惯性所限，以及量刑经验缺乏，提出的定罪量刑建议可能对被追诉人不利。最终，导致无辜被追诉人被定罪，罪轻者承担过重刑罚。

第四，量刑错置于定罪前。“阶梯式”从宽量刑机制如“321”模式相当于变相对被追诉人作出量刑承诺，诱发被追诉人在侦查阶段即早早作出认罪认罚表示，并在侦查机关引导下配合收集相关据以定罪量刑的证据。进入移送审查阶段后，法律规定该阶段不得就犯罪事实、犯罪情节、罪名和罪数进行协商，检察机关工作的重心主要是对量刑、程序适用和强制措施的变更与被追诉人协商，对被追诉人是否构成犯罪的认定并不是该阶段的重点。检察机关作为追诉机关，在被追诉人于侦查阶段已经作出认罪认罚表示的情形中，对被追诉人是否构成犯罪的判定更不会成为该阶段审查的重心，该阶段检察官主要围绕量刑与被追诉人进行协商，并最终确定量刑建议。要注意，该量刑建议对法院的量刑具有实质约束性，在没有法定条件下不得变更，法官对检察官提出的量刑建

---

21 参见徐歌旋：《认罪认罚独立从宽的正当化依据及其限度》，载《中州学刊》2020 年第 9 期。

22 参见张长永：《中国检察官司法的特点和风险——基于认罪认罚从宽制度的观察与思考》，载《法学评论》2022 年第 4 期。

23 参见石经海：《量刑建议精准化的实体路径》，载《中国刑事法杂志》2020 年第 2 期。

议大体上照单全收，如此检察官的量刑建议基本上发挥了量刑裁判的功能。[24]如此就形成一种量刑在前、定罪在后的现象，检察机关量刑在前，法院定罪在后。在检察官与被追诉人已就量刑达成一致意见情况下，法官对定罪不认可将导致量刑建议效力锐减，这将使检察机关与侦查机关的前期努力付之东流，提升诉讼效率的目的也难以实现。此外，某些检察机关将提出精准量刑建议的百分比和法院的采纳率纳入工作绩效考核项目，在同为司法机关和密切工作伙伴的职业共同体压力下，再考量到提升诉讼效率的目标，法官会倾向于认可检察官的定罪建议，此时一旦存在错案，不公也就此产生。

三、认罪认罚阶段性从宽的理论依据

认罪认罚“阶梯式”从宽量刑机制存在导致无辜被追诉人被错误定罪和罪轻被追诉人承受过重刑罚的定罪量刑不公隐忧。深层次的原因是，学者与实务工作者对认罪认罚从宽制度存在认识偏差：理念层面，他们认为认罪认罚从宽制度的价值仅在于提升诉讼效率；理论上，他们对人身危险性大小评估、定罪与量刑的关系、求刑权与量刑权的关系均存在错误理解。有必要就前述理念与理论误区进行针对性分析。

（一）认罪认罚从宽制度的价值

第一，认罪认罚从宽制度同时兼顾实体公正与诉讼效率。理念或称价值取向是指导制度构建、适用与完善的基础性前提。认罪认罚从宽制度的价值理念从该制度确立时即存在争议并持续至今，争议主线围绕“效率优先”[25]还是“公正优先”[26]展开。[27]但这些观点均存在片面性，认罪认罚从宽制度的价值应兼顾实体公正与诉讼效率，这从围绕该制度发布的政策性规范文件和最高

24　参见闵丰锦：《检察主导抑或审判中心：认罪认罚从宽制度中的权力冲突与交融》，载《法学家》2020年第5期。

25　持“效率优先说”的学者主张“认罪认罚从宽制度目的是在犯罪轻型化与犯罪数量激增的基础上，合理配置司法资源，实现案件处理高效、迅速”。参见陈卫东：《认罪认罚从宽制度研究》，载《中国法学》2016年第2期。

26　持“公正优先说”的学者主张“认罪认罚从宽制度的首要目标是落实从宽处理的实体权利”。参见左卫民：《认罪认罚何以从宽：误区与正解——反思效率优先的改革主张》，载《法学研究》2017年第3期。

27　参见何佳君：《公正与效率：我国司法改革进程中的价值取向问题研究——以刑事认罪认罚从宽制度改革为例》，载《东南大学学报（哲学社会科学版）》2018年第S1期；张泽涛：《认罪认罚从宽制度立法目的的波动化及其定位回归》，载《法学杂志》2019年第10期；左卫民：《认罪认罚何以从宽：误区与正解——反思效率优先的改革主张》，载《法学研究》2017年第3期。

人民法院对该制度的解读文件中可一探究竟。对这些文件梳理可知，认罪认罚从宽制度的价值经历了单向强调诉讼效率到兼顾诉讼效率与实体公正的动态演变。2015 年以前认罪认罚相关规范[28]体现出单向强调诉讼效率的精神[29]。2016 年以后认罪认罚相关规范[30]呈现出兼顾诉讼效率与实体公正的精神。如 2016 年 9 月 3 日通过的《关于授权最高人民法院、最高人民检察院在部分地区开展刑事案件认罪认罚从宽制度试点工作的决定》，从该文件的内容表述可以看出，认罪认罚从宽试点的目的是既进一步落实宽严相济刑事政策，又提升司法公正效率。[31]

第二，提升诉讼效率应以实体公正为边界、受实体公正的制约。诉讼效率与实体公正相统一，表明认罪认罚从宽在理解与适用时两者不可偏废，但在诉讼效率与实体公正出现正面冲突时，仍需要确定两者间的关系。历史地考察，刑事诉讼的价值更强调保障被追诉人的人权。刑事诉讼本质上是一种国家以诉讼方式解决犯罪问题的活动，我国古代司法制度中司法官员集行政权与司法权于一身，经常出现被追诉人权利遭受不当侵害的现象。后来随着刑事诉讼制度的形成、发展与逐渐完善，刑事诉讼为实现实体法建立了诉讼程式、方法与步骤，刑事诉讼赋予了被追诉人一系列对抗国家公权力机关的权利，保障被追诉人不受侦查机关、公诉机关和法院任意的侵犯。由此可见，刑事诉讼制度建立之初的价值即是保障被追诉人受到公正对待。当代刑事诉讼的价值仍然在于强调实体公正。对此，我国著名刑事诉讼法学者陈瑞华教授指出“刑事诉讼价值可分为内外两种价值，外在价值是指刑事诉讼制度在实现外在目的方面的工具意义，也即实现实体正义方面的有用性或功利性；内在价值是刑事诉讼制度自身所要具备的内在品质，也即符合内在的公正性和正义性的标准”[32]。由此可见，理论上关于现代刑事诉讼法价值的代表性观点仍强调公正的重要性。从认

---

28 如 2015 年 2 月最高人民法院出台的《关于全面深化人民法院改革的意见——人民法院第四个五年改革纲要（2014—2018）》，最高人民检察院 2015 年 2 月修订的《关于深化检察改革的意见（2013—2017 年工作规划）》。

29 如最高人民检察院 2015 年 2 月修订的《关于深化检察改革的意见（2013—2017 年工作规划）》规定“明确被告人自愿认罪……优化资源配置”。

30 如 2016 年《关于授权最高人民法院、最高人民检察院在部分地区开展刑事案件认罪认罚从宽制度试点工作的决定》，2018 年修订的《刑事诉讼法》，2019 年《认罪认罚指导意见》等。

31 参见周强：《关于〈关于授权在部分地区开展刑事案件认罪认罚从宽制度试点工作的决定（草案）〉的说明——2016 年 8 月 29 日在第十二届全国人民代表大会常务委员会第二十二次会议上》，载中国人大网，http：//www. npc. gov. cn/zgrdw/npc/xinwen/2016 - 10/12/content_ 1998977. htm，最后访问于 2022 年 12 月 14 日。

32 参见陈瑞华著：《刑事诉讼法》，北京大学出版社 2021 年版，第 35 页。

罪认罚从宽制度与“以审判为中心”诉讼制度改革的关系来看，认罪认罚从宽制度也强调保障实体公正。[33]

综上，认罪认罚从宽制度强调提升诉讼效率，但须以保障实体公正为底线。

（二）人身危险性的认定

第一，对犯罪人人身危险性应进行综合评估。人身危险性与行为人的内在人格相互依存，预示着行为人未来行为的发展趋向，[34]“是指行为人蕴含的对社会的潜在危害，其内容包含犯罪人主观恶性的固化程度即改造难易程度和再次实施严重危害社会行为的概率，是犯罪人内在的相对稳定的属性，不光影响定罪也影响量刑，但主要影响量刑”[35]。能够体现出犯罪人人身危险性的因素包括两个方面：“其一是犯罪人在犯罪前与犯罪后实施的与犯罪相关的外在行为，如犯罪人在犯罪前一贯的品质是好还是坏，是第一次实施犯罪，还是第二次甚至多次实施犯罪，犯罪后的表现，犯罪人实施犯罪后，是主动认识到自己行为的危害并真诚悔罪主动自首，还是设置障碍、逃避司法机关的追究，到案后主动交代自己的犯罪事实和提供相关证据，还是避重就轻或者诬陷其他人，积极将自己的违法所得退还，还是转移赃款赃物，积极赔偿被害人的损失向被害人表示歉意求取被害人原谅，还是以暴力或强力相威胁被告人作出谅解自己的声明以及其他与犯罪行为相关的表现；其二是犯罪人的人格、家庭及社会环境、职业状况等影响再犯罪的危险因素。”[36]具体刑事案件中，判断特定犯罪人的人身危险性大小要综合影响犯罪人改造难易程度和再犯罪可能性大小等因素进行评估，然后依据人身危险性大小的评估结果进行定罪量刑。

第二，刑事被追诉人认罪越早，人身危险性并非越低。人身危险性是否越低的判断应围绕该情节所表征的被追诉人的改造难易程度和再犯罪的可能性程度展开评估。理论上，刑事被追诉人认罪认罚的成因主要有认识到自己行为错误并为实施的犯罪表示悔过，渴望得到程序从宽和快速审判、争取非羁押性强制措施等。认罪阶段早晚在理论上并未直接获得影响被追诉人人身危险性大小评估的地位，其发挥作用的方式是间接的。具言之，被追诉人在侦查阶段认罪

33 具体而言，认罪认罚从宽制度通过繁简分流，快速处理轻微、简单、认罪等案件，有利于使更多司法资源流向重大、疑难、复杂、不认罪等案件，促进审判中心主义向纵深发展，更好保障被追诉人的实体权利。参见刘岑岑：《“以审判为中心”背景下的认罪认罚从宽制度解读与完善》，载《学习与探索》2017 年第 1 期。

34 参见陈伟著：《人身危险性研究》，法律出版社 2010 年版，第 48 页。

35 参见石经海著：《量刑的个别化原理》，法律出版社 2021 年版，第 46 页。

36 参见张明楷著：《责任刑与预防刑》，北京大学出版社 2015 年版，第 327 页。

的，可能是出于真心悔过，也可能是仅出于功利目的，渴望得到程序从宽和快速审判、争取非羁押性强制措施等，也可能是同时基于前述综合目的。在此三种情形中，第一种被追诉人属于真心悔过，其人身危险性降低程度最大；第二种被追诉人属于功利型认罪认罚，其人身危险性降低程度最小；第三种被追诉人出于混合目的认罪认罚，其人身危险性降低程度适中。由此可见，认罪认罚案件中影响被追诉人人身危险性大小的因素主要是其认罪认罚的目的、动机，而非认罪认罚的阶段。即使被追诉人在侦查阶段认罪认罚，若是出于功利目的，也不能说明被追诉人人身危险性明显降低；相对地，即使被追诉人在审判阶段认罪认罚，其出于真诚悔罪目的时，也表示被追诉人的人身危险性明显降低。

（三）定罪与量刑的关系

第一，正确定罪是准确量刑的前提与基础。就定罪与量刑所针对对象、目的功能、需要素材方面的差异而言，定罪应在量刑前进行。具言之，“定罪的对象是刑事被告人、量刑的对象是犯罪人。定罪量刑对象的如此法律规定地位差异，体现了定罪先于量刑的关系”[37]。从功能差异来看，准确定罪是量刑公正的前提和基础，这是罪刑法定原则逻辑推理的必然结果。[38]定罪既要解决刑事责任有无，又是刑事责任实现方式的选定与大小裁量的基础与前提。量刑的任务是确认行为人应负何种程度的刑事责任以及如何实现该刑事责任。从需要的素材来看，量刑比定罪需要的更多，而素材的收集呈现从片面到全面的过程，量刑所需要的事实信息远比定罪丰富。[39]在证明特定行为是否构成犯罪时，主要判断该行为是否符合特定罪行规范，需要的是表征犯罪行为社会危害性“质”方面的材料；但量刑需要的是包括表征犯罪行为社会危害性“量”和表征犯罪人人身危险性方面的素材。前者判断相对简单和固定，后者判断不仅涉及面广，如涉及被告人的成长环境、受教育情况、是否自愿认罪认罚、是否有立功表现等，而且这些材料时刻处于变动之中，直到作出裁判那刻才相对固定，如被追诉人对被害人的赔偿，可能在庭审阶段才提出，而这将影响对被追诉人的量刑。综上，将量刑置于定罪前违背诉讼规律，必将导致诉讼效率降低或导致罪行失衡。

第二，认罪认罚从宽制度并未改变先定罪后量刑的诉讼逻辑。认罪认罚从宽制度在运行中呈现出侦查引导、检察“预决”、法院核准的类“起诉中心主

37 参见石经海著：《量刑的个别化原理》，法律出版社 2021 年版，第 35 页。

38 参见郑延谱：《量刑反制定罪否定论》，载《政法论坛》2014 年第 6 期。

39 参见陈瑞华：《定罪与量刑的程序分离——中国刑事审判制度改革的另一种思路》，载《法学》2008 年第 6 期。

义”模式。实践中，大部分由检察官主导的认罪认罚案件，移送审查起诉的案件最终均被定罪，提出的量刑建议也均被采纳，这样定罪与量刑实质上相当于同时在移送审查阶段完成。[40] 更重要的是，“阶梯式”从宽量刑机制影响下，侦查阶段的认罪认罚也具有量刑特点并产生量刑效果，形成量刑先于定罪的现象。但认罪认罚从宽并未显示出有将量刑置于定罪前的制度安排。根据《刑事诉讼法》的规定，刑事被追诉人在侦查阶段主要是认罪而非认罚，侦查机关的主要任务也并非提出量刑承诺，而是根据认罪情况梳理犯罪事实和收集证据，并告知检察机关被追诉人的认罪意愿、态度。审查起诉阶段检察官审查移送的证据材料并根据被追诉人认罪认罚情况与被追诉人协商确定量刑建议。对该量刑建议，法院享有最终的审查与确认权，审查内容包括被追诉人是否构成犯罪和量刑是否适当，在出现无辜被追诉人被定罪和遭遇量刑不公时，法院有权督促检察官更改或自己径行作出裁决，如此仍然秉持的是先定罪后量刑的逻辑。

（四）求刑权与量刑权的关系

第一，求刑权不同于量刑权。求刑权，顾名思义是请求对犯罪人施加刑罚处罚的权力。由于刑罚权是国家的专有权力，因而相关主体仅能代表国家行使或者由国家授权行使。现代社会中，有两类主体享有求刑权，一类是代表国家行使的有关机关，权力属性为公诉权；在少数情况下，个人也可被授权行使该项权力，这类自然人主体通常是刑事案件中的被害人，权力属性为自诉权。[41] 刑事诉讼理论中，检察机关是法定的行使公诉权的主体，求刑权属于公诉权也由检察机关享有，求刑权包括定罪请求权与量刑建议权。[42] 认罪认罚从宽制度实施前，检察院的求刑权主要体现为定罪请求权，如今检察院“量刑建议”对法院的量刑也有制约作用，表明检察院的量刑建议权逐渐得到落实。但量刑建议权与量刑权还存在本质区别。量刑建议权更多体现为一种“程序性的建议权”，它所强调的是法院在符合法律规定的范围内对控辩双方合意的一种尊重和认可。[43] 量刑建议权本质是刑罚请求权的司法请求权，而量刑权是一种裁量权力，其所作出的决定具备终局性，且对控辩双方均有约束性。量刑权是对特定

40　参见孙长永：《中国检察官司法的特点和风险——基于认罪认罚从宽制度的观察与思考》，载《法学评论》2022 年第 4 期。

41　参见石经海著：《量刑的个别化原理》，法律出版社 2021 年版，第 66 页。

42　冀祥德：《构建中国的量刑建议权制度》，载《法商研究》2005 年第 4 期。

43　庄永廉、杨宇冠、刘辰等：《认罪认罚从宽制度中量刑建议精准化的进路》，载《人民检察》2020 年第 7 期。

犯罪行为裁量施加何种类型和程度刑罚的权力，裁量的依据是犯罪行为的社会危害性程度和人身危险性等方面的事实。[44]

第二，量刑权仅能由人民法院独立行使。量刑权从属于审判权，仅有行使审判权的机关才能够行使量刑权。从规范与法理两个层面均可得出审判权应由人民法院独立行使的结论。规范层面，《宪法》与《人民法院组织法》均明确规定人民法院依照法律规定独立行使审判权，不受行政机关、社会团体和个人的干涉。法理层面，量刑权仅能由人民法院行使是“控审分离”原则的基本要求。所谓“控审分离”，是指在刑事诉讼中，追诉犯罪的职能与司法裁判的职能应当分别由两个国家专门机关行使，既不能由同一国家机关集中行使，也不能相互代替或者相互混淆。[45] 否则，就会形成刑事诉讼中的追诉机关同时也是审判机关的现象。这将严重侵害被追诉人的权利。[46] 在我国，人民检察院是法定追诉机关，人民法院是司法裁判机关，量刑权理应由人民法院行使，量刑权交给人民检察院行使将造成人民检察院既是犯罪追诉机关又是裁判机关，这将使被追诉人的实体权利无法得到保障。

四、认罪认罚“阶梯式”从宽量刑机制公正隐忧的实体消解

认罪认罚“阶梯式”从宽量刑机制导致实体不公的原因是多方面的，寄希望于一劳永逸地解决全部问题并不现实。从最大限度地保障诉讼效率的制度价值和“简程序不减权利”的理念出发，可从实体上设置保障被追诉人实体权利的安全网，明确认罪认罚实体从宽的理论根据，确定阶段性从宽的幅度，提出“量刑建议明显不当”的认定标准。

（一）认罪认罚从宽的实体依据

第一，我国现行刑法规范中从宽情节的实体依据。我国刑法中的从宽量刑情节的从宽依据主要是行为的社会危害性低和行为人的人身危险性低。包括：单纯由于行为的社会危害性低而从宽处罚的量刑情节；单纯由于行为人的人身危险性低而从宽处罚的量刑情节；同时由于行为的社会危害性低和行为人的人身危险性低而从宽处罚的量刑情节。此外，还有其他可以从宽处罚的类型。例如，由于行为人的人身危险性低并且行为人的行为导致诉讼效率提升而从宽的

---

44 参见石经海著：《量刑的个别化原理》，法律出版社 2021 年版，第 37 页。

45 陈瑞华著：《刑事诉讼法》，北京大学出版社 2021 年版，第 150 页。

46 对此，拉德布鲁赫曾精辟地指出，“假如原告就是法官，那只有上帝才能充当辩护人”。参见［德］拉德布鲁赫著：《法学导论》，米健等译，中国大百科全书出版社 2003 年版，第 121 页。

法定量刑情节。由于人道主义和人性关怀而使量刑从宽的法定情节，如已满 14 周岁不满 18 周岁的人犯罪等。由于人权保障而从宽量刑的法定情节，如先期羁押折抵刑期等。由于行为人的行为客观上辅助提升了诉讼效率而使其成为法定从宽量刑情节，如犯罪较轻且自首等。同时由于行为人的人身危险性降低和行为人的行为帮助提升办案效率而成为法定量刑从宽情节，如犯罪后自首等。同时由于行为人的人身危险性低和行为人的行为帮助提升办案效率而成为酌定量刑情节，如坦白等。综上，对法规范梳理可知，量刑从宽的实体依据不仅限于人身危险性和社会危害性的降低，而且包括提升诉讼效率、人道主义考量等多重因素。对于提升诉讼效率，有学者在理论上也提出相似观点，“刑事立法之所以将自首与立功作为刑罚减免事由，显然是基于一定功利目的的考量，二者都有利于司法机关提高刑事案件的效率，缩短刑事诉讼程序，节省国家司法成本”[47]。

第二，认罪认罚实体从宽既基于人身危险性降低又基于办案效率提升。当前实务部门与理论学者仅将被追诉人人身危险性降低作为认罪认罚从宽的实体依据，笔者不赞同这种观点。认罪认罚之所以从宽，固然因为犯罪人犯罪后的态度较好，在一定程度和范围内表明犯罪人的主观恶性固化程度不高，改造难度小，再次实施犯罪行为的可能性低，但从认罪认罚在实践中的运行情况来看，刑事被追诉人认罪认罚的之所以可对其从宽处罚，主要原因不在于其人身危害性程度的降低，而在于“量刑交易”。具言之，对办案机关而言，行为人认罪认罚可帮助其快速了解案件事实，迅速收集证明案件事实的相关证据，快速侦破案件，能显著提升办案效率。对刑事被追诉人而言，其向司法机关交代自己的犯罪事实并配合司法机关对自己开展侦查、起诉和审判，帮助他们节省更多的司法资源、提升他们的办案效率，同时获取量刑从宽的利益。由此可见，认罪认罚确实考虑了被追诉人人身危险性降低的因素，但更是各方为实现利益而进行的“量刑交易”，主要目的是提升诉讼效率。[48]如此，认罪认罚从宽的实体依据就包括诉讼效率的提升和人身危险性的降低，与坦白情节具有类似性，这种理解也获得人民法院[49]与人民检察院[50]等司法机关相关人员的认可。

47　董晓松著：《事后行为论》，法律出版社 2012 年版，第 254 页。

48　参见石经海著：《量刑的个别化原理》，法律出版社 2021 年版，第 338 页。

49　胡云腾大法官就此专门作过阐述，“2011 年《刑法修正案（十一）》从实体法层面将坦白从宽政策法律化，认罪认罚从宽制度是程序法层面对坦白从宽政策的制度化和深化发展”。参见胡云腾主编：《认罪认罚从宽制度的理解与适用》，人民法院出版社 2018 年版，第 3 页。

50　重庆市检察机关也持相同看法，“认罪认罚从宽正是坦白从宽、宽严相济刑事政策的具体化、制度化和规范化……”参见贺恒杨主编：《检察机关适用认罪认罚从宽制度研究》，中国检察出版社 2020 年版，第 53 页。

据此，认罪认罚实体从宽的依据就同时基于被追诉人人身危险性降低和办案效率的提升。认罪认罚实体从宽的幅度也应结合这两个因素综合确定。

（二）认罪认罚阶段性从宽幅度的确定

第一，认罪认罚提升诉讼效率方面的从宽幅度。认罪认罚从宽制度的功能在于破解“案多人少”的司法困境，效率是其可在实体上从宽的显性理由。原则上，刑事诉讼各阶段的任务量与各阶段被追诉人认罪认罚所能发挥的提升诉讼效率的作用存在差异。具言之，侦查阶段是刑事诉讼的首要阶段，被追诉人在该阶段认罪认罚的，侦查机关能更全面、高效地厘清案件事实和收集犯罪人的犯罪证据，能够为后续诉讼环节的顺利进行打下坚实基础，并且后续审查起诉和审判环节均可采用更简便快捷的诉讼程序，能够在程序上大幅节省司法资源。此外，侦查阶段的任务量最大。侦查阶段的主要任务是抓获犯罪嫌疑人、收集犯罪证据、查明犯罪事实，这几个任务中的任何一项都十分重要，刑事案件通常涉及复杂的犯罪事实，侦查机关要收集的证据不仅包括能够证明行为是否符合犯罪构成要件的证据，而且要收集能够影响对行为人量刑轻重评价的证据，这其中很多证据难以复原，收集起来十分困难。实践中，认罪认罚从宽制度主要适用于轻微刑事案件，但轻微刑事案件的案情并不必然是清晰明了的，也可能疑难复杂，如此侦查阶段的任务量就非常大，被追诉人在该阶段认罪认罚将最大限度地提升诉讼效率。审查起诉阶段是连接侦查与审判的中间环节，被追诉人在该阶段认罪认罚的，检察机关可与其就罪名与刑罚协商达成一致，也可能在后续审判阶段适用更简便快捷的诉讼程序，能够有效节省司法资源。起诉阶段的主要任务是审查案件事实和证据是否可以支持公诉，被追诉人在该阶段认罪认罚的可以简便检察机关对案件事实与证据的审查，有效提升审查起诉的效率。审判阶段才认罪认罚的，节省的主要是程序从简的审判资源，并不能从根本上节省司法资源，也不能对缓解案多人少的司法困境发挥实质作用。如此，从提升诉讼效率的角度而言，侦查阶段认罪认罚的被追诉人的从宽幅度应最大，审查起诉阶段的从宽幅度次之，审判阶段从宽幅度最小。

第二，认罪认罚反映人身危险性降低程度方面的从宽幅度。由前述论证可知，认罪认罚的阶段与人身危险性降低程度间并无直接对应关系，被追诉人的人身危险程度应另外单独评价，评价依据是被追诉人改造的难易程度和再犯罪的可能性大小。结合认罪认罚的具体情形，可将认罪认罚类型化为悔罪型、功利型与混合型三种类型。悔罪型中的被追诉人认罪认罚完全是出于认识到自己行为的错误而真心愿意接受刑罚的处罚；功利型中的被追诉人认罪认罚并不是基于真诚悔罪，而是为了获得程序与实体减让优惠；混合型中的被追诉人认罪认罚同时基于真诚悔罪和获取程序与实体减让优惠。[51]悔罪型认罪认罚表征的被追诉人人身危险性程度最低，混合型次之，功利型最高。实践认定时，可结合被追诉人的客观外在行为进行综合判定。悔罪型认罪认罚，如被追诉人自动投案并如实供述自己的犯罪事实，愿意接受处罚的；真诚悔罪认罚，取得被害人谅解、主动退赃退赔、积极赔偿损失、预缴罚金的。要注意的是，认罪但不认罚并非代表行为人不是真心悔罪，对量刑异议是被追诉人辩护权的体现，被追诉人行使辩护权并不能推导其是不真心悔罪，其人身危险性程度还需要结合其他情节具体判断。功利型认罪认罚，如被追诉人表面上认罪认罚，背地里却串供、毁灭证据或隐匿、转移财产，不赔偿被害人损失；被追诉人认罪认罚试图通过虚构、编造相关案件情况逃避其他更严重犯罪处罚；避重就轻虚假认罪，表面上看是自愿认罪认罚，但其供述的内容完全不真实或者部分不真实；刚开始通过沉默、抵赖等方式不认罪，在试探、对抗之后，在办案机关出示相关证据和进行法律政策的宣讲后，权衡利害后选择认罪认罚，并且对定罪量刑讨价还价；刚开始认罪，在后面阶段时供时翻，供述不稳定。混合型认罪认罚，如被追诉人主动自愿供述犯罪事实，接受定罪处罚，供述稳定、积极配合司法机关，赔偿被害人损失，但对定罪量刑积极争取宽大处理，甚至也可能存在一定程度的讨价还价。

第三，结合认罪认罚阶段和认罪认罚类型综合确定阶段性从宽幅度。认罪认罚与自首、坦白情节的从宽依据均为既基于人身危险性程度降低又基于办案效率提升，因而认罪认罚阶段性从宽幅度的确定可参考自首、坦白等情节综合确定。刑事被追诉人在侦查阶段认罪认罚包括在被司法机关控制前和控制后两种情形。其中，被追诉人在被司法机关控制前认罪认罚的与自首较为相似，体现在均是供述自己的罪行，区别在于认罪认罚中的被追诉人不仅供述自己的罪行，而且认可检察机关提出的罪名与刑罚，认罪认罚案件中的被追诉人通过放弃自己的部分诉讼权利，加快了案件的办理，节省了更多的司法资源，从宽幅度相较自首应更大。结合自首从宽的幅度和从宽量刑情节的通常减让幅度[52]，为最大限度地鼓励被追诉人认罪认罚提高诉讼效率，并体现对被追诉人的量刑减让，该种认罪认罚从宽的幅度可设置为40%～60%。然后依据被追诉人认罪认罚的动机，划分悔罪型、混合型与功利型认罪认罚，从宽幅度分别可为54%～60%，

51　参见狄小华：《认罪认罚等级体系的构建与运用》，载《学海》2019年第1期。

52　最高人民法院、最高人民检察院《关于常见犯罪的量刑指导意见（试行）》对这类自首从宽的幅度是40%，传统的法定从轻情节的从轻幅度基本保持在10%～60%之间，认罪认罚情节的从轻幅度也应该保持在这个区间之内。参见张琳：《“认罪认罚”作为法定量刑情节的司法适用》，载《广西社会科学》2020年第10期。

47% ~54%，40% ~47%。被追诉人在被侦查机关控制后认罪认罚的与坦白较为相似，“但坦白的犯罪嫌疑人、被告人未必愿意认罚，未必同意与检察机关就量刑建议进行协商并签署具结书”。[53]《关于常见犯罪的量刑指导意见（试行）》对坦白的从宽幅度定的是 10% ~15%，该阶段认罪认罚的从宽幅度可设定为 30% ~50%，并且区分悔罪型、混合型与功利型认罪认罚，从宽幅度依次为 44% ~50%，37% ~44%，30% ~37%。审查起诉阶段的认罪认罚从宽的依据中提升诉讼效率的优势明显减弱，从宽幅度也相应降低，可设定为 20% ~40%，并且区分悔罪型、混合型与功利型认罪认罚，从宽幅度依次为 34% ~40%，27% ~34%，20% ~27%。审判阶段认罪认罚从宽的依据中提升诉讼效率的优势更低，从宽幅度也应最低，可设定为 10% ~25%，并且区分悔罪型、混合型与功利型认罪认罚，从宽幅度依次为 20% ~25%，15% ~20%，10% ~15%。

（三）“量刑建议明显不当”的判定方法

第一，被追诉人的实体权利不可因承诺而放弃。法院在审判阶段对量刑建议进行审查是保障被追诉人受到公正量刑对待的最后一道关口，法院据以作出判断的依据是“量刑建议明显不当”。对于量刑建议是否属于“明显不当”，理论上与实践中有观点认为，只有量刑建议超出被追诉人应被判处刑罚的必要幅度时，才属于“量刑建议明显不当”。[54]依据该通说观点，实质上是认为被追诉人最终受到的惩罚可以高于其应当接受的刑罚。该观点值得商榷。一方面，认罪认罚从宽制度是被追诉人通过一定程度的程序权利减损换取量刑从宽，本着“简程序不减权利”的司法理念，最终的刑罚结果只能对被追诉人有利。另一方面，我们国家的认罪认罚从宽制度不同于英美辩诉交易制度，法院的判决应当以庭审查明的事实为依据而非认罪协议。英美法系国家采取当事人主义，控辩双方均有权对自己的权力（利）进行处分，在确保答辩自愿且有事实根据时，法官仅进行形式审查。但我们国家采取职权主义，控诉方代表国家可以放弃部分或者全部对被追诉人的追诉权力，但被追诉人不能放弃自己的实体权利，或者说，被追诉人不会在自愿情况下放弃自己的实体权利，即使出现放弃自己实体权利的情况，也属于对事实和法律认识不清楚，不能产生放弃实体权利的效果。遇此情形，法院作为保障被追诉人的司法机关应当予以纠正。据此，被追诉人的实体权利不可因承诺而放弃。

53　李勇：《认罪认罚与自首、坦白之界分》，载《检察日报》2020 年 2 月 15 日，第 3 版。

54　参见陈峰：《认罪认罚案件量刑建议明显不当的司法认定》，载《人民检察》2021 年第 5 期；宁志坚、王龙：《量刑建议明显不当的审查建议》，载《人民司法》2020 年第 22 期。

第二，对“量刑建议明显不当”的认定应遵循最有利于被追诉人原则。既然被追诉人的实体权利不可因承诺而放弃，而法院的职能之一即在于保障被追诉人的实体权利，那么“量刑建议明显不当”的判断标准就应当采取最有利于被追诉人原则，在把量刑建议适用于被追诉人将导致实体量刑不公正时就应判断为“量刑建议明显不当”。对此，也有学者持相同观点。[55] 如此判断的理据是，量刑建议是代表国家行使追诉权的检察机关与被追诉人进行的量刑协商，当国家行使追诉权不当侵害到被追诉人权利时，就应当改变量刑；当国家行使追诉权对被追诉人放纵时，一方面由于国家追诉权可被放弃，另一方面因为国家承诺的公信力，而应将该诉讼利益归属于被追诉人。如此，仅在量刑建议对被追诉人不利时才改变量刑，不会导致被追诉人后悔权的发动，诉讼效率也不会降低。对此，可举两例加以说明。其一，检察官与被追诉人就A案件签署认罪认罚具结书，注明被追诉人所犯罪形态为未遂，经过协商检察官提出量刑建议为4年有期徒刑。法院经过审核发现，被追诉人所犯罪形态实为既遂，法定刑应为4年6个月有期徒刑，对此，基于最有利于被追诉人原则，法院应采纳原量刑建议。其二，检察官与被追诉人就B案件签署认罪认罚具结书，注明被追诉人所犯罪形态为既遂，经过协商检察官提出量刑建议为4年有期徒刑，法院经审核发现，被追诉人所犯罪形态实为未遂，法定刑应为3年6个月有期徒刑，对此，基于最有利于被追诉人原则，法院应当要求检察院调整量刑建议，若检察院不调整或者调整后仍然对被告人不利，法院应当依法作出判决。

结语

认罪认罚从宽制度是在提升诉讼效率和推进以审判为中心的司法改革的大背景下出现的，这意味着认罪认罚从宽制度在适用中难免出现效率与公正的冲突。这也启示我们，对认罪认罚从宽制度的理解不能离开提升诉讼效率和保证实体公正的总目标。如此，认罪认罚阶段性从宽幅度的确定要能够促进诉讼效率与实体公正间的平衡。对此，本文提出的阶段性从宽幅度内涵的思路是：认罪认罚在提升诉讼效率方面发挥作用主要是在侦查阶段和移送起诉阶段，因而在这两个诉讼阶段认罪认罚的，对被追诉人从宽的幅度较大，程序与实体公正的监督审核也较为宽松。但在最后审判阶段，人民法院严格把握证据标准与实体刑法从宽依据，切实保障被追诉人的实体权利。构建“前端快走，后端严查”

---

55 认罪认罚从宽制度适用中，职权性逻辑和协商性逻辑的运用应当以有利于被追诉人、避免冤错案件为基本原则。参见杜磊：《认罪认罚从宽制度适用中的职权性逻辑和协商性逻辑》，载《中国法学》2020年第4期。

的诉讼流程，最大化诉讼效率和最小化实体不公正。需注意的是，在风险社会背景下，积极刑事立法将是未来很长一段时间的趋势，为避免犯罪量暴增导致审判阶段任务过重出现诉讼“堵塞”现象，可借助人工智能技术辅助量刑，“畅通”诉讼通道。

横琴粤澳深度合作区
商事仲裁制度对接路径分析

吴学艇*

【内容提要】 横琴粤澳深度合作区民商事规则衔接是特殊形态的法律冲突和法律适用问题，以商事仲裁的制度对接为切入点有利于探索尝试针对新问题的解决方案。制度对接的路径包括：协调合作区商事仲裁管辖权的冲突，协调仲裁中粤澳两地民商事法律的冲突，完善司法支持和监督仲裁的机制。

【关键词】 商事仲裁　民商事规则　制度衔接

横琴粤澳深度合作区（以下简称合作区）既是“一国两制”新实践的示范区，又是粤港澳大湾区改革开放的新高地。不同于以往的“一国两制”实践，合作区将混合来自澳门和内地的商事主体，同时混合因此而产生的社会生活习惯、历史文化传统以及规则制度体系。在民商事领域，规则衔接对争议解决机制提出了新的需求和课题，要探索针对新问题的解决方案，商事仲裁是一个较好的切入点，具有诸多有利因素，有条件在合作区直接面对民商事法律规则交叉适用的需求，并率先探索行之有效的原则、规则及规范体系。本文立足于合作区的定位、目标及任务，分析合作区商事仲裁制度衔接的路径，进而提出商事仲裁中民商事规则对接的框架和思路。

* 吴学艇——珠海国际仲裁院党组副书记、副院长，法学博士，主要研究领域：国际商事仲裁。

一、合作区商事仲裁制度对接的背景

（一）民商事规则衔接的现实需求

《横琴粤澳深度合作区建设总体方案》（以下简称《总体方案》）在三处提到内地与澳门的规则制度衔接，其中在制度保障部分明确提出“逐步构建民商事规则衔接澳门、接轨国际的制度体系”要求。按照《涉外民事关系法律适用法》以及相关法律的规定，只要具有涉外因素，就可以适用包括澳门民商事法律在内的域外法律解决争议，表面上看，在合作区并不存在法律适用上的漏洞。然而结合合作区开发建设的战略定位、发展目标来看，现有涉外民商事法律适用的规定并不能有效乃至合理地调整合作区的全部民商事活动，会形成法律适用复杂化以及商事活动不便利的障碍。诸如“澳门新街坊”[1]这样的社区，是按照澳门的标准、规则、习惯提供服务以及进行管理的，但合作区是内地与澳门居民及企业高度混合的区域，如果其中的商事活动没有涉外因素，并不能适用澳门法律解决民商事争议，导致同一区域法律规则的不统一。交易规则的混乱必将会影响生产经营活动的稳定开展，不符合合作区建设的初衷以及建立琴澳一体化发展格局的目标。

（二）现行法律框架下规则对接的障碍

对不具有涉外因素的民商事争议能否适用境外法律的问题，司法实践中一些案例已经有所突破，《最高人民法院关于为自由贸易试验区建设提供司法保障的意见》第9条第1款也作了扩大解释，指出：“在自贸试验区内注册的外商独资企业相互之间约定商事争议提交域外仲裁的，不应仅以其争议不具有涉外因素为由认定相关仲裁协议无效”，但目前司法案例和司法意见所体现的突破仍然局限在一个较小的范围，一是仅仅适用于自贸区注册的外商投资企业作为一方当事人的合同争议；二是并未明确规定这些主体为涉外主体，虽认可了境外仲裁机构的管辖权，但并未赋予当事人约定或仲裁机构决定适用境外法律解决合同争议的权利。

《深圳经济特区前海深港现代服务业合作区条例》在境外法律适用方面向前迈进了一步。该条例第57条规定：“民商事合同当事人一方为在前海合作区注册的港资、澳资、台资及外商投资企业的，可以协议选择合同适用的法律……”

1　2020年12月31日，横琴“澳门新街坊”项目建设正式全面启动，预计2023年建成。项目将为澳门居民提供约4000套住房，同步开放澳门标准的医疗、教育、社区服务等公共服务配套。

但这一规定并不能扩展到一岸之隔的横琴合作区。

因此，依据现行法律，合作区非涉外案件不能适用澳门法律解决民商事争议，大多数情况下也不能选择澳门仲裁机构解决争议。

（三）合作区商事仲裁的制度衔接优势

商事仲裁制度是国际通行的诉讼外纠纷解决机制，因充分尊重当事人的意思自治、高效灵活、专家裁案、国际认可等特点，具备在合作区率先探索民商事规则衔接和争议解决机制对接的有利条件。

第一，仲裁管辖与诉讼管辖相比，管辖权的取得条件更为宽松。如按照通行的国际商事仲裁惯例，仲裁当事人可以协议选择任意仲裁机构，对管辖权争议仲裁庭可以自行判断等。

第二，仲裁更能体现出民商事活动中当事人的意思自治。与诉讼相比，仲裁活动贯彻当事人的意思自治更为彻底，既包括实体问题，也包括程序问题，还包括法律适用问题。在合作区民商事对接的规则体系尚未建立起来之前，在仲裁活动中以当事人的意思自治弥补法律冲突规范的欠缺更为现实有效。

第三，仲裁具有适用法律上的灵活性。如联合国国际贸易法委员会《国际商事仲裁示范法》第28条所规定，在没有约定的情况下，仲裁庭“应当适用其认为适用的法律冲突规范所确定的法律”，而不必拘泥于某一内国法的冲突规范，并且“在任何情况下，仲裁庭都应当按照合同条款并考虑到适用于该项交易的贸易惯例作出决定”。我国仲裁法和法律适用法均未明确规定仲裁庭能否以及如何选择解决争议的法律，然而，仲裁实践中各仲裁机构却广泛采用这一通行做法，几乎国内知名仲裁机构的仲裁规则均有类似规定，体现出仲裁天然的“国际化”特征。

第四，通过仲裁地的选择和确定，仲裁过程能获得必要的仲裁法律支撑。按照现有的司法判例和司法意见，如果澳门仲裁机构以合作区为仲裁地，其作出的仲裁裁决将被视为我国内地的涉外仲裁裁决，适用内地仲裁法[2]。按照澳门《仲裁法》的相关规定，如果内地的仲裁机构选择澳门为仲裁地，适用澳门《仲裁法》。

第五，仲裁员的来源广泛，能覆盖来自不同法域、不同行业、不同专业背景的专业人士，在澳门法律的查明方面有不可替代的优势。

合作区商事仲裁推动民商事规则衔接的优势是明显的，如何将优势转化为

---

2 参见2022年最高人民法院《全国法院涉外商事海事审判工作座谈会会议纪要》第100条的规定。

具体作用，则需有恰当的方法和思路，搭建起协调两地商事仲裁的制度架构。具体而言，需要在三个方面构建合作区商事仲裁制度衔接的框架，包括：合作区商事仲裁管辖权的制度体系；指引适用两地法律的冲突规范体系；司法支持、监督仲裁以及执行仲裁裁决的制度体系。

二、合作区商事仲裁管辖权的冲突与协调

考虑到合作区经济活动和社会生活中琴澳因素的高度融合，合作区民商事争议解决机制的构建应满足多元化的基本要求。要让来自内地与澳门的仲裁机构能满足合作区商事主体的不同需求，需对商事仲裁的管辖权规则予以重构，包括可裁性、仲裁协议效力、仲裁机构合法性以及开启临时仲裁四个方面。

（一）可裁性的冲突与协调

澳门与内地仲裁法在可裁性问题上有不一致的规定，澳门《仲裁法》第6条规定："任何可由当事人订立和解协议的争议，均可作为仲裁的标的。"与《国际商事仲裁示范法》相关规定一致，澳门《仲裁法》第2条规定了仲裁的范围包括合同或非合同的争议。而内地《仲裁法》第2条规定了仲裁的范围是平等主体的公民、法人和其他组织之间发生的合同纠纷和其他财产权益纠纷，同时规定了婚姻、收养、监护、扶养、继承纠纷以及依法应当由行政机关处理的行政争议不能仲裁；第77条还规定了劳动争议和农业集体经济组织内部的农业承包合同纠纷也不适用商事仲裁。可见，内地和澳门关于可裁性的规定有较大差异，澳门的可裁性范围远大于内地的可裁性范围。

在合作区如何解决可裁性问题的冲突，有两种路径可选择，一是叠加的办法，即将内地与澳门的可裁性范围相加，这种办法实际上放弃了特定法域的可裁性约束；二是与仲裁地法或执行地法相适应的办法，以仲裁地、仲裁机构所在地法律规定的范围为可裁性范围。第二种办法是可取的思路，理由如下：第一，可裁性问题是仲裁法律制度的基础性问题，涉及仲裁法对公共政策的考量。仲裁并非单纯是私人领域的化解纠纷方式，而是一种"可以产生公共后果的私人程序"[3]，从公共政策的角度，一些领域被剥夺了可以通过仲裁解决争议的资格，即不具有可裁性。也就是说，如果放弃了可裁性范围，则会稀释掉商事仲裁应该保有的公共属性，混淆不同法域的公共政策界限，不利于仲裁在跨法域的争议解决中求得公约数，最终影响到仲裁裁决的实际效果。由此，《纽约公

3 参见［英］艾伦·雷德芬、马丁·亨特等著：《国际商事仲裁法律与实践》，林一飞、宋连斌译，北京大学出版社2005年版，第147页。

约》将可裁性范围的规定作为缔约国可申明保留的内容，即通常所说的商事保留，我国在加入《纽约公约》时就提出了商事保留的声明。第二，如果忽略了仲裁地或者执行地法律关于可裁性的要求，则仲裁裁决有可能被撤销，也有可能因此无法得到认可和执行。《最高人民法院关于内地与澳门特别行政区相互认可和执行仲裁裁决的安排》第 7 条第 2 款就明确规定，“……依执行地法律，争议事项不能以仲裁解决的，不予认可和执行该裁决”。

鉴于此，在合作区，无须对仲裁的受案范围作重新规定，但应通过司法解释或司法意见明确：合作区的当事人可约定澳门或合作区（或内地其他特定地点）为仲裁地；没有约定的，仲裁机构可以确定澳门或合作区（或内地其他特定地点）为仲裁地。这样就可解决可裁性冲突问题。

（二）仲裁协议效力的冲突与协调

1. 关于仲裁协议无效或可撤销问题

澳门《仲裁法》第 12 条规定，不具备订立仲裁协议的相应民事行为能力，则该仲裁协议视为可撤销。该条同时规定了其他导致法律行为无效或可撤销的原因仍能适用，也就是说仲裁协议的无效或可撤销，可以援引其他法律规范予以确定。依据这一规定，仲裁协议被明确为法律行为的一种，能跟澳门《民法典》以及其他法律的相关规定相配合，不会留下空白或形成冲突。

内地《仲裁法》第 17 条规定了无民事行为能力人或者限制民事行为能力人订立的仲裁协议，以及一方采取胁迫手段迫使对方订立的仲裁协议均为无效。这一规定很粗疏，并与《民法典》的相关规定形成冲突。首先，只规定了仲裁协议因缺乏民事行为能力而无效的情形，对《民法典》所规定的其他无效情形则未作判断[4]。其次，将“一方采取胁迫手段，迫使对方订立仲裁协议的”规定为无效情形，但根据《民法典》的规定，这种情形是可撤销的民事法律行为而非无效民事行为。最后，没有规定可撤销的情形，除将采取胁迫手段迫使对方订立的仲裁协议视为无效外，对《民法典》规定的重大误解、显失公平、欺诈等可撤销情形未作判断，明显滞后于民商事法律制度的发展。

未来在合作区的仲裁制度构建中，应该采用澳门的做法（同时也是国际通行做法），将《民法典》关于民事法律行为效力的一般规定准用于仲裁协议，一是将缺乏民事行为能力人订立的仲裁协议，以胁迫、欺诈手段订立的仲裁协议，

---

4 根据《民法典》的相关规定，其他民事法律行为无效的情形还有：行为人和相对人以虚假意思表示实施的民事法律行为，违反法律、行政法规强制性规定的民事法律行为，违反公序良俗的民事法律行为，行为人与相对人恶意串通，损害他人合法权益的民事法律行为。

因重大误解或显失公平订立的仲裁协议均作为考察仲裁协议有效性的因素；二是不仅区分仲裁协议是有效还是无效，还要准用《民法典》的相关规定，区分仲裁协议是效力待定还是可撤销，对效力待定的仲裁协议，在效力确定后视为有效，对可撤销的仲裁协议，在未被撤销前应视为有效。这样的处理方式，既能体现国际商事仲裁中扩大仲裁协议效力范围的发展趋势，也能秉承民法最大限度实现当事人意思自治以及维护合同交易关系稳定的逻辑起点。

解决内地仲裁制度中仲裁协议的无效和可撤销问题，涉及《仲裁法》的修改[5]，但这一问题同时也是一个实践问题，在法律未作修改前，可由合作区的司法机关出台统一司法见解的案例或意见，从而实现这一问题上的“规则趋同”。

2. 关于仲裁协议确认程序问题

澳门《仲裁法》第14条规定：“就一属仲裁协议范围的问题向法院提起诉讼后，如被告在提交其首份关于案件实体问题的陈述书前向法院提出声请，法院应驳回对被告的起诉，但法院认定该协议明显无效、不可执行或不产生效力者除外。”第46条规定，仲裁庭可决定自身的管辖权，包括对仲裁协议是否存在、有效或产生效力的任何抗辩作出决定。内地《仲裁法》第20条规定，当事人对仲裁协议的效力有异议的，可以请求仲裁委员会作出决定或者请求人民法院作出裁定。一方请求仲裁委员会作出决定，另一方请求人民法院作出裁定的，由人民法院裁定。

与澳门的规定相比，内地《仲裁法》的规定有两点差异，一是采用“裁”与“审”平行的方法，而不是澳门以及国际通行的先裁后审的办法；二是明确仲裁委员会拥有仲裁协议效力争议的管辖权而不是仲裁庭“自裁管辖权”。

“裁审平行”的弊端是明显的，模糊了司法审查职能应具有的延后性[6]，增加仲裁过程中的不确定性，拖慢仲裁程序的节奏，给当事人带来讼累。对此理论界和实务部门也都提出了较为一致的《仲裁法》修改建议，即将法院的审查予以滞后，实行先裁后审。司法部2020年发布的《仲裁法（修订）（征求意见稿)》吸收了这一建议，提出了“先裁后审”的修订方案。考虑到先裁后审并不减损仲裁当事人的程序和实体权利，在《仲裁法》正式修订前，可在合作区的司法和仲裁实践中推行先裁后审，即法院尽量在仲裁庭完成管辖权的判断后

5　在修改《仲裁法》时，可借鉴澳门仲裁法的立法模式，在简单列举后，增加一条准用条款，就可实现法律体系上的逻辑一致。

6　实践中，法院也在对司法审查的延后性作出一些调整，如2022年最高人民法院《全国法院涉外商事海事审判工作座谈会会议纪要》第91条规定：仲裁机构先于人民法院受理当事人请求确认仲裁协议效力的申请并已经作出决定，当事人向人民法院提起申请确认仲裁协议效力之诉的，人民法院不予受理。但这些局部调整仍然未从根本上改变裁审平行的现行做法。

再介入行使司法审查权。

内地现行法律框架下，决定管辖权争议的权限给到了仲裁机构，但国际通行的做法是仲裁庭拥有自裁管辖权，如法国学者伊曼纽尔・盖拉德所说："在存在表面上有效的仲裁协议的时候，仲裁员可以优先决定他们的管辖权。"[7]内地现行管辖权决定机制的弊端主要是违背了仲裁庭"审"和"裁"相统一的仲裁基本理念，导致在涉及管辖权争议时，仲裁庭审而不裁，仲裁机构却裁而不审。为改变这一困境，实践中，一些仲裁机构采用组庭前和组庭后区别对待的做法，组庭前由仲裁机构依表面证据决定管辖权争议，组庭后授权仲裁庭依审理情况自裁管辖权[8]。这一做法应在合作区仲裁实践中继续推行，并在仲裁机构的仲裁规则中作出明确规定，使两地的管辖权决定机制趋于一致，同时也推动内地仲裁机制的国际化改革。

3. 关于仲裁协议效力的法律适用问题

《涉外民事关系法律适用法》第18条规定："当事人可以协议选择仲裁协议适用的法律。当事人没有选择的，适用仲裁机构所在地法律或者仲裁地法律。"《最高人民法院关于适用〈中华人民共和国仲裁法〉若干问题的解释》第16条规定："对涉外仲裁协议的效力审查，适用当事人约定的法律；当事人没有约定适用的法律但约定了仲裁地的，适用仲裁地法律；没有约定适用的法律也没有约定仲裁地或者仲裁地约定不明的，适用法院地法律。"澳门法律没有就仲裁协议的法律适用作专门规定，只要符合冲突法规范的一般要求即可，因此当事人和仲裁庭都有广泛的选择或决定权。

仲裁协议效力的法律适用问题涉及两个方面：一是当事人能否约定和如何约定仲裁协议效力所适用的法律；二是没有约定时仲裁庭如何决定仲裁协议效力所适用的法律。

第一个方面的问题属法律问题，可通过特区立法（珠海市拥有全国人大授权的经济特区立法权）赋予合作区非涉外当事人以特殊主体（或称为准涉外主体）地位，允许这些当事人拥有约定选择适用澳门或内地法律确定仲裁协议效力的权利，理由在本文的第三部分详细阐述。

第二个方面的问题更多是一个实践问题，需要通过仲裁规则或法院的司法立场予以解决。如果非涉外案件当事人没有约定，仲裁庭是否只能按照现行法

---

7 ［法］伊曼纽尔・盖拉德著：《国际仲裁的法理思考和实践指导》，黄洁译，北京大学出版社2010年版，第78页。

8 如《珠海国际仲裁院仲裁规则》第12条第4项规定："本院有权对仲裁协议的存在、效力以及仲裁案件的管辖权作出决定，本院也可以授权仲裁庭作出上述决定……"为管辖权异议在组庭前后的区别对待提供了规则依据。

律规定在仲裁机构所在地法律或者仲裁地法律中做选择呢？考虑到合作区经济、社会、民商事法律的深度融合以及对接澳门及国际商事仲裁习惯的需要[9]，没有必要对仲裁庭作这样的限制，仲裁庭可以决定适用澳门或内地法律来确定仲裁协议效力。如果澳门或内地的法律导致不一样的仲裁协议效力后果，参照国际商事仲裁的习惯做法[10]，则仲裁庭可考虑优先适用使仲裁协议有效的法律。而对仲裁庭的决定，法院应本着决定仲裁协议效力的宽松原则[11]，在司法审查和执行仲裁裁决中尽量予以支持。

（三）澳门仲裁机构入驻合作区的可行性

内地的现行政策框架并不支持境外仲裁机构在内地设立业务机构并从事仲裁业务，但在自贸试验区，传统的做法正在改变，如上海市司法局发布的《境外仲裁机构在中国（上海）自由贸易试验区临港新片区设立业务机构管理办法》规定，符合规定条件的在外国和我国香港、澳门特别行政区、台湾地区合法成立的不以营利为目的的仲裁机构以及我国加入的国际组织设立的开展仲裁业务的机构，可向上海司法局提出申请在上海自贸区临港新片区登记设立业务机构，开展相关涉外仲裁业务。

此后北京市司法局也颁布了《境外仲裁机构在中国（北京）自由贸易试验区设立业务机构登记管理办法》，规定境外仲裁机构经登记可以在中国（北京）自由贸易试验区设立业务机构，就国际商事、投资等领域民商事争议开展涉外仲裁业务。

2022 年 1 月，广东省人民政府发布《关于推进广东自贸试验区贸易投资便利化改革创新的若干措施》，明确提出支持境外仲裁机构依法依规在前海蛇口片区设立业务机构。

除了上述自贸试验区的创新做法之外，现有政策不支持其他地区设立境外仲裁机构的分支机构。根据《自由贸易试验区外商投资准入特别管理措施（负面清单）》（2021 年版）第 13 项，外国投资者不能投资中国法律事务，虽然没有明确提到仲裁领域，但按照字面含义，显然法律事务包括仲裁事务。

---

9 现代国际商事仲裁发展趋势赋予仲裁庭在选择法律时更大的自由。参见［英］艾伦·雷德芬、马丁·亨特等著：《国际商事仲裁法律与实践》，林一飞、宋连斌译，北京大学出版社 2005 年版，第 132 页。

10 参见赵秀文主编：《国际商事仲裁法》，中国人民大学出版社 2012 年版，第 67 页。

11 这种宽松原则在司法实践中已有所体现，如 2022 年最高人民法院《全国法院涉外商事海事审判工作座谈会会议纪要》第 93 条规定：人民法院在审查仲裁协议是否约定了明确的仲裁机构时，应当按照有利于仲裁协议有效的原则予以认定。

关于外商投资的市场准入，《总体方案》要求要制定出台合作区放宽市场准入特别措施，可见，合作区市场准入的标准可以在自由贸易试验区负面清单的基础上更为宽松。考虑到合作区服务澳门经济结构适度多元发展以及探索“一国两制”下粤澳合作新模式的目标使命，合作区管理机构以及广东省司法厅可以出台规定，允许澳门仲裁机构在合作区设立业务机构开展仲裁业务。从上海和北京的做法来看，境外仲裁机构在自贸区设立的业务机构只能办理涉外案件，这种做法不完全适应合作区的实际情况。澳门仲裁机构在合作区设立的分支机构的仲裁业务范围应包括两方面，一是合作区内当事人之间的仲裁案件，二是涉外仲裁案件。

（四）扩大临时仲裁范围

临时仲裁与机构仲裁一样是国际商事仲裁制度的组成部分，理论上说，由仲裁机构管理仲裁程序的仲裁是机构仲裁，不由仲裁机构管理仲裁程序的仲裁是临时仲裁[12]。但习惯上各个国家和地区的仲裁法律和仲裁机构通常只在内容上区分二者，不直接定义临时仲裁。

澳门《仲裁法》第 2 条规定，仲裁是指通过仲裁庭解决争议的方式，不论仲裁的管理是否由仲裁机构进行。该条虽然没有出现临时仲裁的概念，但是清楚表明了机构仲裁和临时仲裁是商事仲裁的两种方式。澳门《仲裁法》的这一规定与联合国贸法会《国际商事仲裁示范法》的规定是一致的，后者规定“仲裁是指无论是否由常设仲裁机构进行的任何仲裁”。

内地《仲裁法》规定的仲裁是指机构仲裁，不包括临时仲裁。2016 年出台的《最高人民法院关于为自由贸易试验区建设提供司法保障的意见》指出，在自贸试验区内注册的企业相互之间约定在内地特定地点、按照特定仲裁规则、由特定人员对有关争议进行仲裁的，可以认定该仲裁协议有效。随后，权威人士指出，这条意见就是明确在自由贸易试验区可以探索尝试临时仲裁制度[13]。

依据该司法意见，《横琴自由贸易试验区临时仲裁规则》[14]及配套规定于 2017 年发布，意味着横琴自贸试验区已具备探索尝试临时仲裁的制度条件。考虑到合作区仲裁制度趋同及接轨国际的发展目标，可通过合作区的相关管理规定、珠海市的特区立法、司法解释或意见等形式，扩大临时仲裁的适用范围，

---

12 参见刘晓红主编：《国际商事仲裁专题研究》，法律出版社 2009 年版，第 161 页。

13 参见张勇健 、刘敬东、奚向阳、杨兴业：《〈关于为自由贸易试验区建设提供司法保障的意见〉的理解与适用》，载《人民法院报》2017 年 1 月 18 日。

14 《横琴自由贸易试验区临时仲裁规则》是国内第一个临时仲裁规则，具有重要的制度创新意义。

将“在自贸试验区内注册的企业”扩展为合作区的所有商事主体，从而在临时仲裁制度上与澳门趋同，与国际接轨。

三、合作区商事仲裁中内地与澳门民商事法律的适用

（一）民商事规则衔接的法律含义

在现有法律框架下，并没有规则衔接或制度对接的概念，规则衔接或制度对接的概念属于公共政策范畴，在合作区建设的语境之下，转换成法律语言，民商事规则衔接的实质是法律冲突和法律适用问题。

在以往的“一国两制”实践中，不同的法律制度有着不同的地域边缘，港澳与内地之间的法律适用采用区际法律冲突规则予以调整[15]。需要指出，在《粤港澳大湾区发展规划纲要》中并未提出民商事规则衔接的要求，民商事规则的衔接是《总体方案》所确定的合作区建设的显著特点之一。结合《总体方案》有关合作区战略定位、发展目标以及重点任务的规定，可以判断合作区的民商事规则衔接并非传统“一国两制”语境下的区际法律冲突问题。传统的区际法律冲突来源于有地域界限的法律差异，并未发生同一地域不同法律规则平行适用或者交叉适用的问题，而合作区的法律衔接没有通常意义上的法域界限，在合作区，内地和澳门的民商事法律规则将有可能在同一地域同时生效。因此可以界定，合作区民商事规则衔接是特殊形态的法律冲突和法律适用问题，需要重新建立一套调整合作区民商事法律冲突和法律适用的规范体系。建立这样的规范体系可以用到区际法律冲突的一些理念、原则和规则，但根本上还要结合横向和纵向上均无先例可借鉴的合作区建设实际，找出解决问题的方法。

当下应通过制定管理规定、出台地方性法规以及出台司法解释或指导性司法意见等方式，尽早明确合作区内澳门民商事法律的延伸适用，为包括仲裁在内的法律实践活动创造条件、提供空间，促进形成解决法律冲突的指引性原则或方法，进而推动法律实务部门逐步总结、提炼出法律适用的具体规范，真正满足合作区商事主体的现实需求，为合作区建设提供配套的且行之有效的纠纷解决服务。

（二）民商事规则衔接的总体思路

随着合作区建设的推进，民商事争议中的法律适用问题将成为常态化的问题，甚至合作区内的每一份仲裁裁决书都要对法律适用作出描述或说明理由。

15　《最高人民法院关于适用〈中华人民共和国涉外民事关系法律适用法〉若干问题的解释（一）》第 17 条规定：“涉及香港特别行政区、澳门特别行政区的民事关系的法律适用问题，参照适用本规定。”

需要指出，内地法律没有国际私法和区际私法的区分，二者是同一概念。同样，澳门法律也没有区分国际法律冲突和区际法律冲突，“整体上讲，现在还没有一套完整、成熟的有效解决区际法律冲突的法律制度”[16]。由于合作区法律适用规范与区际法律冲突规范有一定重叠，对合作区民商事法律规则衔接的探讨，也是对形成我国区际法律冲突规范的有益探索和尝试。

解决法律冲突不外乎制定冲突规范和统一实体规范两种办法，显然，在民商事领域制定大而全的统一实体规范或规则体系并无现实可能性，最多也就是在一些局部领域制定具体化的规定。且不说制定大而全的统一实体规范或规则体系因数量十分庞大，在立法技术上难以推进，更重要的是，制定大而全的统一实体规范的结果是在实质上形成一个新的法域，会让区际法律适用问题变得更为复杂，也不符合“一国两制”的总方针以及《总体方案》关于规则制度对接的精神和要求。解决民商事法律衔接问题的主要渠道是制定符合合作区特点的法律适用规范。

形成整个民商事领域的法律适用或者法律冲突规范体系是一个长期的过程，《总体方案》也仅仅是要求“逐步”构建民商事规则衔接我国澳门、接轨国际的制度体系。仲裁的业务范围主要在商事领域，以仲裁业务为切入点探讨合作区的法律适用，能运用仲裁的优势从多个维度触碰这一问题，并探索出解决方案，同时也能先避开婚姻、家庭、继承、侵权等领域的冲突法问题，从而有效推进规则对接的先行先试。

鉴于合作区中内地与澳门民商事法律对接还不是典型意义的区际法律冲突及法律适用问题，本文讨论的合作区的民商事规则衔接只是澳门与内地法律中二选一的问题，但一些解决区际法律冲突的理论、理念及原则是可以直接运用的。一般而言，法律冲突规范体系的确定有一个重要考量因素，就是对域外其他法律的信任程度如何。在这个意义上，与国际法律冲突规范相比，区际法律冲突规范的设计受信任程度的影响更小、更弱，冲突规范体系的开放程度、宽容程度更高。[17]按照《总体方案》关于民商事规则对接的基本要求，合作区法律适用规范体系的设计更是可以不受法律信任问题的影响。考虑到商事仲裁在本质上具有国际性、包容性，合作区仲裁中的法律适用规范体系比一般性的区际法律冲突规范体系将更为宽松、包容，在技术上可以多采用增加选项、提供重叠连结点等方法。

---

16 参见涂广建著：《澳门国际私法》，社会科学文献出版社 2013 年版，第 124 页。

17 比如，《罗马第一条例》《罗马第二条例》有类似于区际私法的作用，与各国的冲突法相比，其相关规定就显得更为宽松灵活。

本文第一部分已经提到，澳门民商事法律在合作区延伸适用的主要障碍是受制于民商事案件的涉外因素，在无涉澳门因素时，澳门民商事规则无法延伸。要突破商事仲裁中的这一障碍，则应对涉外因素作扩大解释。也就是说，可通过特区立法，也可通过司法解释或司法意见的方式，明确合作区商事主体（包括合作区内登记注册的企业或者营业地在合作区的企业、在合作区设立的其他组织、经常居所地或户籍所在地在合作区的自然人）间的民商事案件统一视为具有涉澳门因素，或者直接将合作区内登记注册的企业或者营业地在合作区的企业、在合作区设立的其他组织、经常居所地或户籍所在地在合作区的自然人规定为特殊主体，在适用澳门或内地的法律解决合同争议问题上，扩大适用《涉外民事关系法律适用法》的相关规定。考虑到合作区特定地位，若一方为合作区商事主体，而另一方为非合作区主体，则不宜扩大适用相关规定。

（三）商事仲裁中民商事法律适用的原则框架

1. 当事人意思自治

意思自治原则是民商事法律制度的基本原则。法律冲突规范还不是典型意义的私法范畴，从本质上说法律冲突规范更偏重公法范畴。然而，作为私法基本原则的当事人意思自治，却在解决法律冲突问题时发挥了十分显著的作用。澳门《民法典》法律冲突部分以及内地《涉外民事关系法律适用法》对意思自治原则均有明确规定，但这两部法律对意思自治的运用又有所区别。澳门《民法典》第40条规定，“由法律行为所生之债以及法律行为本身之实质，均受有关主体指定之法律或显示出为其意欲之法律所规范”，“然而，当事人指定之法律或显示出为其意欲之法律，仅得为符合表意人之应予重视利益而可适用之法律，或与该法律行为中任一为冲突法所考虑之要素有连结关系之法律”。根据该规定，当事人选择的准据法范围不是漫无边际的，而应与当事人有某种利益关系或其他连结关系，而且当事人选择法律的方式可以是明示也可以是暗示。

内地《涉外民事关系法律适用法》第3条规定：“当事人依照法律规定可以明示选择涉外民事关系适用的法律。”该法在其他条文中分别规定了当事人可以协议选择委托代理、信托、仲裁协议、动产物权、运输中动产物权发生变更、合同、知识产权转让和许可使用等适用的法律。《海商法》《票据法》《民用航空法》中也有允许当事人协议选择适用法律的规定。此外，内地只有涉外民事关系的当事人才能协议选择适用的法律。两相比较，关于冲突法律规范中的意思自治范围，总体上内地比澳门规定得更为严格，但内地没有实际连结关系的要求。

从合作区法律冲突解决手段应更为软化和宽松的角度出发，可结合两地的规定，进一步放宽合作区法律冲突中意思自治的范围，规定为：合作区内的当事人可以在相互之间的商事活动中明示或者默示选择适用内地法律或者澳门法律解决争议。至于内地《涉外民事法律关系适用法》中的涉外因素以及澳门《民法典》中的连结因素，均不作为意思自治范围限制的因素或条件。

按照通例，强制性法律是排除意思自治的首要因素[18]。关于强制性规定的适用问题，澳门《民法典》第 21 条规定："澳门法律中之规定，如基于其特定标的及目的而应强制适用者，优于按下节规定所指定之澳门以外之法律规定。"内地《涉外民事法律关系适用法》第 4 条规定，中华人民共和国法律对涉外民事关系有强制性规定的，直接适用该强制性规定。两地规定的基本含义是一致的，仲裁庭作出裁决时，应该优先选择强制性规定，但考虑到合作区建设的定位、使命以及探索性和创新性，在决定是否适用强制性规定时，还应增加两项考量因素，一是若强制性规定与合作区的政策精神相冲突时，应慎重援引强制性规定；二是对是否属于强制性规定的判断宜宽不宜严。

2. 最密切联系原则的应用

最密切联系原则通常作为一种补充手段用于准据法的确定。澳门《民法典》第 41 条规定："如未能定出准据法，则适用与法律行为有较密切联系地法。"内地《涉外民事关系法律适用法》第 2 条第 2 款规定，"本法和其他法律对涉外民事关系法律适用没有规定的，适用与该涉外民事关系有最密切联系的法律"，何谓商事仲裁中的最密切联系？按照内地《涉外民事关系法律适用法》第 41 条的规定，"当事人可以协议选择合同适用的法律。当事人没有选择的，适用履行义务最能体现该合同特征的一方当事人经常居所地法律或者其他与该合同有最密切联系的法律"，这一条是对国际私法中特征履行原则的确认。

结合两个法域的规定，可在合作区仲裁机构的仲裁规则中规定法律适用的最密切联系原则，明确以下内容：合作区内当事人没有约定或者未能有效约定合同适用法律的，仲裁庭应适用履行义务最能体现该合同特征的一方当事人经常居所地法律或者其他与该合同有最密切联系的法律。仲裁庭作出该决定应综合考虑案件性质、交易习惯、合同目的以及当事人的经常居所地、户籍地、营业地是否相同等因素。专门适用于合作区的条例、规章及其他规范性文件有相关规定的，应优先适用。

3. 有利于商事交易原则

随着解决法律冲突国际实践的不断深入，在冲突规范的连结点问题上逐步形成一些国际共识，有利于商事交易原则是其中的一个体现，即是指在确定法

---

18 如《罗马第二条例》第 14 条就规定，"当事人对某一成员国法以外的法律所做的适用选择，不得损害在法院地成员国中正常执行并禁止当事人协议背离的欧盟法律规定的执行"。

律适用的连结点时，出现有利于行为有效、有利于交易稳定、有利于弱势一方、有利于消费者等直接或间接的表述，使得法律冲突问题的解决更加公正，更加符合法律关系的内在属性，如《罗马第一条例》关于合同形式有效性的规定就体现了有利于合同有效的倾向[19]。

澳门《民法典》第35条规定了意思表示之方式仅需遵守在意思表示地当时生效之法律即可，如法律行为意思表示未按意思表示地法律所规定之方式作出，但已遵守该法律之冲突规范所援引之法律体系所规定之方式，则该法律行为之意思表示在形式上仍属有效。内地《涉外民事法律关系适用法》没有就意思表示等形式要件规定有利商事交易原则，但关于消费者合同、劳动合同、产品责任等准据法的确定则采用了增加连结点的办法，从而体现出这一原则。

经济贸易活动的有序和商事关系的稳定是合作区实现目标定位及完成任务使命的重要前提，因此，在商事仲裁活动中处理内地与澳门法律冲突问题时，应明确有利商事交易原则，以维护商事关系稳定和促成达成交易。具体来说，在民事行为能力方面，优先适用确定有民事行为能力的法律；在合同有效性方面，优先适用能促进达成交易或固定交易结果的法律；在商事行为的合法性判断方面，优先适用确定商事行为合法的法律；在有无明确规定方面，优先适用对具体法律关系有明确规定的法律。

合作区仲裁机构可在仲裁规则中规定上述原则，合作区司法机构则需要在司法审查和执行仲裁裁决环节对上述原则持支持立场。

4. 冲突规范的统一

鉴于合作区来自澳门和来自内地的商事主体协同发展、共利共赢，社会生活和经济生活高度融合，不宜再区分涉外主体和非涉外主体。合作区内的法律适用问题还不是严格意义上的区际法律冲突问题，如果将合作区内的商事主体区别对待，其实质是对不同群体适用不同的法律，既不符合合作区建设的初衷，更不符合法律文明和法治进步的要求，由此，合作区只实行一套统一的法律适用规则，可以表述为：合作区内登记注册的企业或者营业地在合作区的企业、在合作区设立的其他组织、经常居所地或户籍所在地在合作区的自然人，统一适用法律冲突规范，并根据统一的冲突法规范确定适用内地或澳门民商事法律解决争议。

5. 社会公共利益的保护

社会公共利益的保护是解决法律冲突问题的安全阀，是实现实质正义的最后手段，在各国的冲突法规范和相关实践中均有体现和运用。澳门《民法典》

19 参见陈卫佐著：《比较国际私法》，法律出版社2012年版，第396页。

第 20 条规定，“如适用冲突规范所指之澳门以外之法律规定，导致明显与公共秩序相违背，则不适用该规定”。内地《涉外民事法律关系适用法》第 5 条规定，“外国法律的适用将损害中华人民共和国社会公共利益的，适用中华人民共和国法律”。在合作区的商事仲裁活动中，也应依照社会公共利益来最后检验法律适用的方法是否正确或者是否可行。在使用保护社会公共利益原则时，有两点需要注意：第一，对社会公共利益的判断应包容两地的法律制度、社会文化、风俗习惯等因素[20]；第二，如果某一法律行为违反内地或者澳门的强制性法律规范，不能简单以违反社会公共利益予以否定，还应结合合作区建设的政策依据、目标任务以及地域特点等因素综合判断。

四、合作区商事仲裁的司法监督和仲裁裁决的执行

商事仲裁的推进离不开司法的支持和监督，商事仲裁目标价值的最终实现更有赖于仲裁裁决的执行，但是由于仲裁法律制度的差异，在合作区内仲裁活动如何得到司法的有效支持，仲裁裁决如何更为顺畅地得以执行，均存在现实障碍，需要搭建新的制度框架予以解决。

（一）合作区内澳门仲裁机构的司法支持和监督

澳门《仲裁法》第 3 条规定，“本法律适用于仲裁地在澳门特别行政区的仲裁”，根据该条规定，合作区内澳门仲裁机构的仲裁活动只有仲裁地为澳门时才能得到澳门法院的介入和支持。内地与国际通行做法不相一致，根据内地相关法律的规定，仲裁的司法审查管辖权是以仲裁机构所在地为参照点确定的，因此，当仲裁地为合作区时，会出现澳门仲裁机构的仲裁活动既不能得到境外法院的介入和支持，也不受合作区法院管辖的情形。针对类似情形，2022 年最高人民法院《全国法院涉外商事海事审判工作座谈会会议纪要》作了扩大解释，认为“境外仲裁机构以我国内地为仲裁地作出的仲裁裁决，应当视为我国内地的涉外仲裁裁决”，依据这一司法立场，澳门仲裁机构以合作区为仲裁地的案件，可以向内地法院申请撤销和申请不予执行仲裁裁决。2022 年 3 月，最高人民法院与澳门特别行政区政府签署的《最高人民法院关于内地与澳门特别行政区就仲裁程序相互协助保全的安排》生效，澳门仲裁

---

20 比如关于“赌债”问题，根据澳门《娱乐场博彩或投注信贷法律制度》，共有两类赌场合法放贷人，一类是博彩承批公司和获转批给人，一类是博彩中介人，除此之外的赌博放贷则为非法。目前内地司法实践通常以违背公共利益为由作否定判断和处理，但合理的方法应该是区别对待，区分合法放贷和非法放贷，不宜一概以违背公共利益为由作无效处理。

机构仲裁的案件可以得到内地法院的保全支持。

然而，这并未解决司法介入和支持仲裁的全部问题，内地法院依然无法依据澳门《仲裁法》而给予澳门仲裁机构更多的司法支持，比如请求法院指定仲裁员、请求法院终止仲裁员的指定、请求法院就仲裁员的拒却（回避）作出裁判、申请法院执行或拒绝执行临时措施、请求法院裁判管辖权事宜、请求法院协助获取证据等。[21]

在合作区，应该采用更为简便快捷的办法，确保澳门仲裁机构的仲裁程序顺利推进。第一，当澳门仲裁机构以合作区为仲裁地开展仲裁时，可以按照内地仲裁机构的法定权限开展仲裁程序，可享有指定仲裁员、决定仲裁员回避、更换仲裁员等权限，采取保全措施、确定有无管辖权的请求则可直接向合作区法院提出，法院按照内地仲裁法的规定作出决定。第二，澳门仲裁机构可以在合作区登记设立分支机构，直接依据属地管辖原则得到合作区法院的支持，同时，根据内地法律行使仲裁机构或仲裁庭拥有的权利。第三，法院在审理申请撤销或不予执行仲裁裁决案件时，应对比内地和澳门法律，遵循有利仲裁原则，除前面提到的仲裁协议优先适用符合生效条件的法律外，仲裁程序的合法性判断也应优先适用仲裁程序具有合法性的法律。

本文已提到合作区应该允许以临时仲裁的方式解决争议，因此，合作区应建立完整的临时仲裁制度，为合作区临时仲裁提供有效的司法支持、监督和保障。

（二）合作区仲裁裁决的执行

为了最大限度实现合作区通过仲裁机制解决纠纷的价值目标，应对现有仲裁裁决的执行制度予以调整。

根据《最高人民法院关于内地与澳门特别行政区相互认可和执行仲裁裁决的安排》，以合作区为仲裁地的澳门仲裁机构作出的仲裁裁决，可以据此提交内地或澳门法院执行。合作区的内地仲裁机构作出的仲裁裁决，也可以据此提交澳门法院执行。但由于这些裁决在澳门被视为澳门领域外作出的仲裁裁决，在内地被视为涉外仲裁裁决，与普通案件相比执行的程序较为复杂，执行效率不高。因此，建议合作区内的仲裁裁决无论在澳门还是内地执行，均视为本土裁决，同时建议对临时仲裁裁决的执行参照机构仲裁裁决的执行进行。

21　澳门法院有管辖权的仲裁程序性事项，内地法律有不同的规定，其中保全措施、管辖权争议、撤销以及执行仲裁裁决属于法院管辖；指定仲裁员、决定仲裁员的回避及更换仲裁员等事项均由仲裁机构完成；调查取证则由仲裁庭完成。

结语

合作区的商事仲裁是公共法律服务的重要组成，对实现琴澳一体化发展具有重要的制度保障作用。探索合作区商事仲裁制度衔接机制须结合现实需求，参照国际惯例，以开放、包容的方法，规定两地仲裁机构的设立及地位、明确仲裁管辖的范围、设定仲裁协议效力的判断标准和程序、建立两地民商事法律适用的冲突规范体系、确定司法支持、监督仲裁的范围及方法、实行执行仲裁裁决的简便机制等内容，从而在商事仲裁领域推进规则衔接、机制对接的深度合作实践，最终推动建立两地民商事法律协调适用的制度体系。

减刑、假释检察监督机制探究

彭冬松*

【内容提要】减刑、假释作为重要的刑罚变更制度，有利于激励罪犯改造、维护监管秩序、缓和社会矛盾、促进社会和谐。但实践中，因权钱交易而导致的不当减刑、假释却频频“爆雷”，引发公众对司法公正的质疑。本文立足检察监督职责，梳理检察机关对减刑、假释开展监督的历史演变，总结分析减刑、假释案件办理实务中的经验做法、存在问题，从而提出了完善减刑、假释相关法律制度以及联动司法人员职务犯罪预防和查处等方法与路径，进一步完善减刑、假释监督机制，着力提升检察监督效果，确保司法公正与司法权威。

【关键词】减刑　假释　检察机关　同步监督

一、减刑、假释检察监督概述

刑罚执行作为刑事诉讼程序的最后环节，在承担惩罚犯罪责任的同时还肩负教育改造罪犯的使命，是维护社会秩序的重要手段。减刑、假释是我国刑罚变更执行中的两种基本方式，是我国刑罚执行制度的重要组成部分。[1]减刑、假释是刑罚个别化原则的贯彻，是对改造表现好或者有立功表现的个体罪犯实行

---

* 彭冬松——广东省广州市从化区人民检察院党组书记、检察长、三级高级检察官，兼任广东省法学会诉讼法学研究会副会长，主要研究领域：刑事诉讼法、司法制度及检察学。本文系2020年度最高人民检察院检察应用理论研究课题的阶段成果。

1 柴冬梅：《准确把握减刑、假释检察监督的重点》，载《检察日报》2021年12月14日，第7版。

的一项宽大制度，也是贯彻惩罚与改造相结合政策的重要体现。[2]减刑、假释运用得当，能够促进罪犯认罪悔改，积极改造，实现刑罚预防犯罪目的，反之不利于罪犯改造。由于减刑、假释自由裁量权较大，执行程序又具有相对封闭性的特点，容易导致权力的滥用，产生司法腐败。实践中，因权钱交易而导致的不当减刑、假释案例时有发生。2019年备受瞩目的“云南孙小果违法减刑和改判案”，[3]牵扯出违规利用重大立功减刑内幕，涉及公职人员20多名，在社会上引起极大轰动。2020年媒体曝光的湖北林明学[4]、内蒙古王韵虹[5]和广东陈建明[6]等案件，同样是在减刑程序中存在“权钱交易”和“徇私舞弊”的问题。这些案件不仅引发社会对司法公正的质疑，还对法律权威和司法公信力造成巨大损害。为抑制不当减刑、假释带来的负面效果，必须对其进行有效的法律监督。在我国，检察机关作为法律监督机关，对于刑事诉讼中最后一个环节——刑罚执行及变更的监督责无旁贷。减刑是指对有立功表现或者确有悔改表现的罪犯，适当减轻其刑罚的制度。减刑监督是指检察机关根据法律的规定，以刑罚执行机关提请减刑活动和人民法院裁定减刑活动是否合法、合理为监督任务，通过检察监督权的行使规范减刑权的正当行使，以保证减刑活动的各个环节有序进行的检察监督制度。[7]假释是指对确有悔改表现并不具有再犯罪危险性的罪犯附条件地予以提前释放到社会的刑罚制度。假释与减刑都是对罪犯刑罚执行方式的一种变更，也是对罪犯刑期执行的合法改变。假释案件提请流程同减刑一致，检察机关对其的法律监督程序也大致相同。我国立法在规定减刑时一般将假释一并规定，即检察机关对假释提请中的出现错误情形，可以提出纠正意见。[8]

检察机关对减刑、假释的监督有一个历史发展演变过程。早期对减刑、假释活动的监督以书面审查、事后监督为主。2005年3月，中央政法委首次在刑罚执行环节引入了“同步监督”的概念，在《关于进一步加强保外就医工作的

2 郑海军：《我国减刑制度若干问题研究》，西南政法大学2008年硕士学位论文，第23页。

3 王晓清：《被判死刑却“死而复生”再作恶 孙小果的背后都有谁?》，载新华网，http://www.xinhuanet.com/legal/2021-01/31/c_1127045878.htm，最后访问于2021年12月1日。

4 吴江波：《湖北“孙小果”林明学保护伞曝光：厅级干部7人、军队干部2人!》，载澎湃新闻网，https://www.thepaper.cn/newsDetail_forward_19947722，最后访问于2022年9月16日。

5 谭君：《内蒙古命犯“纸面服刑”7年续：系买凶案杀手，曾两次减刑》，载澎湃新闻网，https://www.thepaper.cn/newsDetail_forward_9065861，最后访问于2021年9月1日。

6 詹奕嘉、孔博：《脱管近8年的电白高考舞弊案主犯陈建明入狱服刑》，载央视网，https://news.cctv.com/china/20090522/106252.shtml，最后访问于2021年9月1日。

7 参见袁其国：《减刑、假释案件庭审法律监督若干问题研究》，载《人民检察》2014年第20期。

8 张捷：《减刑、假释检察监督机制研究》，华东政法大学2015年硕士学位论文，第40页。

通知》中，明确提出“改事后监督为同步监督，在程序上将保外就医工作的全过程置于法律监督之下”。2006 年 11 月，最高人民检察院对该项制度予以确认，在《最高人民检察院关于加强和改进监所检察工作的决定》第 12 条第 1 款明确规定：“建立对减刑、假释的提请、裁决活动和暂予监外执行的呈报、审批活动全过程同步监督机制。”2007 年 3 月，最高人民检察院发布了《关于减刑、假释法律监督工作的程序规定》，就如何对减刑、假释活动开展法律监督进行程序细化，并在部分地区相继启动试点工作，为检察机关对减刑、假释开展好同步监督工作奠定了坚实基础。2008 年 2 月 22 日通过的《人民检察院看守所检察办法》和《人民检察院监狱检察办法》明确检察机关对减刑、假释案件开展同步监督。至此，对减刑、假释案件开展同步监督成为检察机关的一项常规性工作。2011 年 11 月 21 日通过的《最高人民法院关于办理减刑、假释案件具体应用法律若干问题的规定》（已失效）明确“人民检察院对提请减刑、假释案件提出的检察意见应当一并移送受理减刑、假释案件的人民法院”，同时将人民检察院提出异议案件列入必须开庭审理案件，并要求将减刑、假释裁定书必须在作出之日起 7 日内送达人民检察院。2012 年 3 月 14 日，新修改的《刑事诉讼法》进一步完善了对刑罚变更执行的同步监督机制，在第262 条、第263 条作出了具体的程序性规定。2014 年 4 月 10 日通过的《最高人民法院关于减刑、假释案件审理程序的规定》增加了“法院开庭审理减刑、假释案件，应当通知人民检察院参加庭审”、庭审过程中“检察人员发表检察意见”的流程以及庭审过程中“出示证据，申请证人出庭，向被报请减刑、假释罪犯及证人提问并发表意见”等规定。2014 年 7 月 21 日通过的《人民检察院办理减刑、假释案件规定》具体细化了人民检察院依法对减刑、假释案件实行同步监督的操作规定。2016 年公布的《最高人民法院关于办理减刑、假释案件具体应用法律的规定》，主要在实体上对办理减刑、假释案件作出详细规定。于此，我国在立法上对减刑、假释全程检察机关的职责予以明确，检察机关依法对减刑、假释进行监督。2018 年 12 月，最高人民检察院发布《人民检察院监狱巡回检察规定》（已失效），其中规定了巡回检察重点内容之一是刑罚变更执行检察，检察机关对减刑、假释案件的监督方式发生了变化。

从检察机关监督减刑、假释的发展历程来看，对减刑、假释开展同步监督已经成为检察机关刑事执行检察部门最具有办案司法属性的工作，并在司法实践中得以运用。[9] 从实践效果来看，检察机关对减刑、假释案件开展同步监督在纠正不当减刑、假释以及查处、预防减刑、假释环节的司法腐败方面都发挥了

9 张庆立、牛汉：《减刑假释同步监督程序的类诉讼化构建》，载《犯罪研究》2017 年第 6 期。

不可替代的作用。但另一方面，我们也看到减刑、假释检察监督的具体做法还不完善，监督的力度还不大，监督的效果还不明显，违规、违法减刑、假释案件时有发生，且在社会上造成较大的不良影响。2020年下半年在全国政法机关开展的违规违法办理减刑、假释、暂予监外执行案件专项排查整治工作，正是在这种大背景下由政法委主导而进行的。[10]

二、我国现行减刑、假释检察监督实践

（一）事前监督——审查执行机关抄送减刑、假释建议书

在实践中，监狱报请减刑、假释案件的流程是分监区干警集体研究讨论并提出提请减刑、假释的建议—报监狱分监区领导审核—报送监狱刑罚执行部门审查—提交监狱减刑、假释评审委员会评审—狱内公示—将提请减刑、假释建议送达人民检察院征求意见—监狱长办公会议审议决定—向人民法院提请案件，并将建议书副本抄送检察机关。人民检察院对减刑、假释案件的事前监督主要是围绕监狱报送的材料开展审查。执行机关报请的罪犯减刑、假释案件材料，主要包括罪犯原生效判决书、执行通知书、财产性判项履行情况登记表、立功或者重大立功的证明材料、罪犯计分考核登记表、抄送人民检察院的建议书副本等材料。按照办理减刑、假释案件的程序规定，检察机关开始介入减刑、假释案件办理程序是在评审委员会环节。一些检察室把监督节点向前移，在刑罚执行部门审查案件时，列席参加刑罚执行部门讨论会议，了解刑罚执行部门对本批次案件的审查情况。在事前审查中，当检察机关通过审查案件材料发现存疑问题，可以通过罪犯日常谈话、查看监控录像、核实罪犯考核分数及证明材料等方式了解罪犯的日常改造表现情况以及核实考核成绩的真实性、有效性。审查结束后在评审委员会上发表检察意见，刑罚执行机关向人民法院报请案件时，将检察机关的检察意见与案件材料一并提交人民法院审理。

（二）事中监督——检察机关派员参与减刑、假释裁判

2010年前，法院对减刑、假释案件的审理一般采取书面审理的方式，在审理过程中，检察机关难以深入程序发现问题，不存在事中监督。2010年最高人民法院出台相关规定后，明确了人民法院对减刑、假释案件采取开庭审理与书面审理相结合的方式审理。2011年11月21日通过的《最高人民法院关于办理

10　魏哲哲：《全面排查“减假暂”案件1524万件 标本兼治 严格规范“减假暂”》，载《人民日报》2021年10月28日，第19版。

减刑、假释案件具体应用法律若干问题的规定》，规定人民检察院提出异议案件应当开庭审理。检察机关在人民法院在开庭审理减刑、假释案件时，需派员出庭，在执行机关宣布减刑、假释建议书后发表检察监督意见。在庭审中，检察人员可以申请证人出庭作证，出示证据，向证人和提请减刑、假释的罪犯提问以及要求执行机关出示证据等。但是，目前大部分减刑、假释案件开庭审理都存在流于形式的问题，因为在事前审查阶段，检察机关通过审查案件书面材料已经对案件形成了监督意见，在庭审监督过程中只是简单向罪犯发问和发表检察监督意见。

（三）事后监督——检察机关提出书面纠正意见

事后监督，主要是指检察机关在法院作出减刑、假释裁定后实施的监督。根据现行法律法规的规定，检察机关在收到人民法院的裁定后，要及时进行审查，重点审查检察机关在刑罚执行提请案件时提出的意见是否被采纳，减刑、假释裁定是否符合法定条件和程序。检察机关发现裁定违法或者不当的，应当在收到裁定书后20日内提出书面纠正意见，并督促人民法院予以纠正。事后监督是减刑、假释最重要的监督阶段，也是检察机关监督减刑、假释的最后一道防线。审查法庭的减刑、假释裁定书的合法性和合理性，可以发现在提请阶段或者裁判阶段未发现的问题并进行纠正。

（四）其他监督机制——备案审查制

2014年6月，为了加强对职务犯罪罪犯减刑、假释的检察监督，最高人民检察院发布规定要求检察机关慎重对待职务犯罪罪犯的减刑、假释，对原县处级以上的职务犯罪罪犯的减刑、假释要逐级上报检察院备案审查。最高人民检察院和省级人民检察院在收到备案审查材料后，不仅要审查案件合法性，及时登记，还要将每年原县处级以上职务犯罪罪犯减刑、假释的名单、数量、比例对比情况与有关单位进行核对，一旦出现比例失调或者其他问题应及时进行复查和分析问题。备案审查制加强对职务犯罪的监督力度，避免职务犯罪罪犯利用其原职务影响力达到违规违法减刑、假释的目的。备案审查制这种多级复核机制大大降低了违规、违法刑罚变更的可能性。

三、我国减刑、假释检察监督机制存在的问题

（一）检察监督职责定位不清

检察机关在减刑、假释程序中，名义上被赋予了监督的权力，实际上行使

的是参与权与监督权并行的权力。从办理过程看，减刑、假释从提请、审理、裁定到执行全部都有检察机关的参与，但这种参与在程序中并没有相应的审批权力，即整个程序不需要检察机关的审批，如检察机关不同意也不会产生相应的程序阻却效力。而基于检察机关的法律监督职能，检察机关对程序中的每个环节又可以提出意见，并对其中的违法或违规行为提出监督意见。还有的学者认为，在提请阶段检察机关提出检察意见并不影响减刑、假释提请程序的进行，检察机关真正发挥检察监督功能是在减刑、假释裁定作出之后，提出纠正不当意见后启动新一轮减刑、假释程序，从其效力上看属于一种复议权。[11] 因此，关于减刑、假释程序中检察监督的职责定位有参与权、监督权和复核权三种观点。目前，一般观点认为检察机关行使的是对实体与程序的监督权，但因监督手段单一，监督刚性不足，导致监督效果弱化。

（二）检察监督审查形式化难以发现问题

1. 案件数量多，材料繁杂，难以逐一详细审查。在实际案件办理过程中，刑罚执行机关提请减刑、假释案件是采取“一批一报”的方式，并非“一案一报”。每一批次提请减刑、假释的案件数量动辄数百件，少则也有几十件，而且押犯量较大的监狱一年要办理五至六批次案件。而监狱报请的每一个案件都有罪犯原审判决书，罪犯考核登记本，财产性判项履行情况证明材料，罪犯顾送款及狱内消费明细，监狱报请减刑、假释建议书及审批表等众多材料。每一批案件材料数量多，种类杂，审查耗时长，要对案件材料进行逐一细致审查难以实现。

2. 时间跨度长，审查时间短，难以逐一深入审查。根据现行司法解释的规定，除部分短刑犯的起始时间可以适当缩短外，罪犯提请减刑、假释的起始时间或者间隔时间最短情形一般不得少于一年，也就是说提请的减刑、假释案件中，每名罪犯的考核期一般都是一年以上，意味着每个案件材料的时间跨度都不少于一年。但是，检察机关最早开始对减刑、假释案件进行审查是在监狱召开减刑、假释案件评审委员会时，检察机关通过列席参加会议，发表检察意见。检察机关从收到执行机关抄送的减刑、假释建议书副本后，发现减刑、假释建议不当或者提请减刑、假释违反法定程序的，应当在10日内向人民法院提出书面检察意见。在短短10日时间内，想对每一个案件进行深入细致的审查是难以做到的。

3. 现有技术手段难以全面进行审查。现阶段对减刑、假释案件进行审查，

11 陈永生：《中国减刑、假释程序之检讨》，载《法商研究》2007年第3期。

主要靠检察人员书面审查来发现问题，没有智能化程序或者软件可以代替人工开展全面审查。罪犯的日常计分考核和减刑、假释的硬性规定，都有一定的量化指标，可以利用信息化的管理系统，自动筛查罪犯减刑、假释的起始时间、间隔时间等硬性条件，查看罪犯是否符合减刑、假释条件。但是罪犯的日常计分考核材料是否真实，还需要检察人员通过实地了解，并结合多方面证据材料去判断其真实性。现有智能辅助系统并不能进行深入全面的审查，技术手段有待开发，水平有待提高。

（三）检察人员难以胜任全程监督的职能

1. 检察官数量少，案多人少矛盾突出。在检察机关内部，一般由检察机关的驻监、驻所检察室负责对减刑、假释案件开展检察监督工作，而各地检察机关的派驻监狱检察室普遍存在检察人员配备不足的问题。[12] 即便是押犯设计容量 3000 人以上的监狱，派驻检察室的配备编制一般也不超过 6 人，其中配备员额检察官 2～3 名。而且在检察院内部，长期以来受到“轻执行”观念的影响，刑事执行检察部门的检察官普遍年龄偏大，检察干警年龄结构不合理，存在青黄不接的情况。然而减刑、假释案件数量大，导致案多人少的矛盾十分突出。

2. 部分检察人员能力素质不全面，不能适应监督新要求。对减刑、假释案件开展有效的全程检察监督，必然要求检察人员对全程同步监督涉及的罪犯计分考核规定，罪犯日常管理规定，办理减刑、假释案件的相关法律法规以及司法解释等法律条文都能够熟练掌握，具有较强的检察业务功底；同时，派驻检察室作为监督机关在监狱开展工作，还要求检察人员具有较强的沟通协调能力，既不和稀泥，又履职到位，还能得到监管场所对检察监督工作的理解和支持；在信息化高度发展的今天，还要适应网上办案，熟练使用计算机等信息化设备，刑事执行检察部门老同志居多导致这一块也是减刑、假释案件办理的一大短板。从目前看，大部分派驻检察室检察人员的能力素质不能满足监狱检察监督的新要求。

3. 监督效果不佳，导致权威性不够。减刑、假释程序本身具有极强的封闭性，检察人员难以全面深入其中，只能从业已形成的文书、材料中发现一些表面问题。同时，检察人员还面临检察业绩考核的压力，导致配合性监督泛滥。即检察机关和执行机关互相合作，配合完成监督程序。在这种配合性监督之下，检察监督流于形式。一般情况下检察机关只是挑选一些无关痛痒的问题提出建

12 刘洋：《减刑假释案件检察监督的难点及探索》，载《法制日报》2016 年 3 月 16 日，第 12 版。

议性质的监督意见，并不会对刑罚执行机关产生严重的法律后果；而执行机关对检察机关提出的监督意见也早有预判，愿意通过回函、答复等形式积极配合检察机关，双方之间就监督权力如何循环形成了默契。[13]

（四）检察监督方式单一且刚性不足

1. 对刑罚执行机关发出的检察意见无法改变提请程序。人民检察院发现罪犯符合减刑、假释条件，但是执行机关未提请减刑、假释的，可以建议执行机关提请减刑、假释。检察机关审查认为刑罚执行机关提请的个别案件属于不当提请，通过评审委员会发表不同意提请的检察意见。但事实上，无论是检察机关提出的建议提请减刑、假释还是在评审委员会议上发表的不同意提请意见，如果刑罚执行机关执意不采纳，并不会对刑罚执行机关的提请程序造成影响，刑罚执行机关可以选择不提请或者继续向人民法院提请案件。

2. 对法院发出的检察意见书不能引起相应的法律效果。人民检察院收到执行机关抄送的减刑、假释建议书副本后，发现不当提请的，依法在 10 日内向人民法院提出书面意见，同时将检察意见书副本抄送执行机关。但事实上，检察机关发出的书面检察意见并不能引起相应的法律效果，执行机关的提请程序和人民法院的审理程序依然继续进行，人民法院在审理减刑、假释案件时可以采纳检察机关的检察意见，也可以不采纳，人民法院不采纳检察意见也并不需要承担相应的后果。

3. 对法院发出的纠正不当意见书无法阻却裁定的生效。检察机关收到人民法院减刑、假释裁定书副本后，认为人民法院减刑、假释裁定不当的，依法在 20 日内向人民法院提出书面纠正意见。检察机关对人民法院减刑、假释裁定提出纠正意见的，应当监督人民法院在收到纠正意见后 1 个月以内重新组成合议庭进行审理并作出最终裁定。但检察机关事后提出的纠正意见，没有程序上的控制力，仍然不能阻却人民法院作出的减刑、假释裁定生效。

（五）对服刑人员的权利保障不到位

1. 提请阶段的申请权。法律法规已经明确罪犯在提请阶段中的权利为申请权，并非提请权，这与减刑、假释不属于罪犯必然权利的属性定位是一致的。减刑、假释是激励罪犯改造、最大限度实现刑罚目的的一种手段与方法，不是

13　陈鹏飞、张静：《减刑、假释程序中的检察监督》，载《上海政法学院学报（法治论丛）》2016 年第 4 期。

服刑人员的基本权利和必然权利。[14] 服刑人员符合减刑、假释条件的，并不必然启动提请程序，服刑人员对于减刑、假释只有申请权，没有提请权。服刑人员对于适用减刑或是假释也不能自由选择。刑罚执行机关可以根据服刑人员的改造表现和监管需要，决定是否提请减刑或者假释。如果罪犯符合减刑或者假释条件并提出申请，但监狱审核认为罪犯不适宜减刑或者假释，可以作出不予以提请决定。除了有重大立功表现必须依法减刑外，其他都属于“可以减刑情形”，且“可以减刑情形”没有统一标准。刑罚执行机关作为提请权的行使主体，对罪犯是否提请减刑、假释有着自主决定的权力，而罪犯的申请权显得苍白无力。在罪犯申请权没有保障的情况下，也无有效的申诉或者救济途径。有的监狱根据内部办理减刑、假释案件的指导意见规定，当对提请减刑、假释案件作出退案后，如罪犯提出异议则由刑罚执行部门作出答复，但该答复仅是一个内部意见，并不引起相应法律效果。

2. 审理阶段的申辩权。申辩权是罪犯为自己辩解和陈述理由的权利。目前，罪犯在审理阶段的申辩权并不能得到完全的保障，主要原因是案件数量多，大多数案件实行书面审理，罪犯没有机会在法庭上为自己申辩。罪犯的切身利益与减刑、假释的最终结果息息相关，罪犯作为庭审程序的一方参与进来，充分进行陈述以展示其经过改造的悔改之心，这也是正当程序的必然要求。[15] 比如在俄罗斯，服刑人员不仅有权提请减刑、假释，其在减刑、假释程序中还可以聘请律师，了解法院收到的减刑、假释材料，无论法院是否开庭都有权参与审查活动。庭审过程中，可以从提请减刑、假释的刑罚执行机关报告开始，亦可以从服刑人员解释开始。[16]

3. 裁定阶段的申诉权。法院裁定后，罪犯对裁定如有意见，按照现规定不能提起上诉、不能复议，也没有申诉的途径。个别刑罚执行机关允许罪犯提出申诉，由刑罚执行机关自行作出答复。此种程序安排忽视了罪犯的基本权利，不利于保证案件的公正公平，也不利于维护正常的监管改造秩序。减刑、假释本身是鼓励罪犯积极改造的，但无论是刑法、刑事诉讼法还是“两高一部”出台的司法规定，都未规定服刑人员如何申诉的程序性事项，一旦减刑、假释工作中出现不公现象，服刑人员的正当权益得不到应有和充分的保障和救济。

---

14 参见袁其国主编：《刑事执行检察业务教程》，中国检察出版社 2015 年版，第 325 页。

15 参见吴月红：《减刑假释制度中的检察权重构》，载《江西社会科学》2014 年第 9 期。

16 吴岳樯：《我国假释制度完善研究》，华南理工大学 2019 年博士学位论文，第 123 页。

四、完善我国减刑、假释检察监督机制的路径

（一）完善减刑、假释相关法律制度

1. 制定减刑、假释法律，完善相关制度及工作程序。减刑、假释工作中暴露出来的问题，严重损害司法公正和公信力，影响恶劣。对此，党和国家高度重视，党的十八届三中全会提出要严格规范减刑、假释、保外就医程序，强化法律监督制度。此后，《中共中央政法委关于严格规范减刑、假释、暂予监外执行切实防止司法腐败的意见》明确要求严惩刑罚执行中存在的司法腐败问题，严格规范对“有权人”和“有钱人”的减刑、假释。本文建议适时出台标准统一、程序明确、制度科学、体系完备的《减刑、假释法》，从顶层来设计使得减刑、假释工作法律化、规范化、系统化。明确刑罚执行机关、检察机关和人民法院具体职责，各机关部门再根据《减刑、假释法》的统一规定，细化落实措施，明确分工，增强实操性，全面规范减刑、假释工作，使其合法有序，公正公开。

2. 明确检察机关在减刑、假释程序中的法律定位，赋予相应的职权。检察机关是法律监督机关，在刑罚执行过程中履行法律监督的职责，而在减刑、假释程序中除了扮演法律监督者的角色，还应充当审查者的角色，赋予程序及实体的审查权，对刑罚执行机关拟提请的减刑、假释案件进行审查，如检察机关不同意，则不能向法院提请减刑、假释。同时赋予检察机关一定的提请权，针对检察机关发现应当提请减刑、假释而没有提请的案件，检察机关在向执行机关提出提请建议未被采纳后，检察机关可以向人民法院提请。检察机关对减刑、假释案件开展法律监督，必须增加检察机关在程序中的审查权力，同时增强检察监督效力。

3. 明确刑罚执行机关在减刑、假释程序中的法律定位，赋予相应的职权。执行机关作为减刑、假释程序提请者的地位在法律与实践中已经得到确认，刑罚执行机关是罪犯服刑改造的直接管理者，与罪犯接触时间多，了解罪犯服刑改造表现，由执行机关提请罪犯的减刑、假释更能体现公平公正。但减刑、假释的最终决定权在人民法院手中，只赋予执行机关提请权，未赋予程序救济途径让刑罚执行机关的减刑、假释提请权的程序保障略显单薄。当执行机关向人民法院报请减刑、假释案件后，人民法院经审理未采用执行机关的减刑或者假释建议，作出不予减刑或者不予假释裁定后，应当赋予执行机关对人民法院作出减刑、假释裁定不服的，可以向人民法院申请复议一次，人民法院重新核查后给予答复，人民法院审查发现确有错误可以撤销裁定重新审理。赋予刑罚执行机关对人民法院裁决的复议权，并非扩大刑罚执行机关的权力，而是提供了一种提请权的救济程序，对减刑、假释案件的公平公正审理来说无疑增加了一

层程序保障。

4. 明确罪犯在减刑、假释程序中的法律定位，给予相应的权利保障。罪犯在减刑、假释程序中的参与度低容易导致刑罚执行机关权力过大，加强罪犯的权利保障，对于制约刑罚执行机关权力的滥用，强化减刑、假释活动监督具有重要作用。明确罪犯在提请阶段中的权利为申请权，并非提请权。罪犯对适用减刑或是假释不能自由选择，但对罪犯的申请权应该加以保障。罪犯符合减刑或者假释条件后提出申请，但刑罚执行机关不予以提请的，提供复议和申诉的渠道保障罪犯申请权。可以向刑罚执行机关提出复议，刑罚执行机关限期作出答复，对复议答复不服的可以向检察机关提出申诉，检察机关审查认为罪犯符合减刑、假释条件的可以建议或者自行向人民法院提请，不符合条件的予以答复。在案件审理阶段，充分保障罪犯的申辩权，对可能扣减建议减刑幅度或者作出不予以减刑、假释的罪犯进行庭审，予以罪犯申辩机会。法院裁定下发后罪犯不服减刑、假释裁定的，提供申诉渠道，可以向检察机关提出申诉，由检察机关对裁定进行审查，对确有错误或者不当的，由检察机关提出纠正意见，在保障罪犯申诉权的同时，为检察机关开展裁定审查提供线索，既强化监督效果又不增加执行机关和人民法院原有工作量。

（二）构建减刑、假释检察监督同步格局

1. 事前阶段：夯实日常检察监督。检察机关工作人员只有深入罪犯学习、劳动和生活三大现场，扎实开展好现场查看、罪犯日常谈话、查看监控录像、询问监区警察等日常检察工作，才能够比较详细地掌握到罪犯的真实改造情况，获得第一手资料，为后面对监狱提请的减刑、假释案件进行监督提供积累。具体措施包括：一是加强罪犯法制宣传教育，畅通罪犯控告、举报和申诉渠道。通过宣讲、检务公开栏、发放检务宣传册等方式加强对服刑人员的法制宣传，让罪犯充分了解检察机关的职责，打消其后顾之忧，提高服刑人员的维权意识，同时充分利用检察信箱，受理罪犯控告、举报和申诉信件，掌握减刑、假释相关信息。二是加强罪犯考核原始记录检察，确保信息的真实可靠。通过到一线监区查看罪犯计分考核的原始凭证，并抽取一定样本与服刑人员进行问话核实，询问罪犯本人、同改以及监区干警的意见，获取更多真实可靠的信息。三是加强对监管执法和罪犯服刑改造的实时动态监督。通过监控联网、信息共享平台及时掌握刑罚执行、罪犯劳动、生活、教育改造、计分考核奖惩等情况的信息动态，提高监督质量和效果。[17]

17　参见陈元：《检察机关对减刑、假释同步监督的程序设计》，载《人民检察》2017 年第 11 期。

2. 提请阶段：注重对材料全面审查。刑罚执行机关报送的减刑、假释案件材料，是检察机关作出检察监督意见和人民法院审理裁定减刑、假释案件的重要依据之一。检察机关作为监督部门开展日常检察工作，是监管执法和罪犯服刑的“见证人”。检察机关可以结合日常检察掌握的情况，对罪犯考核材料、奖惩、建议书、审批表等材料逐一进行全面审查。审查的重点包括：一是审查提请对象是否具备法定条件，是否符合法定标准，比如对原判书确定的罪犯基本身份信息，反映罪犯再犯危险性的犯罪手段、情节等描述，以及财产性判项等。二是审查复核提请证据的真实性、合法性和关联性，即审查移送材料是否有本人亲笔总结，表现情况是否有同监罪犯证实，财产性判刑是否履行，罪犯悔改或者奖励、立功、重大立功表现记载有无具体的事实依据，罪犯评审鉴定表、奖惩审批表有无相关责任人签字认可等。三是审查核实提请程序合法性。即是否向罪犯公示、是否经过监区警察集体讨论、是否有主管领导审批等法定程序。书面审查后，若发现疑点，立即开展深入调查，逐一核实。

3. 审理阶段：提高庭审监督实效。庭审阶段是体现减刑、假释案件事前监督成果的重要环节。为避免对减刑、假释的庭审监督流于形式，应当强化对庭审的监督效果。对检察机关在事前阶段审查发现存疑或者与刑罚执行机关有争议的案件，可以充分利用庭审环节，将先前通过行使检察监督权获得的罪犯个人表现以及相关情况反馈给法庭，同时针对存疑问题向刑罚执行机关经办警察、罪犯本人进行询问，向法庭出示搜集的相关证据，提出总结性的检察监督意见。同时，在减刑、假释案件庭审过程中，检察机关不但要立足本职，加强法律监督，确保司法公正，而且要注重罪犯教育和司法保护，通过庭审过程中宣传国家法律和检察职能，教育引导罪犯及旁听人员自觉守法，悔过自新，促进提升监狱改造质效。[18]

4. 裁定阶段：强化对裁定效力制约。法院减刑、假释裁定作出后7日内向罪犯、刑罚执行机关、检察机关送达。送达罪犯后减刑、假释裁定即时生效，罪犯的减刑、假释便开始执行。而检察机关收到批次案件后还需要一些时间来对裁定开展审查，审查的主要内容是裁定适用法律依据是否正确、裁定减刑幅度是否符合法律规定、裁定书文字是否存在错误等。检察机关审查完发现减刑、假释裁定存在问题，提出纠正不当意见，但减刑、假释裁定已经对罪犯产生效力，假释罪犯或者减余刑罪犯也已经刑满出监，仍在监服刑的罪犯刑罚执行机关也已经按照裁定为其执行减刑。此种情况下，法院作出减刑、假释裁定效力

---

18 高祥阳、许世腾：《减刑假释案件庭审检察监督的制度构建》，载《人民检察》2013年第10期。

丝毫没有受到影响。应当加强检察机关对法院裁定效力的制约，为检察机关审查裁定留够时间差，当检察机关审查发现存在不当裁定情形，可以在裁定生效前予以纠正。

5. 事后阶段：拓展裁定执行监督。现阶段检察机关对减刑、假释案件裁定的监督，主要是对裁定书进行书面审查。事实上，裁定作出后，除了审查裁定书内容无误、适用法律正确外，检察机关的监督任务还没有完成，裁定书的后续执行亦仍属检察机关监督的范围，不容忽视。裁定生效后，检察机关要做好监督执行机关及时执行裁定的监督工作。对于获得减刑的罪犯，要监督执行机关及时变更罪犯的刑期，刑期变动之后按照相关管理规定依法依规及时调整管理级别或者罪犯劳动岗位；减刑后刑满罪犯，要监督执行机关及时做好罪犯出监工作，保证罪犯如期出监；获得假释罪犯出监后，要监督当地社矫机构做好罪犯的矫正监管工作。

（三）强化减刑、假释检察监督刚性

1. 强化检察监督意见、纠正违法通知书和检察建议的程序效力。根据相关法律规定，检察机关认为刑罚执行机关提请的减刑、假释案件不当的，应当提出检察监督意见（或纠正意见）；认为法院裁定不当的，应当提出纠正违法通知书；认为刑罚执行机关或法院在履行职务过程中存在普遍性的违法或违规行为的，可以提出检察建议书。然而，按照相关规定，对纠正意见、纠正违法通知书或检察建议书不予采纳的，只需说明理由，被监督机关不予采纳执行或者拖延不办，未规定需要承担相应的后果，导致检察机关的监督缺少刚性。监督弹性化造成检察机关的监督行为不被监督者所重视，长久以来导致刑罚执行阶段乃至刑事阶段监督的效力疲软。[19] 对此，应当强化检察机关的检察建议书、纠正违法通知书、检察监督意见书和纠正不当意见书的程序阻却效力，赋予检察机关一定的强制手段，保证监督手段的刚性。同时，检察机关也应当增强提出监督意见的专业性和准确性，增强监督的权威性。

2. 探索建立类似诉讼的监督方式。在刑罚执行变更程序上，现采用的程序为直线型的行政审批处理模式，刑罚执行机关负责提请，法院负责裁判，检察机关在程序之外进行监督。[20] 虽然现在部分案件采取开庭进行审理，但没有改变原先的行政审批模式。在法庭中，检察机关与刑罚执行机关有时意见一致，

---

19 朱立恒：《我国刑事检察监督制度改革初探——以刑事检察监督的弹性化为中心》，载《法学评论》2010年第1期。

20 参见张庆立、牛汉：《减刑假释同步监督程序的类诉讼化构建》，载《犯罪研究》2017年第6期。

有时意见不一致，不存在立场对立的双方，也就是没有诉讼中的“两造”。检察机关可以针对不应当提请而提请的案件提出意见，也可以针对应当提请而没有提请的案件提出意见，检察机关在程序中的正反立场是不确定的，唯一确定的是保持“客观公正”的履职立场。因此，本文认为对减刑、假释程序进行完全诉讼化改造是不可行的，也是不符合实际情况的。但是，在现有减刑、假释的直线审批程序上，可以把检察机关置入程序之中，对程序作出类似诉讼化的改造，使其真正发挥法律监督的作用。即刑罚执行机关提请减刑、假释后，须经检察机关同意方可进入法院审理。在法院审查裁定后，裁定书送达检察机关后10日内，如没有提意见，即裁定生效，如检察机关认为不当，提出纠正违法通知书，则裁定未生效，并引发另行组成合议庭进行审理并作出最终裁定。

（四）建立减刑、假释检察监督配套机制

1. 建立罪犯改造材料日常备案机制。2014年发布的《最高人民检察院关于对职务犯罪罪犯减刑、假释、暂予监外执行案件实行备案审查的规定》，建立了较为完善的职务犯罪“减假暂”案件分级备案审查制度。检察机关可以借鉴分级备案审查制度，通过与刑罚执行机关协商，围绕影响刑罚变更执行的罪犯考核奖惩，确立罪犯改造材料日常备案机制。监狱狱政、教育、劳动管理部门每月定期汇总罪犯考核奖惩情况、教育学习情况、劳动改造情况，向派驻检察室报送纸质审批文件备案，接受派驻检察室的监督。对罪犯计分考核、教育改造、劳动改造、奖惩情况等情况及时、全面掌握，有利于检察官全面、客观、准确提出监督意见。这些内容与罪犯改造息息相关，但因这些内容都由不同职能部门分管，分别对其开展检察耗时长、走动多、沟通协调繁杂，通过日常备案形式开展集中统一检察，在罪犯减刑、假释案件提请前就对相关材料进行一次严格把关，无疑是在保证监督效果的同时又给检察人员减轻了工作负担。

2. 健全减刑、假释公示制度和法律文书公开制度。阳光是最好的防腐剂。健全减刑、假释公示制度和法律文书公开制度有利于保障规范、透明减刑、假释案件办理工作，确保减刑、假释的公平公正。健全减刑、假释公示制度，要从三个时间节点着手：一是减刑、假释程序启动前，要对现行相关法律法规、减刑及假释条件、案件办理程序和罪犯的考核结果，奖惩情况进行公示；二是减刑、假释程序启动后，要对具有提请资格人员名单、拟提请人员名单、退案人员名单、法院受理案件通知、开庭公告进行公示；三是减刑、假释案件裁定作出后，人民法院作出的减刑、假释案件裁定书要在互联网上公布，接受社会监督。同时，将裁定结果在监区统一公布，特别是裁定结果与提请诉求有出入的，要让服刑人员知晓法院的裁定结果及改变理由，引导正确的改造观念。

3. 充分运用技术手段，提高检察监督的信息化水平。要加大派驻检察室的经费、技术投入和信息化建设，提高减刑、假释监督工作科技含量。一是加强日常监管执法系统的信息互通。派驻检察室要对执行机关的监控设备、监管系统、罪犯计分考核系统互联互通，使检察机关能够通过日常监管执法系统及时掌握罪犯改造的真实情况。二是结合新形势下减刑、假释监督和对监狱开展巡回检察的工作实际进一步完善统一业务应用系统中减刑、假释办案流程，提升监督质效。三是完善减刑、假释网上协同办案平台，实现执法信息全面贯通、共享，特别是强化统一业务系统与减假平台的信息导入，最大限度减少办案人员的工作压力。四是研发“减刑、假释智慧办案平台”，实现减刑、假释案件计分考核、提请条件、报请程序等相关数据智能分析和自动填录，借用信息化手段辅助司法办案，提升减刑、假释案件办理精准度和公正性。[21]

（五）联动司法人员职务犯罪预防和查处

1. 发挥检察机关对减刑、假释职务犯罪立案侦查权的威慑效应。2018 年《刑事诉讼法》修改之后，保留了检察机关对 14 项罪名的侦查权，其中包括徇私舞弊减刑、假释、暂予监外执行罪。检察机关要充分运用好手中的职权，利用巡回检察的优势和派驻检察的便利，畅通职务犯罪案件线索收集渠道。在纠正违法通知书和检察建议效果不好的情况下，将查处职务犯罪与减刑、假释监督有机结合起来，深入调查减刑、假释案件办理过程中背后的司法腐败和其他职务犯罪问题，严格查处徇私舞弊减刑、假释、暂予监外执行等职务犯罪活动，让监管执法人员、法院审判人员感受到法律的威严，强化不能腐、不敢腐的威慑力。[22]

2. 协同建立减刑、假释工作职务犯罪预防平台。一是丰富宣传教育方式，提高减刑、假释办案人员廉洁自律意识。公、检、法、司各机关压实主体责任，丰富教育宣传手段，组织观看职务犯罪预防讲座、警示教育宣传片、学法考试等活动，营造良好的预防职务犯罪氛围，不断提高减刑、假释办案人员的底线意识和防腐拒变的能力。二是检察机关要敢于监督，善于监督。严格查处司法工作人员利用职权实施的徇私舞弊减刑、假释犯罪，并深层次分析背后的原因，针对刑罚执行机关或者人民法院在监管执法、审判和制度上存在的漏洞和问题，及时提出具有可操作性和建设性的意见和建议，帮助有关部门补塞漏洞，完善制度，从制度上建立预防减刑、假释职务犯罪行为的长效机制。

21　丁西超：《“六步曲”破解减刑假释检察监督难题》，载《检察日报》2019 年 11 月 4 日，第 3 版。

22　朴永刚：《我国减刑假释制度改革创新之设想》，载《当代法学》2012 年第 1 期。

认罪认罚从宽制度风险规控

——从刑事法律监督角度展开

郭天武　袁　梦*

【内容提要】我国认罪认罚从宽制度自施行以来，提升了司法效率，促进了矛盾化解，加强了社会治理。但在施行过程中仍然会存在法律风险，司法腐败风险、自愿性与真实性双重风险、羁押性强制措施及强制性侦查措施不合比例性风险、审判形式化风险、情绪性排斥量刑建议风险、量刑建议不科学风险、报复性抗诉风险、“起诉中心主义”风险均需要得到规控。笔者在重新审视司法公正与效率、三机关关系以及检察机关角色定位的基础上，在厘清刑事法律监督制度、认罪认罚从宽制度与“以审判为中心”的刑事诉讼制度改革关系的前提下，从刑事法律监督效能发挥的角度助力于认罪认罚从宽制度法律风险规控。

【关键词】认罪认罚从宽　刑事诉讼程序　以审判为中心　刑事法律监督

2014年中共十八届四中全会开启了我国完善被告人认罪认罚从宽制度改革之新征程[1]，与此同时，速裁程序改革也同步启动[2]。我国认罪认罚从宽制度自

---

* 郭天武——中山大学法学院教授，博士生导师，中山大学粤港澳发展研究院副院长，港澳珠江三角洲研究中心副主任、首席专家，主要研究领域：港澳基本法、刑事诉讼法。袁梦——中山大学法学院诉讼法学博士，主要研究方向：刑事诉讼法。

1　2014年中共十八届四中全会审议通过了《中共中央关于全面推进依法治国若干重大问题的决定》，其中明确指出完善被告人认罪认罚从宽制度。

2　全国人大常委会于2014年6月作出决定，授权最高人民法院、最高人民检察院在北京等18个城市开展刑事案件速裁程序试点；于2016年9月再次作出决定，授权最高人民法院、最高人民检察院在这18个城市开展刑事案件认罪认罚从宽制度试点。

实施以来，在提升司法效率、增强办案效果方面做出了重大贡献，对达成司法公正这一司法改革目标起到了极为关键的作用。认罪认罚从宽制度充分体现了我国本土司法改革特色，具备创新性，但在实施过程之中，现阶段仍然存在各种各样的问题，认罪认罚从宽制度在适用过程中的各个环节仍存在多种风险。在认罪认罚从宽制度的施行中，检察机关占据着主导地位，在审查起诉中发挥着承前启后、分流案件的核心作用，然而我们绝对不能忽视检察机关的法律监督机关的宪法定位，本文从刑事法律监督的角度进行探究，为认罪认罚从宽制度的风险化解提供助力，以期找到认罪认罚从宽制度全流程顺利施行的新途径。

一、认罪认罚从宽制度实施过程中的法律风险

（一）刑事诉讼全流程风险点

1. 司法腐败风险

在认罪认罚从宽处理程序之中，“防止发生无辜者被迫认罪和权权交易、权钱交易等问题”，也就是要对司法不公以新方式出现以及权力腐败借助认罪认罚从宽程序发生的司法乱象防微杜渐。[3]其实只要仍然存在“协商”的适用空间，就可能存在如原来刑事和解制度的适用风险——“以钱买刑”“权刑交易”等乱象。刑事诉讼从程序上进行简化，增加司法权力寻租的隐性便利风险，会进一步影响到法律监督的实施和法律救济的实现。

而且认罪认罚从宽制度中容易出现这种司法腐败现象也是因为认罪认罚从宽制度具有一定的“协商性司法”色彩，这就为司法权力的腐败提供了空间，这在各个存在“协商性司法”色彩刑事诉讼制度的国家都可以看到例子。[4]一定要注意到，我国控辩之间的协商程序仍缺乏可操作性，在现阶段难以保障被追诉人真正处于平等地位与控方进行协商，所以仍存在协商被滥用的可能性。[5]这种协商有违我国追求实质正义的司法传统，与我国的刑事诉讼模式也存在龃龉之处，过于迅速地对西方“协商性司法”，例如美国辩诉交易制度，进行法律移植，没有考虑到刑事诉讼制度的本土化问题，会进一步加剧司法腐败的风险。

---

3 参见张建伟：《认罪认罚从宽处理：内涵解读与技术分析》，载《法律适用》2016 年第 11 期。

4 参见施鹏鹏：《认罪认罚从宽的类型化与制度体系的再梳理》，载《比较法研究》2021 年第 5 期。

5 参见刘泊宁：《我国控辩协商程序的规范进路：以认罪认罚案件为视角》，载《法学》2022 年第 2 期。

2. 自愿性和真实性双重风险

保证认罪认罚制度适用的自愿性和真实性是实现司法公正的基本前提。或者可以这样表述，确保认罪认罚的自愿性是认罪认罚从宽制度的正当性保证，也是其存在的公正底线。现在仍有相当一部分认罪认罚从宽案件进入刑事诉讼的二审程序之中，其中有相当一部分案件存在自愿性或真实性没有得到保障的问题。[6]

关于认罪认罚从宽制度实施中的自愿性与真实性问题，在司法实践中易出现两种与司法公正相违背的情况：一种容易在速裁程序等案件中出于各种原因的顶包，如交通肇事罪的顶包案件；另一种则易在简易程序甚至普通程序中出现，犯罪嫌疑人为了尽早解决诉累而违背真实意愿认罪认罚，如一些涉黑敏感案件中的当事人，这些案件还可能涉及非法取证等问题。[7]笔者认为出现这种实施中的问题，一方面，检察机关集公诉与批捕职权于一身，尤其是在捕诉一体改革后，可能会发生侦查环节认罪自愿性无法得到有效保证的问题，也就是说非自愿的认罪没有办法得到有效筛查。另一方面，如果某一案件适用认罪认罚从宽制度，可能导致侦查机关怠于侦查取证，转投“认罪协商”的方式获取证据，间接加剧口供依赖，有增加引发冤假错案发生概率的风险。[8]

3. “起诉中心主义”风险

在认罪认罚从宽制度中，检察机关起着重要作用，需要履行多种职权，其角色定位既是主导者，又是监督者，甚至在审查起诉阶段的重要作用可能引发刑事诉讼从“侦查中心主义”到“起诉中心主义”的问题[9]，出现与我国“以审判为中心”的刑事诉讼改革相矛盾的问题。

有学者提出一些对这种角色定位的质疑：让检察机关成为认罪认罚从宽程序的主导者，从而使程序运行表现出某种程度上的“起诉中心”。[10]如果我们仅仅从“主导”的字面意思来解读，阐述深度不够，很可能得出与当前“以审判为中心”的刑事诉讼制度改革相悖的结论。“主导”二字当然标志着检察机关在认罪认罚从宽制度中的核心地位，影响着整个制度的正确适用，但绝对不能忘

---

6 参见贺卫：《前提与归宿：认罪认罚从宽制度的“自愿性”保障路径》，载《学习与探索》2020 年第 7 期。

7 参见陈如超：《刑讯逼供的中国治理——审讯结构·治理措施·效果评估》，载《甘肃政法学院学报》2015 年第 1 期。

8 参见高德友：《认罪认罚从宽制度若干问题探讨》，载《河南社会科学》2016 年第 10 期。

9 参见高德友：《认罪认罚从宽制度若干问题探讨》，载《河南社会科学》2016 年第 10 期；董凯：《认罪认罚从宽制度中的错案风险——以 206 起认罪错案为考察对象》，载《北方法学》2021 年第 5 期。

10 闫召华：《检察主导：认罪认罚从宽程序模式的构建》，载《现代法学》2020 年第 4 期。

记检察机关在认罪认罚从宽制度中同时是监督者，拥有法定职权对认罪认罚案件适用办理的全程进行监督。检察机关在认罪认罚从宽制度中的角色定位的重要性，使对检察机关的监督必然成为一个非常值得探讨的理论与实践问题。

（二）侦查机关风险点

认罪认罚从宽制度在改革之初始，有实现降低审前羁押率的目标期待，这也是容易出现风险的地方。虽然取得了较大成绩，但仍然需要进一步改革。对羁押性强制措施的审批，羁押性强制措施施行后的必要性审查，技术性侦查的适用率，以及强制性侦查措施，如搜查、扣押都涉及公民最基本的财产权利。这些对犯罪嫌疑人人身、财产权益影响最深切的措施的合比例性适用，侦查机关具有较大自主决定权，外部机制仍需进一步完善。在羁押性强制措施的适用上，检察机关拥有较大的裁量权，必须在认罪认罚从宽制度中慎用，符合合比例性原则，才能最大限度地保护犯罪嫌疑人的合法权益，才能进一步促进认罪认罚从宽制度司法效率目标的实现。

审前羁押的适用还容易催生认罪认罚的自愿性与真实性风险。被羁押的犯罪嫌疑人、被告人始终会存在一种消极的心理状态，与检察机关很难在一种本质上的平等前提下进行平等协商，出于对自由的向往，以及对重判的担忧等，可能会做出一些有违真实性和自愿性的协商行为。

（三）检察机关风险点

1. 量刑建议不科学风险

现在量刑建议虽然采纳率较高，但仍然有较大的改进空间，存在量刑建议不科学的问题。一是主刑量刑畸轻畸重，表述不规范，尤其是在数罪并罚案件中，未能针对各罪名逐一提出量刑建议后再数罪并罚，而是径直确定总和刑期，个别量刑建议出现低级错误；二是忽视对附加刑的量刑建议，有的直接缺失，有的明显不适当，未能发挥附加刑特有的作用；三是为了让更多的被告人认罪认罚，部分案件存在量刑偏轻的情况，甚至存在不当适用缓刑现象。[11]

2. 报复性抗诉风险

在既有的认罪认罚抗诉案件之中，检察机关提出的抗诉理由较为一致，普遍聚焦于抗诉制衡与抗诉监督两个方面。一方面，在适用认罪认罚从宽制度的部分上诉案件中，检察机关基于认罪被告人之上诉所引起的司法协议破

11 参见广东省政法委2019年重点项目“完善法官检察官自由裁量权行使的约束规范机制”中的相关内容，此问题为笔者在调研过程中搜集调研问卷汇总所得。

裂而作制衡抗诉。另一方面，在适用认罪认罚从宽制度的部分案件中，检察机关基于控审双方对从宽量刑幅度的不同把握而作监督抗诉。[12]认罪认罚从宽制度在适用中也存在抗诉异化的风险，如果滥用抗诉职权，就会跌入报复性抗诉的风险陷阱。检察机关如果以被告人上诉为前提，单纯以惩罚、威慑为目的，即以收回被告人在认罪认罚从宽制度适用中所获从宽利益为目的，即为报复性抗诉。[13]

最高人民检察院在 2021 年 12 月印发了《人民检察院办理认罪认罚案件开展量刑建议工作的指导意见》，第 39 条规定只在被告人以量刑过重为由提出上诉，因被告人反悔不再认罪认罚致从宽量刑明显不当的，检察院应当依法提出抗诉。这条规定从本质上来说，是对抗诉权的行使作出了限制，在适用范围上进行了限缩，这从法律层面表明我国对认罪认罚从宽案件中抗诉权的行使是保持审慎态度的。但是我国当前立法并没有对报复性抗诉作出明确、全面的规定。在司法实践中，2022 年认罪认罚从宽案件一审服判率 97%，上诉、申诉大幅减少，但仍然存在上诉的情况，[14]也就仍存在报复性抗诉以请求法官收回从宽利益的可能性。[15]

检察机关报复性上诉绝非刑事法律监督的本意，也有悖于全面保障被告人权利原则。上诉的权利是我国法律法规明确赋予被告人的不可剥夺的重要权利，如若出现适用认罪认罚从宽制度的被告人提出上诉的情形，检察机关仍然应当坚持“上诉不加刑”和“有利于被告人”的刑事诉讼原则，绝不应当坚持“被告人上诉就不能获得认罪后的量刑优惠”的理由进行报复性抗诉。[16]倘若赋予检察机关“报复性抗诉权”，无疑将使控辩关系“雪上加霜”，并且间接阻碍认罪认罚自愿性的实现。[17]

（四）审判机关风险点

1. 审判形式化风险

认罪认罚案件的法庭审判过程中可能存在两种问题：一是庭审过程可能流

---

12 步洋洋：《认罪认罚从宽制度下上诉权与抗诉权的关系论》，载《法学杂志》2021 年第 4 期。

13 参加闫召华：《认罪认罚后“反悔”的保障与规制》，载《中国刑事法杂志》2021 年第 4 期。

14 参见《最高人民检察院工作报告》，载中华人民共和国最高人民检察院官方网站，https：//www. spp. gov. cn/spp/gzbg/202303/t20230317_ 608767. shtml，最后访问于 2023 年 4 月 1 日。

15 参见谢登科：《论认罪认罚案件被告人上诉权及其限定》，载《暨南学报（哲学社会科学版）》2022 年第 5 期。

16 参见王洋：《认罪认罚案件上诉问题研究》，载《中国政法大学学报》2019 年第 2 期。

17 李晓丽：《认罪认罚案件上诉问题研究——基于 B 市 C 区的司法实践》，载《山东社会科学》2022 年第 11 期。

于形式；二是审判机关存在情绪性排斥量刑建议。[18] 认罪认罚从宽中的庭审不能仅仅起到“走过场”的作用，从各国实践看，刑事速裁程序形式化审理的现象比较突出。[19] 甚至有观点提出增设书面审理，[20] 以更好地实现司法效率。

笔者始终坚持，认罪认罚从宽制度的适用一定要保证司法公正的最低界限，不能越界，更不能与“以审判为中心”的刑事诉讼制度改革相矛盾，而保证犯罪嫌疑人获得公正审判的一个关键点就在于庭审的实质化。在认罪认罚从宽制度的适用过程之中，检察官起主导作用这一特征导致庭审作用在总体上有一定降低，[21] 主要表现在法官对庭审的重视程度不足，庭审趋于形式化，书面审理无法完全替代庭审的作用。[22] 适用书面审理，检察院将无法对法院的审理过程进行监督。[23] 书面审理的适用可以提高认罪认罚从宽制度与刑事速裁程序相结合时的案件运作效率，但司法效率的提高一定不能有违司法公正。书面审理在速裁程序与认罪认罚从宽制度中的适用，一方面会妨碍直接言词原则的贯彻落实，也与当前我国不断深化的“以审判为中心的诉讼制度改革”有所违背；另一方面，书面审理相较于开庭审理更不利于筛选出那些本不适合速裁程序的刑事诉讼案件。

2. 情绪性排斥量刑建议风险

检察机关提出量刑建议是认罪认罚案件的必备环节，量刑建议一般应当包括主刑、附加刑，并明确刑罚执行方式。我国《刑事诉讼法》明确规定，在认罪认罚案件中，人民法院原则上应当采纳量刑建议，如果认为明显不当，检察机关也可以对量刑建议进行调整。[24] 对我国《刑事诉讼法》第 201 条进行语义解释，就可以发现如果法院与检察机关在量刑上存在意见龃龉，绝不能对检察机关的量刑建议直接不予采纳，而务必有一个前置程序，对检察机关进行告知，

---

18 参见李奋飞：《以审查起诉为重心：认罪认罚从宽案件的程序格局》，载《环球法律评论》2020 年第 4 期。

19 参见李本森：《刑事速裁程序的司法再造》，载《中国刑事法杂志》2016 年第 5 期。

20 参见汪海燕、付奇艺：《刑事速裁程序的两种模式——兼论我国刑事速裁程序的构建》，载《安徽大学学报（哲学社会科学版）》2016 年第 5 期。

21 龙宗智：《认罪认罚案件如何实现“以审判为中心”》，载《中国应用法学》2022 年第 4 期。

22 参见周新：《法院审理认罪认罚案件疑难问题研究》，载《法学论坛》2022 年第 1 期。

23 参见杨雄：《效率与公正维度下的刑事速裁程序》，载《湖北社会科学》2016 年第 9 期。

24 《刑事诉讼法》第 201 条：对于认罪认罚案件，人民法院依法作出判决时，一般应当采纳人民检察院指控的罪名和量刑建议，但有下列情形的除外：（一）被告人的行为不构成犯罪或者不应当追究其刑事责任的；（二）被告人违背意愿认罪认罚的；（三）被告人否认指控的犯罪事实的；（四）起诉指控的罪名与审理认定的罪名不一致的；（五）其他可能影响公正审判的情形。人民法院经审理认为量刑建议明显不当，或者被告人、辩护人对量刑建议提出异议的，人民检察院可以调整量刑建议。人民检察院不调整量刑建议或者调整量刑建议后仍然明显不当的，人民法院应当依法作出判决。

检察机关仍然可以对认罪认罚案件的量刑建议进行调整。也就是说，只有在检察院被告知后不调整或者调整量刑建议后仍然明显不当时，法院才可以不予采纳量刑建议，依法独立量刑，继而依法作出判决。

我国认罪认罚从宽案件中的量刑建议采纳率较高，并且呈缓慢上升趋势，但仍有2%～3%的案件没有被采纳；现在认罪认罚从宽案件中的量刑建议采纳率与普通案件相比处于较高水平，但仍有改进空间。[25]在具体个案中，现阶段可能存在审判机关与检察机关的短时摩擦，“余金平案”[26]是这一摩擦极具典型性与极端性的案例。审判机关可能出现基于权力被限缩的“危机意识”，增设量刑建议适用中的阻力，与检察机关发生一些摩擦。[27]从长远来看，检察机关依托“刚性”量刑建议权而依法行使抗诉权则有助于认罪认罚从宽制度的价值实现，有助于维护司法公正与司法权威，有助于尊重控辩达成的合意，构建良性互动的法检关系。[28]在认罪认罚制度中检察机关主导作用的正确发挥，绝不是对审判权的侵袭，更不会与“以审判为中心”的刑事诉讼制度改革相违背，检察机关的角色定位是为顺利推进此项制度而设置的必要要素，依托“刚性”量刑建议权而依法行使抗诉权有利于司法公正的实现。

二、风险原因探析

（一）司法公正与司法效率关系失衡

司法追求的价值目标是多重的，公正并不是唯一目的所在，如果罔顾其他目标，一定会波及司法公正的最终实现。[29]而司法公正与司法效率的关系尤为引人注目，它们紧密联系，无法分割，迟来的正义不再是正义，司法效率甚至可以理解为司法公正的必然含义，司法效率是实现公正的方式。司法公正与司法效率是辩证统一的关系早已经是古今中外学界通说，只是描述与解释的角度各有侧重罢了。正如波斯纳所言，程序制度在精确和成本之间追求最大的交换值，[30]

25 我国认罪认罚从宽案件量刑建议采纳率2020年为95%，2021年为97%，2022年为98.3%，数据来源为2020—2022年《最高人民检察院工作报告》。

26 参见北京市第一中级人民法院刑事判决书（2019）京01刑终628号。

27 参见卞建林：《认罪认罚从宽制度适用中的若干问题》，载《法治研究》2021年第2期。

28 参见周媛媛：《认罪认罚从宽制度语境下的抗诉选择》，载《国家检察官学院学报》2022年第3期。

29 参见陈贵民：《论司法效率》，载《法律科学》1999年第1期。

30 ［美］理查德·A.波斯纳著：《法理学问题》，苏力译，中国政法大学出版社1994年版，第262页。

他还言简意赅地指出，我所界定的效率就是一个足够的正义概念。[31]

而以效率为主要价值导向的刑事速裁程序[32]和以缓解司法资源配置模式与持续快速增长的案件数量不相适应矛盾的认罪认罚从宽制度都以司法效率为重要的价值目标。这两项改革确实极大地提高了诉讼效率，但是也引发了一系列的问题，实施中存在潜在的风险。于是，公正与效率的关系在刑事速裁程序和认罪认罚从宽制度的推进过程中又被置于风口浪尖，是理论界与实务界无法绕过的问题。公正与效率存在价值位阶，公正是整个司法制度永远的最高追求，处在价值位阶的顶端，而司法效率相较于司法公正来说，只能位居其次。只有在确保司法公正的前提下，才能追求司法的高效率，绝不可以牺牲司法公正为代价去追求所谓的高效率。[33]如果盲目追求效率，最终可能会出现为纠正司法不公而更加有悖于司法效率，浪费司法资源的现象。所以在整个司法体制改革之中，在速裁程序改革与认罪认罚从宽制度中一定要在最大限度提升司法效率的同时把握司法公正的底线。

认罪认罚从宽制度对司法公正的终极追求必然要求在刑事诉讼的侦查、起诉、审判、执行各个环节都要注意对犯罪嫌疑人合法权益的保障。如果忽视对犯罪嫌疑人合法权益的保障，就可能造成制度适用的各个环节出现风险。

认罪认罚从宽制度在实践中与刑事速裁程序结合紧密，广泛适用于轻微的刑事案件之中，这些案件往往与人民的日常生活结合得最为紧密，影响力也最为广泛，如危险驾驶、交通肇事、盗窃、诈骗、妨碍公务等案件[34]。这些案件的公正与否对提升司法公信力、树立司法权威有着不可小觑的作用。司法公正与司法效率同样都能促进司法权威，而且司法公正、司法效率、司法权威都是我们对司法制度的最终价值期许，也当然是对认罪认罚从宽制度的目的设定。所以在实践过程中，对司法公正与司法效率的关系一定要秉持正确的态度，贯彻到刑事诉讼的各个环节之中。

---

31 ［美］理查德·A. 波斯纳著：《正义与司法的经济学》，苏力译，中国政法大学出版社 2002 年版，第 6 页。

32 参见汪建成：《以效率为价值导向的刑事速裁程序论纲》，载《政法论坛》2016 年第 1 期。

33 李建明、许克军：《“以审判为中心”与“认罪认罚从宽”的冲突与协调》，载《江苏社会科学》2021 年第 1 期。

34 参见李本森：《刑事速裁程序试点实效检验——基于 12666 份速裁案件裁判文书的实证分析》，载《法学研究》2017 年第 5 期；刘方权：《刑事速裁程序试点效果实证研究》，载《国家检察官学院学报》2018 年第 2 期；刘广三、李晓：《刑事速裁程序实施问题与对策研究——以北京市 C 区法院为样本》，载《法学论坛》2016 年第 5 期。

（二）三机关关系失衡

我国《宪法》和《刑事诉讼法》都明确规定了人民法院、人民检察院和公安机关应当分工负责，互相配合，互相制约，这个原则为准确有效地执行法律、顺利运转司法制度奠定了基础。在“以审判为中心”的刑事诉讼制度改革不断深化推进的过程中，仍然需要坚持我国三机关关系的宪法定位，坚持贯彻落实控审分离、裁判者中立、控辩平等等确保司法公正的基本原则。即使是在以追求司法效率为侧重的认罪认罚从宽制度之中，也只有坚持这些底线标准，才可能使整个刑事诉讼流程符合现代法治追求的基本内涵，不超越司法公正的最低界限。

第一，侦查机关与检察机关之间的制约机制未能充分发挥效能，检察机关的监督作用未能充分发挥。在认罪认罚从宽制度的贯彻推进过程之中，检察院与侦查机关的联系非常紧密，检察机关在侦查阶段的主导作用得到了很好的发挥，但是也产生了一些负面的影响。实践过程中，为了便于认罪认罚从宽的落实，达到提升效率的目的，出现了侦检集中办公的情况，这样可能会存在太过重视配合，而制约机制未得以发挥成效的情况。检察机关必须牢记“集中办公”只是办公地点的集中，并非“联合办案”，不是司法职能的合并或联合。三机关之间依旧需要坚持宪法定位，各司其职，互相制约，检察机关充分发挥刑事检察监督效能，这样才能确保办案地点变化不会对司法中立性产生实质冲击，确保司法公正。

第二，检察机关与审判机关之间的矛盾性增强，沟通性有待提升。正如前文所论述的，我国《刑事诉讼法》第 201 条确立了认罪认罚从宽制度中检察机关较为“刚性”的量刑建议权。在认罪认罚从宽制度的实施过程中，“检法摩擦”[35]在现阶段仍然时有出现，其实只是检察机关在认罪认罚从宽制度中的中心主导作用与“以审判为中心”原则之间短时张力的体现。这种短时摩擦并不代表检法之间具有不可调和的矛盾，却反映出认罪认罚从宽制度中检法沟通有待进一步加强，有待拓展多种平台以加强沟通并增进共识，有待进一步增强法律文书的说理性，[36]同时提高量刑建议的科学性，进行量刑建议精准化改革。

第三，忽略了监察机关在认罪认罚从宽制度中的作用。在监察体制改革之后，监察监督当然构成了中国特色社会主义监督体系的重要力量，也应当与检

35 参见周长军：《认罪认罚案件中法院变更量刑建议的法理分析》，载《云南社会科学》2022 年第 2 期。

36 参见韩轶：《认罪认罚案件中的控审冲突及其调和》，载《法商研究》2021 年第 2 期。

法互相配合、互相制约，[37] 在认罪认罚从宽制度中可能会出现的滥用职权风险，如“以权换刑”“以钱买刑”现象，不仅需要检察机关发挥刑事法律监督的作用，也要发挥监察机关对各个诉讼环节的监督与制约作用，共同发挥合力。

（三）检察机关定位偏差

在认罪认罚从宽制度的适用过程中，检察机关起着主导作用，容易忽视自己另一角色定位——“监督者”。始终不能忽视法律监督机关的宪法定位，不能忽视自己的客观公正义务，才能避免定位偏差。所以在认罪认罚从宽制度的适用过程中，一定要强化检察机关的客观公正立场，牢固贯彻落实“法律守护人”的角色定位。这一点在认罪认罚从宽处理中显得尤为重要，因为检察机关在认罪认罚案件办理中，既是主导者，又是追诉人，还是公权力机关，如果不能客观中立，客观收集证据，听取各方面意见建议，犯罪嫌疑人、被告人合法权益将得不到保障。[38]

三、认罪认罚从宽制度改革与刑事法律监督的关系

在本轮司法体制改革之中，存在各种各样的司法改革举措。具体措施中，有的措施是原则，有的措施是具体制度，还有的措施兼具原则与具体制度的性质，这些措施之间联系紧密，存在于不同的位阶和层次，共同为构建我国公正、高效、权威的司法制度而发挥作用。清晰定位认罪认罚从宽制度改革和刑事法律监督在本轮司法体制改革之中的关系，是从刑事法律监督角度助力认罪认罚从宽制度顺利实施的前提。

（一）认罪认罚从宽制度与“以审判为中心”的刑事诉讼制度改革的关系

认罪认罚从宽既是一项刑事诉讼基本原则，也是一项具体法律制度。[39] 认罪认罚从宽制度有着极为丰富的价值内涵和重要的实践意义，具体表现为：（1）认罪认罚从宽制度是贯彻宽严相济刑事政策，促进国家治理体系和治理能力现代化的重要路径。（2）认罪认罚从宽制度是推动案件繁简分流，提升刑事司法质效的有力抓手。（3）认罪认罚从宽制度是优化刑事诉讼结构，构建良好诉讼生

---

37 《宪法》第127条：监察委员会依照法律规定独立行使监察权，不受行政机关、社会团体和个人的干涉。监察机关办理职务违法和职务犯罪案件，应当与审判机关、检察机关、执法部门互相配合，互相制约。

38 曹东：《论检察机关在认罪认罚从宽制度中的主导作用》，载《中国刑事法杂志》2019年第3期。

39 熊秋红：《比较法视野下的认罪认罚从宽制度》，载《比较法研究》2019年第5期。

态的重要举措。[40]

“以审判为中心”的诉讼制度变革的目标与意义是多层次的[41]，一是总目标，通过法庭审判的程序公正实现案件的实体公正，或称总的价值目标为司法公正。实现刑事诉讼“以审判为中心”，最为重要的意义就是保障案件质量，防止冤假错案，实现司法公正。[42]以审判为中心的诉讼制度改革的根本目的是提高庭审质量，最大限度避免冤错案件。[43]也就是说，审判在公诉案件刑事诉讼程序中居于重要环节[44]。二是直接目标，保证庭审在查明事实、认定证据、保护诉权、公正裁判中发挥决定性作用，或称庭审的决定权。这项改革主要围绕“庭审实质化”展开，是指在审判之中，庭审（开庭审理）是整个刑事诉讼的中心环节。三是间接目标，促使司法人员树立办案必须经得起法律检验的理念，确保侦查、审查起诉的案件事实、证据经得起法律检验。[45]

检察机关在整个诉讼过程中的主导地位导致诉讼中心出现前移；检察机关提出的量刑建议具备了一定的“刚性”；庭审流程的简化与庭审时间的缩短等使认罪认罚从宽制度可能对“以审判为中心”的刑事诉讼制度改革产生一定阻力。笔者认为认罪认罚从宽制度与“以审判为中心”的刑事诉讼制度改革并不矛盾，上述冲突也只是形式上的冲突，并不存在本质矛盾。

认罪认罚从宽制度本质上可以理解为“以审判为中心”的刑事诉讼制度改革的配套举措。庭审实质化的深化推进与诉讼程序的正当化改革必然需要耗费大量的司法成本。在当前我国有限的司法资源条件下，如果所有的刑事诉讼都必须将庭审实质化全面贯彻落实到位，司法资源显然无法承担其重，而且这种全覆盖无差别化的庭审实质化显然也有违司法效率，所以，以追求司法效率为主要价值目标的程序简化与分流改革必然为伴生推进。以“审判为中心”的刑事诉讼制度改革也必然要求在整个刑事诉讼流程中，在各类型的刑事案件中，都需要坚持“以审判为中心”这一提纲挈领性质的原则，认罪认罚从宽制度的适用需要具备限定条件，更具特殊性，更加具体化。认罪认罚从宽制度一定要与“以审判为中心”的刑事诉讼制度改革保持同向性，前者应当作为后者的一项配套改革举措来贯彻落实，以更好地促进司法改革公正、效率。

---

40 贾宇：《认罪认罚从宽制度与检察官在刑事诉讼中的主导地位》，载《法学评论》2020年第3期。

41 参见樊崇义：《解读“以审判为中心”的诉讼制度改革》，载《中国司法》2015年第2期。

42 龙宗智：《“以审判为中心”的改革及其限度》，载《中外法学》2015年第4期。

43 王守安：《以审判为中心的诉讼制度改革对检察工作的影响》，载《人民检察》2014年第22期。

44 陈光中：《以审判为中心与检察工作》，载《国家检察官学院学报》2016年第1期。

45 樊崇义：《解读“以审判为中心”的诉讼制度改革》，载《中国司法》2015年第2期。

(二) 刑事法律监督制度与"以审判为中心"的刑事诉讼制度改革的关系

我国的刑事法律监督制度包含两部分，一部分是刑事诉讼监督，检察机关在刑事诉讼领域进行的，针对刑事诉讼活动展开的刑事侦查、刑事审判、刑事执行监督，也就是说检察机关对诉讼参与者是否依法进行诉讼活动的监督。[46]具体可以通过对侦查阶段非法证据的排除、羁押性强制措施的审批、不起诉裁量权的行使、提出量刑建议、抗诉等多种方式来实现刑事诉讼监督。另一部分则是在监察体制改革之后通过职务犯罪直接侦查权而对司法工作人员进行的法律监督[47]，《刑事诉讼法》第19条第2款对此有明确规定。[48]

"以审判为中心"的刑事诉讼制度改革与刑事法律监督机制完善并非两个相互孤立，关联性不大，甚至互相矛盾的改革，而是同处于我国此轮司法改革制度之中密切相关的两项重要改革。两者在总目标上是完全一致的，均是为了最大限度地保证案件的质量，实现司法公正。"以审判为中心"的刑事诉讼制度改革则从根本上要求加强刑事法律监督建设，两项改革不仅不矛盾，而且还有互相推动，彼此助力的效果。"以审判为中心"的刑事诉讼制度改革非但没有弱化刑事诉讼监督，反而对刑事诉讼监督提出了更高的要求。不仅要加强对侦查活动的监督，特别是对取证活动合法性的监督，促进侦查活动依法进行；而且在推进法官办案责任制改革、合议庭和审判法官独立性增强、法院内部监督制约减少的情况下，更要依法强化检察机关对刑事审判活动的法律监督，特别是注重发挥刑事抗诉的"刚性"监督作用，促进人民法院依法正确行使审判权。[49]刑事法律监督制度是为"以审判为中心"的刑事诉讼制度提供保障的重要制度，两者致力实现司法公正这一刑事诉讼的价值目标。

---

46 邓继好：《从检察监督的两重性看诉讼职权与监督职权的分离》，载《政治与法律》2012年第3期。

47 参见张智辉：《法律监督三辨析》，载《中国法学》2003年第5期；郑智航：《中国特色社会主义法律监督理论的主旨与内核》，载《法制与社会发展》2014年第6期；陈卫东：《我国检察权的反思与重构》，载《法学研究》2002年第2期；陈辐宽：《论检察诉讼监督及其价值目标》，载《法学》2012年第2期；佟丹：《完善检察机关法律监督职能的思考》，载《国家检察官学院学报》2002年第10卷增刊。

48 参见《刑事诉讼法》第19条第2款：人民检察院在对诉讼活动实行法律监督中发现的司法工作人员利用职权实施的非法拘禁、刑讯逼供、非法搜查等侵犯公民权利、损害司法公正的犯罪，可以由人民检察院立案侦查。

49 张相军：《主题研讨——以审判为中心的诉讼制度改革：顺应以审判为中心的诉讼制度改革，加强和改进公诉工作》，载《国家检察官学院学报》2016年第1期。

（三）两者共同统摄于“以审判为中心”的刑事诉讼制度改革下

认罪认罚从宽制度与刑事法律监督制度，这两项制度都与一整套完整的刑事诉讼流程紧密相连，每一个诉讼环节都有其适用空间，认罪认罚从宽制度倾向于司法效率价值，而刑事法律监督制度则更倾向于对司法公正的追求，两者统摄于其上位改革——“以审判为中心”的刑事诉讼制度改革下。这三项改革同属于本轮司法改革中针对刑事诉讼的改革措施，“以审判为中心”的刑事诉讼制度改革的目的与原则可以理解为其下位任一改革的指导方针与逻辑底线，即便在认罪认罚从宽制度之中，也绝不能与“以审判为中心”的刑事诉讼制度改革相违背。

认罪认罚从宽制度和刑事法律监督制度是两项直接目标各有侧重，终极目的一致，共同统摄于“以审判为中心”的刑事诉讼制度改革下的紧密关联的措施。认罪认罚从宽制度可能增加冤假错案的风险，需要能保障司法公正目标实现的刑事法律监督制度提供助力，以规避实施过程中的法律风险。而从根本上来讲，刑事法律监督机制为了达到司法公正的效果，则会在各个刑事诉讼环节投入更多的司法成本，从而在一定程度上降低司法效率，但是认罪认罚从宽制度这种繁简分流诉讼制度改革可以从司法体制的其他环节节省司法成本，共同达到平衡，实现司法改革的公正、效率、权威的目标。两者具有根本目的的同向性，刑事法律监督制度可以从多个角度保障认罪认罚从宽制度的顺利施行，降低其实施过程中的各种法律风险。

四、风险规避路径建议

（一）以自侦权为依托加大监督力度

认罪认罚从宽制度在适用刑事速裁程序实施时，司法实践风险主要源于两方面，一是程序的简化，二是缺乏有效的监督。因此，在刑事速裁程序中，加强刑事法律监督具有必然性和重要性，是保证刑事速裁程序得以顺利运行，实现司法公正的重要保障。在认罪认罚从宽制度的适用过程中，如果发现相关司法工作人员的违法犯罪行为，应当严格依法追究责任。[50] 刑事速裁程序和认罪认罚从宽制度可能存在的实施风险需要加强全程的刑事法律监督，刑事速裁程序需要检察机关建立相对应的配套制度，但检察机关相对应的监督机制目前仍

50　参见陈国庆：《刑事诉讼法修改与刑事检察工作的新发展》，载《国家检察官学院学报》2019 年第 1 期。

不完善。[51]

无论是监察委改革之前还是监察委改革之后，检察机关的侦查权都具有法律监督的性质，属于刑事法律监督的范围之内。正如有学者指出，在对诉讼活动实行法律监督的过程中，发现司法工作人员利用职权实施犯罪而进行立案侦查，既是其履行法律监督的职责所在，也更为合理，更为便捷，有利于及时收集保全证据，依法惩治犯罪。[52]而且本轮司法体制改革中的捕诉一体化改革也可以为刑事诉讼监督创造更为便利的条件，检察机关可以通过刑事诉讼监督发现司法腐败的线索。在这个过程中，可与监察委共同发挥监督合力，运用监察体制改革之后保留的自侦权来发挥刑事法律监督的实际效果。

（二）从侦查监督出发

1. 突出侦查监督重点——认罪自愿性与真实性

在认罪认罚制度之中，被告人认罪的自愿性与真实性都应当成为刑事法律监督的重点，因为这是关乎刑事认罪认罚从宽程序法律公正底线的问题。认罪认罚案件中，检察机关可以通过提前介入侦查、加强对证据的审查、排除非法证据、运用检察建议等多种手段开展监督，确保认罪认罚制度适用的自愿性和真实性，从而实现司法公正的目标。

在刑事侦查监督中，一方面，检察机关要始终重视对被告人认罪的自愿性与真实性进行监督，始终以“法律的守护人”之角色出发，绝不能因已经获得了被告人的有罪供述，忽视那些可能存在的无罪证据。另一方面，对侦查取证进行监督，防止刑讯逼供等非法行为。重点审查侦查阶段的认罪认罚自愿性，如若在侦查阶段不符合自愿性原则，检察机关可再次就认罪认罚事项与犯罪嫌疑人沟通协商。在检察机关的审查过程中，如果认定侦查机关、相关司法工作人员采取刑讯逼供等非法手段强迫犯罪嫌疑人违背自愿性和真实性作出供述，应作为非法证据予以排除。[53]只有充分保障认罪认罚从宽制度的真实性与自愿性，这项制度才可以实现设立初衷，否则可能会损害司法公正，导致犯罪嫌疑人、被告人的权利无法得到有效保障。[54]

在认罪认罚从宽制度中，可以配套推进听证程序改革。在审查听证程序中

---

51 李震、郑海燕：《刑事速裁程序存在的问题及完善》，载《学习与探索》2017 年第 3 期。

52 卞建林：《刑事诉讼法再修改面面观》，载《法治研究》2019 年第 1 期。

53 参见孙谦：《检察机关贯彻修改后刑事诉讼法的若干问题》，载《国家检察官学院学报》2018 年第 6 期。

54 参见黄艳好等：《中国司法改革年度报告（2019）》，载《上海大学学报（社会科学版）》2020 年第 3 期。

加入对抗性要素，保障双方进行合理对抗，可以成为刑事法律监督在认罪认罚从宽制度中的一项有力新途径，并可以同时起到强化其他外部监督的作用。审查听证程序的参与人包括案件当事人、司法工作人员，外部监督人员也可以参与到监督评议过程之中，控辩双方以及被害人可以共同参与听证程序，发表自己的意见。通过这种带有对抗性的程序来确保认罪认罚的真实性和从宽处罚的有效性。

2. 加强对羁押性强制措施和强制性侦查措施的审查监督

在刑事速裁程序中，羁押性强制措施应慎用，原则上应适用非羁押性强制措施。探究其原因有两方面，一方面，从保障犯罪嫌疑人权益的角度出发，基于司法公正目的考量，刑事速裁程序的适用对象自愿认罪认罚即已表明其社会危险性已经降低而无须适用羁押性强制措施保障刑事诉讼活动的正常进行或防止其再度危害社会。[55]另一方面，则是从司法效率的目的考量，为了刑事速裁程序可以达到更好的实施效果，慎用羁押性强制措施可以使刑事诉讼流程更加快速地流转。此外，对认罪认罚案件犯罪嫌疑人应当优先适用非羁押性强制措施，减少审前羁押是认罪认罚“从宽”的应有之义。[56]

在认罪认罚从宽制度的适用过程中，犯罪嫌疑人、被告人自愿认罪认罚，社会危险性相较于一般情形明显较低。逮捕羁押措施的适用应当考察社会危险性，经审查没有社会危险性的犯罪嫌疑人、被告人，一般不适用逮捕羁押措施，已经逮捕的，应当变更为取保候审、监视居住。有学者提出，在刑事速裁程序中应当尽量采用拘传、取保候审等非羁押性强制措施，禁止采取监视居住、逮捕等羁押性强制措施。退而求其次，如果暂时不能做到在刑事速裁程序中绝对禁止羁押性强制措施的适用，至少应当尽量降低羁押性强制措施的适用比率；即使适用了羁押性强制措施，也要尽量缩短审前羁押时间。[57]这就需要检察机关充分利用好批捕的职权，对侦查机关适用羁押性强制措施进行监督。在审查批捕程序和羁押必要性审查程序之中，认罪认罚的具体情况必然被列入检察机关进行社会危险性评价重要指标，充分行使检察职权，对没有社会危险性的认罪认罚者不批捕，或者建议侦查机关变更为非羁押性强制措施，从而实现在侦查环节对认罪认罚从宽工作的刑事法律监督。

由于在刑事速裁程序中，犯罪嫌疑人往往社会危害性和人身危险性都较低，搜查、扣押、监听等强制性侦查措施以及技术性侦查措施的适用问题也同样应当成为刑事法律监督的重点。

---

55 曹波：《全国刑事速裁程序试点宏观状况实证研究》，载《河北法学》2019年第4期。

56 张云鹏、刘琰：《检察环节认罪认罚从宽制度的程序构建》，载《辽宁大学学报（哲学社会科学版）》2019年第3期。

57 胡星昊：《刑事速裁程序的另一种思路》，载《北方法学》2017年第6期。

（三）从审判监督出发

1. 以精准化量刑建议促进刑事审判监督

量刑建议是检察机关履行公诉职能、行使国家求刑权的结果，体现了公诉权对审判权的制约、检察机关对审判机关的监督。[58]量刑建议其实具有多重影响，一方面与被告人息息相关，另一方面对审判机关也是一种制约，甚至可以将其看作刑事审判监督的一种表现。在认罪认罚从宽制度的适用中，检察机关较为“刚性”的量刑建议为行使抗诉这种审判监督职能打下了坚实基础。

量刑建议精准化会带来两方面的积极作用，对检察机关自身来说，量刑建议的精准化发展是检察机关发挥法律监督职能的客观要求；而对法院来说，量刑建议的精准化有助于节省司法资源，提升审判效率。量刑建议的精准化改革也有利于检法加强沟通，增进共识，发挥正向合力。检察机关对审判机关判决中未接受量刑建议的案件，则可以从判决与量刑建议的差异程度与是否有合法、合理事由等方面进行考量。在存在判决量刑畸重畸轻的情况下，检察机关可以通过提起抗诉来履行审判监督的法律职责。倘若检察机关指控时所提的量刑建议本身就宽泛而模糊，就很难对法院基于自由裁量权下的裁判进行有效的法律监督。[59]

检察机关从量刑的“旁观者”转变为量刑的“深度参与者”，最为重要的是提高自身的能力，精准的量刑建议需要进一步提高专业能力，加强量刑相关法律法规的培训、学习、探讨与研究。若要使量刑建议更为准确、顺利地被采纳，必须同步进行的是检法之间的有效、积极互动，可以在个案中加强沟通，也可以定期举办量刑法律法规的研讨会，甚至可以先从地方试行，共同制定一些行之有效的量刑指导意见。

2. 防止报复性抗诉

检察机关在审判环节一定要坚持自身法律监督机关的宪法定位，对法院审判活动进行监督，依法行使抗诉权，绝不滥用抗诉权，严格依照《人民检察院办理认罪认罚案件开展量刑建议工作的指导意见》第39条的规定，只在被告人以量刑过重为由提出上诉，因被告人反悔不再认罪认罚致从宽量刑明显不当时，依法提出抗诉；并且，在法律规定尚不完备的条件下，依据法理划定报复性抗诉与正确行使抗诉权的边界，从程序上尽量降低报复性抗诉的风险。检察机

---

58 卞建林：《认罪认罚从宽制度适用中的若干问题》，载《法治研究》2021年第2期。

59 鲍键、陈申骁：《认罪认罚从宽制度中量刑建议的精准化途径与方法——以杭州市检察机关的试点实践为基础》，载《法律适用》2019年第13期。

关只有避免报复性抗诉，才能真正保障被告人上诉权的行使，保障二审程序发挥价值，从而实现公平正义。[60]可通过设置抗诉前必经程序来防止报复性抗诉，在被告人上诉后，检察机关可与被追诉人及时沟通以了解其真实上诉目的，并告知仅以量刑过重为由提出上诉的后果，可在一定程度上降低报复性抗诉的风险。[61]

（四）加强刑事执行监督——“从宽”的合理延伸

认罪认罚从宽是一项制度，同时是一个原则，它体现着宽严相济的刑事诉讼理念，不应仅限于审前程序和裁判程序，还应当进一步延伸到刑事执行程序中。应当建立对适用认罪认罚从宽制度的罪犯进行动态跟踪，同步考察的常态化监督机制，在刑事执行中，基于认罪认罚罪犯的实际情况进行动态考察，在执行过程中合理合法适用减刑、假释等制度，从而将“从宽”进一步合理延伸。

这种延伸到执行阶段的程序从宽，不仅保障了认罪认罚的罪犯在执行中能够享受到程序从宽的优待，也为整个诉讼程序贯彻认罪认罚提供了注解，更能够彰显认罪认罚从宽制度的生命力。[62]认罪认罚从宽制度如果想更好地实现司法公正，从根本上保障犯罪嫌疑人、被告人、罪犯的合法权益，进一步实现司法效率的设立初衷，延伸至执行环节是应有之义。

（五）推行检察官办案组——提高监督能力、降低监督阻力

对于认罪认罚从宽制度的施行，可以广泛推行检察官办案组的模式，通过这种模式可以实现专人对接认罪认罚从宽制度，负责与侦查机关和审判机关的对接，对侦查权和审判权的行使进行刑事法律监督。其实早在 2015 年 9 月 25 日，我国就提出了司法办案组织的形式，根据最高人民检察院印发的《关于完善人民检察院司法责任制的若干意见》规定，司法办案组织形式包括独任检察官和检察官办案组两种，基于“履行职能需要、案件类型及复杂难易程度”选择适用，但迄今为止还没有全面落实。

这里需要注意的是，为了便于检察机关和法院的沟通，在法院也可以设置与办案组相对接的专门负责认罪认罚从宽的相应人员。现在，大多部分法院均

---

60 参见连洋、马明亮、王佳：《认罪认罚从宽案件中抗诉的冲突与规制——以全国 104 件认罪认罚抗诉案件为分析对象》，载《法律适用》2020 年第 14 期。

61 参见谢登科：《论认罪认罚案件被告人上诉权及其限定》，载《暨南学报（哲学社会科学版）》2022 年第 5 期。

62 郭华：《认罪认罚从宽制度中程序从宽的误释与重述》，载《法学杂志》2021 年第 5 期。

未就刑事案件繁简分流做明确分工，因此案件在法院立案后才能确定承办法官，公诉人难以在提出量刑建议时及时与办案法官充分沟通。上述措施可以达到两种积极效果：一方面，为检察官充当专业法律建议的坚实后盾，从某种程度上也可以起到内部监督的作用，同时为辩方提供力所能及的法律咨询，在保障自愿性和真实性的基础之上，提高检察建议的精准性。另一方面，专人对接，专人负责，可以最大限度地实现司法效率，审判机关无须重复性审查，而且检察机关的量刑建议更易被采纳，从而达到在保证司法效率的同时，实现司法公正的目的。[63]

（六）构建内外监督体制，助力刑事法律监督

在认罪认罚从宽制度中，检察机关既是主导者，又是监督者，负责对认罪认罚案件办理全过程的监督，一定要注意对自身的监督，建立健全对检察主导权的内外部监督制约机制。

在检察机关的内部，可以通过确立明确的权力清单[64]、设置合理的绩效考核指标、建立有效的刑事案管机制等方式来约束检察权，确保检察机关可以发挥主导机关的角色定位。同时还可以公开促公正，对认罪认罚从宽制度的刑事法律监督也建立公开机制，引入社会公众监督、提高民众对该项制度适用的理解和支持，夯实该项制度的公正基础和社会基础。[65]

在检察机关的外部，构建“一体化”的监督机制，确保检察机关公正履职，刑事法律监督发挥实效，促进司法公正，有这样一些途径：一是要发挥审判机关对检察机关的制约作用。在审判阶段可能出现人民法院与人民检察院量刑建议等意见存有张力的情形，对此，法院应当及时告知，检察机关也应当积极沟通交流，作出适当调整，保证认罪认罚从宽制度得以顺利实施。二是要发挥值班律师的监督作用。检察机关应当充分保障值班律师的会见权、阅卷权、见证权等法定权利，不能以抵触情绪来消极敷衍其正当监督。三是要充分发挥犯罪嫌疑人及其近亲属的监督作用，确保其申诉控告权可以顺利行使。检察机关一定要畅通其申诉控告渠道，对收集到的线索及时跟进处理，保障犯

63 参见胡云腾：《完善认罪认罚从宽制度改革的几个问题》，载《中国法律评论》2020年第3期。

64 参见胡云腾：《完善认罪认罚从宽制度改革的几个问题》，载《中国法律评论》2020年第3期。

65 陈卫东：《认罪认罚从宽制度研究》，载《中国法学》2016年第2期。

罪嫌疑人的合法权益。[66]四是自觉接受并配合监察委员会的监督，发挥监察监督的作用。

当然，这种“一体化”监督机制，不仅能对检察权进行制约，同时也会发挥对侦查权和审判权的监督作用，共同助力刑事法律监督的效能发挥。

结语

在认罪认罚从宽制度的施行过程之中，检察机关是主导者，肩负引导侦查机关，与犯罪嫌疑人、被告人进行认罪认罚从宽协商，提出适用建议与认罪认罚协议，向人民法院提出量刑建议等职责。检察机关也必须坚持自己的法律监督机关的宪法定位，对整个诉讼流程进行监督，这是规避认罪认罚从宽制度实施中法律风险的必然要求，也是坚持客观公正义务，实现检察机关内部风险控制的需要。

66 参见王广辉、刘良志：《检察权视域下认罪认罚从宽制度的整体性审思》，载《广西大学学报（哲学社会科学版）》2020年第1期。

集体经济组织股权继承的特别性及法律应对

李爱荣*

【内容提要】作为特别法人，集体经济组织的股权不同于普通财产权。股权的设置与集体资产有关，以集体决议为基础，主要以配置的方式取得，具有身份性的特点。集体经济组织股权的这些特点决定了股权继承具有不同于普通财产权继承的特别性。从表面看，这些特别性使继承主体和继承内容受到一定程度的限制，而就其实质来说，这些特别性既与集体所有权有关，也与集体经济组织经营管理中的民主性及集体自治有关，如何在合法性和合理性的基础上处理集体所有权、集体经济组织自治权和集体经济组织成员在意思自治基础上的处分权，是解决问题的关键。

【关键词】股权继承　特别性　集体自治　民主决策

一、问题的提出

集体经济组织股权继承的特别性源于集体经济组织的特别性。按照《民法典》的规定，集体经济组织依法成为特别法人，而特别法人是我国立法上的一种构建，无法简单照搬适用传统的民法理论对其进行分析解释。集体经济组织的特别性至少表现在以下三个方面：

一是集体经济组织的财产基础并不来源于成员的出资，而是集体财产。作为集体所有权的行使主体，如果没有集体财产，集体经济组织就失去了存在的基础。20 世纪 80 年代末，广州市为解决水上渔民无住所的状况，在珠江边建立

---

* 李爱荣——广东财经大学法治与经济发展研究所研究员，广东财经大学法学院教授，硕士生导师，主要研究领域：集体经济组织改革，企业法律实务。本文为广东省重点学科科研项目“集体经济组织特别法人制度的构建研究”（项目编号：2019 - GDXK - 0008）的阶段研究成果。

渔民村，当时就有了村的建制。但是由于没有集体财产，在改制时就直接将之改为社区并成立居委会，没有与其他村一样设立集体经济组织。

二是集体经济组织成员必须具有特定的身份，并不是每一个自然人都能成为集体经济组织的成员。广州市核心区的一个集体经济组织从 20 世纪 80 年代开始就被征地，并伴随两大变化：一是由于农村户口转为城市户口，集体成员的人数不断减少；二是国家在征地的同时，为集体保留一定数量的农用地，这就出现了成员不断减少但仍保留集体土地等财产的情况。为避免集体财产失去依附的主体，在办理农转非手续时，村里要求每户留下一人保留农业户口并作为户主，这直接影响了这个集体经济组织股权量化的方式。[1]

三是决议行为是集体经济组织设立的关键。农村集体经济组织的设立不是强制性的，而是由农民集体借由决议的方式来决定。[2] 是否设立集体经济组织，设立何种形式的集体经济组织，取决于集体成员的决议。不仅可以不设立集体经济组织，由村民委员会行使集体所有权，[3] 而且即使设立集体经济组织，也不一定就是特别法人。[4] 在集体经济组织的经营管理中强调集体自治与民主决策。

集体经济组织的特别性决定了其股权的特别性，两者共同决定了股权继承的特别性。集体经济组织股权的继承不完全适用意思自治原则，在继承主体和股权内容方面会受到一定的限制，既涉及行政监管与集体自治，也涉及民主决策与户内共享。

二、集体经济组织股权的特别性

（一）集体经济组织股权与集体资产相关

在集体产权制度改革过程中，集体资产量化后形成股份，由股份形成股权。但集体经济组织既不是典型的资合组织，也不是典型的人合组织，其股权以集体成员身份为基础，以决议的方式确定，并主要以配置的方式取得。股权的取得通常不需要支付对价，即使象征性地支付费用，也并不代表股权的实际价值。[5]

1　这个集体经济组织的股权量化方式不同于其他集体经济组织，是量化到户，每户不论人口多少，平均分配。

2　张先贵：《究竟如何理解农村集体经济组织特别法人》，载《暨南学报（哲学社会科学版）》2021 年第 10 期。

3　《民法典》第 101 条第 2 款规定，“未设立村集体经济组织的，村民委员会可以依法代行村集体经济组织的职能”。

4　《民法典》第 99 条第 1 款规定，“农村集体经济组织依法取得法人资格”，并没有规定必须取得法人资格。实践中集体经济组织的组织形式也有多样性的特点。

5　就现有情况而言，大多数集体资产的价值都没有进行评估。

由于集体经济组织股权并不是由成员出资产生，集体财产的公有性决定了其不能回划分为等额股份而归属于成员个人，再加上集体经济组织股权在转让等方面受到限制，因而有观点认为集体经济组织股权只是一种分红权，量化到人的股权只作为享受集体收益分配的依据。从财产权属的角度看，这一改革并非真正意义上的“产权制度改革”，而是集体收益分配制度改革。[6]

但是，即使集体经济组织股权不能作为对集体财产主张所有权的依据，也并不意味着这只是一个分红权，而是包括财产分配、股权占有以及资产管理、运用、处理和监督等多方面的权利。即使集体资产尚未取得收益或者处于亏损状态，也不能以此认为不存在集体资产股权或者不进行集体资产改革。在集体产权制度改革过程中赋予成员集体资产股份，一方面明确了成员享有集体资产收益分配；另一方面也改变了传统农村集体资产民主管理中集体经济组织成员“有名无实”的尴尬局面，通过经济激励吸引成员参与乡村治理也就具有了可能性。[7]

由于集体经济组织股权来源于集体财产，股权的设置不仅具有经济目的，而是与乡村治理有关，是一种人为的制度设计，作为一种工具性的目标，为其他经济和社会目标服务。集体经济组织股权的这一特点，不可避免地对股权继承产生影响。

（二）集体经济组织股权取得与成员身份有关

集体经济组织财产与集体所有权有关。集体所有权是一种功能性的概念，它以财产目的为中心建立，旨在将一定的财产保留在一定范围的共同体内部，使其服务于团体的共同利益。[8]在集体所有权中，“集体与成员是不可分割的，集体所有不是全民所有，而应是小范围内的公有，即由成员共同享有所有权，但财产又不得分割为每一个成员所有，也不得将财产由成员个人予以转让”。[9]这种共同所有不能分割的集体所有权，不能直接套用传统的所有权理论，其目标并不仅是通过对权利的处分来实现以土地为核心的集体资产的价值，也包括通过对集体资产的管理和使用为其成员获得生存保障。在股东产生之前，集体财产就已存在。集体经济组织的股东身份源于集体成员身份，并不是由出资产生，股东所持的股份也不代表其对集体经济组织的出资数额，这决定了集体经

6 农业部农村经济体制与经营管理司调研组：《浙江省农村集体产权制度改革调研报告》，载《农业经济问题》2013 年第 10 期。

7 参见杨明：《权利与义务对等：农村集体资产股份配置有效实现形式》，载《农村经济》2020 年第 7 期。

8 刘连泰等：《作为基本权利的集体土地所有权》，载《江苏行政学院学报》2015 年第 1 期。

9 王利明：《中国物权法草案建议稿及说明》，中国法制出版社 2001 年版，第 282 页。

济组织成员具有封闭性的特点。与普通财产权不同，集体经济组织与其成员之间既不是典型的合同关系，也不能简单套用物权法律关系中的所有权和使用权的关系，而是更类似一种分配者与接受者的关系。

与之相应，除特别情况以外，集体经济组织股权的行使不以所持股份为基础实行资本多数决，而是“一人一票”或者“一户一票”，决策权基础与村民自治有较多的渊源。

（三）集体经济组织股权内容随股东身份而不同

虽然集体经济组织股权的取得与成员身份有关，但是在很多地方，非集体经济组织成员也可以取得股权，并因此区分为成员股东和非成员股东，各自的权利内容并不相同。

根据是否直接具有财产性内容，集体经济组织股权可分为财产性权利和非财产性权利。财产性权利以分红权为核心，包括占有、收益、处分、抵押和担保、继承以及有偿退出的权利，对此，相关的政策性文件中有明确规定。而非财产性权利，即表决权、选举权和被选举权以及与之相关的知情权、监督权和管理权等是否属于股权的内容，由于相关的文件没有明确规定而存在争议。有观点认为以集体资产折股量化为基础设立的集体经济组织股份主要是成员收益分配的依据，不包括表决权能。集体成员权中的收益分配权能与表决权能呈现出两种不同的实现路径：集体成员的收益分配权转换为集体经济组织的股份，集体成员按股取得收益；集体成员的表决权通过集体经济组织大会“一人一票”的表决机制实现。[10] 这种观点的实践依据在于不具有集体经济组织成员身份的非成员股东，通常只具有财产性权利；即使在特定情况下可以享有非财产性权利，在权利内容方面又可能发生两种分离：一是表决权与选举权和被选举权的分离，也就是说某些股东只享有表决权而不享有选举权和被选举权；二是表决权和选举权与被选举权的分离，也就是某些股东只享有表决权和选举权，但不具有被选举权。

三、集体经济组织股权继承特别性的表现

（一）继承主体和继承内容的特定性

集体经济组织股权取得的身份性以及股权内容因股东身份而异的特点，决

10　参见綦磊：《集体经济组织法人的特别性识别研究》，载《暨南学报（哲学社会科学版）》2021 年第 10 期。

定了现阶段集体经济组织仍具有封闭性的特点，非集体经济组织成员能否继承股权、如何继承股权就成为一个重要问题；并且由于不同身份的股东享有不同的权利，继承人继承股权后，不同的继承人继承的权利可能并不相同。

1. 继承主体的特定性

民法以平等为基本原则，通常不以身份对公民个人的权利进行限制。但是在集体经济组织股权继承中，身份是决定性因素。

(1) 非成员股东的被继承权

非成员股东由于不具有集体经济组织成员身份，也就不存在股权量化的身份基础，所以并不是每个集体经济组织都设非成员股。非成员股东的设置或者不设置取决于集体经济组织的自治，同样也就可以自治的形式对被继承权进行限制：一是在设置非成员股时，通过章程明确规定，非成员股只有收益分配权，不具有继承权和其他非财产方面的权利，非成员股东所持的股份不能继承，在股东去世以后，其股权由集体收回；二是虽然非成员股份可以继承，但限制继承的范围，非成员股份只能通过法定继承的方式继承，不允许遗赠，也不允许继承之外的任何其他方式转让（见表1）。

表1　被继承人的被继承权

被继承人	法定继承	遗嘱继承	遗赠
成员股东	可以	可以/不可以	可以/不可以
非成员股东	可以/不可以	可以/不可以	不可以/有限度的可以

(2) 非集体经济组织成员的继承权

非集体经济组织成员的继承权主要包括三种情况：第一种情况在股权继承中最为常见，即允许无集体经济组织成员身份的继承人继承股权，但是只有收益分配权或只取得股权对应的财产价值。第二种情况是限制无集体经济组织成员身份继承人的范围。由于法律对直系亲属没有明确规定，因而在集体经济组织章程规定只有直系亲属才有继承权时，也会同时限制直系亲属的范围是配偶、父母、子女，可以延伸至祖父母、孙子女，但是将兄弟姐妹排除在外。这一规定与传统的家族观念有关，配偶、父母、子女是家庭的核心。第三种情况是非集体经济组织成员只能通过法定继承的方式取得股权，不能通过遗赠的方式取得（见表2）。[11]

11　在这种情况下，如果没有继承人，股权则由集体经济组织收回。参见青岛市《关于推进农村集体经济组织产权制度改革的意见》（青办发〔2014〕5号），该意见规定，“‘五保户’灭失后，所持股权由村（社区）集体经济组织收回，纳入集体股范畴”。中山市也有类似的规定，只是增加“章程另有规定的除外”。广州一集体经济组织章程规定，法定继承人之外的人，即使有股东的遗嘱，也不能继承股权，由集体经济组织收回。

表2 继承人的继承权

继承人	法定继承	遗嘱继承	遗赠	持有数量限制	继承客体	国籍限制
集体经济组织成员	可以（某些情况下不包括兄弟姐妹）	可以/不可以：1. 法定继承人平均分配；2. 股份不可拆分	可以/不可以，无继承人收回集体	部分有比例或数量限制	股权	有/无
非集体经济组织成员	可以：1. 某些情况下不包括兄弟姐妹；2. 只有分红权；3. 只继承股权相应的财产价值	可以/限定范围（父母、兄弟、姐妹）/不可以	可以：1. 分红权；2. 只继承相应的财产价值/不可以，无继承人收回集体	部分有比例或数量限制	股权/分红权/股权对应的财产利益	有/无

2. 继承内容的特定性

虽然作为继承主体，集体经济组织成员相对非集体经济组织成员所受到的限制相对较少，但是在继承的内容方面也可能受到限制，只是限制的内容并不相同。[12]

（1）非财产性权利的限制

由于集体经济组织股权具有身份性的特点，这一身份以血缘和户籍为基础，对于能否通过继承获得成员身份，通常会附加实质性条件，如果达不到条件，则不具有成员资格。而成员资格是享有非财产性权利的基础，不具有成员资格的非成员股东不享有表决权以及选举权和被选举权等非财产性权利。

具体来说，对非财产性权利的限制，主要包括两个方面：一是对具有集体经济组织成员身份的继承人来说，由于集体经济组织实行民主管理，以成员而不是资本作为其经营管理的基础，在决策时实行“一人一票”或者“一户一票”，因而集体经济组织成员虽然通过继承增加了股份数额，但是其原来享有的表决权、选举权和被选举权也不会增加和改变。二是对不具有集体经济组织成员身份的继承人来说，大多数集体经济组织章程都规定只享有收益分配权，而不享有其他方面的权利。

这种对非财产性权利的限制本意是为维护集体经济组织成员的权益，但是

12 除财产性和非财产性权利的限制外，有的集体经济组织章程规定“股东死亡后，其继承人除可享受城中村改造复建房及领取股金分红外，本社的一切福利待遇及股东权利自行取消”，也就是股东所享有的福利待遇不能继承。由于福利待遇不属于权利的范围，因而本文对此不再论述。

在股权实行静态管理的情况下，如果非集体经济组织成员不能通过继承取得非财产方面的权利，则会出现股权不变但具有经营决策权的股东越来越少的情况；股东的减少则会导致很难形成决议以及由于有被选举权的人减少，很难选出经营管理者的困境。针对这一困境，实践中又出现两种做法：一是赋予非集体经济组织成员的继承人以表决权，可以参与经营决策，但是不享有选举权和被选举权；[13] 二是赋予非集体经济组织继承人以表决权和选举权，只是不享有被选举权，以保持集体经济组织经营管理的稳定。

（2）财产性权利的限制

虽然对财产性权利的限制通常伴随着对非财产性权利的限制，但是并不同于取消继承权。[14] 对财产性权利的限制并不否认继承权，而是在存在继承权的情况下，继承人对包括收益分配权在内的所有权利都不能继承，继承人取得股权时，只能得到股权相应的财产性收益。[15]

与非财产性权利相比，对财产性权利的限制相对较少，通常有四种情形：一是继承非成员股东的股权。二是继承人是非集体经济组织成员。三是同样对继承人限制，只是这种限制并不取决于是否有集体经济组织成员的身份，而是规定“继承股权最长时间只能至首位股东的第三代止；从其第四代起，只能办理退股；即该继承股权的股份分红至首位股东的第三代继承人死亡当年当月止”。四是在规定旁系亲属没有继承权的情况下，允许其在符合条件时取回被继承股东所持股的股值。[16]

（二）继承依据的多样性

集体经济组织股权的取得并不完全是私法自治下的自主选择，而是自上而下的行政行为与自下而上的权利要求共同作用下的结果。脱嵌和嵌入代表行政权力对集体产权和集体经济组织的两种不同的态度。从改革的最初目的来说，“脱嵌治理意味着政府试图在政策和实践上保持一定的独立性和专业性，同时更好地发挥经济主体和社会主体的自主性……另一方面，多重嵌入性则表明了制

---

13 《黑龙江省农村集体经济组织条例》第13条第3款规定，“成员股份可以继承，本集体经济组织成员以外的人员通过继承取得股份的，不享有选举权和被选举权；是否享有表决权，由章程规定……”《四川省农村集体经济组织条例》也有类似规定。

14 有的集体经济组织章程对持股数量有限制，这既是对财产性权利的限制，也是对非财产性权利的限制。

15 《汕尾市城区农村集体资产股权管理试行办法》第13条规定，“继承人为非本集体经济组织成员的，被继承人所持股权由本集体经济组织回购或转让给本集体经济组织其他成员”。

16 在调研中发现，第三种情形和第四种情形通常出现在个别集体经济组织章程。

度和实践层面上的路径依赖以及新制度建设的必要性”。[17]从集体经济组织独立主体地位的确认来说，行政权力的干预应该减少，但是从集体经济组织的发展来说，离不开相关行政部门的监督和管理，因而政府权力的运行也在脱嵌和嵌入两方面变化：一方面加强对集体经济组织的管理，特别是涉及干部的选举、任命和薪酬，以“三资”（资金、资产和资源）交易平台为基础的集体资产交易监管和“四议两公开”[18]的重大决策机制等方面，行政监管呈现出一种主动性深入嵌入的状态。另一方面在股权继承等涉及个人财产权的问题，又持一种非常谨慎的态度。但是就后者而言，集体经济组织更希望政府给予明确的规定，能以此为基础应对来自集体经济组织内部的压力。在这个背景下，集体经济组织股权继承的依据就呈现多样性的特点。

表 3　关于股权继承的典型规定

名称	行政级别	具体内容	发布时间
黑龙江省农村集体经济组织条例	省级	股份可以继承，本集体经济组织成员以外的人员通过继承取得股份的，不享有选举权和被选举权；是否享有表决权，由章程规定。	2020 年 8 月
四川省农村集体经济组织条例	省级	农村集体资产股份（份额）可以依法继承。本集体经济组织成员之外的人员通过继承取得股份（份额）的，是否享有表决权由组织章程规定。	2021 年 7 月
梧州市农村集体资产折股量化股权设置和股权管理指导意见	市级	继承人为本集体经济组织成员的，按照法定程序继承股权；继承人为非本集体经济组织成员的，继承人继承的是收益权，即享受股份占有、收益、有偿退出等权益，没有选举权、被选举权和表决权，继承人继承的权益也可以由本集体经济组织赎回或转让给本集体经济组织其他成员；无继承人的，其所持有的股权收归农村集体经济组织集体所有。	2020 年 5 月
汕尾市城区农村集体资产股权管理试行办法	区级	继承人为非本集体经济组织成员的，被继承人所持股权由本集体经济组织回购或转让给本集体经济组织其他成员。	2020 年 9 月

17　管兵：《农村集体产权的脱嵌治理与双重嵌入——以珠三角地区 40 年的经验为例》，载《社会学研究》2019 年第 6 期。

18　根据《中国共产党农村基层组织工作条例》第 19 条第 3 款的规定，村级重大事项决策实行“四议两公开”，即村党组织提议、村“两委”会议商议、党员大会审议、村民会议或者村民代表会议决议，决议公开、实施结果公开。

续表

名称	行政级别	具体内容	发布时间
松溪县村集体经济组织股权管理暂行办法	县级	股权户的股份在本户内所有成员死亡后，股权继承人方可办理继承手续。继承人根据被继承人订立的遗嘱、遗赠、遗赠扶养协议、法定继承的顺序进行继承。 股权的法定继承人或遗嘱继承人不是股权所在村集体经济组织成员的，可选择以下方式进行处置： （一）由股权所在村集体经济组织托管股权，继承人享受股份分红权，没有选举权、被选举权和表决权； （二）流转给股权所在村集体经济组织的股权户，获得一次性流转收益； （三）由股权所在村集体经济组织赎回，获得一次性收益。	2019年4月
青龙满族自治县人民政府办公室关于农村集体资产股权设置的指导意见	县级	股权可以继承、转让和馈赠，不得退股提现。现阶段农民持有的集体资产股权继承、转让和馈赠必须在本集体内部转让或由本集体赎回，单个农户家庭的持股比例不应过高。	2019年4月
广西陆屋镇农村集体资产股权设置与股权量化管理指导意见	乡镇	继承人为本集体经济组织成员的，按照法律规定继承股权。继承人为非本经济组织成员的，被继承人所持股权由集体经济组织回购或转让给本集体组织内部其他成员。如无继承人的，被继承人所持股权归集体经济组织所有。	2019年10月

从表3可以看出，在相关的规定中，股权继承是股权管理的一部分，因而所涉及的就不仅是个人权利，而是与集体经济组织的经营管理有关。就立法层级而言，并没有涉及股权继承内容的全国性立法，从省级到乡镇，从继承主体到继承内容，各地规定的内容并不相同。另外，这些规定普遍具有弹性的特点：一是对于立法层级较高的规范性文件来说，通常明确由章程对相关的具体内容进行规定，也就是不具有强制性；二是某些规定的内容可能很具体，但是立法层级较低，并且从文件的名称来看，多用“指导意见”或者“试行”的形式出现，表明其临时性和指导性，最终决定继承权内容的是集体经济组织章程。集体产权改革中的“一村一策”以及集体自治权的存在，也为这种处理方式提供了理论依据和实践基础。

（三）民主决策的服从性

从理论上说，村民自治组织和集体经济组织的民主决策并不相同，但是现有法律并没有为集体经济组织构建特别性的民主决策规则，农村集体经济组织建设的缺位注定了现实中私法意义上的民主决策与公法意义上的民主决策的混同。[19]就其本身来说，民主决策作为一个决策规则有其优势，能够体现大多数人的意志；但其也有局限性，即由于少数服从多数的基本原则，不同意决策内容的成员也要受到决策的约束。因而民主决策不适用于公民的基本权利，同样也不适用于对个别财产的个别处置。集体经济组织股权继承作为股权管理的一项重要内容，是集体自治权的一部分，与集体经济组织的经营管理有关，作为一种特殊的财产权，个人须服从集体决策的决定。

民主决策的基础在于章程。2016年《中共中央、国务院关于稳步推进农村集体产权制度改革的意见》提出，“改革后农村集体经济组织要完善治理机制，制定组织章程，涉及成员利益的重大事项实行民主决策”，确定依据章程实现自治的治理机制。由于集体产权制度改革实行“一村一策”，各地的情况又不相同，章程的内容就产生极大差异。在实践中，由于与章程有关的纠纷涉及村民自治权，法院在处理时多以涉及自治行为、自治事项、自治权利、村民自治及内部管理问题等而予以驳回。[20]在这种情况下，章程通常是继承的主体和内容最终的决定依据，不论是继承人还是被继承人都受章程的约束。[21]

从章程的内容来看，关于股权继承的规定具有明显的不一致性。从禁止非集体经济组织成员继承股权到不对集体经济组织股权继承做任何限制，可以发生在同一个街道或者乡镇的不同集体经济组织中。比如，同一个区，同样设立成员股和非成员股，股权继承从严格到宽松可分为三个层次：一是非集体经济组织成员股东持有的股权，不得继承，其去世后股权收归集体；二是只允许在本组织范围内继承，但对继承人的资格做出限制；三是不允许以继承之外的其他形式转让，也就是继承不受限制。

（四）户内共享的复杂性

在集体产权制度改革的过程中，初期对确权到人和确权到户并没有明确规

---

19 管洪彦等：《农村集体经济组织法人民主决策的异化与匡正》，载《求是学刊》2020年第3期。

20 赵新龙：《农村集体经济组织章程的法律性质及其效力认定》，载《农业经济问题》2018年第7期。

21 《顺德区农村（社区）股份合作社组织管理办法（试行）》第2条规定：“继承人、受让人或受赠人必须承认和遵守本股份社章程。”

定。确权到人可操作性强，而确权到户则由于涉及户内成员的问题，操作起来相对困难。但是股权行使的过程中，确权到人容易造成股权随着成员的变动而变动，从而使交易费用增加。与之相比，确权到户则有其自身的优势，股权由户行使，分配由户内决定，户内成员的增减不会对集体资产股份的数量产生影响，也不会对集体经济组织的经营管理产生影响。

股权确权到户后，每个成员所享有的股份数以及由此产生的收益分配，由各户自行决定，强调户内的共享性，继承涉及的也是户内关系的处理。户内成员去世后，其继承人是否有权继承其在户内的股权份额，在什么样的情况下继承其股权份额，如果章程没有规定，则属于户内部的问题，最终由家庭内部处理。这和各户自行决定为股权及其收益不进行平均分配提供了条件，并可以实现传统家庭观念中的赡养、扶助等要求。但是这种稳定性和共享的目标只能停留在未发生争议的情况，如果发生争议，则会诉诸法律，法院最终还是按照法律规定处理，[22]确权到户的这一目的也就无法实现。

究其原因，现有法律关于家庭关系的规定主要侧重于夫妻关系，在继承关系方面侧重于继承人的顺序而不是家庭内部关系的处理。继承法关于均分继承之规定虽然可以保证继承人之间继承权的平等，但如果在“分家析产”中类推适用该规则，则可能打击个体在家庭中创造和劳动的积极性。[23]在户的内部关系缺少规定的情况下，户的组成人员的权利就可能得不到保护，户内成员的个人意志就难以表达，户内成员作为一个个体与户作为一个团体的矛盾就会逐渐突出，权利的消灭、继承与重新分配等问题亟须解决。

四、集体经济组织股权继承特别性的法律应对

《农村集体经济组织法》正在制定中，作为集体经济组织的专门法律，围绕集体经济组织的特别性进行专门的制度设计是其面临的主要问题，股权继承就是其中之一。就集体经济组织改革的现实情况而言，各地发展情况并不平衡，在全国进行完全统一的规定不具有现实性。但是应通过《农村集体经济组织法》的制定来确定统一的原则作为基础，各地在此基础上制定具体的实施办法来适应现实的要求，通过章程来实现“一村一策”，在法律统一性规定的基础上，通

22　笔者在确权到户的集体经济组织进行调研时发现一个案例，女儿到法院起诉母亲，认为其在股权收益分配方面少给女儿收益。但母亲认为自己与儿子住在一起，需要儿子赡养，故多分给儿子。最终法院判决平均分配，并到集体经济组织强制执行。这个案件虽然不是发生在继承中，但是同样的情况在继承中也可能出现。

23　池骋：《法律困境与路径选择：家庭共有财产制度再探析》，载《华中科技大学学报》2016年第4期。

过集体自治以实现公平与效率。

（一）股权继承应以公平为原则

不论是作为组织法还是行为法，《农村集体经济组织法》都不可能对股权继承作出详细规定，但是作为一个专门性法律，可以确定股权继承的基本原则，即以公平为目标，实现权利和义务的平衡。

集体产权制度改革的基础是集体所有权，即农村社区农民集体的成员以保障本集体成员的生存和发展为目的，对属于本集体所有的土地及其自然资源和财产依法管理和占有、使用、收益、处分，并使集体成员受益的权利。[24]这种生存保障性决定了在股权配置的过程中要以公平作为出发点，在此基础上实现效率，最终服务于公平，以此实现集体及其成员利益的最大化。不论是股权配置还是股权继承，都要加强成员与集体的联系，而不能使之松散化。集体经济组织要为成员提供利益分配和公共福利，而成员同样要为集体经济组织的经营管理负责。在这种情况下，集体经济组织成员的非财产性权利在某种意义上也是其应履行的义务。

因而尊重成员的财产性权利是股权继承的出发点，但是集体经济组织股权继承不仅是财产权的继承，特别是不能仅将分红权作为可继承的权利，因为很多集体经济组织可能没有分红或者分红很少。再加上随着社会的发展，现阶段集体经济组织所依赖的血缘与地域关系也随之发生变化，社会利益的分化和传统共同体的改变是不可回避的事实，集体产权改革应重塑集体经济组织股东与集体收益之间的关系，并以集体意识的重塑为关键。通过股权配置不仅赋予成员“排他性”的权利、明确成员的集体归属，也通过强调成员对集体的义务、贡献等，强化成员与集体间的社会联结、组织联结，这也构成了集体意识整合的重要社会基础。[25]集体经济组织股权继承的不仅是财产性的收益，还应同时伴随相应的集体义务，这种义务并不是财产上的义务，而是对集体经济组织经营管理的利益相关性。只有在此基础上，才能实现权利与利益的平衡，以维护共同体的利益，并在集体和成员之间形成以互惠为基础的权利义务关系。这种关系既有利于集体经济组织的内部稳定性，又能保证集体资产的保值增值和成员个人权利的发展。

---

24 韩松：《我国民法典物权编应当界定农民集体所有权类型的本质属性》，载《四川大学学报（哲学社会科学版）》2019年第3期。

25 杨明：《权利与义务对等：农村集体资产股份配置有效实现形式》，载《农村经济》2020年第7期。

（二）集体自治与行政管理相协调

农村集体产权制度改革的政治性和经济性，决定了改革主体包括政府和村集体，分别运用行政与自治的方式，形成改革的动态机制；改革逻辑包括社会公平和市场效率，形成改革的静态机制。[26]在这一过程中，国家给予的是方向性的指引，各地需结合实际情况制定相应的执行办法；集体经济组织的基础在于成员自治，但改革的设计需依托行政管理体制执行。

1. 行政干预应以合理为限度

集体产权制度改革是一种自上而下的行为，由行政权所主导。集体经济组织治理既应尊重集体经济组织的主体地位，又不可避免地要接受指导和监督。但是由于集体经济组织自治权的存在，基层政府在处理其与集体经济组织之间的关系中，又不是一种完全的管理与服从关系：一是农村集体经济组织具有法定的自主权，基层政府无法完全按照行政系统的运作规则对其行使职权；二是基层政府在推动征地拆迁、区域规划、产业升级等重点行政任务时，需集体经济组织管理人员的配合。[27]因而问题的核心在于把握好干预的度，目标是处理好集体经济组织成员自治和政府合理干预之间的平衡，防止出现侵害集体经济组织成员意志的"家长主义"干预。[28]行政权力介入集体经济组织时，要做到以下两方面的内容：一是基层政府只能是引导者，主要提供指导性意见；二是确保集体经济组织民主决策的实现，也就是通过规章制度以及章程的制定和执行对集体经济组织进行经营管理。在实践中政府会通过制定示范章程，并建立章程的审核和备案程序，为章程制定的合法性提供保障。

2. 集体自治以合法性为前提

作为集体经济组织经营管理的主要依据，章程的制定属于自治权的范围，但集体经济组织的特别性并不简单等于其法律适用上的特殊性，集体经济组织章程也不能违背法律强制性规定。

集体经济组织股权的特殊性以及成员的身份性决定了应当允许章程对股权继承作出规定，包括在某些权利方面进行限制。但是这种限制必须满足实体和程序两方面的要求。就实体性要求来说，对股东权利的限制要有一般性，也就

---

26 董帅兵：《改革主体、改革逻辑与农村集体资产股权配置模式》，载《农村经济》2012年第8期。

27 李强：《农村集体收益分配中的行政嵌入及其实践逻辑》，载《中国农村观察》2021年第4期。集体经济组织与基层政府的这一关系在只有集体经济组织没有村民委员会的情况下更加明显。

28 管洪彦：《农村集体经济组织法人治理机制立法构建的基本思路》，载《苏州大学学报（哲学社会科学版）》2019年第1期。

是不能对个别股东的权利进行专门限制，否则就有违分配正义的基本要求；另外限制是为了集体利益，而不是某个或某些股东的利益。例如为保持股东人数的稳定，章程规定一名股东的股权和股份只能由一名继承人或受遗赠人取得，股份不能拆分，就不能被认为是对财产权的限制，但是如果对亲属间的股份分红进行限制，则是对财产权的侵犯。因为前者不仅是一个财产权的问题，也与集体经济组织的经营管理有关，而后者则是一个典型的财产权的问题。就程序方面来说，要符合相关的程序性要求，由法定的主体按照严格的程度和表决方式通过，并且在做出表决时，意思表示要真实。

（三）通过平等参与实现民主决策

集体经济组织经营管理中的民主决策是集体经济组织成员通过个体意思表示转为共同决议的方式管理集体经济组织事务。与围绕个体意思表示构建的民事法律行为不同，法定程序和成员拥有平等参与权是决议行为的两大效力基础。[29]这就要求决策的过程必须符合程序正义的要求，使决策的内容能够实现充分的意思表达。另外民主决策权虽然具有共益权的性质，但是会影响到集体成员的财产利益，这些利益既涉及成员个人的生存保障，也涉及个体的财产权利，因而应保障每个成员的平等决策权。这就要求在涉及非成员股东的利益时，应给予非成员股东以相应的表达权利，实现权利的平等保护。

需要注意的是，虽然决议行为的根本特征是根据程序正义的要求采取多数决的意思表示形成机制，决议结果对团体全体成员都具有法律约束力，[30]但是决定决议效力的并不是程序正义本身，而是成员的自治权。程序正义的工具理性价值只能证成多数决的正当性，无法解释依多数决所作决议产生法律效力的正当性；只在观察决议是否因违反程序性规定而发生效力瑕疵或不成立时才有意义；[31]程序正义只能作为工具理性而存在，不具备产生决议效力的基础性条件。

另外，决议行为决定的是集体事务，这些事项涉及的是集体的共同利益，起决定作用的是依多数决得出的意思表示，对此少数必须服从多数。但是如果集体经济组织越出自治的权限范围，对集体成员的个人权益进行不合法的限制或者剥夺，则应予以撤销。具体来说，分红权是集体经济组织成员个人的重要

29　綦磊：《集体经济组织法人的特别性识别研究》，载《暨南学报（哲学社会科学版）》2021 年第 10 期。

30　王雷：《论民法中的决议行为——从农民集体决议、业主管理规约到公司决议》，载《中外法学》2015 年第 1 期。

31　房绍坤：《农村集体经济组织决议效力之认定》，载《法学论坛》2021 年第 5 期。

财产权利，但是与集体经济组织成员拥有的其他个人财产权利不同，集体经济组织出于集体合法利益的考虑，可以按照一定标准限制集体经济组织成员的分红权利，但是必须对全体集体经济组织成员平等对待。如果仅仅对个别集体经济组织成员的分红权进行不合理的限制，权利受到侵害的集体经济组织成员有权提出撤销之诉。

（四）以契约为基础构建户内部法律关系

在集体产权改革过程中，户内成员所获得的股权是一项财产性权利。这种名义上由户拥有的股权，是由户内成员所拥有的股权构成，也就是所谓的量化到人、确权到户。其最初构建的基础具有权利保护的一面，也有解决社会问题的一面。也正是基于这一原因，在户内部所拥有的股权关系上既不适用于按份共有的规定，也不适用于共同共有的规定。

解决这一问题的思路在于应将契约关系引入户内部的财产关系。这种契约关系并不是以个体自由为基本价值，而是在此基础上的扬弃，个体代表的不是自身，而是家庭。他们达成的合意不是个体自由的合意，而是以家庭价值为基础的合意。[32]这是因为户与家庭联系紧密，而家庭共同财产应为“全体或部分家庭成员依托家庭共同生活关系将共同取得或个人财产自愿约定为共同所有的法律关系”。[33]这并不是说家庭共有财产的取得完全依赖于自愿或者契约，也并不否定家庭成员个人依契约的形式将个人财产约定为家庭财产，关键在于家庭内部关系的划分以及财产的处理。这个契约有两方面的特点：一是契约的产生具有法定原因。如果现有法律没有将户构建为一个法律主体，则此类契约不会产生。从这个角度来说，这个契约不同于普通的民事商事契约。二是这个契约同样有个人自治的特点，家庭成员以契约的形式决定财产的归属和行使。

集体经济组织股权继承的特别性是一个事实，对此，相关的立法并不是完全改变这一事实，将其简单适用于普通财产权的继承；而是应在正视事实的基础上，通过完善相关立法和集体自治，使其更符合集体经济组织的发展壮大和集体成员合法权益的保护。

32　参见张龑：《何为我们看重的生活意义——家作为法学的一个基本范畴》，载《清华法学》2016年第1期。

33　泡骋：《法律困境与路径选择：家庭共有财产制度再探析》，载《华中科技大学学报》2016年第4期。

律师直接参与地方立法的路径

李福林*

【内容提要】律师直接参与地方立法机制已经逐步成为我国地方立法的科学方式。律师直接参与地方立法可以有效凝聚民智，反映民情，有助于立法民主化水平的提高，同时律师的专业素养和实践经验也有益于立法科学化水平的提升，立法的发展与进步离不开律师的直接参与。当前，我国律师直接参与地方立法的途径有限，其在立法领域的功能和优势尚未得到有效发挥。面对目前的障碍和困境，地方立法机关应当提高对律师直接参与地方立法的认识，健全律师参与地方立法过程中的回应机制，完善律师有序参与地方立法的方式，以期充分发挥律师群体在地方立法领域的优势，裨益于我国立法事业的发展。

【关键词】地方立法律师直接参与　民主立法　科学立法

律师制度是一个国家法律制度的重要组成部分，也是法治文明的重要标志。律师通过依法执业服务社会，提升全民的法治观念，维护宪法和法律的秩序与权威，但长期以来律师执业活动主要集中在司法领域，即法律适用和实施的过程，而对法律的制定过程则极少参与，影响微弱。律师直接参与地方立法是从更高层面上对律师制度提出的要求，也是国家在新时期赋予律师的社会使命。

---

* 李福林——广东外语外贸大学法学院讲师，地方立法基地助理研究员、云山青年学者、硕士生导师，主要研究领域：党内法规学、立法学。本文为2019年度广东省哲学社会科学规划项目“党内法规立规技术规范研究”（GD19CFX06）阶段性成果。

一、律师直接参与地方立法的背景与现状

自1979年我国律师制度确立以来，律师直接参与地方立法对于提升我国地方立法的质量和实效，有其独特的优势。从本质上看，我国律师直接参与地方立法是《宪法》和《立法法》基本精神的具体体现；从实现上看，我国律师直接参与地方立法的不确定性和随意性大，缺乏明确的制度保障措施。

（一）律师直接参与地方立法的背景

建设中国特色社会主义法治体系，建设社会主义法治国家，必须立法先行。在立法工作中坚持深入推进科学立法、民主立法是一个持续的过程。[1] 深入推进科学立法、民主立法，着力提升立法质量，使得每一项立法都符合宪法的基本精神、反映人民意志、得到人民的拥护。这是全面推进依法治国对提高立法质量的新要求，也为中华民族的伟大复兴提供更加有力的法制保障。

以宪法为统帅，以宪法相关法等多个部门法为主干构成中国特色社会主义法律体系，标志着中国特色社会主义制度逐步走向成熟。在新形势下，我国立法领域的工作重点和理念也随之发生变化。这主要体现在以下方面：一是立法工作由粗放走向集约和精细，我国法制建设初期面对诸多领域的立法空白，为了经济和社会发展的需要，立法工作的重点是实现法律规范的从无到有。经过四十余年的快速发展，我国立法工作逐步走向集约化和精细化，立法水平逐步提高。二是立法重点领域由经济立法转向社会立法，遵循社会发展规律，尊重市场经济规律，保障公民基本权利成为日后立法工作的主要任务。三是立法工作更加注重公民参与和社会参与，立法程序得到规范和完善。四是大规模系统性立法基本结束，涉及调整国家和社会生活的基本法律和重要法律基本制定完毕，今后立法工作将更加注重问题导向，以完善、细化和补充现有立法为主要工作任务。立法领域内这些新趋势总结起来就是以提高立法的科学化和民主化水平为核心，注重立法质量的提高，重视立法过程的规范和公开，尊重社会需求和人民利益。

立法领域内的这些变化打破了原有的立法工作格局，即以立法机构和相关政府部门为主体，立法专家为辅助的封闭性较强的立法模式。当前大多数立法草案的起草由立法机构或者相关的政府部门作出，由专家参与论证和审阅，最终根据草案审阅的意见，由立法机构对草案进行修改和公布。在目前的整个立

1　信春鹰：《学习贯彻党的十八届四中全会精神深入推进科学立法民主立法》，载《光明日报》2014年10月31日。

法模式或者立法流程中，社会公众参与不足，只有在立法草案公开征求意见的过程中，包括律师在内的普通民众才有渠道和机会表达自己的意见，而民众意见又缺乏必要的反馈机制，相关利益群体在立法工作中缺乏应有的参与权和话语权。同时由于过去立法工作的粗放式发展，法律规定不详细不周全、相互矛盾与抵牾的情况时有发生。从总体上来看，当前地方立法民主化和科学化水平不高，其也构成了制约我国法律适用和法治水平的关键因素。

（二）律师直接参与地方立法的现状

相较已经成熟的政府立法模式和专家立法模式，律师直接参与地方立法在实践中还存在不少障碍和困难，尤其是目前律师直接参与地方立法制度尚未健全，保障和配套措施不足，导致了目前律师直接参与地方立法实践中带有偶发性和随机性的特点，律师在地方立法过程中的应有作用远未发挥出来。律师直接参与地方立法模式的完善与发展亟须解决以下问题：

其一，律师直接参与地方立法模式未得到应有的重视。近年来，虽然有不少地方人大常委会及地方政府委托律师协会或律师事务所起草立法或者参与立法过程，但总体来说这些实践带有较大的随意性和偶发性，既没有相关制度进行保障也没有惯例层面的相关实践予以支持。而受传统观念影响，律师在立法中的重要作用也未得到地方立法机关的充分认识和认可，相较于邀请和委托律师参与立法，专家立法模式则更受地方立法机关的青睐。究其原因，主要是律师行业的社会地位较低且不少民众对律师行业还存有误解和偏见，少数律师在执业过程中的不妥行为也使得立法机关对邀请律师参与地方立法心存芥蒂。总体而言，律师群体在地方政府和地方人大面前还未得到应有的重视。

其二，律师直接参与地方立法的效果不佳。大部分律师参与地方立法的途径集中在立法机关将地方性法规草案公开征求意见时，以社会公众的身份，通过网络或其他渠道提出自己的意见和建议。而接受委托、直接提出地方性法规草案，或参与地方性法规草案征求意见过程中的听证会、座谈会、论证会等，仅少数律师参与过。[2] 律师不能充分、深度地参与到立法过程中，无法发挥专业性作用，影响了律师参与地方立法的热情和积极性。从现有的实践来看，部分曾经参与立法的律师表示其提出的立法草案未被采纳或者虽被采纳但被大幅度地删减或修改，将对律师群体参与立法的热情造成打击。另外，目前律师直接

2　参见姜述弢：《论律师在地方性法规立法过程中的参与途径和作用——以黑龙江省设区的市地方立法为例》，载《黑龙江省政法管理干部学院学报》2020 年第 1 期。

参与地方立法主要停留在立法起草环节，大部分律师难以参与关键决策环节，就使得律师的参与难以得到“刚性”的效果保障。

其三，律师直接参与地方立法的保障不足。立法的起草过程涉及资料收集、走访调研、组织论证等诸多环节，在传统的立法模式下，承担立法起草任务的是相关政府部门，其最为熟悉立法所要解决的实际情况，同时也拥有最为充足的数据材料和资源，立法草案被采纳的概率也很高。但是，律师在地方立法过程中得到的立法机关和相关部门的支持有限，需要参与其中的律师自行承担立法过程中所产生的各种费用和支出。易言之，律师参与地方立法的资源保障是不够充分的。

律师作为社会公众中法律知识和素养最高的群体之一，其有知识储备和专业能力直接参与到地方的立法活动中去。但如何构建律师直接参与地方立法机制，还需要我们从制度本身入手，研究其理论、现状、问题及破局之道。

二、律师直接参与地方立法的优越性

任何切实可行的法律体系中，为了确保有效地实现一定的行为模式，有组织的权力必须与群体信念相结合。[3]我国《立法法》第6条规定：“立法应当体现人民的意志，发扬社会主义民主，坚持立法公开，保障人民通过多种途径参与立法活动。”《立法法》的规定为律师参与立法提供了法律依据。从本质上讲，律师参与立法具有民意代表性，且体现了《立法法》规定的精神。从律师执业的特征而言，律师在执业活动中，依靠对法律的理解和运用提供法律服务，从诉讼活动到非诉活动，律师与社会各阶层、各群体、各党派以及政府机关建立了广泛的联系。他们深知社会各利益主体对立法的需求，也在执业活动中获悉了法律在适用过程中出现的问题以及是否需要修改、废除等问题。对于社会新增的立法需求，律师作为专业提供法律服务的群体也更有切身体会，当然更能洞察法律的缺陷与漏洞，并深知如何从立法上加以克服。从律师执业的立场而言，律师是公民私权利的代理人。律师作为法律界人士，被民众期望追求公平和正义。现代法治是一个环环相扣的正义体系，其系统的源头在于立法对利益的分配。律师执业活动是公民权利保障的重要方式，因此，律师是参与地方立法不可或缺的代表群体。综上，律师作为天然的立法资源，其参与立法过程有以下优势：

首先，律师直接参与地方立法可提高立法的民主性。立法的正当性基础在

---

3 Timasheff, N. S.: An Introduction to the Sociology of Law. Cambridge: Harvard University Committee on Research in the Social Sciences, 1939, pp. 418.

于立法的民主化。立法的本质在于通过法律规则的制定对社会生活进行规范，对权利和义务进行分配。立法对于社会利益关系的安排将会对社会的发展产生重大且深远的影响，所以法律的制定要求立法主体尽可能广泛，立法应面向民众和社会，考察和听取各利益群体的意见。律师在执业过程中会了解到社会各群体的利益诉求，清楚社会各界的立法需求，其参与立法过程就可以将其收集的民众意志和利益充分地表达出来，从而补足我国现行立法体制下民众参与不足、立法主体不够广泛的弊病，提高立法的民主性程度，真正使立法表达出民众呼声和社会需要。

其次，律师直接参与地方立法可提高立法的科学性。立法工作的科学性决定了立法质量的高低，其要求参与立法的人员应当拥有较高的知识水平和道德素养，同时还应当具备基本的法律逻辑能力，而律师群体因其较高的职业准入门槛，大多经过良好的高等教育，具备扎实的法学功底，同时律师在执业活动中积累了充足的实践经验，其法律专业水平远高于其他社会群体。律师职业需要很强的法律逻辑能力，这就使得律师参与立法时，对概念的周延性、条款的逻辑性、结构的严密性以及法律责任分配的合理性等问题有更好的把握，以有效地提高法律文本的科学性和严谨性，有助于克服长期以来我国地方立法领域存在的“科学性不高”的问题。

再次，律师直接参与地方立法可提高立法的中立性。立法本质是对利益进行分配的过程，立法主体应保持中立的品行才能合理地分配利益，在各利益主体互相博弈的过程中实现社会利益的最大化。我国传统的立法模式是由对口的政府部门拟定法律草案，再通过政府的法制部门和人大的法律工作委员会对草案进行修改和审议。由于法律的制定与这些部门利益息息相关，所以在立法起草的过程中，不可避免受此影响。律师直接参与地方立法还可以解决地方保护主义的问题，律师参与立法时出于长远社会利益的追求，在一定程度上可以有效克服地方立法中的短视行为。

最后，律师直接参与地方立法可提高立法的可行性。法律的生命不仅依靠法律逻辑，更在于法治经验。法律的制定是为了解决实际生活中的问题，在提高立法质量的目标之下，专家立法成为近年来立法领域的新趋势，立法机关也乐意把一些草案交给法学和相关学科的专家进行起草和论证，但是因其缺乏实践经验，草案往往呈现出过于理想主义的特点，难以适用或者解决实际问题。实际上，法律是被实践理性组织和发展起来的经验，从这个层面上分析，法律是实践与理性的统一，是实践理性的产物。[4] 律师始终处于司法实践的第一线和

4 葛洪义著：《法与实践理性》，中国政法大学出版社 2002 年版，第 101 页。

最前沿，不仅熟悉社会对法律的需求、群众对法律的期望而且精通金融、证券、保险等专业领域，对现行法律法规的缺陷最为了解，丰富的实践经验和专业的法律逻辑有助于律师设计出可行性和可操作性强的法律文本。

三、律师直接参与地方立法的制度保障

现在，我国立法过程中虽然有征集各部门、各地方和专家意见的程序，但是在机制上还缺乏公众参与的程序和保障。[5] 目前律师直接参与地方立法还停留在偶发性的和随机性的实践之中，要真正将律师在立法领域中的能量发挥出来，就必须实现律师参与地方立法工作的制度化和体系化，将律师直接参与立法视为保障公民有序参与立法的重要任务来完成。

其一，提高律师直接参与地方立法的普遍认识。首先全社会应当充分认识到律师直接参与立法的必要性，律师直接参与立法是在我国法律体系基本建成之后提高立法质量的必经之路。我国律师行业走过了粗放式的发展阶段，律师群体应当从公民有序参与政治的高度，增强参政议政意识，提高参与公共决策和公共生活的热情，积极有序地参与到立法活动中来。目前律师行业整体的社会地位还不高，民众对律师群体还存在或多或少的偏见，而律师行业的进一步发展离不开与社会的良好互动，律师群体可通过参与立法的方式改善自身的社会形象，积极承担社会责任，担负起为社会民众谋福祉的使命。

其二，明确律师直接参与地方立法的制度规定。我国现有的法律规定中对律师直接参与立法没有专门的规定，甚至对公民参与立法的具体程序都未作出详细的规定。制度安排上人为选择的随意性较大，有必要健全和完善律师立法参与的渠道并以法律的形式固定下来，将律师参与地方的立法提案、立法调查、立法草拟、立法听证、立法审议等各个环节具体的内容、方式、途径进行明确规定。针对律师参与立法主要途径的委托立法、立法专家顾问、第三方评估等制度，有必要发挥律协的组织职能，由律协向立法机关负责推荐此领域内的优秀律师参与立法，并要将参与的律师名单提前向社会公示，接受社会监督，从而保证道德水准和知识水平出众的优秀律师可以进入立法的过程，也通过律协的纽带作用为立法工作贡献行业智慧和整体力量。

其三，健全律师直接参与地方立法的回应机制。律师在草案的制定过程中虽然对公民权利和政府权力进行了有效的调和，但是，在律师缺席立法审议环节的情况下，最后的立法文本可能与最初的草案有诸多不同，而律师无法知悉其中的缘由。同样，对于律师担任立法顾问和立法专家时所提出的建议或者意

5　蔡定剑著：《一个人大研究者的探索》，武汉大学出版社2007年版，第136页。

见，立法机关也没有有效地回应，未说明采纳或者不采纳的理由。由于回应机制的缺乏，律师参与地方立法效力难以保证。立法机关缺乏和参与律师的良好对话，使立法参与的效果大打折扣。故而，有必要在地方立法工作建立和健全必要的回应机制，就立法提案、立法草拟、立法听证和立法审议等各个环节所收到的建议和意见进行合理的回应，对未采纳的意见要作出必要的说明和解释。

其四，增强律师直接参与地方立法的专业能力。律师群体虽大多接受过良好的法学教育，也在实践中拥有了丰富的实践经验，但立法是一个专业性很强的领域，有特殊的运行规律和技术要求，律师在参与立法之前就必须补强立法知识和立法技巧，以期更好地参与到立法的过程中去。从文本上看，立法草拟过程中涉及了法律概念的确定性、条文设计的科学性、结构安排的逻辑性、责任分担的合理性。从实践上看，律师参与立法的过程中要加强材料收集与运用的能力，强化相关专业知识的储备，深入相关利益主体中了解立法需求等。从制度设计的角度上看，律师直接参与立法要实现制度化和持续化的发展，就必须建立稳定的律师立法团队。例如，北京市律协在这一方面做出了有效示范：以律协内部的专业委员会为主体接受人大和政府的立法委托，其专业委员会又根据不同的专业和部门法细分成了 54 个专业委员会，而专业委员会的职能之一就是“调查研究本专业领域的法律、法规和政策，参与立法活动，对法律实施、执行中的问题，向相关的司法、公安、检察、审判等国家机关提出建议和意见”[6]，专门委员会的细分实现了律协参与立法时的专业和高效，律师直接参与立法的能力得到了立法机关的信任和肯定，立法的质量和成效也得到有力的保障。

四、律师直接参与地方立法的方式

党的二十大报告中指出，“健全吸纳民意、汇集民智工作机制，建设好基层立法联系点”“完善以宪法为核心的中国特色社会主义法律体系……推进科学立法、民主立法、依法立法，统筹立改废释纂，增强立法系统性、整体性、协同性、时效性”。律师直接参与地方立法，既是吸纳民意、汇集民智、促进基层立法联络的具体方式之一，也是推进科学立法和民主立法的重要途径之一。根据现有的律师参与立法的实践，我国律师参与地方立法的途径主要有以下几种。

其一，通过人大代表、政协委员的身份直接参与地方立法。人大作为法定

6　李寒芳：《以专业精神参与立法——专访北京市律师协会副会长张涌涛律师》，载《法人》2004 年第 9 期。

的立法机关，人大代表通过提出、审议和表决议案等方式行使立法职能，政协虽然不是立法机关，但是政协委员可以通过行使政治协商、民主监督、参政议政职能来参与和影响立法过程。虽然我国律师群体在人大代表和政协委员中所占比例较低，但是随着律师行业关注度的提升，已经有越来越多的律师成为各级人大和政协的一员，在立法过程中发挥了重要作用，成为立法领域一支不可忽视的重要力量。

其二，通过参加专家顾问团队的方式直接参与地方立法。党的十八届四中全会审议通过的《中共中央关于全面推进依法治国若干重大问题的决定》（以下简称《决定》）指出："依法建立健全专门委员会、工作委员会立法专家顾问制度。"[7]面对代议机关代表的广泛性与立法所要求的专业性之冲突，在各级人大不可能大规模增加法律行业代表比重的情况下，从社会上聘任法律专家成为担任立法顾问就成为必要之举，而专业知识扎实、实务经验丰富、社会阅历广泛的律师群体当然也应当被纳入其中。[8]在此之前，各地已经建立了类似的立法助理、立法顾问等制度。如各级人大常委会也普遍聘请了一批律师担任立法咨询委员。这些律师委员通过自己扎实的法律专业知识和娴熟的法律操作技能，有效地参与到地方立法之中，也取得了良好的社会效果和评价。[9]

其三，通过接受第三方委托起草法案的方式直接参与地方立法。党的十八届四中全会《决定》指出要探索委托第三方起草法律法规草案，[10]虽然目前缺乏制度化和体系化的制度安排，但是委托立法已经在各地展开了大量的实践，积累了丰厚的实践经验。目前律师群体直接参与立法的主要方式就是通过立法机关此类的委托立法，委托立法又通常因被委托方的不同分为律师协会接受委托立法和律师事务所接受委托立法两种方式。目前律师协会接受委托立法是最主要的方式，相较直接委托给律师事务所和律师个人而言，律协有更强的统合与组织能力，其可以在律师群体中挑选更为专业的律师组成团队参与草案制定过程。

其四，通过参与第三方评估的方式直接参与地方立法。在立法实践中经常出现由于部门间或者相关主体之间利益难以调和而导致该项立法久拖不决的情

7 《中共中央关于全面推进依法治国若干重大问题的决定》，载《人民日报》2014 年 10 月 29 日。

8 汪习根、陈向军：《依法治国视域下律师法治建设途径探究》，载《新疆师范大学学报（哲学社会科学版）》2015 年第 3 期。

9 王中华：《当代中国律师参与立法的途径、制约因素及其完善机制研究》，载《青岛科技大学学报（哲学社会科学版）》2011 年第 1 期。

10 《中共中央关于全面推进依法治国若干重大问题的决定》，载《人民日报》2014 年 10 月 29 日。

况，为此，党的十八届四中全会《决定》中提出“对部门间争议较大的重要立法事项，由决策机关引入第三方评估”[11]。律师谙熟共赢之道，善于促成谈判和达成共识，这样的职业特点使其组成作为第三方参与立法评估时，能够在充分维护所代表主体的利益的同时，坚守立法利益博弈的伦理底线，从而促使立法博弈向着合理化、实效化方向发展，形成理性的立法博弈，促成立法项目的早日启动。[12]

结语

立法的科学性与民主性正是法律力量真正的源泉之所在。律师直接参与地方立法不是为了律师自己的利益，而是为了社会公众的利益。律师作为社会公众成员直接参与到立法活动中来，标志着我国的立法活动迈开了重要的一步。律师是天然的立法资源，在依法执业的过程中容易发现法律规定与社会实践不相适应的地方，其直接参与立法拥有突出的优势，因律师缺乏有效的参与立法的渠道，面对法律规定的不足或者落后很难将存在的问题转化为以制度为基础的改进。我国立法已经走进了民主和科学的时代，立法和修法更需“精耕细作”，以解决和处理实践中的问题为核心，律师职业性质决定了其可以成为发现和治疗现有法律问题的“啄木鸟”，其立法功能若得到良好实现，就必然会造福于整片森林。

---

11 《中共中央关于全面推进依法治国若干重大问题的决定》，载《人民日报》2014 年 10 月 29 日。

12 石东坡、余凡：《论“后体系时代”律师的立法参与问题》，载《法治研究》2013 年第 2 期。

粤港澳大湾区法律服务开放的行业考察、困境检视及完善进路

黄　喆　江佳霓*

【内容提要】在粤港澳大湾区"一国两制三法域"的制度特点下，有必要推动粤港澳大湾区法律服务开放，以满足大湾区内的法律服务需求。现阶段，粤港澳大湾区凭借其强大的经济体量为法律服务提供广阔的市场，律师业、仲裁业、调解业等法律服务的开放取得了阶段性成效。但与此同时，粤港澳大湾区法律服务开放也面临困境，主要表现为粤港澳大湾区法律服务开放的法治基础亟须夯实、制度壁垒局限显现、监管合力尚未形成及其实效仍存不足。因此，有必要强化法治引领、突破制度壁垒、推动协同监管和健全效力机制，以推动粤港澳大湾区法律服务开放的进程。

【关键词】粤港澳大湾区　法律服务开放　律师业　仲裁业　调解业

一、问题的提出

粤港澳大湾区高质量建设必须充分发挥法治的引领功能。尤其是粤港澳大湾区营商环境优化和区域深度合作，在客观上要求有效处置大湾区创新发展过程中的各类风险和纠纷，打破三地市场壁垒，实现创新要素在区域内的高效、

---

* 黄喆——广东外语外贸大学法学院副教授、广东省地方立法研究评估与咨询服务基地研究员、硕士生导师，主要研究领域：行政法学、区域法治与地方立法。江佳霓——广东外语外贸大学法学院硕士研究生，主要研究方向：宪法学与行政法学。本文系教育部哲学社会科学研究重大课题攻关项目"粤港澳大湾区法律建设研究"（20JZD019）、教育部人文社会科学研究青年基金项目"全国人大及其常委会授权暂调暂停法律适用问题研究"（22YJC820013）的阶段性成果，受广东外语外贸大学广东省地方立法研究评估与咨询服务基地课题资助。

便捷流动。这都有赖于法律服务的充分供给。而粤港澳大湾区“一国两制三法域”的制度特点，使其中涉及的法律问题更为复杂，因此必须推动粤港澳大湾区法律服务开放，以满足大湾区内的法律服务需求。法律服务作为一种提供专业服务，“从内涵上讲，律师业、公证业、法律援助业、司法鉴定业、仲裁业以及商标代理、版权代理、专利代理、破产管理，还有中国特色的基层法律服务业，都属于法律服务业的范畴”。[1]《粤港澳大湾区发展规划纲要》（以下简称《规划纲要》）提出，“加快法律服务业发展……深化粤港澳合伙联营律师事务所试点，研究港澳律师在珠三角九市执业资质和业务范围问题，构建多元化争议解决机制”。可见，粤港澳大湾区法律服务及其开放应当涵盖律师、仲裁、调解等法律服务行业。香港、澳门回归后，内地与港澳法律服务开放有序推进。尤其是《规划纲要》施行以来，《全国人民代表大会常务委员会关于授权国务院在粤港澳大湾区内地九市开展香港法律执业者和澳门执业律师取得内地执业资质和从事律师职业试点工作的决定》（以下简称《大湾区律师职业试点工作的决定》）、国务院办公厅《香港法律执业者和澳门执业律师在粤港澳大湾区内地九市取得内地执业资质和从事律师职业试点办法》（以下简称《大湾区律师职业试点办法》）和《广东省司法厅关于香港法律执业者和澳门执业律师在粤港澳大湾区内地九市执业管理试行办法》（以下简称《大湾区执业管理试行办法》）等先后施行，进一步推动了粤港澳大湾区法律服务的开放。但已有研究多在《规划纲要》发布前展开，未能将法律服务开放置于粤港澳大湾区建设背景下予以探讨，且在研究对象上基本将法律服务开放等同于律师业开放，鲜有对仲裁、调解等服务开放的分析。因此，有必要立足《规划纲要》，对粤港澳大湾区法律服务开放进行系统研究，以明晰其现状及问题，并就粤港澳大湾区法律服务开放的完善进路作出思考。

二、粤港澳大湾区法律服务开放的行业考察

现阶段，粤港澳大湾区凭借其强大的经济体量为法律服务提供广阔的市场，法律服务的开放也由此取得阶段性成效。

（一）律师业

律师业作为现代法律服务的中坚力量，其发展以律师机构为载体，以法律从业人员为依托。2001年中国加入世界贸易组织后，律师业开始对标国际。为兑现对世界贸易组织的承诺，2002年司法部颁布《香港、澳门特别行政区律师

---

1 韩秀桃、张茂泉：《中国法律服务业现状与发展趋势》，载《中国法律》2006年第6期。

事务所驻内地代表机构管理办法》（以下简称《代表机构管理办法》），律师业开放进入规范化、制度化阶段。自2003年《内地与香港关于建立更紧密经贸关系的安排》、《内地与澳门关于建立更紧密经贸关系的安排》（CEPA）及若干补充协议签署以来，港澳律师事务所与内地律师事务所的合作方式进一步明晰，联营、港澳律师进驻内地法律服务市场由此获得便利，服务贸易自由化得以进一步发展。随后司法部相继发布《香港特别行政区和澳门特别行政区律师事务所与内地律师事务所联营管理办法》（以下简称《联营管理办法》）、《取得内地法律职业资格的香港特别行政区和澳门特别行政区居民在内地从事律师职业管理办法》（以下简称《律师职业管理办法》）、《香港法律执业者和澳门执业律师受聘于内地律师事务所担任法律顾问管理办法》（以下简称《法律顾问管理办法》），规定港澳律师事务所与内地律师事务所可以实行协议联营，明确港澳居民可参加内地统一举办的国家统一法律职业资格考试，取得内地律师执业证，或以担任内地律师事务所法律顾问的方式到内地开展业务。为落实CEPA关于法律服务开放的安排，广东省政府与香港特区政府、澳门特区政府分别于2010年、2011年签署《粤港合作框架协议》《粤澳合作框架协议》，明确支持粤港澳三地合作开展律师咨询业务，探索建立律师合作机制。2014年《广东省司法厅关于香港特别行政区和澳门特别行政区律师事务所与内地律师事务所在广东省实行合伙联营试行办法》（以下简称《广东省合伙联营试行办法》）发布，借鉴国内外律所联营的有益经验，对合伙联营作出细化规定，并先后三次修订，将合伙联营试点的地域范围由深圳前海、广州南沙、珠海横琴三地逐步扩展至广东全省，在出资下限、业务范围、律师聘用等限制性条件上也逐步放宽，允许港澳居民担任联营律师事务所港澳方的派驻律师或聘用律师，获取联营律师事务所工作证后在大湾区内承办涉港澳或外国法律事务。2014年首家内地与香港联营律师事务所落户深圳前海，[2] 2016年首家粤港澳联营律师事务所落户珠海横琴。[3] 2019年《规划纲要》施行以来，根据《大湾区律师职业试点工作的决定》《大湾区律师职业试点办法》《大湾区执业管理试行办法》，港澳居民可通过粤港澳大湾区律师执业考试，取得粤港澳大湾区法律执业资格，成为粤港澳大湾区律师，拓宽香港和澳门居民到内地展业渠道。截至2022年3月7日，共15家联营律所在广东省批准设立，108名港澳律师派驻于联营律所，204名港澳居民

---

2 参见《首家内地香港联营律师事务所落户前海》，载深圳市前海深港现代服务业合作区管理局网站，http://qh.sz.gov.cn/sygnan/qhzx/dtzx/content/post_4887281.html，最后访问于2022年5月6日。

3 参见《全国首家内地与港澳三方联营的律师事务所在珠海开业》，载珠海市司法局网站，http://sfj.zhuhai.gov.cn/zwgk/sfdt/content/post_2132939.html，最后访问于2022年5月6日。

取得内地律师执业资格。[4]

（二）仲裁业

在强调效率优先的商事贸易中，仲裁以高效便捷、保密性强等特点，成为争议当事人的重要选择。在机构设立上，早在1983年粤港就仲裁方面开展合作，成立华南国际经济贸易仲裁委员会（现深圳国际仲裁院），在机构管理和仲裁裁决上均融入诸多港澳因素。[5]以深圳国际仲裁院为基础，中国（深圳）证券仲裁中心、中国（深圳）知识产权仲裁中心、深圳国际仲裁院海事仲裁中心也相继成立。2012年南沙国际仲裁中心由广州仲裁委员会、香港国际仲裁中心、澳门世界贸易中心仲裁中心共同发起设立，提供与中国特色社会主义法律体系、英美法系、大陆法系相对应的三种庭审模式供当事人选择。[6]在平台搭建上，2015年中国互联网仲裁联盟在广州仲裁委牵头下成立。2018年粤港澳大湾区仲裁联盟成立，以仲裁云平台为技术支撑，建立集服务窗口、仲裁员名册、办案庭室、仲裁标准四位于一体的共享机制。2021年，珠澳跨境仲裁合作平台落户横琴，粤港澳大湾区国际仲裁中心在深圳国际仲裁院正式挂牌，引入国际知名仲裁机构。在标准对接上，为支持粤港澳三地仲裁的全方位合作，目前最高人民法院已与香港、澳门签署了5项关于仲裁的司法协助安排。2020年广州仲裁委发布全球首个《互联网仲裁推荐标准》，目前已获境内外多家机构认可。[7]

（三）调解业

调解以其灵活性强的特质见称，能够独立化解商事纠纷，或以调仲结合、诉调对接的方式解决商事纠纷。2022年发布的《最高人民法院关于支持和保障横琴粤澳深度合作区建设的意见》《最高人民法院关于支持和保障全面深化前海深港现代服务业合作区改革开放的意见》，明确支持调解组织、商事仲裁机构、法院的相互配合与对接。2021年粤港澳大湾区调解工作委员会揭牌成立，各调

---

4 参见《广东已批准合伙联营律所15家204名港澳居民成为内地执业律师》，载广东省人民政府门户网站，http://www.gd.gov.cn/gdywdt/bmdt/content/post_3847804.html，最后访问于2022年5月6日。

5 参见《粤港澳大湾区国际仲裁中心：推动规则衔接 优化营商环境》，载中央人民政府驻香港特别行政区联络办公室网站，http://www.locpg.gov.cn/jsdt/2021-07/27/c_1211261178.htm，最后访问于2022年5月6日。

6 参见《南沙国际仲裁中心简介》，载广州仲裁网，https://www.gzac.org/nsgjzczx111/543.html，最后访问于2022年5月6日。

7 参见《将广州打造成为全球互联网仲裁首选地》，载法治网，http://www.legaldaily.com.cn/Arbitration/content/2022-03/03/content_8681827.htm，最后访问于2022年5月6日。

解中心借助此机制性平台开展调解工作。大湾区法律部门第三次联席会议审议通过的《粤港澳大湾区调解员资格资历评审标准》《粤港澳大湾区调解员专业操守最佳准则》对大湾区三地调解员的资格资历和专业操守标准加以规范，为大湾区内调解中心及调解员工作的开展提供标准。在调仲结合上，2013年由深圳国际仲裁院牵头的粤港澳商事调解联盟成立，大湾区内15家主要商事仲裁调解机构为其成员。[8]深圳国际仲裁院构建"调解+仲裁"机制，此种机制下双方可将争议提交至调解机构，达成和解后将和解协议提交仲裁院，由仲裁员作出可在《纽约公约》成员国法院申请承认与执行的裁决。在诉调对接上，2016年深圳前海法院诉调对接中心成立，2019年前海"一带一路"国际商事诉调对接中心在前海法院成立。中心实行纠纷调解前置机制，提倡争议双方将纠纷化解在诉讼前端，同时以"诉非衔接"为保障，调解结束后由法院对调解协议予以司法确认。截至2020年9月底，在受理的14118件案件中，经由中心成功调解的有4685件，调解成功率约30%。[9]

三、粤港澳大湾区法律服务开放的困境检视

（一）粤港澳大湾区法律服务开放的法治基础亟须夯实

《规划纲要》施行以来，粤港澳大湾区法律服务开放水平持续提升，但当前粤港澳大湾区法律服务开放仍是以政策引导为主，缺乏充分的法治基础。这在律师业、调解业的开放上均有体现。

1. 律师机构设立的法律依据不足

《代表机构管理办法》《联营管理办法》和《广东省合伙联营试行办法》等的施行，使港澳律师事务所在广东省设立律师机构的便利性日渐提高，它们也成为当前港澳律师事务所在粤港澳大湾区内设立律师机构的现行依据。从其性质来看，《代表机构管理办法》《联营管理办法》均为司法部的规章，《广东省合伙联营试行办法》则是广东省司法厅的规范性文件。因此，港澳律师事务所在内地设立律师机构仍缺乏法律层面的依据。主要表现在以下两个方面：

首先，《律师法》未对代表机构和联营律师事务所作出规定。《律师法》作为调整内地律师业的专门法律，也是设立律师机构的基本法律依据。一方面，《律师法》仅对内地合伙律师事务所设立分所作出规定，没有关于港澳律师事务

8 参见《前海打造国际商事争议多元化解决机制》，载深圳市前海深港现代服务业合作区管理局网站，http://qh.sz.gov.cn/sygnan/qhzx/dtzx/content/post_8285719.html，最后访问于2022年5月6日。

9 参见《前海打造国际商事争议多元化解决机制》，载深圳市前海深港现代服务业合作区管理局网站，http://qh.sz.gov.cn/sygnan/qhzx/dtzx/content/post_8285719.html，最后访问于2022年5月6日。

所在内地设立代表机构的规定。另一方面，根据《律师法》第15条、第16条、第20条的规定，律师事务所包括合伙律师事务所、个人律师事务所和国家出资设立的律师事务所三种类型，其中合伙律师事务所又分为普通合伙和特殊的普通合伙两种形式。但联营律师事务所并不在《律师法》所明确规定的律师事务所设立类型之列，因而律师事务所联营也缺乏《律师法》的直接依据。

其次，“联营”这一行为方式不再具备民事基本法律依据。1986年通过的《民法通则》第51~53条为“联营”专节，对企业之间或者企业、事业单位之间联营作出规定。根据第53条的规定，“企业之间或者企业、事业单位之间联营，按照合同的约定各自独立经营的，它的权利和义务由合同约定，各自承担民事责任”。这在一定程度上为律师事务所之间基于协议而展开的联营行为提供了法律支撑。2020年《民法典》通过后《民法通则》同时废止，但《民法典》未将《民法通则》上述关于联营的规定纳入其中，也不再对联营作出规定。在此情况下，联营在民事基本法律层面的依据也不复存在。

2. 商事调解的法治支撑缺乏

作为构建多元化争议解决机制的重要一环，调解相较于诉讼和仲裁在适用上更具有灵活性。但这不意味着调解不需要制度依据。针对目前粤港澳大湾区重点推进的商事调解业，粤港澳三地制度差异较大。

从港澳来看，香港在2012年制定《调解条例》，并于2013年正式施行，商事调解具有较为完善的立法依据。根据《调解条例》附表1规定的“本条例不适用的程序”，有关劳资关系、学徒制度、婚姻制度、申诉、仲裁和歧视处理涉及的12类调停、调解等程序不适用《调解条例》。除此以外，任何根据调解协议进行的调解如符合以下条件之一，均受《调解条例》调整：第一，该调解全部或部分在香港进行；第二，该协议规定《调解条例》或香港法律适用于该调解。据此，商事调解只要符合上述任一条件，即可适用《调解条例》。同时，澳门也正在起草《民商事调解法》，[10]拟对商事调解作出专门立法规定。

从广东来看，广东省高级人民法院和省司法厅于2020年联合发布的《广东自贸区跨境商事纠纷调解规则》，为广东自贸区涉粤港澳三地跨境商事调解提供了规范性文件的指引。深圳市人大常委会于2020年通过《深圳经济特区前海深港现代服务业合作区条例》规定，“鼓励深港民间调解组织合作，为前海合作区的企业提供商事调解服务”；又于2022年通过《深圳经济特区矛盾纠纷多元化解条例》，专设“商事调解”一节规定。这些规范虽然为粤港澳大湾区商事调解

---

10 参见司艳丽：《粤港澳大湾区法律规则衔接疑难问题研究——以多元化纠纷解决机制为切入点》，载《中国法律评论》2022年第1期。

提供了一定的依据，但它们在效力位阶或适用范围上仍存在局限性。《广东自贸区跨境商事纠纷调解规则》仅为规范性文件且只能适用于广东自贸区的商事调解；《深圳经济特区前海深港现代服务业合作区条例》《深圳经济特区矛盾纠纷多元化解条例》虽然为经济特区法规，但也只能在深圳甚至仅限于前海合作区适用。

因此，就粤港澳大湾区内地九市的商事调解而言，仍缺乏相对统一的上位法依据。在法律层面，《人民调解法》作为我国调整调解活动的专门法律，仅适用于民间纠纷的调解。一般而言，民间纠纷主要包括婚姻家庭纠纷、继承纠纷、相邻权纠纷、物业纠纷、小额债务纠纷、轻微侵权纠纷等类型，商事纠纷基本不在此列。因此，商事调解不属于《人民调解法》的调整对象，也缺乏明确的法律依据。在省级法规层面，涉及调解活动的专门法规是《广东省实施〈中华人民共和国人民调解法〉办法》。这一法规作为执行《人民调解法》规定而制定的地方立法，调整对象与《人民调解法》一致。虽然其第59条规定了可以参照本法规进行调解的纠纷类型，但除了特定民间纠纷以外，仅限于治安案件或当事人和解的刑事案件中涉及民事责任的纠纷，亦未涉及商事纠纷及其调解。

（二）粤港澳大湾区法律服务开放的制度壁垒局限显现

虽然中央采取系列有效措施加快粤港澳大湾区法律服务开放的进程，但对照《规划纲要》相关要求，粤港澳大湾区法律服务开放的深入推进仍面临不少制度壁垒。其中以律师业最为典型。

1. 律师业开放单向性凸显

作为粤港澳大湾区法律服务的重要行业，律师业开放是衡量粤港澳大湾区法律服务开放水平的重要指标。《规划纲要》施行以来，粤港澳大湾区律师业开放进一步扩大。但现阶段的系列举措主要是推动了内地向港澳的律师业开放，港澳向内地的律师业开放进程仍较为缓慢。这使得粤港澳大湾区律师业开放也呈现出较为明显的单向性特征。

第一，从已发布的规章和规范性文件来看，无论是《规划纲要》施行前发布的有关代表机构管理、律师职业管理、法律顾问管理等规章和规范性文件，还是《规划纲要》施行后发布的《大湾区律师职业试点办法》和《大湾区执业管理试行办法》，主要是对港澳律师事务所以及香港法律执业者、澳门执业律师进入内地从事律师业务的规定。

第二，从已签署的相关协议来看，也基本只有内地向港澳开放法律服务的内容。CEPA补充协议三、九、十的附件中，有关法律服务部分均是内地向港澳开放律师业的具体承诺。为落实CEPA及其补充协议，广东省政府与香港特区政府、澳门特区政府先后签署《粤港合作框架协议》《粤澳合作框架协议》，分别对粤港、粤澳之间的法律事务、法律服务等合作作出规定。总体上看，有关规定主要是对法律事务合作事项的原则性列举，如《粤港合作框架协议》规定“推动律师、公证、司法鉴定领域的交流与合作”，《粤澳合作框架协议》规定“探索建立粤澳律师、公证等领域的合作机制”。可见，两项协议并未就粤港、粤澳相互之间的法律服务业或律师业开放进一步拟定细则，因而也没有涉及港澳向内地开放律师业的具体规定。

第三，从其他相关组织发布的文件来看，中华全国律师协会发布的《关于内地律师事务所在香港特别行政区设立分支机构的有关问题的通知》虽然列明了内地律师事务所在香港设立分支机构及派驻律师等相关条件，但其核心条件是“符合香港律师会对境外律师在港设立分支机构及在港执业的要求”和“需符合香港对境外执业律师的要求”。可见，这实际上是香港针对其境外律师事务所及律师在港设立相关组织和从事业务的一般规定，并非就香港律师业向内地开放的专门规定。

2. 律师执业资格互认畅通性受阻

律师执业资格能否互认将直接影响法律服务开放的质量与效率，律师执业资格互认机制是影响粤港澳大湾区律师业开放水平的重要标准，也是粤港澳三地法律从业人员普遍关注的一大问题。

现阶段，港澳居民或法律从业人员可以在粤港澳大湾区取得五类律师业相关身份资格：第一，根据《代表机构管理办法》成为港澳律师事务所在内地的派驻代表；第二，根据《联营管理办法》《广东省合伙联营试行办法》受聘为联营律师事务所港澳方的派驻律师；第三，根据《香港法律执业者和澳门执业律师受聘于内地律师事务所担任法律顾问管理办法》（以下简称《法律顾问管理办法》）担任内地律师事务所的法律顾问；第四，根据《取得内地法律职业资格的香港特别行政区和澳门特别行政区居民在内地从事律师职业管理办法》（以下简称《律师职业管理办法》）取得内地律师执业资格；第五，根据《大湾区律师职业试点工作的决定》《大湾区律师职业试点办法》《大湾区执业管理试行办法》取得粤港澳大湾区律师执业资格。

对于上述前三种情形，严格意义上并不属于对内地律师资格的取得。究其原因在于，派驻代表、派驻律师本质上是基于代表机构、联营律师事务所的设立而聘用的工作人员，其从业范围存在诸多限制，《联营管理办法》甚至明确规定“联营的港澳律师事务所及其律师不能从事内地法律事务”；担任法律顾问虽然是香港法律执业者和澳门执业律师直接受聘于内地律师事务所，但《法律顾问管理办法》也明确规定港澳法律顾问不得办理内地法律事务。因此，仅有后两种情形直接涉及内地律师执业资格的取得。其中，港澳居民通过参加国家统一法律职业资格考试取得内地律师执业证，这一途径与内地居民取得律师执业资格并无二致，但事实上对港澳居民而言难度显然更大，且执业资格范围限于从事内地非诉讼法律事务和代理涉港澳民事案件。粤港澳大湾区律师执业考试的设立，有效简化了香港法律执业者和澳门执业律师在粤港澳大湾区取得律师执业资格的程序，但其仍是以通过粤港澳大湾区律师执业考试为前提，且执业资格范围仅限于在粤港澳大湾区内地九市内办理适用内地法律的部分民商事诉讼案件和非诉讼法律事务。

同时，就内地居民或内地律师要取得港澳律师执业资格而言，无论是难度还是时间成本也相当大。以香港事务律师（solicitor）为例，如以内地居民身份要成为香港律师，必须具备香港或普通法适用地区院校的法学学位，或参加指定考试（CPE），取得法学专业证书或法律学深造证书，经过实习并表现良好，才可获认许在香港以律师身份执业；如以内地律师身份要取得香港律师执业资格，一般须通过由香港律师会主办的海外律师资格考试，获认许为香港律师。[11]

由此可见，无论是香港法律执业者和澳门执业律师要取得内地律师执业资格，还是内地执业律师要取得港澳律师执业资格，实际上均要通过具备相当难度的考试及一系列复杂的程序，真正意义上的律师执业资格互认机制尚未形成。

3. 律师机构业务范围局限性较强

从港澳律师事务所在内地设立的律师机构来看，无论是其驻内地的代表机构，还是联营律师事务所，开展业务的制度性限制都较多。

对于代表机构，根据《代表机构管理办法》第 15 条第 1 款规定，港澳律师事务所驻内地代表机构的业务范围主要包括五类：一是提供已获准从事的涉港澳、涉外相关法律咨询；二是办理已获准从事律师执业业务的地区的法律事务；三是委托内地律师事务所办理内地法律事务；四是与内地律师事务所保持长期的委托关系办理法律事务，并可以向其律师提出要求；五是提供有关内地法律环境影响的信息。除此以外不得从事其他法律服务活动或者其他营利活动。可见，港澳律师事务所的代表机构在内地能够自主从事的业务主要是法律咨询及信息的提供，对内地其他法律业务则须委托内地律师事务所开展。在此情况下，港澳律师事务的代表机构更多充当了港澳当事人与内地律师事务所之间的中介，从事相关委托业务并提供相应的中介服务，但基本不涉及内地法律事务本身。

对于联营律师事务所，《联营管理办法》允许已在内地设立代表机构的港澳

11 参见《怎样能成为律师（事务律师）?》，载社区法网，https：//www. clic. org. hk/cn/topics/hkLegalSystem/theLegalProfession/answer19，最后访问于 2022 年 5 月 6 日。

律师事务所与内地律师事务所实行联营，并规定联营律师事务所“可以共同以联营的名义，采取合作方式办理各自获准从事律师执业业务的香港、澳门、内地以及中国以外的其他国家的法律事务”。虽然2019年修订后的《广东省合伙联营试行办法》扩展了联营律师事务所的业务范围，规定广东省内组建的合伙型联营律师事务所“可以受理、承办民商事诉讼、非诉讼法律事务以及行政诉讼法律事务”，但刑事诉讼法律事务仍被排除在其业务范围之外。

（三）粤港澳大湾区法律服务开放的监管合力尚未形成

法律服务作为一种事关社会公众利益的专业服务，对相关行业、职业均存在特定的资格、资质要求，因而必须强化对法律服务开放的监管。对粤港澳大湾区而言，如果无法对法律服务开放实现有效监管，法律服务过程中的违法违纪行为将扰乱法律服务市场秩序，进而有碍于粤港澳大湾区法律服务开放的进程。从粤港澳大湾区法律职业共同体的一致利益出发，有必要推动粤港澳三地形成监管合力，以保障粤港澳大湾区法律服务的有序开放。然而，由于内地与港澳法律服务监管模式存在差异，当前粤港澳大湾区法律服务开放监管仍难以形成合力。这从粤港澳大湾区律师业监管即可见一斑。

在香港特别行政区，事务律师和大律师的监管主要分由香港律师会和香港大律师公会负责。其中，香港律师会是事务律师的专业协会，担当着代表及监管事务律师的角色，根据《法律执业者条例》行使监管事务律师行及其执业操守的法定权力，如发现律师不诚实、故意延误个案进度、破产、死亡或遭遇其他意外，有权介入该律师行之日常运作。[12]香港大律师公会是监管大律师的专业团体，公会执委会负责将涉及大律师违反《行为守则》的投诉转由纪律委员会处理，如果该投诉可能涉及专业行为失当并被纪律审裁组裁定成立，纪律审裁组有权对大律师执行罚款、暂时吊销执业资格甚至除牌等纪律处分。[13]

在澳门特别行政区，律师监管主要由澳门律师公会及律师业高等委员会负责，两者在监管职能上存在相应分工。其中，澳门律师公会作为代表律师业的公共团体，主要负责制定律师从业规范和管理律师、实习律师的执业资格。[14]根据澳门《律师通则》，律师业高等委员会为律师职业纪律机关，对律师及实习

---

12 参见《关于律师会：宗旨和功能》，载香港律师会网站，https://www.hklawsoc.org.hk/zh-CN/About-the-Society/Aim-and-Function，最后访问于2022年5月6日。

13 参见《香港的大律师》，载香港大律师公会网站，https://www.hkba.org/zh-hant/content/about-barristers-hong-kong，最后访问于2022年5月6日。

14 参见《澳门律师公会：基本职责》，载澳门律师公会网站，https://aam.org.mo/zh-hant/aam/%e6%ad%b7%e5%8f%b2/，最后访问于2022年5月6日。

律师行使专属纪律管辖权，依法可以对违反纪律者科处“警告、谴责、最高至澳门币十万元之罚款、中止十日至一百八十日、中止六个月至五年、中止五年至十五年”共六类处分。

可见，港澳强调法律服务行业的自我管理，其律师业的监管主要由律师行业组织负责。这与内地对律师业采取的“政府主导＋行业自律”的双重监管模式差异较大。我国《律师法》虽然明确内地律师协会作为律师的自律性组织，也规定律师、律师事务所应当加入律师协会并相应享有权利、履行义务，但对于涉及处罚等监管“硬措施”则规定由政府司法行政机关执行。这也表现在对联营律师事务所的监管上。如《联营管理办法》规定，对于联营律师事务所的年度检验及有关处罚，均由省级司法行政机关执行。在此情况下，目前内地与港澳对律师业的监管在总体上仍难以有机对接。

从粤港澳大湾区法律服务开放的监管规定来看，虽然《广东省合伙联营试行办法》《大湾区执业管理试行办法》等规范性文件相对突出内地律师协会对联营律师事务所、港澳律师等从业主体的行业管理职能，个别条款也对内地与港澳律师组织的互动交流作出规定，如《广东省合伙联营试行办法》第36条第3款规定，可以建议港澳律师行业组织对违反职业道德和执业纪律的港澳律师予以处罚等，“但内容仍以程序性的信息沟通与通报合作为主，缺乏实质性的监管合作内容”。[15] 因此，上述相关规定并没有改变粤港澳大湾区律师业由内地单方监管的状况，粤港澳三地有待加强合作，以进一步形成对粤港澳大湾区法律服务开放的监管合力。

（四）粤港澳大湾区法律服务开放的实效仍存不足

粤港澳大湾区法律服务开放的实效是衡量其法律服务开放功能价值实现程度的重要标准。粤港澳大湾区法律服务开放不能“为了开放而开放”，而是要立足《规划纲要》的部署安排，以法律服务开放的实效促进粤港澳大湾区纠纷解决，进而强化粤港澳大湾区建设的法治保障。但从粤港澳大湾区仲裁和调解相关效力审查、确认来看，其法律服务开放的实效仍存在不足。

一方面，调仲对接的效力审查仍须加强。基于调解在纠纷解决中的灵活性，粤港澳三地调解业发展较快，且与相关法律服务业相互结合，为建立健全粤港澳多元化纠纷解决机制提供了可能。尤其是随着调解业与仲裁业的交流日益频繁，调仲对接的进程进一步深入。例如，借助粤港澳仲裁调解联盟，双方当事

15　张淑钿：《粤港澳大湾区城市群建设中的法律冲突与法律合作》，载《港澳研究》2017年第3期。

人可以约定将经过香港和解中心等联盟成员机构调解达成的调解协议提交深圳国际仲裁院作出裁决，并予以执行。[16] 这对于加强调解与仲裁的行业联动，推动调解向仲裁的转化执行以提高纠纷解决效率，具有重要意义。但当前调仲对接也存在过于关注效率但忽视效力审查的问题。由于调解的制度限制较少，准入门槛低，可能存在当事人不当利用调解的制度空子达成有损他人权益或公共利益的协议。而且，基于粤港澳三地调解制度的差异，也可能导致其中一地达成的调解协议在执行地引发法律冲突而突破当地制度框架的情况。为此，从增强粤港澳大湾区法律服务的实效出发，不仅要关注调仲对接的效率，还要重视调仲对接的效力审查。

另一方面，调解协议的司法确认亟待推进。调解在粤港澳大湾区要发挥实效，必须以调解协议的有效执行为前提。尤其是能否通过司法机关确认并执行协议内容，对调解的实效具有重要影响。从粤港澳三地规定来看，内地九市根据我国《民事诉讼法》第201条、第202条规定，经依法设立的调解组织调解达成的调解协议可以申请司法确认，法院裁定调解协议有效的，当事人可向法院申请执行。港澳将调解协议界定为合同性质。在香港特别行政区，如果一方不履行调解协议，对方当事人可以提起诉讼，要求违约方承担违约责任；在澳门特别行政区，如果调解协议符合特定要件，则可以作为执行依据。[17] 从内地与港澳签署的有关相互认可和执行民商事案件判决的安排来看，仅内地法院的调解书，即司法调解作为内地判决的类型之一，属于港澳法院认可的范围，但粤港澳三地有关当事人经调解组织达成的调解协议均不在相互认可之列。由此可见，基于对调解协议性质的认定及其司法确认、执行等方面的制度差异，粤港澳三地未实现调解协议的司法互认，因而调解协议仍不能通过司法强制力保障其在粤港澳大湾区有效执行，在一定程度上削弱了粤港澳大湾区调解的实效。

四、粤港澳大湾区法律服务开放的完善进路

（一）强化粤港澳大湾区法律服务开放的法治引领

“大湾区治理创新离不开法治的引领和保障，必须在法治的框架下推进。”[18]

---

16 参见《粤港澳商事调解联盟商事争议调解程序指引》，载粤港澳仲裁调解联盟网站，https://www.ghmma.com/intro/6.html，最后访问于2022年5月6日。

17 参见司艳丽：《粤港澳大湾区法律规则衔接疑难问题研究——以多元化纠纷解决机制为切入点》，载《中国法律评论》2022年第1期。

18 石佑启、陈可翔：《粤港澳大湾区治理创新的法治进路》，载《中国社会科学》2019年第11期。

因此，从制度基础来看，粤港澳大湾区法律服务开放也必须强化法治引领，推动法律服务由政策导向型开放向法治型开放转变。

首先，授权暂时调整或者停止相应法律规定在粤港澳大湾区的适用，为其法律服务开放创造法治空间。《立法法》第16条规定，全国人民代表大会及其常务委员会可以根据改革发展的需要，决定就特定事项授权在规定期限和范围内在部分地方暂时调整或者暂时停止适用法律的部分规定。这一规定旨在调适改革与法治的关系，拓宽改革创新的法治空间。对于粤港澳大湾区法律服务开放需要突破现行法律规定的情形，也应当依照上述法定程序展开，从而保证相关改革创新在法治的轨道上进行。特别是涉及粤港澳大湾区律师机构设立的相关事项，均属于行政管理领域的特定事项，因此，在缺乏《律师法》依据而仅有部门规章和规范性文件规定的前提下，有必要暂时调整或停止《律师法》有关律师事务所等规定在粤港澳大湾区的适用。这一方面能够避免部门规章、规范性文件直接和法律发生冲突，夯实有关港澳律师事务所代表机构、联营律师事务所的正当性基础；另一方面也为进一步探索港澳在内地设立律师机构创造更为充分的法治空间。

其次，必要时可授权广东省进行变通立法，为内地九市在粤港澳大湾区实现法律服务开放提供法规依据。广东省仅以《立法法》规定的职权立法权限，难以满足内地九市在粤港澳大湾区法律服务开放的法治需求。在此情况下，全国人大常委会可以对广东省人大及其常委会作出授权，使其可以通过变通立法为粤港澳大湾区法律服务开放提供法规依据。一方面，这可以改变当前部分粤港澳大湾区法律服务开放在内地九市无法可依的现象。例如，可授权广东省制定地方性法规对内地九市有关粤港澳大湾区商事调解及其开放等作出规定，使商事调解在内地九市也能够具备法规范依据。另一方面，在相关法律规定在粤港澳大湾区暂时调整或停止适用后，通过授权广东省变通立法，既可以填补粤港澳大湾区法律服务开放暂时出现的法规范空白，也能够以地方性法规为完善粤港澳大湾区法律服务开放的顶层设计提供试验性规范，以检验粤港澳大湾区法律服务开放制度创新在法律层面的可转化性。

最后，在地方立法试验的基础上，逐步制定、修改完善粤港澳大湾区法律服务开放相关法律。当相关创新举措涉及粤港澳大湾区法律服务行业基本制度时，部门规章或地方立法更多的是一种过渡期间的依据，时机成熟后则应当启动法律的制定、修改。对于商事调解等存在法律空白的领域，有必要在法律层面确立其在内地的制度合法性，进而推动粤港澳大湾区商事调解相关法规范的协调衔接；对于粤港澳大湾区律师业等法律开放中突破现行法律进行制度创新的领域，则有必要通过修改《律师法》等法律，对试验可行的制度创新事项予以确认，从而推动授权暂时调整或者停止法律适用与法律修改之间的有效衔接。

（二）突破粤港澳大湾区法律服务开放的制度壁垒

律师业作为一项专业化程度较高的法律服务，其制度约束相对较多，其制度壁垒在粤港澳大湾区各法律服务行业中尤为显现。因此，突破粤港澳大湾区法律服务开放的制度壁垒，首先要从律师业着手。具体包括三个方面：

第一，推动粤港澳大湾区律师业的相互开放。有学者认为，粤港“两地政府之间应该加紧就香港与广东的法律服务合作中的具体事宜进行磋商，积极完善《框架协议》中仍未具体落实的具体措施，使相关法规更具可操作性，以便两地法律职业者按照规定依法进行合作”。[19]内地九市与港澳之间的律师业开放亦须如此，有必要着力推动港澳律师业向内地九市开放，以有效落实《粤港合作框架协议》和《粤澳合作框架协议》中有关律师业合作的条款。而且，香港特别行政区和澳门特别行政区之间也需要推动律师业的相互开放，从而真正实现粤港澳三地法律服务开放的新格局。

第二，加强粤港澳大湾区律师执业资格的互认。从国外来看，律师执业资格的互认是法律服务开放的关键。以欧洲为例，德国对来自欧共体的外国律师经程序审查后允许其从事德国法律业务；[20]法国对来自欧盟成员国的律师，允许其凭借本国律师资格办理相应手续后以临时执业的身份参加到具体的诉讼之中，从而在法国法院作为代理人进行辩护。[21]可见，欧洲相关共同体国家之间早已在不同程度上进行律师执业资格的互认，粤港澳大湾区作为国内区域更有必要逐步予以实现。一方面，应当从粤港澳大湾区的实际出发，建立健全相关配套措施。在较大程度上，上述欧洲国家律师执业资格互认的推行得益于它们大多从属大陆法系，但粤港澳三地“一国两制三法域”的制度特点，使三地在诉讼模式、法律思维等方面差异明显，这也是阻碍粤港澳大湾区律师执业资格互认的重要原因。因此，粤港澳大湾区律师执业资格的互认，应当以加强相应法域执业培训作为配套基础。以此为前提，逐步将当前对律师执业资格的“考核—审查”模式转变为“培训—认可”模式。另一方面，在互认的类型上，可以进一步丰富，如区分临时执业与长期执业的互认。即，前者针对异地律师参加某一非诉讼项目或诉讼案件进行资格互认，后者针对异地律师获得本地相应时期执业资格作出互认等。

---

19 慕亚平、张凤媚：《进一步推进粤港两地法律服务合作的思考》，载《政法学刊》2012年第6期。

20 参见王江：《德国法律服务业开放的管窥和启示》，载《德国研究》2001年第3期。

21 参见阎兰：《一个参照：法国法律服务市场的开放》，载《环球法律评论》2001年第2期。

第三，拓宽港澳律师机构在内地九市的业务范围。目前，由于粤港澳大湾区律师业开放存在单向性，内地律师事务所鲜有在港澳设立机构，更多的是港澳律师事务所在内地设立机构。在内地，港澳律师机构的业务范围已有所拓宽，如部分联营律师事务所可受理的诉讼事务已从民商事诉讼扩展至行政诉讼。这表明，内地向港澳律师机构开放的业务已从私法领域延伸至公法领域。基于此，可进一步允许广东省内组建的合伙型联营律师事务所受理刑事诉讼等领域案件。这有助于促进粤港澳大湾区各类律师事务所公平竞争，推动区域内法律服务市场的繁荣，使当事人获得更多选择。与此同时，也应当在推进港澳律师业向内地开放的进程中，拓宽内地律师在港澳的业务范围，从而为粤港澳大湾区建设提供更为充分的法律服务和保障。

（三）推动粤港澳大湾区法律服务开放的协同监管

“基于追逐利益的需要，港澳法律服务机构可能会以分支机构的名义规避港澳的监管，或者以港澳法律服务机构的名义规避内地对分支机构的监管”，[22] 因此，随着粤港澳大湾区法律服务开放进程的深入，必须加强粤港澳三地对法律服务业的协同监管。否则，将易于造成粤港澳大湾区法律服务市场的混乱，甚至使粤港澳大湾区成为法律服务行业违法的“避风港”而有悖于其法律服务开放的初衷。从粤港澳大湾区法律服务协同监管的实现路径来看，粤港澳三地必须秉持求同存异的理念，立足相互之间监管模式的“最大公约数”予以实现。

以律师业的监管为例，虽然内地与港澳监管模式及其运行均存在差异，但三地均以律师行业组织作为监管主体。因此，粤港澳大湾区律师业的协同监管，首先可以从行业监管层面予以推进。从国外经验来看，这也是法律服务开放背景下律师业监管的重要形式。例如，德国传统的律师行业以行政管理为主，但随着法律服务的开放，司法行政部门的职能转向宏观调控，惩戒权力则由律师协会掌握。[23] 就粤港澳大湾区而言，港澳向来强调对律师业进行行业监管，其律师行业组织也具有实质性的惩戒权力。因此，为更好推动粤港澳三地律师业行业监管的协同，有必要对内地九市现行“政府主导 + 行业自律”的双重监管模式进行内部结构的优化调整，在保证司法行政机关的宏观指导、监督的前提下，可通过法律法规的授权，将更多的具体惩戒权力授予内地相关律师协会，以强化其监管能力。

在此基础上，进一步建立健全粤港澳大湾区律师业的行业协同监管机制。

22　朱最新：《粤港澳大湾区法律服务集聚发展研究》，载《特区实践与理论》2022 年第 1 期。

23　参见王江：《德国法律服务业开放的管窥和启示》，载《德国研究》2001 年第 3 期。

一是常态化监管信息通报机制。虽然内地律师协会与港澳律师行业组织之间已建立了一定的沟通交流机制，但并非针对监管信息的通报，也缺乏常态化的运作。因此，有必要推动粤港澳三地律师行业组织之间常态化的监管信息通报，以此作为协同监管的信息基础。二是考核交叉备案机制。根据《大湾区执业管理试行办法》，粤港澳大湾区律师参与内地律师协会考核须由港澳律师行业组织出具相关证明材料。对此，可通过粤港澳三地律师行业组织之间对考核材料的交叉备案，以主动掌握粤港澳大湾区律师在内地及其本地的考核情况。三是联合惩戒机制。由粤港澳三地律师行业组织对律师机构及律师的违法违纪行为进行联合惩戒，是强化律师业的监管效果有效方式。这也能够避免出现律师机构或律师借助粤港澳大湾区法律服务开放的便利规避责任。

（四）健全粤港澳大湾区法律服务开放的效力机制

从实现粤港澳大湾区法律服务开放的功能价值出发，尤其是针对粤港澳大湾区仲裁和调解在实效上存在的不足，需要从以下两个方面着手健全效力机制：

第一，强化调仲对接中的调解协议审查，以确保其转由仲裁裁决执行的效力正当性。实践中，调仲对接有效推动了粤港澳三地的调解协议转由仲裁裁决得以在异地执行，提高了调解协议在粤港澳大湾区的执行效率。但这应当以调解协议符合执行地法治要求等为基础，否则，依其内容作出的仲裁裁决将不具备效力正当性。因此，粤港澳三地相关仲裁机构依照调解协议作出裁决前，必须对调解协议展开实质性审查。从内容上看，有必要对调解协议是否存在破坏“一国两制”原则、危害国家安全或公共安全、违反执行地法律原则或规定、违背公序良俗或侵犯他人合法权益等情形进行审查，以判断调解协议是否具备正当性，从而基于调解协议的正当性确保依其转化的仲裁裁决具备正当效力，进而避免该仲裁裁决执行的效力受到质疑甚至被推翻。

第二，推动粤港澳大湾区调解协议的司法互认，以司法保障调解协议的执行效力。相较于通过仲裁裁决来执行调解协议，以司法推动调解协议的执行更具效力。中共中央、国务院《全面深化前海深港现代服务业合作区改革开放方案》《横琴粤澳深度合作区建设总体方案》分别强调探索“与港澳区际民商事司法协助和交流新机制”和“加强粤澳司法交流协作”。从长远来看，有必要通过签署司法协助安排，将调解协议纳入粤港澳三地法院相互认可和执行的范围。这虽然存在一定难度，却也具有可行性。一方面，国际上就调解协议的司法互认已形成典型经验。《新加坡调解公约》于2019年7月开放签署，包括我国在内的46个国家和地区成为首批签约方，这将允许在国际商业纠纷中的和解协议通过诉诸缔约国一方的法院得以执行。[24] 可见，对于调解协议尤其是商事调解协议的跨境司法互认已实际得到推进。另一方面，粤港澳大湾区相关调解标准的统一也为调解协议的司法互认提供可能。跨境调解协议的司法互认除了司法制度的障碍以外，很大程度上则是受制于调解标准的差异。《粤港澳大湾区调解员资格资历评审标准》和《粤港澳大湾区调解员专业操守最佳准则》的出台，推动了粤港澳三地调解员标准的协调统一。这不仅能够促进粤港澳大湾区调解业的进一步开放，也有助于推进粤港澳三地调解协议司法互认的进程。

24 参见王丽丽：《中国签署〈新加坡调解公约〉》，载中国政府网，http：//www.gov.cn/xinwen/2019－08/08/content_ 5419644.htm，最后访问于2022年5月6日。

反思与回应：中国行政法法典化的路径探析

黄　辉　余诗雨*

【内容提要】中国行政法法典化需反思及回应非法典化与解法典化所带来的挑战；中国行政法学界主张借鉴中国《民法典》编纂的方法来编纂行政法法典，但其内核的民法典体系学术传统和资源供给对中国行政法典的作用非常有限。中国行政法法典化要成为体系化的范式法典需解决如下问题：立法模式上要对实体性和程序性规范进行系统的整理，明确行政法典化的立法模式；要解决传统行政行为形式理论维系新兴行政手段张力不足的情势，为中国行政法法典化提供新的方法论支持；明确行政行为等法典化的核心概念体系；通过法教义学凝聚立法、实务和行政法学界的共识，破除立法抽象体系与实践安定有序之间的紧张关系，为行政法典外部体系圆融奠定基础。

【关键词】行政法法典化　立法模式　方法论更新　核心概念

法治中国建设持续推进，《民法典》颁布之后，体系化的法典编纂正成为影响中国法治进程的热点问题和时髦话语，中国行政法学界也出现了“法典热”的理论声音。2017年12月27日，在中国政法大学举办的“行政法总则与行政法法典化”学术研讨会上应松年教授首次提出可以借鉴《民法总则》的立法技术，形成具有中国特色的行政法总则。有的学者指出在民法统一立法背景下，推进行政法法典化：主张在制定行政法总则的基础上并推进行政法分则的

---

* 黄辉——上海政法学院教授，主要研究领域：行政法学、法治评估和教育教学评估。余诗雨——上海政法学院行政法学研究中心研究员，主要研究领域：行政法学。本文是上海市“曙光人才计划”（14SG53）阶段性成果，上海市法学高原学科项目（SHZF201501）阶段性成果。

制定[1]。有的学者指出，“行政法典的规范化离不开行政法总则的导引”，“应统一总则的概念、定位、功能、内容、与分则的逻辑关系、长度”[2]。有的学者指出中国特色行政法法典化宜坚持“制定行政法总则 + 编纂行政法典各分编”的思路，在2030年左右最终实现编纂完成行政法典的梦想[3]。2021年4月16日，《全国人大常委会2021年度立法工作计划》提出研究启动行政基本法典等条件成熟的行政立法领域的法典编纂工作。有学者指出，“行政基本法典兼顾实体法和程序法、内容广泛、用语抽象简约，具有较为充分的政治基础、立法基础、制度探索和理论基础，也有民法典编纂和域外经验可以借鉴，法典化的条件比较成熟”[4]，认为“行政法基本原则，公民、组织的权利义务，行政组织及其职权，信息公开，行政补偿等诸多行政实体内容，都需要在基本行政法典中加以规定，并与程序性规定形成协调统一、均衡互补的关系”[5]。立法体系和实施一体是法律人的精神追求，对规范浩繁、层级纷呈、组织复杂、实施各殊的行政法而言，能通过行政法之法典化，解决行政法分散立法、安定缺失、体系式微等诸多问题，在中国乃至世界行政法发展历史上皆具有拓荒意义。然而，行政法法典化是行政法规制内容进行体系和逻辑重构的复杂立法活动，其既要回应行政法理论纵深复杂的问题，又要回应行政法治实践的现实难题；既要反思法典化的批评而为范式法典开辟新思路，又要在既有比较法资源借鉴不足的情况下开疆破土，这需要中国立法机关、实务界、行政法学界回应行政法法典化中的核心问题，在破解行政法法典化的立法模式的选择、更新建构行政法体系化的方法论、厘定行政法体系基础之核心概念、凝聚法教义学共识、助推立法进步等方面保持一份清醒认知和学术冷峻。

一、“法典化”反思与行政法法典化应对

法典是特定秩序下法律规范综合的、有机的、和谐的体系，在一定意义上是事实的符合逻辑和价值的整体。法典化是法典运动动态和整合的过程，法典化的实现手段是法典编纂，这种法典编纂是实质意义上的法典编纂，而不是形

1 应松年教授提出：“制定行政法总则的时机已经成熟，我们有能力借鉴民法总则的立法技术，将我国行政法中共性的东西抽取出来，形成具有中国特色的行政法总则。在行政法总则的指引下进一步制定行政法的分则，最终形成一部体系完整的行政法法典。”万学忠：《学界首次提出构建中国行政法法典》，载《法制日报》2018年1月19日，第6版。

2 关保英：《行政法典总则的法理学分析》，载《法学评论》2018年第1期。

3 章志远：《中国特色行政法法典化的模式选择》，载《法学》2018年第9期。

4 马怀德：《行政基本法典模式、内容与框架》，载《政法论坛》2022年第3期。

5 杨伟东：《基本行政法典的确立、定位与架构》，载《法学研究》2021年第6期。

式意义上的法典编纂。法典化运动的发展历史与近代资产阶级启蒙运动相伴，19 世纪的理性思潮对法国的法典编纂运动产生了重大影响。以《法国民法典》和《德国民法典》为代表掀起了历史上大规模的法典编纂运动，该次法典编纂运动对世界法治进程产生了重大影响，也为世界范围的法律移植提供了经验。当然，关于理性主义的法律建构和法典编纂也表现出了批评的声音。一是非法典化。非法典化内在本质是从根本上反对通过理性建构的方法制定法典，其背后关涉历史法学派对自然法“永恒理念”和法典理性建构论的反对。[6] 非法典化的支持者主要认为法典一旦被编纂出来便停滞不前，不能适应时代的变化，无法阻止单行法律、解释和判例的出现，如此制定一部集大成的法典则变得没有意义。[7] 非法典化在法治实践中以英美法系的非成文法为主要表现形式，该模式在哲学基础上是主张经验主义，而反对理性建构；虽然普通法系后期也有相应的立法，但该立法都是既有经验的立法总结，因此是形式上的法典编纂，与实质上的法典编纂有本质区别。二是解法典化。解法典化由意大利民法学者那塔利诺·伊尔蒂在其论文《解法典化的时代》一文中首次提出，核心意义在于三个方面：其一，为适应经济社会格局的剧烈变化，民法典之外出现了大量的特别立法；其二，特别立法将特定领域和案件类型从民法典中分离出去并以异质于民法典规范所确立的一般规则和价值理念进行调整；其三，在这些领域和案件类型上，特别立法正在形成多个与民法典在价值和逻辑上都相对独立的微系统。其结果就是，民法典的调整领域被特别法所逐步侵蚀，民法典被特别法所掏空，丧失了作为私法中心的地位。[8]“解法典化”的核心问题在于建构的理性主义不能涵盖社会生活的变动不居，既有的立法体系不能应对层出不穷的新矛盾和新问题，特别立法的介入在根本意义上对既有法典进行消解。

制度文明发展历程整体经历了对法典化颂扬、反思批判到再建构阶段，法典化面临着时代发展的新挑战和机遇，中国行政法法典化运动应回应“法典化”发展过程所面临的问题，方能为中国行政法立法的科学化、体系化打下基础，唯有如此，中国行政法法典方有机会成为范式法典。因此，行政法法典化过程应反思如下问题：首先，中国行政法法典化应如何回应尚未充分发展的行政法治实践和极具时代变革的控权结构调整。中国行政法的发展历程非常短，现行的行政法治实践建立起了对行政权力进行规制的基本框架，建立起了行政立法、具体行政行为一般规制和以行政复议、行政诉讼、行政赔偿为中心的行政救济

6 李鼎楚：《历史法学在近代中国传播的“知识景象”——基于法政书刊的考察》，载《政法论坛》2017 年第 6 期。

7 陈金钊：《法典化语用及其意义》，载《政治与法律》2021 年第 11 期。

8 朱广新：《民法典编纂：民事部门法典的统一再法典化》，载《比较法研究》2018 年第 6 期。

的一般规则。但就整体而言，行政法治实践过程中并未完全形成以控权为中心的行政法治格局，即行政主体在行政执法过程中依然存在程序违法，行政越权和滥权时有发生，对行政违法行为进行程序救济和实质救济还存在问题。此外，行政法上的法教义学并未形成，立法、司法和行政执法过程中对有些行政法问题并未充分达成共识，法治实践中的安定性和稳定性未能给行政法法典化提供有效的支撑。另外，中国社会处于激烈变革期间，行政机构的组织体系、管理体系、行政执法手段和方式都在发生着深刻的变化，这些变化也会对法典化产生实质性的冲击，当然这可以通过立法技术的一般概念予以处理。其次，解法典化已成为应对法典体系弊端的权宜，行政法法典化过程中应该有效回应解法典化产生的问题。解法典化中的特别法并非为法典所包含的法律的特殊形式，而是所允许排除在法典之外的特别法规范；但法典之外的特别法与法典本身的规则和原则是直接排斥的。因此，从深层意义上而言，解法典化是基于法典化自身外部体系的固定、抽象、僵化所带来的，是通过内部体系或者法律适用都不能解决外部体系所产生的问题而产生的。因此，解法典化是对法典化理性建构的否定，在这样的逻辑下，理性建构的规制秩序受到了挑战。从实践层面而言，特别法与既有法典体系的分歧是必然的，这种分歧会带来法律适用的统一问题，也给法律的安定性带来了隐忧。法典化后法条的容量有限，再法典过程不可能将所有的特别法条款整合在法典之中，因此行政法法典化过程应该考虑到立法封闭、僵化所带来的问题，故而需要在基本原则、行政主体、行政行为规则等方面设定一些弹性条款，这样可以通过立法技术把法典之外的特别法变成对法典的有益补充，从而保持法典对变化着的社会生活的适应性。

二、民法法典化模式反思与行政法法典化应对

行政法法典化的倡导者认为应当借鉴“民法总则的立法技术”，将“共性的东西抽取出来”[9]（在有的场合亦表达为“提取公因式”）；有的学者从“行政法总则法典化”“一般行政法法典化”“部门行政法法典化”等角度论证行政法法典化的核心要义在于“绝非法律汇编意义上的部门行政法典化”。[10]在该语境下的中国行政法“法典热”是要借鉴中国民法典立法的体系和方法，而中国民法典的编纂则在整体上是借鉴德国立法的方法论和基本体系，因此中国行政法法典化进程要借鉴“潘德克吞”体系，关键理论问题需引起关注。“潘德克吞”是德国民法典的编纂体系，“潘德克吞”体系是历史积淀的产物。该体系强调抽

9 万学忠：《学界首次提出构建中国行政法法典》，载《法制日报》2018年1月19日，第6版。

10 章志远：《中国特色行政法法典化的模式选择》，载《法学》2018年第9期。

象概念和法言法语，在法典编纂上采用“五编制体例”，由一般概括的通用规则汇总成“总则”放在篇首为第一编，其余各编依次为：物权法、债法、亲属法和继承法。该体系的形成受历史和文化因素影响，是罗马法的继受、自然法精神、德国统一后经济规则沉淀、理性建构主义思维和德国思辨哲学共同作用的产物。因此，“潘德克吞”模式经历了历史传承、学术争鸣的发展，就学术传统而言，优士丁尼《国法大全》中的《学说汇纂》为“潘德克吞”体系的形成提供了最初的法典基础，而真正意义上该体系经历了胡果、海瑟、萨维尼、温德沙特等学者近百年的商榷和著述论辩才逐渐形成，[11] 他们撰写了大量以“学说汇纂”为主题的民法学专著并最终形成了“潘德克吞学派”，该学派的出现为 19 世纪末《德国民法典》的编纂奠定了坚实的理论基础。[12]

“潘德克吞”体系一经形成，便成为范式法典广为大陆法系国家继受。继受“潘德克吞”法系的国家更多是借鉴其私法的基本概念、法典体例和体系化的基本方法。五篇制的外在体系是德国民法典的形式结构，概念法学及其概念抽象和演绎则是该体系形成的实质方法，其中沃尔夫被认为奠定了民法外在体系的理论基础，普赫塔则是通过抽象概念建构民法体系最具代表性的人物。[13]“事实的抽象—概括式表达”“共同性规定的提取”和“援引技术”的大规模运用成为《德国民法典》在编纂过程中的基本方法。[14] 抽象概念即是从法律拟规制的事实中整理出若干特征，并且将这些特征一般化，以这些特征为基础并在此之上增删形成不同层级的抽象性的概念，并作为外部体系的基础；同时抽象概念的提取和形成之时，也遵循“相关学科在形成概念时想要追求的目的”[15]。因此，中国民法典的编纂对中国行政法“法典热”而言，其可借鉴的内容非常有限，首先，表现为“潘德克吞”体系是基于私法而确立的财产关系和人身关系的法律规则的体系，而行政法法典化则是关于公权规制的法律规则体系，两者在立法目的、适用范围、调整方法和手段、价值取向等方面都有着本质的区别，因此行政法法典化很难借鉴私法规则的基本概念、体例和方法论。其次，表现为“潘德克吞”体系是私法规则历史沉淀的产物，最早可以追溯到古罗马、法律移植传播，中国民法典编纂是此渊源在概念辩驳、本土适切、体系修正与中国民

11 舒国滢：《19 世纪德国“学说汇纂”体系的形成与发展 基于欧陆近代法学知识谱系的考察》，载《中外法学》2016 年第 1 期。

12 舒国滢：《格奥尔格·弗里德里希·普赫塔的法学建构：理论与方法》，载《比较法研究》2016 年第 2 期。

13 方新军：《内在体系外显与民法典体系融贯性的实现》，载《中外法学》2017 年第 3 期。

14 方新军：《融贯民法典外在体系和内在体系的编纂技术》，载《法制与社会发展》2019 年第 2 期。

15 ［德］卡尔·拉伦茨著：《法学方法论》，黄家镇译，商务印书馆 2020 年版，第 552 页。

事法律本土习惯不断论战中形成的，而中国行政法典化过程缺少这样的历史沉淀。

另外，“潘德克吞”体系存在非常突出的问题，基于概念法学之基础建立起封闭的法律体系，在理论上遭遇利益法学和评价法学的批评。[16]抽象与封闭的概念体系具体到民法适用上也出现了不少难题，并非所有的法律事实均可以被外部法律体系所统摄，即封闭体系是不可能存在圆满的，也即“计划的不圆满性”；另外基于抽象概括所形成的概念本身也存在问题，即“随着抽象程度的提高必然导致内容越来越空洞”[17]，如此的外部体系给法律实施的安定和稳定带来一定的挑战。法学方法论的产生为试图破解外部体系所生问题提供了基本理论框架和实践基础，通过“基本原则及基本原则的具体化”以及“规定功能的法概念”构建起内部体系，从而使得内容空洞的抽象概念在司法适用过程有具体化的可能和相对一致性，无疑这需要通过司法适用的经验与立法、学术研究之间交相往返，在法学方法和法教义学上达成共识，如此方有助于抽象法律规则体系稳定性和安定性的形成。因此若主张通过借鉴“民法总则的立法技术”来建构中国行政法法典，也应通过法学方法论回应“潘德克吞”的外部体系带来的问题。民法的内部体系的建构在一定意义上相对成熟，而中国行政法在该方面的认识尚处于起步阶段，未经实践检讨的现有规范运行体系，也难为中国行政法法典化构建提供经验。

三、法典通则模式反思与行政法法典化应对

关于行政法法典化的路径选择，许多学者认为可以《荷兰行政法通则(1992)》为立法遵循，为我国制定行政法总则提供借鉴，但荷兰相关立法和我国行政法总则在目标设定、现实基础、规范构成、法典配套等方面都存在本质区别。因此我国行政法法典化的进程应更多关注域外立法参考供给不足的问题，主要体现在如下方面：第一，《荷兰行政法通则（1992）》本身是未尽稿，该立法采取“框架式、分阶段立法”新模式，所以大框架下留有一些空置的章、节、条，留待未来立法再行补充。“框架式、分阶段立法”本身就表明该法不是理性建构起来的完美法典，也没有形成一个封闭的概念体系，这种立法显然不能作为一种立法模式或者说立法例，更何况在中国的立法历史上也从来没有出现过立法空缺或分阶段立法的立法模式。第二，《荷兰行政法通则（1992）》开启了行政法法典化的尝试，但在体系化的分配上存在明显的缺憾。该法将行政法的

16 ［德］卡尔·拉伦茨著：《法学方法论》，黄家镇译，商务印书馆2020年版，第66－80页。

17 ［德］卡尔·拉伦茨著：《法学方法论》，黄家镇译，商务印书馆2020年版，第671－672页。

基本内容作了概要式的规定，共11章、338条，空置第四章第16条至第20条、第五章第二节、第九章。以通则的形式明确了相关定义和适用范围，明确通则、复议、诉讼之间的关系和相互衔接，明确了命令作为行政立法的一般规定，并对行政决定、行政补助、行政执法等作了专门规定。但是该法在体系化上存在问题。其一，在整体立法中程序性的内容条款占据了太大篇幅，复议法和诉讼相关部分分别为28条和88条，占整个立法文本的三分之一，具有立法总则或者立法通则意味的法律文本应该是以原则性的规定程序为基本内容，而不是用大量篇幅规定程序的具体运行。其二，该法的体系性不够强，该法以命令作为构成立法体系的核心概念，命令之下包括一般命令和特殊命令，其中将政策规则纳入一般命令在逻辑上似乎更为圆整；特殊命令之下的行政决定和行政执法并列，把行政强制措施作为行政执法的一种方式等处理存在逻辑上的问题，政策规则应该属于一般命令的范畴，行政决定本身就包括需要执法要素、行政监督检查有时并非行政执法，行政强制措施本身可能是行政决定的构成，因此在《荷兰行政法通则（1992）》中行政行为的形式理论并非严密或者说并非封闭的概念体系。

此外，《荷兰行政法通则（1992）》并未比其他国家行政程序法更具法典建构理性。德国行政法法典化经历了“行政法总则法典化”“行政程序法典化”与“非法典化”之争[18]，最后在理论界和实务界的妥协中走了行政程序立法的中间道路。《德意志联邦共和国行政手续法（1976）》对程序的适用范围、相关主体的类型及其行为能力、要式与非要式等程序形式、日期期间等程序性时限问题作出了一体规定；其核心在于构建起了以行政处分为中心的行政行为形式理论，行政处分成立与有效、无效、程序与方式瑕疵之补正、撤销、废止等具体条件的设立，为行政法的体系性、逻辑性奠定了坚实基础，也以行政程序法为中心勾勒起了行政程序法与行政法其他法律文本之间内在逻辑理路；通过行政程序法关联，行政行为与行政救济在法律文本之间自然衔接，而且在条文数量上也能得到有效控制。因此，以行政程序法为名的《德意志联邦共和国行政手续法（1976）》在实质上具有法典体系化之内在理性思维和逻辑建构，在一定意义上较之于《荷兰行政法通则（1992）》更具备统辖行政法内在诸要素的体系性，为诸国法典化提供方法和思路。《美国联邦行政程序法（1946）》未如《德意志联邦共和国行政手续法（1976）》进行精致的概括抽象，但对行政机关、行政当事人、规章、制定规章、裁决令、裁判、许可证、核发许可证、制

18　严益州：《德国〈联邦行政程序法〉的源起、论争与形成》，载《环球法律评论》2018年第6期。

裁、听证、公开、救济等内容进行了平铺直叙的规制，既符合英美法传统中法典编纂模式下的立法思路，也能就行政法运行中的核心问题进行立法规定，对行政权的规制和行政相对人权利救济能提供有效法律保障。

尽管行政法学术界对行政程序法保持了高度的理论热情和呼吁，中国行政程序法的立法只停留在地方的立法实践，中央层面的立法并未引起足够的重视。笔者认为根本原因还在于，就如何运用行政法典化之工具理性来实现行政法治之价值理性而言，行政法界的理论准备不足，或者只是通过移植性制度的机械性堆砌，或者对行政程序法治过程中的实践问题回应不够，因此程序立法在立法机关、实务界、行政法学界存在非常大的分歧；行政法法典化进程中行政程序法立法模式的中间路线尚如此艰难，作为行政法总则法典化的任务则更为艰巨，因此《荷兰行政法通则（1992）》对中国行政法法典化的借鉴作用有限。

四、中国行政法法典化的路径选择

基于“反法典化”和“解法典化”检视行政法法典化提供的新视角，或言为行政法法典化提出了更高的要求；“潘德克吞”民法体系自身的学术传统和资源供给对行政法法典化借鉴有限，更何况“潘德克吞”极尽抽象的外部概念体系对法律实践的稳定性产生冲击，在民法体系内部也需要法学方法论予以消解，行政法法典化的体系稳定同样也要考虑该因素；此外，《荷兰的行政法通则（1992）》在体系性和逻辑上为理性建构的行政法法典化能提供的比较法借鉴的功能较为有限。因此行政法“法典化”的过程承受的理论压力是巨大的，如果能有所突破也是在世界行政法治发达史上具有里程碑意义，应该在立法模式的选择、建构行政法体系化的方法论、厘定行政法体系基础之核心概念、凝聚法教义学共识助推立法进步、明确行政法典总则与分则关系等方面破解中国行政法法典化的重大难题。

（一）明确行政法典化的立法模式

行政法法典化的立法模式选择，在行政法学理论界有不同类型的概括，有学者将法典化的模式概括为行政总则模式、行政程序法模式、行政基本法模式、统一的行政法典模式等不同的类型[19]。中国当下行政法实体性规范和程序性规范在满足行政法治初创时期的实践需求之后，有必要进行系统化和体系化的整理，理性主义建构无疑成为行政法学界建构行政法法典化的呼声，在该情形下，

---

19 马怀德：《行政基本法典模式、内容与框架》，载《政法论坛》2022 年第 3 期。

“总法模式”应该成为行政法“法典化”的基本思路，即行政法总则与行政法分则共同组成行政法法典。行政法总则应该以抽象概念为基础建立行政法的外部体系的一般规定，即行政法的适用范围，基本原则，行政组织和公务员的一般性规定，行政行为的概括性规定，行政行为与行政复议、诉讼的衔接，行政法律关系主体的权力（利）与义务，程序的一般规定，附则等；行政法法典分则应该在系统梳理现有部门行政法和单行行政法的基础上，成立体系相对独立和开放的行政法分则，分则基本上应该由行政组织法、公务员法、行政立法法、行政许可法、行政强制法等构成。推进中国行政法法典化进程应秉承总则与分则一体编纂的思路，究其原因在于行政法法典化需要体系统筹的法律关系、法律部门、法律程序、法律事项过于复杂，如果不进行整体立法规划和设计，都将影响整体法典体系的和谐，明确行政法法典总则和分则的关系，就要衔接如下相关问题：行政法总则的一般规定的开放与行政法特别法生成的可能，总则行政行为形式理论与新兴行政手段与类型的体系的包容关系，总则的行政行为形式理论与行政救济法的关系，总则程序一般规定与行政法具体法律部门的程序规定、总则的行政立法程序与一般立法规范的关系，行政法总则行政救济规范与行政救济特别法的关系，总则规范容量与规制内容的匹配关系等，都要从行政法法典化之初进行一体设计和考量。

（二）更新建构行政法体系化的方法论

传统行政法学以行政行为形式理论为核心内容所架构之封闭公法体系，乃逐渐无法回应日益复杂之行政现象与多元利益，对此学者乃有强调学理论应作相应调整或予以根本重建。[20] 20 世纪 60 年代以来，给付行政、行政指导、行政契约等新兴行政手段不断出现，传统行政法框架下的行政行为的形式理论对新出现的问题回应不足，既有理论框架下大陆法系国家传统的行政决定（行政命令）不能对新兴的行政手段予以概括，为破解该难题并为新形势下行政法典体系化提供新的思路，有的学者提出以行政法律关系作为行政法体系化之有效尝试，构建以行政法律关系之法主体体系化的逻辑主轴，并通过与行政的互动往来这些程序机制去实现公民的实体权利，重视行政法主体与私人之间的合作关系。[21] 该论点认为其本质上不排斥传统的行政行为形式论，而在于使得行政行为形式理论进一步精致化。无论该论点是否能整体为中国当下行政法体系化建构提供理论渊源，其所提出的问题是不可回避的，如何在传统行政行为形

20　赵宏：《法律关系取代行政行为的可能与困局》，载《法学家》2015 年第 3 期。

21　赵宏：《法律关系取代行政行为的可能与困局》，载《法学家》2015 年第 3 期。

式理论维系新兴行政手段张力不足之情势下，为行政法体系化和法典化提供新的方法论，已成为行政法学界和后期立法应该面临的首要问题，如果该问题不能得到有效解决，代表中国高度和理论水平的统一的行政法典水平受限。

（三）厘定行政法体系基础之核心概念

行政法律行为的概念要进一步厘定，使其从理论概念转化为立法概念。长期以来，我国对行政行为概念的表述都比较混乱，有关行政行为、行政法律行为、具体行政行为、抽象行政行为等概念的内涵及外延在使用上都不一致。有的学者指出，“行政行为是行政法学的核心概念，但对行政行为的内涵与功能，在我国尚未达成最低程度的共识”[22]。对于现行的概念体系，有的学者提出了批判，认为现有的具体和抽象二元体系不够专业，很多只有相对意义。由于抽象—具体的分类难以明确划分，在两可的情况下，容易使本应属于具体行政行为范畴的行为披着“抽象”的外衣而免予诉讼。[23]《行政复议法》（1999）、《行政诉讼法》（1989）中直接以具体行政行为作为可复议、可诉讼的对象，由于具体行政行为的概念范围过窄，2015 年修改《行政诉讼法》时将具体行政行为修改为行政行为，有的学者指出用“行政行为”概念取代“具体行政行为”体现了司法实践中行政行为概念的泛化[24]。因此，应该理性考量行政行为的概念体系，其是行政法总则体系化最为重要的核心概念，应建立行政行为、行政法律行为、行政处分、行政事实行为等基础概念的边界，并通过立法予以明确，使之成为行政法总则制定所要解决的基本问题；厘定可以纳入行政复议、行政诉讼救济范围的行政行为的具体类型，并吸收现行立法规定的行政行为的基本类型，一体化构建起行政行为效力审查的法律类型和标准；同时，内部行政行为、事实行为等纳入司法审查的构成要件及审查标准等也应成为行政法总则立法一体化考察的内容。

（四）凝聚法教义学共识助推立法进步

中国行政法治历史进程较短，行政法治初期是行政法制构建，即在行政组织、行政权力运行程序及规范、行政相对人权利的保护和救济方面进行立法；

---

22 成协中：《行政行为概念生成的价值争论与路径选择》，载《法制与社会发展》2020 年第 1 期。

23 陈越峰：《中国行政法（释义）学的本土生成——以“行政行为”概念为中心的考察》，载《清华法学》2015 年第 1 期。

24 闫尔宝：《论作为行政诉讼法基础概念的“行政行为”》，载《华东政法大学学报》2015 年第 2 期。

法律的生命在于实践的运行，行政立法的事项规制需要通过行政主体和司法机关来实现，其中的疑难问题及法律职业人的培育也需要学界提供智力支持，因而凝聚立法、实务、学术层面的共识，是中国行政法治能走向统一的法律职业阶层的基础，法教义学是凝聚共识的基本方法。因此，在中国行政法法典化的进程中，应该针对理论检讨和实践沉淀存在的问题，在立法过程中审视法律的概念抽象与实践安定有序之间的紧张关系，诸如针对行政法中公共利益、社会稳定、公序良俗、信赖保护、比例原则、程序合法、超越职权、滥用职权等诸多不确定性的法律概念达成共识，在法治运行实践中“同样情况，同样对待”，这样法律安定及内部体系的和谐才能实现。中国行政法法典化的过程应该梳理在实践中存在偏差的问题，为科学和统一立法打下基础。

结语

法典是逻辑与科学思维的馈赠。没有逻辑方法的使用和科学的探究，很难产生现代意义的法典。[25]中国行政法法典化同样应该遵循这一思路，符合逻辑、自成体系的要求。由于比较法可参考借鉴的资源相对有限、行政法治短暂历程可提炼的经验相对不足、处于激荡变革年代的情势回应等现实困境，行政法法典化的任务在一定层面上更加艰巨。一方面我们理应怀揣行政法法典化的宏伟愿景，另一方面我们更应聚焦行政法法典化过程中的理论难点和中国问题。因此，我们不能简单或者粗暴地给中国行政法法典化的立法进程设置一个确定的时间表，中国行政法学界应厘清行政法法典化过程中的难题，由理论界和实务界共同致力该难题的解决，为中国行政法法典的体系化提供支持。

25 陈金钊：《法典化语用及其意义》，载《政治与法律》2021年第11期。

涉案企业合规中检企协商问题研究

唐益亮*

【内容提要】 涉案企业合规属于协商性司法的基本范畴，检企协商是协商性司法的直观表现。尽管最高人民法院尚未公开对试点中是否进行检企协商作出表态，但不影响其在司法实践中真实存在，更不能就此否认其对涉案企业拓宽案件信息获取渠道以及实现能动检察等方面的积极意义。从试点情况看，围绕合规计划与认罪认罚两大模块的协商，主要存在针对合规计划的协商程序尚未建立、认罪认罚的自愿性和真实性难以保障等问题。针对检企协商中面临的问题，需以实用主义为基本思路，以适度改良为具体方法，从在合规考察启动之前设置听证程序、赋予两类代表人员确认权与反悔权、逐步提升企业合规法律援助的质效等方面加以改进。

【关键词】 涉案企业合规　检企协商　协商性司法　"少捕"政策　法律援助

2022年4月2日，最高人民检察院会同全国工商联专门召开会议正式"官宣"——涉案企业合规改革试点在全国检察机关全面推开。[1]从程序改革的一般规律看，全面试点阶段具有最接近"入法"、极为复杂和重要等显著特征，因而

---

* 唐益亮——西南政法大学企业合规研究中心研究员、西南政法大学刑事检察研究中心研究员、重庆市江北区人民检察院企业合规研究基地研究员，主要研究领域：诉讼法与司法制度。本文系教育部人文社科项目"深化监察体制改革背景下腐败犯罪调查的程序构造研究"（项目编号：22YJC820029）、重庆市社会科学规划英才计划项目"少捕慎诉慎押刑事司法政策与未决羁押制度的完善"（项目编号：2022YC023）、西南政法大学2022年度学生科研创新项目的阶段性成果。

1　参见徐日丹：《如何让好制度释放司法红利——全国检察机关全面推开涉案企业合规改革试点工作部署会解读》，载《检察日报》2022年4月6日，第1版。

亟须在理论与实践的互动中明晰试点的薄弱环节与重点方向。尽管涉案企业合规改革在形式上比较新颖，但本质上仍属于协商性司法的范畴和延伸适用。[2]更具体地说，其引入了协商、对话、妥协等理念，主张以合作取代对抗，是近年来协商性司法、多元犯罪治理理念的一种体现。[3]鉴于此，本文以协商性司法的相关理论为检验标准，以协商性司法的最直观表现——检企协商为检验对象，围绕前期试点中检企协商的基本内容和意义、不足之处以及相应的完善建议等问题进行探讨，以期为全面试点乃至上升为立法提供参考与借鉴。

一、企业合规中检企协商的构成及其功能

虽然检企协商在涉案企业合规中真实存在，但不得不承认，"协商"一词过于宏观，且在相关的中央及地方性合规规则之中也未正式出现。因此，有必要剖析检企协商的构成以及功能，进而为下文中的进一步讨论做铺垫。

（一）检企协商的基本构成

第一，协商主体处在动态化调整的过程中。从表面看，由检察机关与涉案企业完成协商程序，但实际情况比较复杂。具体而言：

其一，在审查是否达到合规考察条件时，按照《关于建立涉案企业合规第三方监督评估机制的指导意见（试行）》（以下简称《企业合规意见》）第 10 条第 1 款规定，"涉案企业、个人及其辩护人、诉讼代理人或者其他相关单位"均可以向检察机关提出申请。据此，除"其他相关单位"外，由于其他主体在申请时至少需向检察机关提交初步的合规计划，此时为确保合规计划的针对性，检察机关需要与提出申请的其他主体进行协商。

其二，在达到合规考察条件后，再由以检察机关为主导的第三方组织介入，并围绕合规计划的内容及完成期限等与涉案企业作进一步沟通。在试点中，代表企业的人员多为公司委托授权的高管、职员以及律师等。

其三，由于涉案企业合规改革与认罪认罚从宽制度同步推进，因而检察机关还需就认罪认罚问题与涉案企业协商。与自然人犯罪相比，检察机关同样需与辩护人或值班律师沟通。但有区别的是，在不同诉讼阶段代表企业进行认罪认罚之"人"出现了分离，主要为：侦查阶段的直接责任人员和审查起诉阶段

2 参见陈瑞华：《论协商性的程序正义》，载《比较法研究》2021 年第 1 期。

3 参见陈瑞华：《论企业合规的基本价值》，载《法学论坛》2021 年第 6 期；李玉华：《企业合规本土化中的"双不起诉"》，载《法制与社会发展》2022 年第 1 期。

的诉讼代表人。[4]如在苏州某电子科技有限公司不起诉案中，与检察机关沟通后签署认罪认罚具结书的是公司人事部职员陈某某，而非侦查阶段代表企业的刘某乙；又如在苏州某商贸有限公司不起诉案中，与检察机关沟通的是公司业务部职员朱某某，而不是侦查阶段的刘某甲。[5]

第二，协商内容包含于合规计划与认罪认罚两大模块中。考虑到两者在价值取向、审查要点以及成就条件等方面存在差异，因而协商的内容也就有所不同。

其一，在合规计划中，按照《企业合规意见》第11条和第12条的规定，应围绕与犯罪有关的"企业内部治理结构、规章制度、人员管理等方面存在的问题"，对"合规计划的可行性、有效性与全面性进行审查……确定合规考察期限"。《涉案企业合规建设、评估和审查办法（试行）》（以下简称《企业合规办法》）第14条也规定了"对涉案企业专项合规整改计划和相关合规管理体系有效性的评估"。不少地方性合规规则对上述规定作了细致说明，如山东省《关于建立涉案企业合规第三方监督评估机制的实施意见（试行）》中规定，第三方组织应重点审查合规计划的"可行性、有效性与全面性"，其中，"可行性"是指"完成合规计划的可能性以及合规计划本身的可操作性"；"有效性"是指"合规计划对涉案企业预防治理涉嫌的犯罪行为或者类似违法犯罪行为的实效性"；"全面性"是指"合规计划是否全面覆盖涉案企业在合规领域的薄弱环节和明显漏洞"。由此可见，第三方组织主要以合规计划的"三性"为内容与涉案企业协商。

其二，在认罪认罚程序中，与一般意义上的认罪认罚案件类似，由于案件已进入审查起诉阶段，对认罪认罚的协商不再仅限于主要犯罪事实和抽象地表示接受相应的刑事处罚，还包括对涉嫌的具体罪名以及相应处罚进行沟通，并签署认罪认罚具结书。此外，鉴于企业具有较强的履行能力，且从宽的广度和力度更大，使原本作为检察机关从宽处理的考量因素，在涉案企业合规的"认罚"之中得到体现，并成为硬性要求，如赔偿被害人物质损失、取得被害人谅解、禁止从事特定活动等，这些也是检企协商的内容。

第三，协商效力具有高度的"准司法性"。为取得涉案企业的信任和积极参与沟通，检察机关需以宽大处理为协商"筹码"，并在协商一致后对宽大处理向法院提出建议，那么此种建议的效力究竟如何？具体来看，虽然《企业合规办

4　参见唐益亮：《企业合规制度中认罪问题研究》，载《现代法学》2022年第2期。

5　参见江苏省苏州市姑苏区人民检察院姑检刑不诉（2020）131号不起诉决定书；江苏省苏州市姑苏区人民检察院姑检刑不诉（2020）132号不起诉决定书。

法》中规定了不批准逮捕、变更强制措施、不起诉、向有关主管机关提出从宽处罚和处分的检察意见等多种从宽处理建议，但检察机关作出的关键性建议通常有以下两类。

第一类是减轻起诉。由于合规考察的启动需以涉案企业认罪认罚为前提，这就意味着，但凡合规考察合格的企业必然适用了认罪认罚程序。而在认罪认罚的司法实践中，受认罪认罚量刑建议“一般应当采纳”的法律规定所影响，法院几乎不会拒绝采纳检察机关的量刑建议。因此，检察机关事先建议的减轻起诉基本上都会得到兑现。

第二类是免予起诉。免予起诉既是典型的“司法前处理”，也是公诉裁量权的主要表现形式。虽然这两者在本质上有着很大的区别，但共同之处在于均由检方单方面决定。也就是说，检察机关作出的免予起诉具有诉讼终局性的效果。

以上两种建议的效力，决定了检企协商与发生私法规制场域之内的协商有着明显不同，它直接以司法权威和司法公信力为“背书”，因而成为司法现实所遭遇的阻力较小。

（二）检企协商的功能分析

第一，有助于拓宽涉案企业获取案件信息的渠道。在域外的大多数国家，控辩双方的证据开示义务并不对等，控方的义务明显更重，应当向被追诉人及辩护律师公开全部案卷，供其自由查阅、摘抄和复制。[6] 此种做法可以缓解检察机关与被追诉人之间的“信息不对称”，进而降低被追诉人遭受错误定罪的概率与最大化地贯彻控辩平等原则。[7] 而在我国，《刑事诉讼法》及相关司法解释并未规定被追诉人享有阅卷权。在涉案企业无法依据现有规定充分获取案件信息的情况下，也就很难在全面掌握犯罪致因的基础上，准确研判企业经营管理中的风险和漏洞，在直接责任人员处于羁押状态时尤为如此。这就部分解释了，为何试点中涉案企业在多数情况下提交了“一揽子”合规计划，而非严格意义上的专项合规计划。

在此背景下，为避免企业有限资源的过度消耗和有效消除企业犯罪基因，涉案企业只能另辟蹊径，而检企协商无疑为封闭管理的案件信息打开了豁口。在协商过程中，检察机关会向涉案企业阐明直接责任人员供述的内容、犯罪形成的经过以及依法认定的主要犯罪事实等。以虚开增值税专用发票罪为例，涉

6 参见魏晓娜：《认罪认罚从宽制度中的辩诉关系》，载《中国刑事法杂志》2021 年第 6 期。

7 See Bernardo S. Da Silveira, Bargaining With Asymmetric Information: An Empirical Study of Plea Negotiations, 2 Econometrica Journal of the Economics Society 85, 452 (2017).

案企业可能获取的案件信息主要包括：直接责任人员采取何种公司内部决策方式以体现单位意志，办理了哪些内部手续使其在购买增值税专用发票时具备了单位名义的“外观”，以及犯罪所得如何归于单位，如直接进入公司账户或用于公司生产经营、偿还公司债务等。在此意义上，检企协商也就弥补了相关规定的不足与缺憾，对涉案企业获取必要的案件信息、提出专项合规计划以及疏解“信息不对称”问题等发挥重要作用。

第二，有助于落实能动检察的基本要求。能动检察是新时代检察理念与实践不断革新背景下实现检察工作高质量发展的任务和使命。为进一步推动能动检察的实现，在涉案企业合规方面，检察机关要“加强第三方监管，确保企业真合规、真整改”。[8] 对企业合规加以溯源，在暂缓起诉协议制度（Deferred Prosecution Agreement，DPA）发源地的美国看来，合规实际上运用了“胡萝卜加大棒”（carrot and stick）的策略。在我国，虽然涉案企业合规能够使企业免受罪犯标签所招致的污名化，是一种优待，但对企业来说也并非“免费的午餐”，涉案企业需为此承受相应的负担，正是这一策略的体现。

依照《企业合规意见》的规定，涉案企业的“负担”为：“制定可行的合规管理规范，构建有效的合规组织体系，健全合规风险防范报告机制，弥补企业制度建设和监督管理漏洞。”《企业合规办法》中涉及涉案企业“负担”的规定更是多达 10 条（从第 3 条至第 12 条）。其在实务中主要表现为，涉案企业应建立或完善公司的内部章程、内部组织机构、内部监督和风险防控机制、相关人员定期业务培训机制，调整相关人员岗位等，以及支付合规考察所产生的实际费用，这是基础性负担。除此以外，鉴于《企业合规意见》与《企业合规办法》规定得过于抽象，而试点本身又允许自主探索，所以不少检察机关增设了附加性负担，如自愿、无偿地向社会或他人提供环境保护、安全生产等社会责任；开展社会福利、慈善捐助、关爱帮扶、无偿献血等社会公益服务。[9]

由于涉案企业面临“双重负担”，加之在趋利避害的人性驱使下，涉案企业可能疲于应付而接受合规负担，导致合规整改“走过场”。面对“纸面合规”“虚假整改”等问题，检察机关在与涉案企业协商过程中，能够当面且深入地接触企业，系统性评估和运用企业的真实意思表示、实际承受能力以及是否存有抵触情绪等，从而更好地消除侥幸心理和提升合规考察的实效性。因此，检企协商不仅是对能动检察相关要求的具体落实，更是能动检察在涉案企业合规中

8　参见张军：《坚持能动检察为大局服务为人民司法 以实际行动迎接党的二十大胜利召开》，载《人民检察》2022 年第 1 期。

9　参见李本灿：《刑事合规制度改革试点的阶段性考察》，载《国家检察官学院学报》2022 年第 1 期。

的生动实践。

第三，有助于民营企业法治化营商环境的维系。改革开放以来，民营企业凭借其设立门槛低、灵活性强、增长速度快等优势，已成为我国建设现代化经济体系中不可缺少的重要部分。但同时，民营企业也存在组织结构简单、风险防御能力差、经营管理模式传统等缺陷，使其成为犯罪率最高的一类企业。例如，借助对刑事判决书的分析可知，在各类企业家犯罪中，从 2019 年 12 月至 2020 年 12 月，民营企业家犯罪数为 3011 次，约占企业家犯罪总数的 92.79%；涉及民营企业家共计 2876 人，约占总人数的 93.32%。[10] 2018 年 11 月，习近平总书记在民营企业座谈会上指出："一部分民营企业经营比较粗放，热衷于铺摊子、上规模，负债过高，在环保、社保、质量、安全、信用等方面存在不规范、不稳健甚至不合规合法的问题"和"保护企业家人身和财产安全"。[11] 这揭示出涉案企业合规改革的直接目的在于，预防和减少民营企业可能遭遇的各类法律风险。

在经历两期的试点以后，虽然缺少直观数据的支撑，但从最高人民检察院公布的部分数据[12]以及提出的清理"挂案"、避免"案子办了，企业垮了"、严管与厚爱并重、融入少捕慎诉慎押刑事司法政策等一系列要求中也能间接看出，民营企业法治化营商环境已得到优化。然而，值得思考的是，在涉案企业合规改革全面试点以后，是否仍能为民营企业经营打造优质的法治环境？毕竟，不同涉案企业的合规计划在整改内容上存在差异，而全面试点又难以同局部试点一样，在受理后随即集中辖区内的有限资源。当前，为确保检察机关依法审批的合规计划能够兼顾涉案企业的特殊性，也就需要通过检企协商，在相互沟通中得出企业所需合规计划的框架和内容等。

二、企业合规中检企协商的实践不足

如上文所述，涉案企业合规改革的出发点是规范和维护民营企业的经营行为、合法权益等。同时，试点中也确实以民营企业为合规考察的主要适用对象。民营企业通常具有规模小、资金少、人合性强等特点，且主要为中小企业。因此，为突出适用对象的代表性，以下将着重围绕中小企业中的检企协商进行展开。

10　参见北京师范大学中国企业家犯罪预防研究中心：《企业家刑事风险分析报告（2020）》，载《河南警察学院学报》2021 年第 4 期。

11　习近平：《在民营企业座谈会上的讲话》，载《光明日报》2018 年 11 月 2 日，第 2 版。

12　自 2021 年 3 月扩大试点范围至同年 8 月，检察机关共办理企业合规案件 206 件，针对非国有公司企事业单位人员涉嫌犯罪的不捕率、不诉率，分别高于总体刑事犯罪 8.5 个、9.7 个百分点。参见邱春艳：《以企业合规做实对民营企业的依法"平等"保护》，载《检察日报》2021 年 9 月 4 日，第 1 版。

（一）针对合规计划的协商程序尚未建立

在域外主要DPA国家中，检企协商通过谈判（negotiation）形式表现出来，是检方接受合规计划之前不可或缺的程序。如按照美国《联邦检察官手册》的规定，企业管理层依据自身情况制订合规计划之后，因为没有公式化的合规标准作为参照，所以检察机关在审查合规计划时，主要围绕其是否很好地被设计、企业能否真诚地实施以及合规计划是否有效等问题，而后与企业进行谈判，以此确保修正后的合规计划能以有效的方式被设计、实施、验收等。[13] 以针对波音公司的DPA为例，在展开充分谈判以后，波音公司同意完善合规计划的内容，至少每季度与反欺诈部门举行一次会议，并向反欺诈部门提交年度报告，报告内容包括其采取的补救措施、合规计划的测试结果以及确保其合规计划得到合理的设计、实施等。[14] 再如，英国《暂缓起诉协议实务守则》规定，当检察机关决定启动DPA时，应向企业发出谈判的书面通知，在收到企业同意谈判的回复后，检察机关需告知其谈判的程序，并对合规计划的谈判结果作出承诺。此外，在无特殊情况下，检察机关应避免泄露谈判的内容，且经合意的合规计划需完全出自双方自愿。[15]

相比之下，我国对合规计划的协商程序还处于探索阶段。试点中，在最高人民检察院的极力推动下，以及为了验证改革的可行性与必要性，虽然不少检察机关希望尽可能多地促成涉案企业合规，但其并不愿意为此弱化或放弃自身的优势地位。由此，检察机关经审查后认为合规计划未达到要求时，通常采取两种方式予以修正：一种是直接告知方式，[16] 即检察机关直接通知涉案企业需要修改的大致方向或具体内容等，涉案企业按通知修改合规计划后，再次提交

13 参见《9－28.000－商业组织的联邦起诉原则》，载美国司法部官网，https：//www. justice. gov/jm/jm－9－28000－principles－federal－prosecution－business－organizations#9－28.800，最后访问于2022年6月26日。

14 参见《波音公司被控737 max涉嫌欺诈阴谋罪并同意支付超过2.5亿美元》，载美国司法部官网，https：//www. justice. gov/opa/pr/boeing－charged－737－max－fraud－conspiracy－and－agrees－pay－over－25－billion，最后访问于2022年6月26日。

15 参见《2013年犯罪和法院法》，载英国议会官网，https：//www. legislation. gov. uk/ukpga/2013/22/contents/enacted/data. htm，最后访问于2022年6月26日。

16 如《深圳市检察机关企业合规工作实施办法（试行）》第12条规定："检察机关应当通过制发检察建议书等形式，要求涉案企业在规定时间内制定并提交企业合规计划。检察机关认为合规计划不符合企业合规监督考察目的、任务的，可以要求涉案企业重新提交。"

给检察机关审查；[17]另一种是代为转告方式，[18]即检察机关并不直接通知涉案企业，而是将修改意见反馈给第三方组织，再由第三方组织转告涉案企业，并在涉案企业完成合规计划修改后，经由第三方组织提交给检察机关审查。

在代为转告方式中，据笔者访谈得知，有部分检察机关已尝试在第三方组织与涉案企业之间建立协商程序，并将其称为“检企协商”。然而，即便检察机关主要负责第三方机制管委会的日常工作，第三方组织及其组成人员选任也是受检察机关主导，[19]也不能就此将第三方组织与涉案企业的协商等同于检企协商。原因在于，第三方组织对协商一致的合规计划修改意见没有决定权，而是需要交由检察机关审批；当检察机关对修改意见持有异议时，无须经第三方组织同意，有权直接更改。正是由于第三方组织是在检察机关的指导和授权下运行，也就使得以上两种修正方式的本质区别并不大，只是代为转告方式多了一道“中转”手续。实际上，对合规计划的修正主要是由检察机关单方作出决定。鉴于涉案企业没有机会与检察机关平等、充分地沟通和对话，也就很难存在针对合规计划的检企协商。

（二）认罪认罚的自愿性和真实性难以保障

检察机关启动合规考察程序应以涉案企业认罪认罚为前提条件，这在《企业合规意见》以及各地检察机关自主出台的地方性合规规则中已有所规定。就涉企案件认罪认罚的运行情况而言，一方面，按照认罪认罚关于诉讼阶段的要求，侦查阶段侧重于查明主要犯罪事实，所以只需要涉案企业“认事”＋认罚即可。而在审查起诉阶段，涉案企业除“认事”外，更应当认可相应的罪名，即“认罪名”＋认罚；[20]在两者均符合时，认罪认罚得以成立。另一方面，对于单位犯罪诉讼代表人的选任，《最高人民法院关于适用〈中华人民共和国刑事诉讼法〉的解释》（以下简称《刑事诉讼法解释》）作出了“顺位”要求，首先由法

17　值得说明的是，《企业合规办法》第1条第4款规定，“针对未启动第三方机制的小微企业合规，可以由人民检察院对其提交的合规计划和整改报告进行审查”，这就意味着，在《企业合规办法》实施以后，针对小微企业合规计划的修正将主要采取直接告知方式。

18　如浙江省《关于建立涉案企业合规第三方监督评估工作机制的意见（试行）》第11条规定：“……第三方组织应当对涉案企业合规计划的可行性、有效性与全面性进行审查，并送第三方机制管委会和承办案件的人民检察院备案，人民检察院认为合规计划存在疏漏或不当的，应及时建议第三方组织指导企业补充、修正……”

19　参见李小东：《涉案企业合规建设“深圳模式”的探索与实践》，载《人民检察》2021年第20期。

20　参见孙谦主编：《认罪认罚从宽制度实务指南》，中国检察出版社2019年版，第35页；陈国庆：《认罪认罚从宽制度若干争议问题解析（上）》，载《法制日报》2020年4月29日，第9版。

定代表人、实际控制人或者主要负责人担任；当这些人员系直接责任人员或因客观原因无法出庭时，应由单位委托其他负责人或者职工担任诉讼代表人。[21]依照该规定，鉴于试点中直接责任人员多为中小企业的负责人与实际控制人，因而只能退而求其次，由其他负责人或职工担任诉讼代表人。

在上述要求下，实务中就出现了企业家“认事”认罚、职员“认罪名”认罚现象，这在前文的苏州某电子科技有限公司不起诉案与苏州某商贸有限公司不起诉案中已得到体现。相应地，检察机关将分别围绕“认事”认罚和“认罪名”认罚与企业家和职员进行协商。具体来看，在与企业家的协商中，企业家自身作为单位犯罪的亲历者和实施人员，与企业的运营和效益有着直接关系。此外，与域外做法不同，我国在涉案企业合规的设计上“既放过企业，又放过企业家”。换句话说，只要涉案企业的合规考察合格，企业与企业家均有机会享受合规从宽的优待。[22]因此，企业家与企业之间的利益需求高度一致，这就调动了企业家代表企业“认事”认罚的积极性，进而保障了协商的充分性。但职员在代表企业“认罪名”认罚时则面临动力和相关知识不足的问题。

这是因为，其一，受《刑事诉讼法解释》第336条中关于诉讼身份竞合时优先选择证人这一规定的影响，与企业涉嫌犯罪相关的业务部门职员已在侦查阶段作为证人，如在涉嫌虚开增值税专用发票罪中审计或财务部门的职员。等到启动合规考察程序时，只能由其他业务模块的职员担任诉讼代表人。由于该部门并未负责相应犯罪的企业行为的策划或执行，因而其职员也就很难大致了解犯罪经过，缺少协商所需的背景知识。其二，排斥或抵触诉讼常常是人们对待诉讼的基本态度，职员在担任诉讼代表人时也不例外。况且，职员只是企业经营管理、利益分配中的外围人员，无论是从报酬还是企业人员“论资排辈”上看，都很难苛求其有代表涉案企业的“义务”，所以职员一般并不情愿充当诉讼代表人。即便在不得已时参与了诉讼，为避免自身原因导致合规考察程序不能启动，职员也更倾向于按照检察机关指示或要求完成协商的指定“动作”。此外，职员在企业中所处的位置使其难以从实质上具备代表企业的资格，更别说在检企协商中反映涉案企业的真实意愿。可见，由职员独立代表企业完成“认罪名”认罚的协商，可能因职员的责任心和积极性不够，导致认罪认罚的自愿性和真实性大打折扣。

21《刑事诉讼法解释》第336条第1款规定：“被告单位的诉讼代表人，应当是法定代表人、实际控制人或者主要负责人；法定代表人、实际控制人或者主要负责人被指控为单位犯罪直接责任人员或者因客观原因无法出庭的，应当由被告单位委托其他负责人或者职工作为诉讼代表人。但是，有关人员被指控为单位犯罪直接责任人员或者知道案件情况、负有作证义务的除外。”

22 参见黎宏：《企业合规不起诉：误解及纠正》，载《中国法律评论》2021年第3期。

（三）值班律师在协商过程中的作用有限

从协商性司法的基本趋势和要求看，尽管其逐渐风靡于各国的刑事司法中，但并不意味着被追诉人需为此放弃辩护律师的协助；相反，正因为被追诉人已经放弃了一部分权利，为凸显程序正义、公正审判以及人权保障等价值，就更应强化其辩护权的保障。在美国的“菲利普备忘录”（filip memo）中，将律师辩护作为企业不可剥夺的特权就是极好的例证。[23]在美国，DPA 自创建之初就已认识到其与诉讼经济的理念相冲突，所以并不主张各种规模的企业都具有适用 DPA 的主体资格，这从美国各年份达成 DPA 的数量中能够得到印证。[24]

然而，不排除例外时允许中小型企业适用 DPA。而在该类企业适用时，虽然除涉嫌严重犯罪外检察机关不负有为其指定律师的义务，但考虑到律师在检察机关与企业之间发挥着纽带作用，因此，对于仅有一个所有权人的企业（个人独资企业）或因财产被扣押无力自费聘请律师的企业，检察机关会为其指定律师。[25]鉴于美国法院在 DPA 期限届满后仅作形式审查，[26]因而 DPA 的启动对企业来说至关重要。相应地，律师对企业的协助集中表现在 DPA 启动之前，主要包括：披露企业自查的犯罪事实、消除可能妨碍犯罪调查的因素、达成认罪协议、构建或完善合规计划以及采取修复或补救措施等。有了启动前的全程参与，使律师能够掌握企业经营管理的漏洞和导致犯罪的真正原因等，并在此基础上与检察机关充分地谈判。

我国在涉案企业合规中也强调律师的作用，且律师在实现检企双方信息互通、程序对接等方面具有重要意义。但不同之处在于，我国的律师协助依托于值班律师制度，实际作用有限。如前文所述，涉案企业主要为中小企业，这类企业自行委托律师的现象并不多见，而且一般不符合指派律师的条件，因而不少涉案企业的律师协助源于值班律师的法律帮助。如值班律师在为直接责任人

---

23 See Beth A. Wilkinson & Alex Young K. Oh, The Principles of Federal Prosecution of Business Organizations: A Ten-Year Anniversary Perspective, 2 New York State Bar Journal 27, 9 (2009).

24 从2000年至2019年，美国各年份适用 DPA（含不起诉协议）的公司数量依次为：2家、3家、2家、6家、8家、15家、26家、40家、25家、22家、40家、34家、38家、29家、30家、102家、40家、24家、24家、31家。参见《公司不起诉协议和暂缓起诉协议（2019年版）》，载吉布森·邓恩律师事务所官网，https://www.gibsondunn.com/2019-year-end-npa-dpa-update/，最后访问于2022年6月26日。

25 参见［美］布兰登·L. 加勒特著：《美国检察官办理涉案案件的启示》，刘俊杰、王亦泽等译，法律出版社2021年版，第255页。

26 参见《暂缓起诉与企业刑事起诉：一个比较分析》，载 K&L 盖茨律师事务所官网，https://www.jdsupra.com/legalnews/deferred-prosecution-and-corporate-35072/，最后访问于2022年6月26日。

员或诉讼代表人提供法律咨询、建议和对案件处理提出意见时，顺便就企业的认罪认罚、合规计划及其合规考察等问题进行交涉，而后围绕交涉情况与检察机关沟通。

不过，在实务中，执业律师同意担任值班律师，多数情况下是为了完成律协或司法行政机关的任务，工作热情和主动性其实不高，也就很少提出阅卷申请和深入接触涉案企业。而对企业实施犯罪以及企业自身状况等信息的了解，值班律师主要通过与直接责任人员或诉讼代表人的短暂交流来实现，加之值班律师极少会持续跟进同一案件的办理过程，因此，从试点情况看，值班律师做到“有效法律帮助”都相当困难，更何况是协助涉案企业完成原本属于法律帮助范畴之外的检企协商。

三、企业合规中检企协商的完善建议

目前，涉案企业合规正在全面试点，可以预见，不久以后涉案企业合规必然“入法”。因此，如何完善检企协商的实践问题比较紧迫。而在设计完善建议时，为提升实务部门的可接受性，应以实用主义为基本思路，以适度改良为具体方法，在尽量减小对现有规则和实践做法造成冲击及实现各方利益最大公约数等基础上加以变动。

（一）在合规考察启动之前设置听证程序

针对试点中检企之间未就合规计划建立协商程序的问题，直接原因是《企业合规意见》《企业合规办法》以及地方性合规规则未对协商程序作出相应的规定，而检察机关又缺少基于正当目的将简单程序“复杂化”的动力，使涉案企业欠缺与检察机关进行沟通和“讨价还价”的机会；根源在于控辩双方在诉讼能力、诉讼地位等方面存在明显差距。在短期内无法解决根源的情况下，只能围绕直接原因寻求对策。也即，如何为合规计划的协商提供必要的机会？

为提升解决对策的可操作性，应尽可能地利用既有的规范与实践。结合近年来备受关注的检察听证来看，其不仅是为检察机关量身打造的一种工作机制，也是新时代深化检务公开和增强人民参与司法的有力抓手。而在最高人民检察院的推进以及《人民检察院审查案件听证工作规定》的要求之下，各级检察机关已在办案过程中坚持“应听尽听”。[27] 当然，涉案企业合规也不例外。如《企业合规意见》第15条规定，对于拟作不批准逮捕、不起诉、变更强制措施等决

27 参见谢鹏程、许慧君：《为法律监督提质增效提供理论支持——2021年检察理论研究综述》，载《人民检察》2022年第2期。

定的涉企犯罪案件，检察机关可以召开听证会，并邀请第三方组织组成人员到会发表意见；在试点中，听证程序主要适用于企业合规不起诉，即当检察机关已审查合规考察书面报告后拟作出不起诉时，召开听证会并公开宣布不起诉决定。

事实上，在涉案企业合规中设置听证程序并非我国独有。譬如，在由法院实质审查DPA的英国，虽然检察机关与企业通过谈判已对合规计划、配合调查、罚款或赔偿损失以及禁止从事的商业活动等事项达成一致，但是否启动DPA需交由法院审查；法院在围绕公共利益、证据因素、谈判自愿性等问题进行审查时，可先召开允许休会后进一步谈判的预审听证会（preliminary hearing），或者直接召开公开听证会（open hearing）。[28]采取类似做法的还有新加坡，规定了启动DPA之前应召开听证会。[29]

相比之下，我国在召开听证会的时间上比较滞后。在拟作出不起诉后召开听证会的情况下，听证的结果已经基本确定，也就使得听证的过程很难引起检察机关的重视，导致听证程序的实际效果较为有限。笔者认为，从促进司法资源集约化、切实发挥听证程序实效以及为涉案企业提供充分协商机会等角度出发，可以借鉴域外经验，尝试在启动合规考察之前设置听证程序，通过听证会而非试点中的书面方式来审查企业是否达到启动条件。在听证会上，检察机关除对《企业合规意见》中规定的涉案企业是否认罪认罚、能否正常经营、有无犯罪前科、是否属于个人犯罪等条件进行审查外，还应连同第三方组织，对合规计划是否达到“三性”提出意见。当检察机关提出修改意见时，应保障涉案企业享有充分陈述的权利，允许其结合企业经营管理结构、涉嫌犯罪的基本情况以及已作出的补救措施等，对合规计划的相关内容进行补充解释，或说明申请变更修改意见的理由等。对于涉案企业的陈述，检察机关需当场作出回复，且在回复后涉案企业仍表示异议时，允许其进一步陈述。值得注意的是，应要求出席人员负有保密义务，除非具备正当理由，否则不得向他人展示听证材料，不得泄露商业秘密或财务、招投标信息等。

（二）赋予两类代表人员确认权与反悔权

试点中，职员在代表企业就“认罪名”认罚协商时可能因责任心和相关知识不足，致使认罪认罚的自愿性和真实性难以得到保障。针对该问题有两种应

---

28 参见《2013年犯罪和法院法》，载英国议会官网，https：//www.legislation.gov.uk/ukpga/2013/22/contents/enacted/data.htm，最后访问于2022年6月26日。

29 参见唐益亮：《新加坡企业合规不起诉的结构与特色》，载《人民法院报》2021年7月23日，第8版。

对方案，分别是降低企业家的羁押率和为“认罪名”认罚的径直生效增设阻力。在第一种方案中，倘若企业家未被羁押，职员可在企业家的直接指导和敦促下完成“认罪名”认罚的协商，进而保障认罪认罚的质量。不过，企业家是否被羁押很大程度上取决于实务部门对“少捕”政策的执行力度。以当前的少捕慎诉慎押司法政策为例，2011年《“十二五”时期检察工作发展规划纲要》中已经明确提到，要坚持少捕慎捕，落实逮捕社会危险性条件证明制度，加强逮捕社会危险性证据审查。之所以被最高司法机关重提，恰好反映出有效执行的复杂性、艰巨性、长期性，[30]以及是否实现具有极大的不确定性[31]。相对来说，第二种方案则明显不同，其将职员的“认罪名”认罚视为先决事项和效力待定状态，而是否具有法律效力需经相关性权利的“核验”，实操性和确定性显然更强。对于第二种方案的实现路径，大体上需从以下两方面作出努力。

第一，赋予直接责任人员对“认罪名”认罚的确认权。在司法实践中，一旦直接责任人员完成了“认事”认罚，其就几乎退出了认罪认罚是否成立的后续事项；此后，只要诉讼代表人与检察机关完成了对涉嫌罪名以及相应刑事处罚的协商，并签署了认罪认罚具结书，认罪认罚就正式成立。但从试点情况看，诉讼代表人可能因欠缺企业涉罪的背景知识以及对诉讼持排斥心理，使其在主客观上都存在无法克服的缺陷，为认罪认罚的自愿性和真实性埋下了隐患。笔者认为，既然认罪认罚的后果均由直接责任人员承受，那么就应当保障其对关键性决定的作出享有必要权利。为避免对现行做法及规定造成过大冲击，可以在基本维持现状的前提下，赋予直接责任人员对“认罪名”认罚的确认权。也就是说，即便诉讼代表人与检察机关已协商一致，仍需经直接责任人员确认后方能生效。在行权内容上，直接责任人员确认罪名及刑罚可在诉讼代表人“认罪名”认罚之时或之后进行，经确认后无异议的，“认罪名”认罚正式生效。若确认后表示异议，直接责任人员提出已认之“事”所指向的罪名及刑罚，经检察机关审查后认为正确的，应在更改罪名及刑罚后重新与诉讼代表人进行协商；认为不正确时，检察机关应向直接责任人员作出解释或说明，经解释或说明后仍表示异议的，可依直接责任人员申请或依职权在检察机关的组织下与诉讼代

---

30 参见孙长永：《少捕慎诉慎押刑事司法政策与人身强制措施制度的完善》，载《中国刑事法杂志》2022年第2期。

31 据笔者访谈发现，在此次“少捕”政策重启不久，就有很多法官表示不适。其原因在于，在检察机关倾向于不批捕和公安机关缺少采取监视居住动力的双重作用下，被告人在审判阶段的人身自由未被限制。这首先为法官传唤被告人出庭接受审判造成了障碍，其次是被告人在审判阶段可能再犯新罪，最后是当被告人判处实刑时，法官承受判实未执的风险将大大提高。因而也就有部分检察官反映，在审前阶段花费很多精力才使得被追诉人未被羁押，但到了开庭时发现被追诉人已被法院决定逮捕，自己像是做了“无用功”。

表人会面，三方通过面对面的交换意见和沟通说理，对是否愿意“认罪名”认罚以及最终认可的罪名及刑罚等形成共识。[32]

第二，赋予两类代表人员反悔权。在协商性司法中，允许被告人对合意事项反悔是衡量刑事司法是否向诉讼权利偏重的重要标尺。[33]在我国，为被追诉人反悔“正名”的进程主要有三个阶段：（1）反悔是一种动机。从心理学角度分析，被追诉人会随着诉讼处境的变化作出利己的本能反应，对先前已实施的行为或主张予以反悔。这种现象在刑事诉讼中长期存在，但由于刑事诉讼规则并没有对反悔加以规定，所以在办案人员眼中，被追诉人反悔顶多算是一种动机，可以不听取也可以在听取后不予理会。（2）反悔是一种行为。区别于动机，当反悔成为诉讼法意义上的行为之后，如果被追诉人实施了反悔会对先前诉讼活动或已认定事项产生相应的影响或后果。[34]随着认罪认罚从宽制度的纵深推进，涉及嫌疑人反悔的相关规定被大量写入司法解释之中，如《人民检察院刑事诉讼规则》第278条和第503条等。（3）反悔是一种权利。反悔权除了同反悔行为一样会在事后引发相应的结果外，还强调司法机关应在事前采取口头或书面方式明示权利，通过有效措施降低或消除行权阻力等，在未充分保障被追诉人反悔权时也会构成程序违法。虽然现阶段将反悔作为权利存在争议，但从法学界的主流观点以及协商性司法的世界趋势来看，在总体上持肯定态度。[35]

从被追诉人反悔的历程中可以看出，赋予两类代表人员反悔权，既有现实意义亦有实践可能性。对两类代表人员反悔权的构建，应结合认罪认罚的成立进行拆分，分为直接责任人员对“认事”认罚的反悔权与诉讼代表人对“认罪名”认罚的反悔权。具体而言，首先，检察机关应告知直接责任人员与诉讼代表人享有反悔权，可通过口头告知，或将告知内容作为《开展企业合规工作告知书》《企业开展合规建设须知》《检察人员办理企业合规案件廉洁自律承诺书》等合规文书的“固定条款”，提示两类代表人员阅读后签字。其次，明确启动反悔权的具体情形，主要包括：有线索或证据证明检察机关未与两类代表人员充分协商，或实施了违反真实性和自愿性的行为；直接责任人员以对“认罪

32　参见唐益亮：《企业合规制度中认罪问题研究》，载《现代法学》2022年第2期。

33　参见熊秋红：《比较法视野下的认罪认罚从宽制度——兼论刑事诉讼“第四范式”》，载《比较法研究》2019年第5期。

34　其出处为1998年《最高人民法院关于执行〈中华人民共和国刑事诉讼法〉若干问题的解释》第200条：“……调解书经双方当事人签收后即发生法律效力。调解没有达成协议或者调解书签收前当事人反悔的，人民法院应当进行判决。”

35　代表性观点参见闵春雷：《回归权利：认罪认罚从宽制度的适用困境及理论反思》，载《法学杂志》2019年第12期；闫召华：《认罪认罚后“反悔”的保障与规制》，载《中国刑事法杂志》2021年第4期；等等。

名”认罚提出异议且检察机关未作出回应为由，或认为诉讼代表人主体不适格，对“认事”认罚提出反悔的；新收集或排除相关证据后导致“认事”认罚发生改变，诉讼代表人就此提出反悔的；办案人员存在职务违法或犯罪的行为；等等。最后，对反悔权应视情况作出不同处理。检察机关经审查后属实的，宜根据代表人员的不同，重新进行“认事”认罚或“认罪名”认罚的协商；反之，检察机关应提示两类代表人员可能导致认罪认罚不能成立，进而影响合规考察程序的启动。

（三）逐步提升企业合规法律援助的质效

对于试点中值班律师提供的法律帮助实际效果有限，造成检企协商中律师纽带作用不明显的问题，要想从根本上化解，就必须为涉案企业配备具有完整辩护权的律师。换言之，涉案企业应得到辩护律师而非值班律师的协助。但不得不考虑的现实是，我国首部《法律援助法》生效不久，在短时间内不可能借助修法将涉案企业合规纳入指派律师的范围之内。而对《法律援助法》加以考察，其主要对原本分散的法律援助规定作出了系统归纳，[36]以及规范和统一了法律援助机构的管理、法律援助程序的推进等，改革力度较为有限。[37]在法律援助律师的适用上，指派律师提供比较复杂的法律帮助，适用门槛较高，受援人需符合存在身体缺陷、可能判处无期徒刑或死刑、缺席审判等任一情形，且未自行委托律师；值班律师提供相对简单的法律帮助，只要受援人不符合指派律师条件且未自行委托律师即可。综合考虑短期内修法无法实现，涉案企业改革已全面试点，以及现有值班律师法律帮助难以满足涉案企业需求等因素，宜按步骤提高企业合规法律援助的质量和层次。

第一步，在制定《法律援助法》实施细则或条例时，对值班律师的法律帮助进行适度突破。按照以往立法及配套规则的规律，在《法律援助法》生效以后，需制定相应的实施细则或条例。特别是，《法律援助法》涵盖了民事、刑事、行政、国家赔偿四类法律援助，而除附则外条文总量却不足 70 条，就更有必要对其作细化规定。《法律援助法》第 30 条[38]虽然未明确列举出“涉案企业”系受援对象，但涉案企业合规存在于刑事诉讼之中，且犯罪嫌疑人本身也

36　原本分散的法律援助规定主要包含在《刑事诉讼法》《法律援助值班律师工作办法》《关于开展刑事案件律师辩护全覆盖试点工作的办法》等法律文件之内。

37　参见潘金贵：《刑事法律援助制度的发展与完善——兼评〈法律援助法〉相关条文》，载《法学杂志》2022 年第 2 期。

38　《法律援助法》第 30 条规定：“值班律师应当依法为没有辩护人的犯罪嫌疑人、被告人提供法律咨询、程序选择建议、申请变更强制措施、对案件处理提出意见等法律帮助。”

包含了涉案企业，因而无须实施细则或条例对受援对象作出说明。需要补充解释的是，值班律师在涉企案件中如何提供法律帮助？这是因为，《法律援助法》第30条所列明的法律帮助主要针对自然人。倘若延续试点中值班律师“顺便”为之的做法，势必使得对涉案企业的法律帮助具有偶发性。为避免超出该条的立法原意，实施细则或条例在细化该条时，宜围绕“等”字为涉案企业设定法律帮助。其可行性在于，权威性解释认为，此处的“等”字应作“等外”理解，允许值班律师依照法律法规为犯罪嫌疑人提供形式更为丰富的法律帮助。[39] 在具体设定时，可仿照《法律援助值班律师工作办法》第6条中对认罪认罚案件的规定，为涉案企业合规单列一款，要求值班律师还应提供的法律帮助包括：深入了解涉案企业的犯罪情况及自身状况，协助涉案企业完善合规计划，及时转达检察机关或涉案企业的意见，为合规考察程序启动或合规整改验收提供相关法律帮助。

第二步，在未来修改《法律援助法》时，将涉案企业合规作为应当指派律师的情形之一。必须承认，值班律师提供的是临时性、低限度的法律帮助，且业务水平和专业性明显次于指派律师。即便是在涉案企业合规中对值班律师的法律帮助作出突破，仍不能彻底解决律师参与感不强、业务能力与合规专业性要求不匹配等问题。事实上，立法者在规定应当指派的情形时，也已意识到《法律援助法》第25条中所列举的范围比较有限，并且授权“有条件的地方也可结合本地法律援助资源等实际情况，扩大应当通知辩护的犯罪嫌疑人、被告人范围”。[40] 在实践中，也确实有个别地方出台了相关文件，如2022年4月，浙江省印发了《关于积极探索开展审查起诉阶段律师辩护全覆盖工作的意见(试行)》。然而，既有的经验与教训表明，完全依靠这种地方自觉的“授权”可能并不稳妥。毕竟，辩护律师全覆盖对地方来说是一项不小的负担，尤其是在经济欠发达、律师行业整体水平有待提升的部分地区。为此，在未来修法条件成熟时，宜将涉案企业合规纳入应当指派律师的范围。例如，在《法律援助法》第25条第1款中新增“涉案企业合规中的直接责任人员和诉讼代表人”。

---

39 参见张勇、熊选国主编：《中华人民共和国法律援助法释义》，法律出版社2021年版，第125页。

40 张勇、熊选国主编：《中华人民共和国法律援助法释义》，法律出版社2021年版，第112页。

案例分析

网络婚恋交友平台的如实报告和安全保护义务

——刘某与深圳市珍某网信息技术有限公司、第三人北京市商汤科技开发有限公司网络侵权责任纠纷案

戴瑜霞*

【裁判要旨】

网络婚恋交友平台提供的是婚恋中介服务而非普通的交友服务或者信息发布平台服务，平台用户对其他用户资料真实程度的期望远高于一般的交友网站。类比中介合同中的中介人义务，网络婚恋交友平台应当遵循诚信原则，依法履行身份审核、如实报告和安全保护义务，未充分履行义务造成用户损害的，应当承担相应的赔偿责任。

【关键词】 网络婚恋交友平台　如实报告义务　安全保护义务

【案件索引】

一审：广州互联网法院（2020）粤0192民初24295号民事判决书（2021年7月6日）

二审：广州市中级人民法院（2021）粤01民终23858号民事判决书（2021年12月8日）

一审合议庭成员：曹钰、刘文杰、李月英

二审合议庭成员：陈瑞晖、刘庆国、徐艳

* 戴瑜霞——广州互联网法院综合审判一庭法官助理。

【基本案情】

珍某网系由珍某网公司运营的网络婚恋交友平台。刘某向珍某网公司购买了三个月的“珍某通”高级会员服务，约定由珍某网公司提供电话红娘专业相亲服务、婚姻介绍服务。珍某网客服对刘某称：“最起码，身份证、离婚证，我们都是验证的，女士的情况我们都了解”“只要是你看到觉得不错的女生，你先跟对方打招呼、互动，对方有回应，我再重点跟进……如果有回应，可以聊一下，我这边再重点把关资料，重点去电了解、撮合你们”。刘某通过珍某网与用户“幸福的意义”相识、开始交流，并通过“幸福的意义”加了杜某QQ号，随后向杜某提供的“投资网站”转账106万元。后广东省广州市海珠区人民法院作出（2020）粤0105刑初924号刑事判决书查明，2020年3月30日至4月2日，被害人刘某被诈骗团伙假装婚恋网站网友身份，以购买比特币为由，先后转账共计人民币106万元至诈骗团伙提供的账户。

刘某认为，被告号称“中国婚恋网站行业第一品牌”和“互联网行业领军企业”，有能力也有义务保障注册会员信息的真实性，但是被告为了经济利益，任由虚假注册的会员存在，从而导致原告被骗，而且由于“杜某”的身份是虚假的，公安机关的侦查工作也面临极大的困难，原告的经济损失巨大，精神也受到很大创伤，被告侵害原告的财产权、隐私权，应依法赔偿原告的损失。

珍某网公司辩称，珍某网公司已履行了身份认证及安全提示的义务。根据《移动互联网应用程序信息服务管理规定》第7条的规定，珍某网公司对网站会员要求通过手机号码注册、完成身份信息认证。同时在珍某网APP首页、平台安全中心、聊天界面、增值服务购买界面等页面均进行了征婚交友相关的安全提醒，珍某网公司员工也在与原告电话沟通中进行了安全提醒。因此被告已履行了身份认证及安全提示的义务，没有侵害原告的权益，不应承担侵权责任。案外人“杜某”并非如原告所述为被告撮合认识，其为原告在珍某网APP上自行聊天认识的。在被告充分提示风险的前提之下，原告仍然按照案外人“杜某”的指示转到第三方平台交流，并因“投资”导致财产损失。上述侵权行为与被告无关，且原告的财产损失与被告的服务之间并无直接因果关系，被告不应承担侵权责任。

【裁判结果】

广州互联网法院于2021年7月6日作出（2020）粤0192民初24295号民事判决：一、被告深圳市珍某网信息技术有限公司于本判决发生法律效力之日起

10日内向原告刘某赔偿财产损失49755.85元；二、驳回原告刘某的其他诉讼请求。

刘某、珍某网公司不服一审判决，向广州中级人民法院提起上诉。广州中级人民法院于2021年12月8日作出终审判决，认定刘某、珍某网公司的上诉理由均不能成立，判决驳回上诉，维持原判。

【裁判理由】

法院生效裁判认为，本案的争议焦点是：第一，珍某网公司是否应承担侵害刘某财产权的责任；第二，珍某网公司是否存在侵害刘某隐私权的行为；第三，如果珍某网公司需承担侵权责任，具体应如何承担责任。

关于第一个争议焦点即珍某网公司是否应承担侵害刘某财产权的责任。刘某通过珍某网平台结识昵称为"幸福的意义"的会员后，最终被诈骗106万元。生效刑事判决已经查明，刘某系被诈骗团伙假装婚恋网站网友身份以购买比特币为由引诱至相关网站充值，从而被诈骗。珍某网公司虽未实施诈骗行为，但珍某网公司的行为与刘某的财产损失之间存在一定因果关系，珍某网公司存在一定过错，应当承担相应的民事责任。理由如下：

第一，珍某网公司提供婚恋中介服务，应当履行与其服务性质、服务内容相对应的义务。

一方面，珍某网公司负有如实报告有关事项的义务。珍某网公司属于网络婚恋交友平台经营者。网络婚恋交友平台虽然可以归类于互联网社交平台，但与普通社交平台相比，其具备自身的显著特征，即此类平台提供的是婚恋中介服务而非普通的交友服务或者信息发布平台服务，用户使用此类平台的目的是寻找适宜的其他用户并与之建立恋爱乃至婚姻关系，会员对其他会员资料真实程度的期望远高于一般的交友网站。刘某向珍某网公司支付2999元购买了三个月的"珍某通"高级会员服务，有理由对珍某网公司寄予更高程度的信赖和期待，珍某网公司对刘某亦负有较普通会员更多的义务。基于双方的合同内容和诚实信用原则，珍某网公司应当向刘某如实报告包括其他会员信息的真实情况在内的有关事项。

另一方面，珍某网公司应当履行相应的安全保护义务。珍某网公司通过互联网提供营利性的婚恋中介服务，推荐、推送身处不同地域、从事不同职业的陌生人取得联系并互相成为婚恋交往对象。婚恋交往过程中，双方通常会有经济往来，婚恋交友平台在给单身男女带来更多结识了解机会、增进婚恋幸福感的同时，也可能给违法犯罪人员提供可乘之机。珍某网公司对其中的违法犯罪风险应充分认知，应当按照《网络安全法》第9条"网络运营者开展经营和服务活动，必须遵守法律、行政法规，尊重社会公德，遵守商业道德，诚实信用，履行网络安全保护义务，接受政府和社会的监督，承担社会责任”和第10条“建设、运营网络或者通过网络提供服务，应当依照法律、行政法规的规定和国家标准的强制性要求，采取技术措施和其他必要措施，保障网络安全、稳定运行，有效应对网络安全事件，防范网络违法犯罪活动，维护网络数据的完整性、保密性和可用性”的规定，履行网络安全保护义务，采取技术措施和其他必要措施防范网络违法犯罪活动。近年来，利用婚恋网站实施的诈骗犯罪多发，从珍某网提交的证据看，其对这一情况亦是清楚的。因此，珍某网公司除应履行对用户进行事前安全提示、在知晓侵权行为后及时采取必要措施的义务以外，还应履行要求用户提供真实身份信息的义务，并尽可能采取必要措施，防范违法犯罪活动。

第二，珍某网公司未能充分、恰当履行上述义务。

首先，珍某网公司在如实报告会员情况方面存在疏漏和误导。刘某经珍某网系统推荐、推送服务而结识昵称为“幸福的意义”的用户，随后珍某网客服向其发送了该用户包括婚姻状况、学历、职业、收入、工作地在内的资料截图。鉴于珍某网网络婚恋交友平台的特性和用户对平台及其客服人员的信赖，如未经特别提示，用户有理由相信以上资料真实，实际情况是以上资料均由会员自己填写并可自行修改，未有证据表明珍某网公司对以上信息进行了核实。对于会员资料由会员自己填写、不保证真实的情况，珍某网公司未能如实、充分地向会员告知。虽然珍某网公司向本院提交了《珍某网服务协议》文本，拟证明其通过用户服务协议尽到了相关提示义务，但一方面，珍某网公司所举证据不足以证明刘某签署了该协议；另一方面，对方会员资料的真实性属于对会员权利存在重大影响的事项，珍某网公司未举证证明其对不保证会员信息正确性的条款尽到了充分的提示和说明义务。因此，珍某网公司在如实报告会员资料是否真实的情况方面存在疏漏。同时，珍某网公司在会员资料的真实性方面还存在一定误导。珍某网客服人员在向刘某推荐“珍某通”服务时表示“这是您的下半生，我们不会跟您玩笑的，最起码，身份证、离婚证，我们都是验证的，女士的情况我们都了解”，在提供“珍某通”服务过程中又向刘某表示“你先跟对方打招呼、互动……如果有回应，可以聊一下，我这边再重点把关资料，重点去电了解、撮合你们”，实际上也在刘某询问后向刘某发送了会员名为“幸福的意义”用户的资料截图，当时并未提示该信息不保证真实。可见，珍某网公司在对会员作出相应描述、承诺时，未能如实、严谨描述，客观上存在一定的误导行为，违反了如实报告有关事项的义务。

其次，珍某网公司未能充分履行安全保护义务。珍某网公司虽然采用人脸识别方式对注册人身份进行验证，但对于诈骗团伙假装婚恋网站网友身份实施诈骗仍未能识别、防范，未能提供证据证明其在确保账号使用人与注册人身份一致方面采取了何种有效措施，表明珍某网公司在身份核验方面存在漏洞。

第三，珍某网公司的行为与刘某被诈骗之间存在一定因果关系，珍某网公司存在一定过错。

诈骗系基于被害人的错误信赖而实施的犯罪。昵称为“幸福的意义”的会员系由珍某网公司向刘某推荐、推送，而珍某网公司在如实报告该会员情况、核验账号使用人真实身份方面存在疏漏和误导，未充分履行安全保护义务，导致刘某相信该会员的信息“婚姻状况离异，学历大学本科，职业高级管理、收入 12001～20000 元，无住房、无买车、籍贯为广东潮州潮安，工作地为广东广州天河区”真实，并基于对珍某网平台与该会员的信赖与该会员作进一步沟通交流，即珍某网公司的推荐、推送和未如实描述会员信息、未充分核验用户身份的行为是刘某建立对诈骗团伙成员信赖的原因之一。因此，珍某网公司的行为与刘某被诈骗之间存在一定的因果关系。珍某网公司在明知此类诈骗容易发生的情况下，未充分采取有效措施避免此情况的发生，同时存在误导行为，具有一定的主观过错，根据《侵权责任法》第 6 条第 1 款[1]“行为人因过错侵害他人民事权益，应当承担侵权责任”和第 36 条第 1 款[2]“网络用户、网络服务提供者利用网络侵害他人民事权益的，应当承担侵权责任”的规定，珍某网公司应当承担相应的侵权责任。

关于第二个争议焦点即珍某网公司是否存在侵害刘某隐私权的行为。刘某主张珍某网平台未经其同意向昵称为“幸福的意义”的会员发送“打招呼”消息侵害其隐私权。对此本院认为，隐私是自然人的私人生活安宁和不愿为他人知晓的私密空间、私密活动、私密信息，刘某在珍某网这个婚恋交友平台注册为会员，其主要目的是婚恋交友，珍某网公司代替刘某向他人“打招呼”的行为并非将刘某不愿为他人知晓的私密活动、私密信息泄露给他人，不构成对刘某隐私权的侵害，因此，对刘某的这一主张，本院不予采纳。

关于第三个争议焦点即珍某网公司应如何承担责任。珍某网公司就刘某被诈骗承担的责任，应遵循责任大小与过错程度、原因力大小相适应的原则。刘某系与他人在脱离珍某网平台交流后被诈骗，对于由此造成的财产损失，珍某网公司的行为和过错显然并非主要原因。综合考量珍某网公司的侵权行为方式、过错程度和原因力大小，为促进珍某网公司更好地履行相关义务，本院酌情确

1 对应《民法典》第 1165 条第 1 款。

2 对应《民法典》第 1194 条。

定珍某网公司对刘某被诈骗而尚未追回的财产损失995117元（即1060000元－已追回的损失64883元）承担5%的赔偿责任即49755.85元，待实际诈骗刘某财产的案外人身份确定后，珍某网公司可循合法途径向该案外人追偿该款项。

《侵权责任法》第22条[3]规定："侵害他人人身权益，造成他人严重精神损害的，被侵权人可以请求精神损害赔偿。"鉴于本案中珍某网公司并未侵害刘某的人身权益，故对刘某要求珍某网公司赔偿精神损害抚慰金的诉讼请求，本院不予支持。

网络婚恋交友平台是传统婚介行业的有益拓展与补充，拥有庞大的市场需求。婚恋交友平台经营者应进一步明确自身的义务和责任，正视婚恋交友平台相对于一般交友平台的特殊性，在追求经济效益的同时更好地承担社会责任，充分采取有效措施防范相关违法犯罪行为，为用户提供更加安全、更加可信赖的婚恋中介服务。

【案例注解】

当前，互联网应用的泛在性和便捷性大大拓展了人们的人际交往空间，利用网络结交朋友、沟通信息、联络感情已成为现代人的生活常态，婚恋交友平台在此背景下应运而生。网络婚恋交友平台虽然可以归类于互联网社交平台，但与普通社交平台相比，其具备自身的显著特征，即此类平台提供的是婚恋中介服务而非普通的交友服务或者信息发布平台服务，用户使用此类平台的目的是寻找适宜的其他用户并与之建立恋爱乃至婚姻关系，因此，网络婚恋交友平台可视为线上的"媒人"。共青团中央、民政部、国家卫生计生委于2017年9月4日印发《关于进一步做好青年婚恋工作的指导意见》，其中要求"建立健全婚恋交友信息平台、婚介婚庆服务机构的行业标准体系和监测评估体系。协调推动工商、工信、公安、网监、机关职能等部门的协同联动，推动实名认证和实名注册在婚恋交友平台的严格执行，加强对个人用户信息保护的监督执法，依法整顿婚介服务市场，严厉打击婚托、婚骗等违法婚介行为"，并致力于"打造一批便于青年参与、服务实效显著、有较高诚信度的婚恋公益服务平台"。基于婚恋交友平台的特性和民法的诚信原则，平台经营者在履行互联网平台的法定义务如落实网络实名制要求、履行安全保护义务的同时，亦应当尽到"媒人"的职责，了解对方真实情况，如实报告有关事项。

现实中的情况是，很多网络婚恋交友平台并未尽到以上义务。江苏省消保委2021年的专项调研显示，在网站注册时，世纪佳缘、百合网、珍某网、网易

3 对应《民法典》第1183条第1款。

花田、我主良缘5个网络婚恋交友平台均未对会员的身份证明、财产状况等主要信息进行强制性认证审核，消费者在线上网站无论充值成何种会员，看到的任何对方信息均可能为虚假或伪造，平台无任何审核或强制流程，也无任何特别提示告知消费者“注册用户存在信息不真实可能性”，既没有尽到审核义务也没有尽到提醒注意义务。[4]广州市检察机关在办理利用网络实施婚恋诈骗案件的过程中，发现有三类平台易被犯罪分子利用，首先即是婚介网站，它们对用户信息审查不严，有人虚构婚姻、职业、收入等信息进而骗取钱财。[5]与此同时，不少婚恋交友平台出于商业利益考虑，刻意强调平台会员的“优质”和信息的“可靠”，对会员信息的真实性予以模糊化处理。在此情况下，不少犯罪分子利用单身者急于“脱单”的心态和对婚恋交友平台的信任，将自己包装为成功男士或美貌女性，使用专门话术，骗取被害人感情信任，采用诱导其到虚假交易平台投资等方式实施诈骗，这种诈骗方式是“杀猪盘”诈骗的典型套路。与传统诈骗犯罪不同，“杀猪盘”式诈骗以感情为诱饵，迷惑性强，持续时间长，诈骗形式隐蔽，被害人被蒙蔽在亲密关系的假象中，财产安全、人身安全受到侵害的可能性比一般的诈骗行为更高。综合运用行政、司法、教育、文化等手段，规范和引导网络婚介市场秩序，打击“杀猪盘”诈骗犯罪，更好地保护人民群众人身财产安全，维护消费者合法权益，很有必要。

本文以用户通过知名婚恋交友网站珍某网结识他人后被诈骗、起诉珍某网要求承担侵权责任的案件为切入点，探究网络婚恋交友平台在向用户提供相关服务过程中应当履行何种法定义务，对进一步规范网络婚恋服务进行了探究。

一、网络婚恋交友平台服务的法律性质

网络婚恋交友平台向用户提供的是一种网络服务。网络服务合同并非《民法典》规定的有名合同，在数字经济蓬勃发展的大背景下，各种新类型的网络服务层出不穷，对于其法律性质，应结合相关服务的特点具体分析，进而适用或者参照适用相关法律规定处理。

用户在享受网络婚恋交友平台提供的服务时，平台的功能和作用主要有两方面，一方面是向用户发布信息和供用户发布信息，使用户既能了解到自己关注的其他用户的情况，也能够将自己的有关情况展示给其他用户；另一方面是媒介服务，按照用户的需求寻找合适的其他用户，采用了解情况、传递信息等方式居中斡旋，努力促成用户缔结亲密关系。婚恋交友平台通过以上功能吸引

4 《为“爱”排雷！探一探婚恋交友平台那些事儿》，载江苏省消保委官方微信号，2021年9月26日。

5 《广东广州：检察官总结利用网络实施婚恋诈骗犯罪案件特点》，载最高人民检察院网站，https://www.spp.gov.cn/dfjcdt/201611/t20161115_172840.shtml，最后访问于2022年2月10日。

用户注册、获取经济利益。这种功能作用与《民法典》对中介合同的定义“中介人向委托人报告订立合同的机会或者提供订立合同的媒介服务，委托人支付报酬的合同”中中介人的功能作用最为接近，网络婚恋交友平台属于婚恋中介服务提供者。有的案例[6]认为，根据现有的、通常的网站管理方式和技术手段，平台不可能对所有会员个人信息进行事前逐一审查，只要平台依照相关法律法规和规定，制定了会员注册条款及相关上网规则，对免责条款采用了足以引起对方注意的特别标识予以注明，对会员注册信息的真实性尽必要审核义务，对会员交友的风险进行了相应的提示，就会员的投诉设置了相应的处理措施，对不良会员设置了排查、监控和屏蔽手段，就足以在他人利用平台侵害用户权益的纠纷中排除平台的责任。这种观点看到了婚恋交友平台作为互联网平台相较于线下婚介服务的特点和局限性，但对婚恋交友平台不同于一般交友平台，而更接近于中介人的如实报告义务关注不足，未能注意到婚恋交友平台通过自我宣传带来的用户期望与平台通过制定格式条款自我免责之间的落差，不足以切实地规范网络婚恋交友秩序。

该案判决实际上是基于民法的诚信原则，类比中介合同的有关法律规定，并基于网络安全法的有关规定，认定网络婚恋交友平台作为婚恋中介服务提供者，应当履行身份审核、如实报告和安全保护义务，在平台故意隐瞒有关重要事实或者提供虚假情况，未尽安全保护义务、损害用户利益的情况下，应当承担损害赔偿责任。

二、网络婚恋交友平台应当承担的义务

《民法典》第 962 条规定：“中介人应当就有关订立合同的事项向委托人如实报告。中介人故意隐瞒与订立合同有关的重要事实或者提供虚假情况，损害委托人利益的，不得请求支付报酬并应当承担赔偿责任。”国家质量监督检验检疫总局、国家标准化管理委员会于 2009 年 5 月 4 日发布了《婚姻介绍服务国家标准》，其中要求婚姻介绍服务机构要“查验征婚者的身份证、户口簿、学历证书等身份证明文件”“让有婚史的征婚者出示离婚证明或丧偶证明”“不向征婚者提供虚假信息”。以上规定和标准均表明，婚恋中介服务提供者应当对介绍、撮合的婚恋对象的有关事项向委托人如实报告。如实报告义务实际上就是中介人的忠实义务，在中介合同中，对中介人忠实义务的主要要求包括：第一，中介人应将所知道的有关订约情况或者商业信息如实告知给委托人或者相对人，

6　如刘其诉某婚恋网站服务合同纠纷案，载法信，http：//www. faxin. cn/lib/cpal/AlyzContent. aspx? isAlyz = 1&gid = C1385824&libid = 0201&userinput = % E5% A9% 9A% E6% 81% 8B% E7% BD% 91% E7% AB% 99，最后访问于 2022 年 2 月 10 日。

不得故意隐瞒与订立合同有关的重要事实或者提供虚假情况；第二，不得对订立合同实施不利影响，影响合同的订立或者损害委托人的利益；第三，中介人对于所提供的信息、成交机会以及后来的订约情况，负有向其他人保密的义务。[7]婚恋中介促成的用户之间缔结亲密关系的结果虽然不能称为“订立合同”，但非常接近，要求婚恋中介平台服务提供者履行上述如实报告的义务，符合案件事实和法理。

《网络安全法》第9条规定：“网络运营者开展经营和服务活动，必须遵守法律、行政法规，尊重社会公德，遵守商业道德，诚实信用，履行网络安全保护义务，接受政府和社会的监督，承担社会责任。”第10条规定：“建设、运营网络或者通过网络提供服务，应当依照法律、行政法规的规定和国家标准的强制性要求，采取技术措施和其他必要措施，保障网络安全、稳定运行，有效应对网络安全事件，防范网络违法犯罪活动，维护网络数据的完整性、保密性和可用性”。第24条第1款规定：“网络运营者为用户办理网络接入、域名注册服务，办理固定电话、移动电话等入网手续，或者为用户提供信息发布、即时通讯等服务，在与用户签订协议或者确认提供服务时，应当要求用户提供真实身份信息。用户不提供真实身份信息的，网络运营者不得为其提供相关服务。”此处规定表明了网络运营者负有身份审核和安全保护义务。基于网络婚恋交友平台引导撮合用户之间建立强信任关系的特点，网络婚恋交友平台更应充分履行以上义务，对于因技术能力和服务特性造成的身份核验、信息审核的实际情况应当向用户如实告知，不应隐瞒甚至错误诱导。

三、网络婚恋交友平台未依法履行义务时的法律责任

本案中，用户刘某系通过珍某网的付费服务即用户推荐、推送服务而与诈骗团伙假装的用户“杜某”建立联系，在此过程中，珍某网公司未向刘某提示与对方用户“杜某”相关的所在地、职业、收入等基本信息未经核实，而是向刘某表示“这是您的下半生，我们不会跟您玩笑的，最起码，身份证、离婚证，我们都是验证的，女士的情况我们都了解”等，对刘某予以了误导，违反了如实报告义务。同时，珍某网公司虽然在用户注册时采用了人脸识别方式对注册人身份进行验证，但当前网络账号买卖、盗号、冒用等情况多发，对于诈骗团伙假装婚恋网站网友身份实施诈骗的行为，珍某网公司未采取充分措施予以识别、防范，确保账号使用人与注册人身份一致，表明珍某网公司未能充分履行安全保护义务。珍某网公司的推荐、推送和未如实描述会员信息、未充分核验

7　最高人民法院民法典贯彻实施工作领导小组：《中华人民共和国民法典理解与适用（四）》，载法信，http：//faxin.cn/lib/twsy/twsycontent.aspx？gid＝A290592&tiao＝962，最后访问于2022年6月10日。

用户身份的行为是刘某建立对诈骗团伙成员信赖的原因之一。以上行为既可以视为违反了网络服务合同或中介合同义务的违约行为，亦符合侵权责任构成要件对“侵权行为”的要求，实际上是违约责任和侵权责任的竞合，依照《民法典》第186条关于“因当事人一方的违约行为，侵害对方人身权益、财产权益的，受损害方有权选择其承担违约责任或者侵权责任”的规定，刘某在本案中要求珍某网公司承担侵权责任，符合法律规定。

不可否认的是，刘某作为有一定社会阅历和生活经验的成年人，对于素未谋面的陌生人应具有基本的安全意识和防范措施，其在与诈骗团伙成员脱离珍某网平台沟通联系时，在未进一步核实相对人所推荐的理财产品安全性的情况下，即按照陌生网站的要求，向陌生人交付巨额的款项导致损失，刘某对此应自负主要责任。基于珍某网公司的侵权行为方式、过错程度和原因力大小，法院酌情确定珍某网公司对刘某被诈骗而尚未追回的财产损失承担5%的赔偿责任，而非主要责任。

网络婚恋交友平台提供的是婚恋中介服务而非普通的交友服务或者信息发布平台服务，会员对其他会员资料真实程度的期望远高于一般的交友网站。本案的典型意义在于，通过明确网络婚恋平台中介服务的中介人义务，引导婚恋交友平台从以下两个方面更好地履行身份审核、如实报告和安全保护义务：一是向用户如实告知相关情况。在符合法律规定和合同约定的基础上，更加准确地收集用户的信息，如难以确保用户自行填写的信息的真实性，平台除应在作为格式合同的用户协议中注明对于一般的会员资料“不保证其内容的正确性、合法性或可靠性”并采取合理的方式提示用户注意以外，还应在相关服务页面、服务过程中对此作必要提示，如实报告其他用户的情况，不应作与事实不符的误导。二是更好地履行安全保护义务。当前利用网络实施的犯罪多发，网络婚恋交友平台除应履行对用户进行事前安全提示、在知道侵权行为后及时采取必要措施的义务以外，还应采取技术措施和其他必要措施，更好地确保账户实际使用人与注册人身份一致，防范网络违法犯罪活动。

【相关法条】

《中华人民共和国侵权责任法》第6条第1款、第36条第1款（已失效）；

《中华人民共和国民法典》第1165条第1款、第1194条。

合同约定非职务作品著作权归属条款的效力与解释

——广州Y公司诉杨某、广州Z公司、广州D公司著作权侵权纠纷案

戴瑾茹　李　婷*

【裁判要旨】

构成职务作品必须符合两个条件：第一，创作作品的自然人是单位工作人员；第二，作品是为了完成单位工作任务，根据单位下达的书面或口头指示而产生。员工并非为完成单位工作任务实施创作行为，完成的作品不是职务作品。

当劳动合同条款约定非职务作品的著作权归属单位时，如果是双方真实意思表示且未损害公众和社会利益，该条款具有法律效力。因该条款属于格式条款，当发生争议时应当作出不利于提供格式条款一方的解释。

【关键词】职务作品　员工兼职　非职务作品　格式条款

【案件索引】

广州互联网法院（2021）粤0192民初4671号民事判决书（2021年12月3日）

审判庭成员：戴瑾茹

---

* 戴瑾茹——广州互联网法院综合审判二庭法官。李婷——广州互联网法院综合审判二庭法官助理。

【基本案情】

杨某系广州Y公司汽车事业部负责人，岗位职责为全权分管汽车事业部日常工作及管理运营，完成公司下达的汽车内容需求和销售业务。广州Y公司与杨某等公司员工签订合同约定，职务开发软件或职务作品，或在业余时间，利用公司提供的资金、技术、信息或其他条件完成的有关新产品开发研制的软件、产品、图纸稿件、书籍等产权都属于公司所有。广州Z公司系杨某注册成立的自然人独资企业。广州Y公司经调查发现，杨某自2019年5月起，持续以其个人和/或其注册成立的广州Z公司的名义，与广州D公司进行合作，在未获得广州Y公司许可的情况下，擅自在广州D公司所运营的抖音账号传播广州Y公司汽车事业部开发创作的类电作品短视频，以谋取利益。广州Y公司起诉要求杨某等被告停止侵权、赔礼道歉、赔偿经济损失。杨某、广州Z公司认为，案涉视频并非职务作品，也不属于杨某与广州Y公司在合同中约定的非职务作品权属归广州Y公司所有的情形，故广州Y公司不享有案涉视频著作权，无权主张权利。广州D公司认为，广州D公司聘请杨某的广州Z公司运营抖音短视频项目并签订服务合同，广州D公司对于杨某在广州Y公司任职并利用该公司资源帮广州D公司做运营并不知情。

【裁判结果】

广州互联网法院2021年12月3日作出（2021）粤0192民初4671号民事判决：驳回原告广州Y公司的全部诉讼请求。

宣判后，原被告双方均未上诉，判决已发生法律效力。

【裁判理由】

法院生效判决认为：

一、关于案涉视频是否属于职务作品。

《著作权法》（2010年修正）第16条第1款规定，公民为完成法人或者其他组织工作任务所创作的作品是职务作品，除本条第2款的规定以外，著作权由作者享有，但法人或者其他组织有权在其业务范围内优先使用。作品完成两年内，未经单位同意，作者不得许可第三人以与单位使用的相同方式使用该作品。第2款规定，有下列情形之一的职务作品，作者享有署名权，著作权的其他权利由法人或者其他组织享有，法人或者其他组织可以给予作者奖励：（1）主要是利用法人或者其他组织的物质技术条件创作，并由法人或者其他组织承担责任的工程设计图、产品设计图、地图、计算机软件等职务作品；（2）法律、行政法规规定或者合同约定著作权由法人或者其他组织享有的职务作品。

根据上述规定，职务作品分为普通职务作品与特殊职务作品，普通职务作品的著作权由作者享有，特殊职务作品的除署名权外的著作权由单位享有。《著作权法实施条例》第 11 条第 1 款规定，《著作权法》第 16 条第 1 款关于职务作品的规定中的“工作任务”，是指公民在该法人或者该组织中应当履行的职责。因此，构成职务作品必须符合两个条件：第一，创作作品的自然人是单位工作人员；第二，作品是为了完成单位工作任务，根据单位下达的书面或口头指示而产生。本案中，案涉视频不构成职务作品。理由如下：参与案涉视频创作的杨某、萧某、罗某虽均系广州 Y 公司员工，但广州 Y 公司并未明确指示杨某等人为广州 D 公司拍摄案涉视频。根据劳动合同的约定，杨某具体负责公司汽车组团队的日常工作管理运营、完成公司下达的汽车内容需求和销售业务；罗某负责日常数码、汽车等内容的视频拍摄、后期剪辑处理等执行、协助其他同事规定的工作内容和业绩需求；萧某负责日常汽车等内容的文字编辑等执行、协助其他同事完成规定的工作内容和业绩需求。这些均为概括性的工作岗位职责要求。根据萧某、罗某的书面证言以及当庭陈述，可知萧某、罗某清楚为广州 D 公司拍摄视频系杨某的个人安排，与广州 D 公司签订并履行合同的也是杨某经营的广州 Z 公司，与广州 Y 公司无关。因此，现有证明不足以证明案涉视频属于职务作品。

二、关于案涉视频是否应当根据劳动合同的约定确定著作权权利人为广州 Y 公司。

本案中，广州 Y 公司在与杨某等多人签订合同时均约定知识产权归属单位所有的创作成果包括三类：一是职务开发软件；二是职务作品；三是业余时间，利用公司提供的资金、技术、信息或其他条件完成的有关新产品开发研制的软件、产品、图纸稿件、书籍等。

关于合同约定的前两类创作成果。《著作权法》第 16 条第 2 款所述的职务作品通常难以依靠一两个人的力量单独完成，而必须借助于单位专门提供的物质技术条件。为了鼓励单位对作品创作进行投资，保护单位对投资的合理利益，法律规定特殊职务作品除署名权外的著作权归属于单位，同时允许单位与作者通过合同将职务作品约定为特殊职务作品。但需要注意的是，该约定有效的前提是相关作品本身系职务作品。如果相关作品本身并非职务作品，则单位和作者并不能通过合同将其约定为特殊职务作品。案涉合同所约定的前两类创作成果属于职务作品，但案涉视频不属于职务作品，不属于劳动合同约定的范畴。

关于合同约定的第三类创作成果。该创作成果应具备以下几个要件：一是员工业余时间创作；二是利用公司提供的资金、技术、信息或其他条件；三是创作的内容是关于新产品开发研制；四是采用软件、产品、图纸稿件、书籍等创作形式。对于该条文内容的理解，广州Y公司和杨某发生争议，广州Y公司认为利用公司物质技术条件完成创作的作品均为公司所有，杨某认为该条款并无明确约定拍摄短视频等是否为职务作品，对此应作出不利于广州Y公司解释。

上述条款由广州Y公司事先拟定，便于重复使用，员工在签订合同时难以进行协商，属于格式条款。对格式条款的理解有两种以上解释的，根据《民法典》第498条的规定，应当作出不利于提供格式条款一方的解释。法院认为，对合同没有规定或规定不完备的事项，不得采取类推或扩张的方法，应从“最狭义”的含义进行解释。该条款中的“其他条件”以及“等创作形式”均应解释为与先前所列举的具体事项属于同一种类。案涉视频拍摄过程中，广州D公司提供了资金、音响产品、汽车、场地、出镜人员等资源，拍摄目的是为广州D公司提供抖音短视频服务，作品表现形式为视频文件。故案涉视频不符合合同明确约定的第三类情形。

综上，案涉视频不是为了完成广州Y公司的工作任务，并非职务作品，也不符合劳动合同约定的其他情形。现有证据不足以证明广州Y公司对案涉作品享有著作权，广州Y公司起诉主张杨某、广州Z公司、广州D公司构成著作权侵权，缺乏依据，法院不予支持。但是，根据法院查明的事实，杨某作为广州Y公司汽车事业部负责人，在双方劳动合同存续期间，占用工作时间，组织公司其他员工利用公司提供的部分物质条件，从事与公司经营业务相关的个人业务，并从中牟利，违背诚实信用原则，侵害了广州Y公司的合法权益。由于该行为应系另一法律关系调整的范畴，本案不予处理，广州Y公司可以另循其他法律途径解决。

【案例注解】

员工利用工作之便以个人名义为第三方创作的作品是否为职务作品？若员工与用人单位签订的劳动合同中约定员工创作的某些非职务作品权属归用人单位，此约定是否有效？当员工与用人单位对上述约定发生争议时，司法应如何回应？上述问题是审判实践中经常会遇到的争议较大的问题，回答该问题需要对职务作品、非职务作品、格式条款等进行系统化、理论化的分析。

一、职务作品：以完成明确的工作任务为必要非充分条件

职务作品是著作权中较为常见的作品生成类型，也称雇佣作品，即为雇员在

受雇期间和受雇范围内创作的作品[1]，其权属规则也以劳动者与单位之间的劳动关系为基础进行设计。《著作权法》第18条第1款规定，自然人为完成法人或者非法人组织为完成工作任务所创作的作品是职务作品。

（一）工作任务应当明确

《著作权法实施条例》第11条第1款规定，著作权法关于职务作品的规定中的"工作任务"，是指公民在该法人或者该组织中应当履行的职责。基于该项规定，职务作品应具备两个要件，第一，创作作品的自然人是单位工作人员；第二，作品是为了完成单位工作任务。此处法律规定的工作任务较为模糊，实践中时常发生争议。为避免不必要的纠纷，"创作作品"的工作任务应当相对明确，单位应以书面或口头指示的形式下达，不能过于笼统。若员工凭借本职工作积累相关的经验或利用职务之便完成作品创作，但与单位指派的工作任务无关，则不应认定为职务作品。

本案中，参与案涉视频创作的杨某、萧某、罗某虽均系原告员工，根据劳动合同约定，杨某等人的工作职责均为概括性的工作岗位职责要求。原告并未明确指示杨某等人为广州D公司拍摄案涉视频。杨某为广州D公司拍摄视频系个人安排，与广州D公司签订并履行合同的也是杨某经营的广州Z公司，与原告无关。因此，案涉视频并不属于职务作品。

（二）完成工作任务是职务作品的必要非充分条件

是否所有为完成工作任务而创作的作品，都属于职务作品？笔者认为，回答该问题仍应区分不同情形。如果单位安排工作任务，具有当下或未来使用作品的主观意图，则员工完成的作品应属于职务作品。如果单位要求员工创作作品只是为了管理或考核员工，比如学校要求老师必须制作教案，通过教案把控教学质量，或者要求老师必须发表论文，以此作为考评晋升的依据。虽然随之产生的教案、论文也都是为了完成工作任务，但由于在此项工作任务中，单位并不存在利用作品的意图，则该作品不应当被认定为职务作品，应属于老师的个人作品。也就是说，职务作品必然是为完成工作任务产生，但并非为完成工作任务产生的作品均为职务作品。

二、特殊职务作品：作品权利的二次分配

职务作品分为普通职务作品与特殊职务作品，普通职务作品的著作权由作者享有，单位在两年内享有优先使用权。特殊职务作品的署名权归属于作者，但单位享有其他全部权利。特殊职务作品必须首先是职务作品，在符合一定条件之后，被视为特殊职务作品，作者的权利被压缩，单位的权利被扩大，是两

1　吴汉东著：《知识产权基本问题研究（分论）》，中国人民大学出版社2009年版，第63页。

者权利的二次分配。著作权法规定的特殊职务作品包括法定特殊职务作品和约定特殊职务作品两大类。

（一）法定特殊职务作品

法律规定的第一类特殊职务作品，即“主要是利用法人或者非法人组织的物质技术条件创作，并由法人或者非法人组织承担责任的工程设计图、产品设计图、地图、示意图、计算机软件等职务作品”。此类作品的客体较为特殊，通常难以依靠一两个人的力量单独完成，必须借助于单位专门提供的资金、设备、资料等物质技术条件，并由单位承担责任。为了鼓励单位对作品创作进行投资，保护单位对投资的合理利益，法律规定该类特殊职务作品除署名权外的著作权归属于单位。

法律规定的第二类特殊职务作品，即2020年《著作权法》修改中新增的“报社、期刊社、通讯社、广播电台、电视台的工作人员创作的职务作品”。此类作品的主体较为特殊。在报社、电视台员工创作作品的过程中，很多时候需要利用单位的特殊身份，即必须系上述单位员工，才有机会接触到创作素材。将该类单位员工创作的作品直接规定为特殊职务作品，进一步明确其著作权归属。从司法实务的角度来看，这在一定程度上解决了上述单位对此类职务作品的后续利用和维权难题，也更有利于解决网络转载、传统媒体与网络媒体深度融合等现实问题。

（二）约定特殊职务作品

著作权属于私权，如不违反强制性规定，法律尊重当事人意思自治。《著作权法》规定，特殊职务作品可以是“合同约定著作权由法人或者非法人组织享有的职务作品”。

本案中，原告以双方签订的劳动合同中有关于知识产权的约定为由，主张案涉视频属于特殊职务作品。如上文所述，约定特殊职务作品的前提是相关作品本身系职务作品。如果相关作品本身并非职务作品，则单位和作者并不能通过合同将其约定为特殊职务作品。由于案涉视频不属于职务作品，故不能被约定为特殊职务作品。

三、非职务作品：著作权权属约定之效力与解释

案涉作品属于非职务作品，当事人签订的劳动合同中约定该类作品著作权归属于用人单位，此约定是否有效？如果约定有效，则条款该如何具体适用？法定规则与约定规则该如何自洽？笔者将从条款效力与解释方法两方面对此进行详细分析。

（一）条款效力：非职务作品权属约定不宜直接认定无效

对于劳动合同中约定非职务作品著作权归属于单位的条款效力，实践中存

在不同观点。第一种观点认为,《著作权法》对职务作品及其权利归属有明确、刚性的规定,仅允许将法定类别的作品当作职务作品,如果认定约定有效,则会违反立法目的。第二种观点认为,合同约定只要是双方真实意思表示且未损害公众和社会利益,应当贯彻合同约定优先的原则,承认权属约定条款效力。

笔者较为赞同上述第二种观点。非存在法定事由,应承认权属约定条款效力。一方面,意在尊重意思自治。著作权具有私权属性,对于作品著作权归属的确定应重视约定的效力。法定向约定权利空间扩展是著作权归属制度自身发展的需要,也是实践中完善法律制度的需要。另一方面,旨在激发创作活力。充分调动创作者和单位的创作积极性,赋予创作者和单位更加灵活的配置作品的著作权及相关财产权利,以便更好地鼓励双方对作品倾注更多的“心血”。具体而言,对于条款效力认定,首先,应探究是否为双方真实意思表示。合同本是基于当事人合意,依据《民法典》第502条第1款的规定,依法成立的合同,自成立时生效,但法律另有规定或当事人另有约定的除外。如果一份合同系双方真实意思表示,且不存在法定无效情形,则合同有效。其次,在不存在违反法律、行政法规的强制性规定或是违背公序良俗及其他法定情形下,如果合同当事人均未提出确认合同无效的请求,则人民法院不应主动确认某条款无效,本案正是这种情况。案涉条款属于格式条款,《民法典》第497条对格式条款无效规定了具体情形,被告在本案中未明确主张案涉条款约定无效,但主张对条款的理解应作出不利于格式条款提供方的解释。法院对此予以支持。

(二)条款解释:应当作出不利于格式条款提供方的解释

意思自治虽然是私法的基本原则,实践中,受语言表达、生活习惯等的影响,以及合同当事人双方地位差别、信息不对称等因素的存在,都可能会导致当事人在订立合同时对部分条款的约定或是“真实意思”发生争议。此时就需要准确运用解释方法以探究合同背后的真实含义。

《合同法》第125条规定文义解释、体系解释、目的解释、习惯解释及诚信解释为并列关系的合同解释方法。《民法典》第142条第1款规定,有相对人的意思表示的解释,应当按照所使用的词句,结合相关条款、行为的性质和目的、习惯以及诚信原则,确定意思表示的含义。即是说,当事人对合同条款的理解有争议的,首先且必须采取文义解释规则来确定该条款的含义,并可以辅之以体系解释、目的解释等解释规则中的一种或多种。该法第498条同时规定,对格式条款的理解发生争议的,应当按照通常理解予以解释。对格式条款有两种以上解释的,应当作出不利于提供格式条款一方的解释。

具体而言,一方面,从维护公平的目的出发,对合同没有规定或规定不完备的事项,不得采取类推或扩张的方法进行解释;另一方面,在约定范围不明确时，应从“最狭义”的含义进行解释。本案中，双方约定的“其他条件”以及“等创作形式”均应解释为与先前所列举的具体事项属于同一种类。案涉视频拍摄过程中，资金、音响产品、汽车、场地、出镜人员等资源提供并非本案原告；作品表现形式为视频文件，亦并非约定的作品形式种类，故案涉视频不符合合同明确约定的第三类情形。如果按照原告的意见将约定情形作类推或扩张解释，将会导致单位利用缔约优势侵害员工权益，同时不利于文化创新。

综上，职务作品必须是为完成单位工作任务产生，员工并非为完成单位工作任务实施创作行为，完成的作品并非职务作品。当劳动合同条款约定非职务作品的著作权归属单位时，如果是双方真实意思表示且未损害公众和社会利益，该条款具有法律效力。因该条款属于格式条款，当发生争议时应当作出不利于提供格式条款一方的解释。

生活中，员工在外兼职的现象并不少见，多因利益驱使。本案中，被告杨某在与原告公司劳动合同存续期间，占用工作时间，组织公司其他员工利用公司提供的部分物质条件，从事与公司经营业务相关的个人业务，并从中牟利。一方面，该行为违背社会主义核心价值观，侵害了公司的合法权益。另一方面，由于缺乏监管，易出现违法违规行为，甚至对第三方造成损害。本案判决对该行为明确作出否定评价，但由于该行为并非著作权法调整的范畴，因此本案未予处理。但是，双方涉及的类似纠纷有上百起，虽然本案驳回了原告的诉讼请求，但在另案中成功组织当事人达成调解，一并调处了原被告之间著作权侵权纠纷以及在其他法院审理的劳动争议纠纷，产生了以判促调、案结事了的良好审判效果。

【相关法条】

《中华人民共和国民法典》第498条；

《中华人民共和国著作权法》（2010年修正）第16条[2]；

《中华人民共和国著作权法实施条例》第4条第11项、第11条第1款。

2　2020年修改后为第18条。

有限责任公司关联交易的认定准则及规范原则

——中资国某公司诉永某置业广州分公司等关联交易损害责任纠纷案

任永乐*

【裁判要旨】

人民法院审理关联交易损害责任纠纷，首先需要对相关公司的关联关系进行审查，再根据整体公平原则对涉案交易是否损害公司利益进行判断。通过多层企业持股关系间接持有公司少量股份，并不必然认定为公司关联方。关联关系应按照实质重于形式的原则来界定，即以是否存在控制以及对经营决策是否有重大影响来作为判断是否构成关联关系的实质标准。

【关键词】 有限责任公司　关联关系　关联交易　判断标准

【案件索引】

一审：广东省广州市白云区人民法院（2020）粤0111民初31837号（2020年12月31日）

二审：广东省广州市中级人民法院（2021）粤01民终19379号（2021年10月27日）

一审独任审判员：范晓玲

二审合议庭成员：国平平、曹佑平、王丽华

---

* 任永乐——广州市中级人民法院二级法官助理。

【基本案情】

杰某公司是成立于2013年4月25日的有限责任公司，股东及持股情况为中资国某公司持股25%、绿某房地产公司持股70%，广州东某投资集团有限公司持股5%。2014年3月6日，广州市国土资源和房屋管理局萝岗区分局向杰某公司出具《前期物业管理中标备案书》，确认收到杰某公司提交的涉案物业招标、中标等文件，并给予备案。随后，上海永某置业有限公司将永某置业广州分公司与杰某公司签订的《前期物业服务合同》提交至广州市国土资源和房屋管理局萝岗区分局备案。2015年8月19日，广州市国土资源和房屋管理局萝岗区分局向永某置业广州分公司出具《前期物业服务合同备案回执》，该份回执载明："备案主要内容如下：一、资质等级；壹级；二、选聘单位：广州杰某置业有限公司；三、物业项目名称：绿某智慧广场；四、物业项目类型：混合型；五、物业总建筑物面积：5510820平方米；六、合同期限：自2015年12月30日至2020年12月29日为止。"

中资国某公司认为永某置业广州分公司与杰某公司签订的《前期物业服务合同》约定超高甲级E栋写字楼按照28元/月/平方米收取物业服务费过高，永某置业广州分公司、绿某控股公司、绿某房地产公司存在利用关联交易损害杰某公司的合法权益的情形，请求永某置业广州分公司、绿某控股公司、绿某房地产公司向中资国某公司进行赔偿。

【裁判结果】

一审法院认为，鉴于中资国某公司既无法提供证据证实永某置业广州分公司与杰某公司存在关联关系，又无法证实双方签订《前期物业服务合同》属于关联交易，且中资国某公司所称的关联交易造成的损害尚未实际发生，中资国某公司要求永某置业广州分公司、绿某控股公司、绿某房地产公司向杰某公司进行赔偿缺乏事实和法律依据，一审法院依法予以驳回。

一审宣判后，中资国某公司不服判决，提出上诉，并在二审中提交了天眼查企业关系图谱、天眼查股权穿透图等证据。广州市中级人民法院二审判决：驳回上诉，维持原判。

【裁判理由】

广州市中级人民法院二审认为，第一，根据《公司法》第216条第4项的规定，关联关系，是指公司控股股东、实际控制人、董事、监事、高级管理人员与其直接或者间接控制的企业之间的关系，以及可能导致公司利益转移的其他关系。本案中，中资国某公司所主张的实质是杰某公司的控股股东绿某房地产公司与永某置业广州分公司是否为关联方。参照《企业会计准则第 36 号——关联方披露》第 3 条第 1 款的规定，一方控制、共同控制另一方或对另一方施加重大影响，以及两方或两方以上同受一方控制、共同控制或重大影响的，构成关联方。绿某房地产公司与永某置业广州分公司均系有限责任公司，是否构成关联方，可从两公司是否构成控制或存在可能导致公司利益转移的重大影响予以判断。本案中，根据工商登记信息，永某置业广州分公司与杰某公司、绿某房地产公司之间并不存在相互持股关系，也无法看出永某置业广州分公司与杰某公司的股东、实际控制人、董事、监事、高级管理人员存在何种关联关系。如中资国某公司提交的天眼查股权穿透图所示，永某置业广州分公司的控股股东钱某持有上海格某叁拾壹投资管理中心（有限合伙）21.33%股份，上海格某叁拾壹投资管理中心（有限合伙）持有上海格某投资企业（有限合伙）1.93%股份，上海格某投资企业（有限合伙）持有绿某控股公司29.13%股份，绿某控股公司持有绿某控股集团有限公司100%股权。钱某通过五层企业持股关系间接持有绿某房地产公司不足1%的股份，难以认定永某置业广州分公司与绿某房地产公司共同受钱某的最终控制，现亦无证据显示钱某对绿某房地产公司的经营决策有重大影响。永某置业广州分公司原法定代表人王某的情形亦与之类似。中资国某公司所举其他证据也无法证实永某置业广州分公司与杰某公司之间存在关联关系。第二，涉案《前期物业服务合同》系永某置业广州分公司通过公开招投标程序与杰某公司签订的，且已在相关部门进行合规备案手续。涉案合同的订立合法合规，现无证据证实上述招投标结果系永某置业广州分公司利用关联关系促成。关于涉案合同约定的服务价格，中资国某公司认为合同约定的28 元/月/平方米的服务费标准远高于《广东省物业管理服务收费政府指导价》规定的市场指导价。然而《广东省物业管理服务收费政府指导价》亦明确一级物业按优质优价的原则确定，且该指导价发布于1999 年，与目前的物价水平也有差别。况且中资国某公司并未提供证据证实杰某公司已经按照28 元/月/平方米的标准向永某置业广州分公司支付涉案项目物业服务费，永某置业广州分公司、杰某公司亦确认杰某公司尚未支付上述服务费，中资国某公司虽称杰某公司通过车位费抵扣的方式支付了 E 栋的物业服务费，但并未提供充分证据予以证实。因此，从合同订立的程序和实质结果而言，涉案《前期物业服务合同》合法合规，亦无显失公允之处。综上，中资国某公司未能充分举证证实永某置业广州分公司与杰某公司之间存在关联关系，双方签订的《前期物业服务合同》损害杰某公司的利益，故本院对其主张不予支持。故二审判决：驳回上诉，维持原判。

【案例注解】

关联交易是现代经济社会的一种正常现象，其存在具有合理性，然由于关联交易中的关联一方因为受到利益驱使，极易利用其控制权进行非公允的关联交易。现行《公司法》对于关联交易没有准确定义，司法实践需要对关联关系作准确认定，在发生关联交易后对其进行价值评价，当作出否定性评价后对其科以法律责任，从而保护利益受损者的合法利益。

一、关联关系、关联人、关联交易的认定

（一）基本概念的廓清

公司法涉及关联交易纠纷的规范是以关联关系为起点展开的。《公司法》第21条第1款明确了我国法律对关联交易的态度，规定公司的控股股东、实际控制人、董事、监事、高级管理人员不得利用其关联关系损害公司利益。其后在第216条第4项对关联关系等相关用语的含义进行解释。要准确认定关联关系，首先要对关联人、关联关系、关联交易这几个相关概念有全面的认识。

关联人，也称为“关联方”，《公司法》对此没有明确定义，但从文义理解及实务中的共识，关联人可以理解为“具有关联关系的人”的互称。[1]关联人和关联关系在内涵和外延上在某种程度上是一致的，两者只是同一问题的两种不同表述而已。关联交易，《公司法》同样没有对之进行定义，从文义上自然应理解为“关联人之间的交易”，这也与会计准则里的定义相通。[2]由此，关联交易包含主体身份和客观行为的要素，主体要件是认定关联交易的核心，具体的行为要件则是评价关联交易正当性的准则。因此，关联关系是关联人、关联交易两概念的基础，也是我们探究关联交易的逻辑起点。

（二）不同法律规范下的关联关系

第一，公司法规范。《公司法》第216条第4项规定关联关系，是指公司控股股东、实际控制人、董事、监事、高级管理人员与其直接或者间接控制的企业之间的关系，以及可能导致公司利益转移的其他关系。但是，国家控股的企业之间不仅因为同受国家控股而具有关联关系。第1项、第2项、第3项分别明确了高级管理人员、控股股东、实际控制人的含义。从第216条规定看，我国《公司法》上的“关联关系”不是指公司与其关联人的关系，而是指公司的控股股东、实际控制人、董事、监事、高级管理人员与其关联人的关系，也即

1　李建伟：《界定关联人的几个关键词：基于比较分析的逻辑实证》，载《社会科学战线》2011年第5期。

2　《国际会计准则》第24号《对关联者的揭示》对关联交易的定义是“关联者之间的交易”。

《公司法》上的“关联关系”，是一种位于公司法人之外的关系。从立法形式看，我国《公司法》采取“列举+概括”的形式对关联关系进行界定，列举公司的控股股东、实际控制人、董事、监事、高级管理人员等具体主体身份的控制关系，以“可能导致公司利益转移”作为兜底条款，其内涵是以是否存在控制作为判断是否构成关联关系的实质标准。但由于“直接控制或间接控制”及“可能导致公司利益转移”规定得不明确，导致其外延相对模糊。

第二，会计准则规范。企业会计准则对关联方同样采取“列举+概括”的形式进行规定，而且更为细致。《企业会计准则第36号——关联方披露》第3条第1款对关联方作了概括式规定：一方控制、共同控制另一方或对另一方施加重大影响，以及两方或两方以上同受一方控制、共同控制或重大影响的，构成关联方。第4条详细列举了构成企业关联方的具体情形：(1) 该企业的母公司。(2) 该企业的子公司。(3) 与该企业受同一母公司控制的其他企业。(4) 对该企业实施共同控制的投资方。(5) 对该企业施加重大影响的投资方。(6) 该企业的合营企业。(7) 该企业的联营企业。(8) 该企业的主要投资者个人及与其关系密切的家庭成员。主要投资者个人，是指能够控制、共同控制一个企业或者对一个企业施加重大影响的个人投资者。(9) 该企业或其母公司的关键管理人员及与其关系密切的家庭成员。关键管理人员，是指有权力并负责计划、指挥和控制企业活动的人员。与主要投资者个人或关键管理人员关系密切的家庭成员，是指在处理与企业的交易时可能影响该个人或受该个人影响的家庭成员。(10) 该企业主要投资者个人、关键管理人员或与其关系密切的家庭成员控制、共同控制或施加重大影响的其他企业。

第三，证券法规范。对于上市公司的关联交易，上海证券交易所、深圳证券交易所发布的股票上市规则均有详细规定。以《上海证券交易所股票上市规则》(以下简称《上市规则》) 为例，其第6.3.3条就关联法人及关联自然人分别作出了规定。关联法人的具体情形包括：(1) 直接或者间接控制上市公司的法人（或者其他组织）；(2) 由前项所述法人（或者其他组织）直接或者间接控制的除上市公司、控股子公司及控制的其他主体以外的法人（或者其他组织）；(3) 关联自然人直接或者间接控制的，或者担任董事（不含同为双方的独立董事）、高级管理人员的，除上市公司、控股子公司及控制的其他主体以外的法人（或者其他组织）；(4) 持有上市公司5%以上股份的法人（或者其他组织）及其一致行动人。具有如下情形之一的自然人，为关联自然人：(1) 直接或者间接持有上市公司5%以上股份的自然人；(2) 上市公司董事、监事和高级管理人员；(3) 直接或者间接地控制上市公司的法人（或者其他组织）的董事、监事和高级管理人员；(4) 本款第 (1) 项、第 (2) 项所述人士的关系密切的家庭成员。在过去12个月内或者相关协议或者安排生效后的12个月内，存在上述情形的法人（或者其他组织）、自然人，将视同为上市公司的关联人。

（三）有限责任公司关联关系的认定准则

上述不同法律规范对关联关系、关联人的界定有不同的特点。如《上市规则》增加了视同关联人的概念，公司关联方的范围扩展更宽；又如《企业会计准则》《上市规则》均明确关联人主体范围包括与公司关键人员有密切关系的家庭成员，而《公司法》则没有这方面的规定。然而，三项法律法规有一共同的核心认定原则，即根据实质重于形式原则认定。通过比较上述法律法规，上市公司涉及公众市场利益，法律对其监管的要求极为严格，而有限责任公司具有封闭性的特点且规模相对较小，《上市规则》不能当然适用于有限责任公司。与之相比，《企业会计准则》虽然是国务院制定的行政法规，针对财务会计，但其适用范围包括我国境内所有企业，而且其对关联方的规定更为详细，亦贴合实务操作，所以，参照《企业会计准则》的规定，有助于我们更准确地界定《公司法》语境下有限责任公司的关联关系的内涵和外延。结合《公司法》与《企业会计准则》的规定，有限责任公司的关联关系可从以下方面予以把握。

第一，认定关联关系的基本原则。按照实质重于形式的原则来界定关联关系，即以是否存在控制以及对经营决策是否有重大影响来作为判断是否构成关联关系的实质标准。具体而言，该种“控制”或“重大影响”是双向的，包括对公司控制或重大影响和受公司的控制或重大影响两方面。“控制”不仅包括直接持股、任职控制，也包括通过间接关系最终控制，但其操控度应能够达到支配的程度，有权决定该公司的财务和经营政策，并能据以从该公司的经营活动中获取利益。“重大影响”，是指对该公司的财务和经营政策有参与决策的权力，但并不能够控制或者与其他方一起共同控制这些政策的制定。“可能导致公司利益转移的其他关系”，是指虽然关联主体与公司之间并不存在直接的交易关系，却存在可能导致公司利益发生转移的其他协议或者安排，实际上是一种间接的交易关系。

第二，关联关系的基本类型。从控制及影响的方向看，有限责任公司的关联关系可分为两大类。一是纵向关系，指从垂直方向直接或间接控制公司的。实践中，纵向的关联法人主要包括：控股公司（包括完全、绝对或相对控股）、最终的控制公司（通过多层持股关系间接控制或通过协议关系）、重要的持股公司股东（对该公司实施共同控制的投资方）、公司的子公司、公司的附属公司（能被公司支配操控）；纵向的关联自然人主要包括：自然人控股股东、自然人最终控制人、重要的自然人股东、公司的高管层。二是横向关系，指双方虽没有直接或间接的控制关系，但相互之间有重大影响的。横向关系主要包括：与公司相互持股的其他企业、受同一母公司控制的其他公司、受同一投资者控制或重大影响的其他公司、受同一高管层控制或重大影响的其他公司、与高管层关系密切的家庭成员。

根据上述认定准则，本案中杰某公司、绿某房地产公司与永某置业广州分公司不构成关联关系。根据工商登记信息，杰某公司、绿某房地产公司与永某置业广州分公司并无相互持股关系，垂直方向上双方并无直接或间接的控制关系。即使从天眼查的股权图谱看，永某置业广州分公司的控股股东钱某通过五层企业持股关系间接持有绿某房地产公司不足1%的股份，现无其他证据证明钱某对绿某房地产公司的经营决策有重大影响，故在横向看，永某置业广州分公司与杰某公司亦不属于受同一投资者控制或重大影响。根据六度空间理论，世界上所有互不相识的人只需要很少的中间人就能建立联系。在商业社会中亦与之类似，不同的市场主体通过或多或少的中间环节亦能建立联系，但在公司法语境下，不能将这种联系简单推断为关联关系，必须按照公司法意义上的“控制”或“重大影响”来进行判断。

二、关联交易损害责任的规范原则

法律应如何规制关联交易，各国的实践并无定论。传统的特拉华公司法通常需要关联交易满足整体公平的要求，以减少利益冲突带来的道德风险和对少数股东的侵害。后来为防止“敲竹杠”的诉讼，又有适用尊重交易的“商业判断原则”的倾向。[3]鉴于我国《公司法》信义义务未及完善，对“商业判断原则”的适用还需慢慢摸索。最新的《最高人民法院关于适用〈中华人民共和国公司法〉若干问题的规定（五）》第1条规定，关联交易损害公司利益，原告公司依据《公司法》第21条规定请求控股股东、实际控制人、董事、监事、高级管理人员赔偿所造成的损失，被告仅以该交易已经履行了信息披露、经股东会或者股东大会同意等法律、行政法规或者公司章程规定的程序为由抗辩的，人民法院不予支持。该规定也正式确立了我国公司法对关联交易损害责任的规范原则，即以整体公平原则进行认定，具体而言，可从以下方面把握。

第一，程序公正。关联交易治理的公平与效率兼顾原则决定了禁止关联交易是不现实的，因为这些交易是应对市场不确定环境的企业联合的必然结果，因此事前预防而非事前禁止被广泛采用，事前预防主要表现为程序预防规则。

3 ［美］乔纳森·罗森伯格、亚历桑德拉·路易斯－雷森著，王歈燕译：《特拉华州法律下的控股股东关联交易——一个基础和实践层面的指南》，载刘昕杰主编：《四川大学法律评论》（第十九卷），法律出版社2020年版。

在关联交易的法律规制中，程序的预防具有重要意义，如果一项关联交易没有经过公正、公开和合理的程序，那么该交易行为的合法性与合理性是难以被接受的。通常，对交易程序的公平性要求先于交易内容公平的制度要求，因为它有助于保障交易内容公平的实现。在公司法领域，程序预防制度主要体现在有关关联交易信息披露制度、重大关联交易股东会批准制度、表决权回避制度三方面。充分的信息披露能有效预防不公平的关联交易；有重大影响的关联交易必须经股东会予以批准才能执行，防止控股股东作出有损于公司或中小股东利益的决策；表决权回避制度可防止有利害关系方为获得私利而滥用表决权，达到保证决议内容公正的目的。

第二，结果公平。法律规制关联交易的目的，不是程序本身，程序控制很重要，但也仅是事前预防的措施，规制的最终目的是实现市场交易的公平，维护社会经济秩序。因此如果一项交易即使履行了法定程序，但交易的内容是不公平的，损害了公司或其他利益人合法利益，则仍未达到法律规制的目标，仍要被宣告无效或撤销该项交易。因此对关联交易法律规制的核心是交易内容公平与否的问题，这就是关联交易实质公平原则。适用该原则需注意：一是“公平”判断时间标准，一般认为应以交易缔结时点为准，而不应以交易结束后的某一时点为判断标准，这与我国《合同法》对合同效力判断规制应是一致的。二是对“公平”与否的判断核心问题，即“价格”是否公正如何认定问题。对此，首先对是否存在“公平的交易”提出疑问，即实施交易的财产受托人的行为是否恰当和公正，人民法院需要调查交易的起因、谈判如何进行、是否所有的相关信息都被充分披露等。其次是对“公平价格”的检验，人民法院需要调查董事是否尽力设法获得高价，以及实际获得的价格是否确实适当等。

本案中，涉案《前期物业服务合同》是永某置业广州分公司通过公开招投标程序与杰某公司签订。中资国某公司质疑该合同损害公司利益的主要理由是合同定价28元/月/平方米高于《广东省物业管理服务收费政府指导价》规定的市场指导价。然而，《广东省物业管理服务收费政府指导价》明确一级物业按优质优价的原则确定，并无服务费封顶限制。而根据广州市国土资源和房屋管理局萝岗区分局出具的《前期物业服务合同备案回执》，资质等级为“壹级”，且该指导价发布于1999年，与目前的物价水平有很大变化。所以，中资国某公司该主张是不能成立的。最终，法院综合审查《前期物业服务合同》的交易背景、签订过程以及合同定价等因素，认定《前期物业服务合同》不存在有违整体公平的情形。

三、延伸思考：有限责任公司关联交易的法律规制短板

我国对关联交易的法律规范体系庞杂，但在体系上结构性紊乱，在制度构

造上不完善。[4]就有限责任公司而言，由于其不涉及公众利益，法律对有限责任公司关联交易的规制不够细致及严谨，在实践中出现不少问题。

一是基本规范不统一。对于关联关系、关联人、关联交易等核心概念，多个不同部门、不同位阶的立法文件之间并不统一，甚至存在抵触，需要由《公司法》出面来确立统一、明确的标准，其他部门法统一以《公司法》为基础来统一关联交易的概念体系。

二是表决机制有漏洞。《公司法》第124条对上市公司的关联交易的议事规则作出了规定，并提出了利害关系董事回避的表决制度。但该条仅是对股份公司中的上市公司作出的特殊规定，对有限责任公司则没有相应规定，且仅限于董事会议事规则。有限责任公司是否就没有表决回避的需要？答案当然是否定的。有限责任公司同样应适用第124条规定的表决规则。考虑到大部分有限责任公司规模小，股东人数少，董事会人数也少或者直接不设董事会，仅设一名执行董事，在这种情况下若仍适用关联关系董事回避表决规则，则可能会出现关联董事过少或甚至没有，这将导致无法对关联交易作出决策。因此对于小型公司出现上述情况时应直接规定由股东会代替董事会对关联交易进行决议，以保障公司决策顺利进行。鉴于我国公司治理实际上以股东为中心，[5]股东会决议也应借鉴上述规则，实施关联股东表决权回避制度。

三是信息披露不完善。《上市规则》详细规定了上市公司披露关联交易的相关事项，《公司法》亦规定股份公司应当定期向股东披露董事、监事、高级管理人员从公司获得报酬的情况。针对有限责任公司，仅有《公司法》第33条规定基本的股东查阅权。知情权的信息范围有限，仅是会议决议和财务会计报告，对形式符合程序要求、实质不公平的关联交易无法知悉。而且股东知情权的双方是股东和公司，实际上把董事和高管人员排除在披露主体范围之外。因此，《公司法》应适应司法实践需要，尽快对控股股东、董事和高管人员对关联交易的强制信息披露义务作出明确规定。

【相关法条】

《中华人民共和国公司法》第21条、第216条。

4 施天涛：《公司法应该如何规训关联交易》，载《法律适用》2021年第4期。

5 赵旭东：《股东会中心主义抑或董事会中心主义？——公司治理模式的界定、评判与选择》，载《法学评论》2021年第3期。

“典”“法”共治兼法理审视深圳市首份家庭教育告诫书

——张某诉林某变更抚养关系纠纷案

王李娜*

【裁判要旨】

处理婚姻家庭案件必须避免司法注意力的偏颇，特别是在变更抚养关系纠纷案中，针对父母离婚后对未成年子女抚养权的争夺的裁审，要以最有利于未成年人为出发点和归宿，依法据理肯定和认可当事人对子女抚养关系的协议安排，与此同时，更要虑及案件的未来执行，进行穿透性的权利与义务分配，以真正实现办案的法律效果与社会效果的统一。

【关键词】 变更抚养关系　子女最佳利益原则　未成年子女受教育权益　家庭教育告诫书

【案件索引】

深圳市宝安区人民法院（2021）粤0306民初29739号（2022年2月22日）

审判员：王灿

【基本案情】

原告张某诉称：原告与被告林某于2018年6月结婚，婚后育有一子林某某，后因原、被告于2018年9月办理离婚登记，离婚协议书约定婚生子林某某

* 王李娜——广东省深圳市宝安区人民法院家事少年审判庭庭长。

由被告林某抚养。原告诉称，自离婚协议生效至今，被告林某并未按照离婚协议约定履行法定义务，且将林某某带回老家随被告父母生活，在此期间，原告张某多次联系被告要求其对孩子应履行抚养及教育义务，被告均置之不理。2021年8月，原告回被告老家探望孩子时发现，三岁两个月的孩子竟然还未上幼儿园，于是诉至法院请求变更抚养权，同时承诺被告前往原告住所地深圳探视孩子，要求被告视情况支付抚养费。

被告林某答辩称，原告无权、被告也无义务变更儿子林某某的抚养权给原告。理由在于双方协议离婚时对孩子抚养权归属的约定真实合法有效，双方均应自觉遵守。原告的探望权已得到充分行使，孩子的情感需求能够得到满足。尽管被告家住山区，但是，被告的抚养条件和能力正在迅速变好，孩子的生活和教育有保障，被告一家人均在更努力地为孩子创造更好的生活、教育环境，而原告并无亲属帮忙照顾孩子，况且孩子已经习惯了现有的生活环境。如果改变生活环境和生活方式肯定对孩子成长不利。此外，被告只有儿子林某某一个孩子，而原告与其第一任前夫已生育一女，且与原告同住。所以，请求法院依据驳回原告的诉讼请求。

法院经审理查明：原、被告于2018年6月11日登记结婚，并于同年7月15日生育婚生子林某某，同年9月20日双方协议离婚，离婚协议书约定林某某由被告直接抚养，原告可随时探视。其中，原告视经济条件负责抚养孩子奶粉、衣服、尿不湿等基本抚育物资。双方离婚后，已满3周岁的林某某主要跟随爷爷奶奶在老家江西井冈山生活，上幼儿园。原被告双方现状均为离异，其中原告身边有一与案外人所生的婚生女，但该孩子的抚养费由其父承担。而被告林某除林某某外没有其他孩子。此外，被告林某某当庭承诺2022年2月后会将儿子带在身边抚养，并由爷爷奶奶协助，不会让其变成留守儿童。

【案件焦点】

原告张某的变更抚养关系诉请是否合法合理合情，应否得到支持?

【裁判结果】

深圳市宝安区人民法院于2022年2月21日作出（2021）粤0306民初29739号民事判决书，判决：驳回原告张某的全部诉讼请求。

宣判后，双方当事人均未提出上诉，一审判决已发生效力。

【裁判理由】

法院的生效裁判认为，本案原、被告对婚生子林某某的抚养已有明确约定，该约定是双方当事人真实的意思表示，不违反法律、法规的规定，该协议应当受到法律的保护，原被告双方均应遵守。原告要求变更抚养权，但没有证据证明被告存在不尽抚养义务、虐待孩子等不适合抚养孩子的法定情形，且被告已承诺在 2022 年 2 月后会将林某某带在身边抚养，故原告诉请变更抚养权，本院不予支持。

为及时制止被告的监护失职行为，法官依据《家庭教育促进法》向被告林某发出家庭教育告诫书，责令义务履行人林某：一、与林某某同住，切实履行监护职责，承担起家庭教育的主体责任，应当亲自养育、陪伴林某某成长。二、密切关注林某某的生理、心理状况和情感需求，与学校老师密切沟通，陪伴林某某接受并完成义务教育。三、与张某（林某某母亲）互相配合，履行家庭教育责任，不得阻碍另一方实施家庭教育。如义务履行人林某违反本教育告诫书，使林某某成为留守儿童，将面临抚养权被变更及其他不利的法律后果。

【案例注解】

在满足家事案件当事人多元利益需求的基础上，承办此案的法官依法公正、妥善处理当事人之间的争议，同时努力对未成年子女利益进行最大化保护，进而实现了不同于普通民事司法正义的家事正义——更多的实质正义、更多的非财产利益、更多元主体的诉求。

一、法治民主的司法：此案中的“典”“法”互动贯通

中国特色社会主义法律体系日趋完备。经过共同的努力，我国终于在 2020 年实现了《民法典》的制定。马克思主义是我国的指导思想，民法学家徐国栋针对民法典的认识论研究表明，以辩证唯物主义为重要内容的马克思主义哲学是我国《民法典》的认识论基础。我国民事立法应当在坚持严格规则主义的同时，努力赋予其一定的自由裁量主义风格。

众所周知，在青少年法制以及涉少家事刑事民事案件中，经过国际社会儿童组织、我国儿童权益学界和实务界多年的努力工作，儿童权利的价值已经逐渐深入人心，已经成为我国儿童保护制度设计的基础价值和基本依据。通过对我国未成年人保护的法律体系进行分析可发现，中国未成年人保护的法制基础已经比较完备。我国《民法典》《未成年人保护法》《预防未成年人犯罪法》《残疾人保障法》等条文和相关司法解释对未成年人监护问题进行了规定，内容包括法律禁止针对未成年人的暴力、监护人范围和机构、监护人法定职责和法律责任、委托监护、临时监护、监护变更、国家监护等，还有一些地方性法律文件中作出了对未成年人提供临时性庇护等更高程度权益保护的规定。

民族的未来依赖教育奠基，教育为社会的未来发展服务。我国与教育主题相关的基本法律就有7部，分别是《教育法》《义务教育法》《高等教育法》《国防教育法》《职业教育法》《家庭教育促进法》和《民办教育促进法》。

正是基于《民法典》的基本法特殊地位，某些调整民事法律关系的具体规则需要借助于法律转置、准用等技术来实现。同时，对照未成年人监护制度的一般结构，我国《民法典》确立的未成年人监护制度受限于总则编的体例，未能对亲权、监护监督、委托照护等作出详细规定。有研究指出，这些规定存在着系统性不够、粗疏简单、可操作性不够、与社会现实生活脱节等问题，比如未成年人监护制度与父母子女关系进行杂糅性立法设计；《民法典》未明确预防干预和替代安置的措施，主要由规章作出，效力层级范围有限；涵盖监护监督等制度的国家监护制度可操作性弱、价值宣示性强等问题，这在一定程度上影响着未成年人权益保护工作的落实。[1]面对较为依赖亲属监护和重视基层组织监护的客观现实，法官必须在“典”“法”之间进行正义操作，透视父母等监护人的实际监护能力和监护资格，用更具体化、更实际的针对身体、教育、抚养等监护职责的措施，来贯通未成年人监护制度在《未成年人保护法》《家庭教育促进法》与《民法典》之间的衔接、权益的具体落实和制度相互之间的互援补充。张某诉林某变更抚养关系纠纷案中，承办法官遵行法治民主的理念，在依“典”裁判的同时，兼顾《家庭教育促进法》特别法，实现“典”“法”互通，从而真正地做到“依法裁判”与“裁判依法”以及“合理裁判”与“裁判合理”的法治统一。

二、谦抑有为的司法：此案中法官的经验逻辑

从某种意义来讲，法官处理案件需要技艺，面对问题的主要任务是尽可能地发现最多的客观事实，同时不断寻找合适的法律，即从现行的法律规则中找到可供眼前裁判的法律规则，作为全部裁判逻辑推论的大前提。办案的每一环节都离不开法官的主观能动性，理性和经验都要在此发挥化合作用。司法需要理解，理解人们的最直接方式就是怀拥同情之心接近他们。

自古以来中国就有“清官难断家务事”的治理告诫。不同于普通经济生活中的财产或人身类民事纠纷，某地中级人民法院少年庭课题组的调研表明：离

1　参见杨惠嘉：《我国民法典中的未成年人监护制度及其完善》，载《人民论坛・学术前沿》2022年第3期。

婚父母因抚养、监护未成年子女问题引发的纠纷，在未成年人民事司法领域占据一半以上。此类纠纷因特殊身份关系而引发，有着伦理性鲜明、权利主体特殊、涉及利益复杂等特性，并且在对未成年人的抚养监护纠纷进行裁判时，不仅涉及对现有或过去的事实因素的考量，还涉及大量对未来可能性的预期、判断，从而加剧了此类纠纷处理的不确定性、个别性和反复性。法院处理的时候既然无法收获充分的信息来判断什么是孩子的最佳利益，那么在现有事实信息基础之上，选择对孩子利益损害最少或对孩子消极影响最小的方案，必然成为最为现实合理可行的路径或方法。

我国《民法典》第26条第1款规定："父母对未成年子女负有抚养、教育和保护的义务。"第1084条第2款规定："离婚后，父母对于子女仍有抚养、教育、保护的权利和义务。"立法确认了父母和子女的关系不因父母离婚而消除。即使父母离婚，双方仍然共同监护子女，对子女负有抚养、教育、保护的权利和义务。然而，离婚后父母各自生活的事实必然会使共同监护的形式发生变化。对于离婚的父母双方，特别是未与子女共同生活的一方如何行使权利、履行义务，现行法列举了支付抚养费和对子女的探望，此外比如情感照护等其他则未规定。国家法律留白，当事人意思自治必然补足，或者由法官引导当事人填补。

私法自治是现代民法的底色，具体表现为民事主体通过民事法律行为这一制度工具，理性自主地安排自己的人身关系和财产关系。具体到本案，原、被告双方自愿离婚，并对子女抚养、财产及债务处理等事项协商一致的意思表示，理应受到尊重和保护。

但是，亲属法律关系的相对稳定性和亲属间权利和义务的关联性，决定了婚姻家庭领域的法律行为有着比其他法律行为更为严格的要求，民事法律中通行的意思自治原则在婚姻家庭法中必须受到必要的限制。特别是从儿童利益最大化的国际共识和原则出发，法律对未成年人之保护，不再放任由私人任意为之，而积极加以监督与干涉。亦即，未成年人之监护制度，已由私的亲属监护走向公的法律监护，而有监护公法化的倾向。甚至可以说，在未成年人监护抚养问题上，其早已成为公私混合之法域。

所以，在变更抚养关系的案件中，不能"书生办案"，既要坚持法律专家的视角，也不能放弃普通公众的视角。既要体现国家责任的司法积极作为，也要尊重私人自治的理性平衡。要注意避免固守法官职业逻辑，而忽视人民大众的生活逻辑的倾向。

2020年新修订的《未成年人保护法》明确了"最有利于未成年人原则"。为此，新时代的家事司法必须强化"保护与教育相结合"的目标引领，秉持规则化和开放性的司法品质，谦抑有为地解决好父母离婚后对子女的监护问题。

在审理张某诉林某变更抚养关系纠纷案中，承办法官之所以驳回原告的全部诉讼请求，是因为他综合考量了对子女的监护必须考量的因素：原、被告双方的抚养意愿；调查确证了被抚养人林某某的基本情况；调查确认了当事人双方的健康、品德、经济能力等基本情况；原、被告离异之后对林某某的感情以及日常生活的照顾情况。其中，以下两点是法官重点把握的因素：动态考量被抚养人林某某的成长机会，以及他对现有环境和未来新环境的适应情况；特别是被抚养人林某某与祖父母的关系，因为林某某祖父母对林某某的长期照管所形成的“心理上父母”的亲密联系、依赖关系，应当予以稳定。本案中，承办法官贯彻未成年子女利益保护优先的宗旨，借助于生活智慧和对法律的正确适用，适时地把监护权行使的代际位阶作为补充考量，实现对当事人变更抚养关系争讼的妥当裁判。

还需要补充的一点是，如延伸对本案的思考，此案其实还涉及行使未成年子女监护权的离婚父母一方迁移的法律调整问题。随着中国城市化进程的发展，人口迁移流动会更频繁。监护的父或母带子女跨地区甚至跨国迁移，必然会影响另一方监护权利、义务的享有和履行。因此，在变更抚养关系纠纷案件时，法官应当以公平为原则，加强一方的通知义务，动态调整探望机会与时长，平衡不利方的费用分担等。

三、参与共治的司法：此案中硬法软法的适用

变更抚养关系纠纷是家事纠纷中的典型。作为发生在具有特定亲属关系的社会成员之间的人身或财产纠葛，它们具有传统伦理性、不为人知的隐秘性、原因过程结果的复杂性等特征。此类案件的处置涉及家庭所有成员，不仅关乎个体权益保护和家庭稳定，而且影响社会和谐。在分配正义和纠正正义实现的道路上，弱势者必然会受到特别保护、重点保护和倾斜保护。因此，如何对被动卷入且身陷诉讼旋涡中心的未成年子女利益进行保护，是当事人和社会普遍关心的议题。

确定未成年人最大利益的结果其实是一个很具体的现实问题，有关财产、资源，特别是食物、教育、医疗、情感照护、游戏消费等领域充满了成年人与未成年人、未成年人之间利益的计算分配问题。诸多家事审判实践显示，在抚养关系变更案件中未成年子女利益保护的主要困境是，在涉诉成员各自的利益需求中，作为无辜者的子女利益最大化和家长利益供需间的矛盾、案件审理前后家事调查的不足、争讼中子女意愿传达的难题以及法院是否接受的难题、争夺抚养权变更抚养关系致害子女情感、子女抚养费和相对方探视权的执行难题等。

为了实现权利与权力的平衡，人们开始寻求对变更抚养关系之类家事纠纷领域的开放协调之治，即硬法和软法的共治。

法有渊源，法具外形。法的基本表现形式有硬与软之别。其中“硬法”是指那些需要依赖国家强制力保障实施的法律规范，本质上是对权力的限制，是人类自我驾驭的发明；而“软法”也是规范，存在于政法惯例、公共政策、自律规范、专业标准、弹性法条等载体形态之中，其效力结构未必完整，无须依靠特别强制保障实施，但能够产生社会实效的法律规范。它本质上是人们在尚不需要服从强制性规范时的自我规范。正是因为软法源起于冲突而着眼于和谐，所以，在人们反思硬法规范所进行的社会控制之时，软法之治受到国内外学者的关注就成为必然。

家事社会关系的多维性、复杂性和流变性，决定了此领域的纠纷案件不会有一劳永逸的解决之道，也不可能有一揽子的全盘解决之法，我们必须得通过硬法、软法相济的方式，一点儿一点儿地使之解决。

就硬法而言，我们要利用一切立法、执法和司法的契机，利用一部部涉及未成年人的法律或政策的制订或修订，一起起案例的执法和/或司法，进行儿童权益保护的社会场域硬法实践。就软法而言，特别是硬法中的软法（主要表现为法律、法规、规章中没有明确法律责任的条款），必须首先起效。以2016年出台的《最高人民法院关于家事审判方式和工作机制改革试点工作的意见》为例，最高人民法院提出探索引入家事调查员、社工陪护、儿童心理专家等多种形式的建议，以不断提高家事审判的司法服务和保障水平。为此，有的地方法院已经在家事审判改革，特别是涉少案件裁判中或引入专业的儿童心理咨询师、社区调查员或学前早教机构、学校等社会辅助设施及人员来配合、协助听取未成年人意见，或评估确认抚养人变动风险等。

此外，在涉少家事纠纷裁判中有一个值得关注的司法实践——司法建议。法官在审判工作中，要善于从法律、社会和人民的多维视角，务求实效地观察、分析案件本身的事实，同时还要把握与纠纷有关的诸如传统风俗文化民情等边际事实，处理案件纠纷既要做到法律适用的逻辑自洽，还要经得起常识、常理、常情的社会检验。所以，为了预防风险以及未来可能产生的损害，中国法院的法官会基于自身的法律职业能力、职业经验等和司法社会责任，在法律规定的定纷止争的职责之外，还会进行“额外之举”——以法院为名的司法建议，从而也使自身的司法工作自觉地融入社会治理工作大局之中。一般而言，法院的司法建议工作多是以裁判信息获取及转化能力或行为举措效果需强化的案件当事人、行业协会、政府主管部门为发出对象，观其趋势，司法建议有从个体性案件转向类型化、群体性案件的特点。所以，在笔者看来，本案法官发出的家庭教育告诫书就是以司法建议为名，针对案件当事人的软法实践。

《家庭教育促进法》第17条第1项明确规定，父母对孩子实施家庭教育应亲自养育，加强亲子陪伴。本案中，法官强化了做群众工作的能力、综合解决问题的能力。庭审内外，法官以积极主动及耐心细致的工作态度来感动当事人，用亲情和法理来说服当事人，不仅使当事人感受到司法的公正，还使其感受到司法的为民，并以案件的和解解决或判后自觉履行，真正实现为未成年人提供稳定成长环境的审判目标。就如本案中情况，由于工作繁忙等多种原因，有的父母将孩子交由祖父母、外祖父母照顾，尤其是将孩子丢回老家，让他们成为留守儿童，这些都是不正确的，甚至是违法的。

所以，在裁判文书中申明教育告诫之后，裁判本案的法院持续关注家庭教育告诫书的执行情况，了解到本案中的孩子已在深圳办理入学手续，生活在父母身边。被告林某表示已充分认识到自己的监护失职行为，并表示会将孩子带回自己身边抚养，今后也会加强学习，正确抚养和教育孩子。根据法院的公开信息显示，原告张某庭后向承办法官送来锦旗，表示虽然其诉讼请求被全部驳回，但其起诉的目的也就是希望被告能亲自抚养孩子，多关注孩子的身心健康和教育，让孩子能够健康快乐地长大。现在自己的想法和目的都已实现，非常感谢法官及时发出这份家庭教育告诫书，制止了被告的监护失职行为。

一个生效并履行良好的法律裁判，既是生动的社会主义司法实践，也是对社会进行良好普法的恰当载体。深圳市首份家庭教育告诫书的发出，旨在提醒父或母若存在上述违法行为，在一些案件中将承担不利的法律后果。作为父母，当引以为戒！

【相关法条】

《中华人民共和国民法典》第1084条；

《中华人民共和国家庭教育促进法》第14条、第17条；

《最高人民法院关于适用〈中华人民共和国民法典〉婚姻家庭编的解释(一)》第56条；

《中华人民共和国民事诉讼法》第64条。

征信异议监督权不同于征信异议处置权

——李某虹与中国人民银行H中心支行、中国人民银行征信异议纠纷案

殷杰敏*

【裁判要旨】

越权无效原则是行政法的中心原则，我国司法审判适用越权无效原则的前提是判断行政机关是否具有相应的法定职权。在征信异议处理的过程中，涉及征信中心、人民银行、信息主体和信息提供者等多方主体，涉及民事法律关系与行政法律关系。根据行政法中行政机关“职权法定”“法无授权不可为”的原则，人民银行分支机构作为征信监督管理部门，禁止介入信息主体和征信机构、信息提供者之间征信异议处理的民事行为，具有超脱地位。但是，对异议行为实施监管十分必要。《征信业管理条例》赋予了征信业监督管理部门对异议的监督管理权。而且，对征信异议的监督管理不属于征信异议的处理行为：对征信异议的监督管理行为属于行政行为，而对征信异议的处理行为属于民事行为。因此，人民法院在裁判征信异议相关的案件时，不能将对征信异议的监督管理行为与对征信异议的处理行为进行混同。

【关键词】 征信异议　征信异议处置权　征信异议监督权　超越职权　越权无效

* 殷杰敏——上海财经大学国际法专业博士研究生，上海市华荣律师事务所律师。

【案件索引】

一审：浙江省H市中级人民法院（2019）浙01行初478号行政判决书（2020年7月24日）

二审：浙江省高级人民法院（2020）浙行终1542号行政判决书（2021年1月28日）

一审审判庭成员：吴宇龙、朱志华、李慧

二审审判庭成员：马国贤、刘家库、徐亮亮

【基本案情】

一审原告、二审上诉人：李某虹，女，1984年9月24日出生，汉族，住浙江省H市下城区。

一审被告、二审上诉人：中国人民银行H中心支行（以下简称“人行H中支”）。

一审被告、二审被上诉人：中国人民银行（复议机关）。

一审第三人、二审第三人：中国建设银行股份有限公司浙江省分行（以下简称“建行浙江省分行”）。

2019年3月4日，李某虹向人行H中支邮寄《个人信用信息异议申请书》，对其个人信用报告中记载的内容“2003年12月15日商业银行‘HY’发放的15840元（人民币）个人助学贷款，业务号×，信用/免担保，22期，按季归还，截至2009年5月20日，账户状态为‘结清’”提出异议，要求人行H中支根据《征信业管理条例》第25条[1]的相关规定对错误、不实的信息予以更正。异议一：“发放的15840元”金额与事实不符，应更正为“发放金额3960元”或者“合同金额15840元，实际发放金额3960元”。异议二：“22期，按季归还”的还款方式与合同约定不符，与实际还款事实亦不符。应更正为“一次性归还”。

2019年3月5日，人行H中支收到了该异议申请。

---

1 《征信业管理条例》第25条：信息主体认为征信机构采集、保存、提供的信息存在错误、遗漏的，有权向征信机构或者信息提供者提出异议，要求更正。征信机构或者信息提供者收到异议，应当按照国务院征信业监督管理部门的规定对相关信息作出存在异议的标注，自收到异议之日起20日内进行核查和处理，并将结果书面答复异议人。经核查，确认相关信息确有错误、遗漏的，信息提供者、征信机构应当予以更正；确认不存在错误、遗漏的，应当取消异议标注；经核查仍不能确认的，对核查情况和异议内容应当予以记载。

2019 年 3 月 13 日，在人行 H 中支引导下，李某虹以现场方式通过中国人民银行征信中心（以下简称“征信中心”）系统递交《个人征信异议申请表》，表中所填内容与上述异议申请书大致相同，还明确了信息更新日期为 2017 年 7 月 19 日。

2019 年 3 月 18 日，征信中心办结该异议，并生成《个人征信异议回复函》。

2019 年 3 月 19 日，人行 H 中支赴建设银行 H 高新支行进行调查，并制作《现场调查笔录》。

2019 年 3 月 20 日，人行 H 中支向李某虹作出《答复书》，就李某虹的异议答复如下：一、对于你提出的个人信用报告中显示“发放的 15840 元”金额的问题，我中心支行已于 2017 年 8 月 5 日作了答复，你本人已收悉。二、对于你提出的“22 期，按季归还”的还款方式与合同约定不符、与实际还款的事实不符的诉求，建行浙江省分行已将相关信息变更为“一次性归还”，目前数据正在更新中，后续请你关注数据更新情况。并将《个人征信异议回复函》作为附件一并提供。

李某虹不服该答复，向中国人民银行申请行政复议。

2019 年 7 月 11 日，中国人民银行作出（银）复决字［2019］第 25 号《行政复议决定书》，决定驳回行政复议申请。

李某虹对该行政复议决定书仍不服，遂于 2019 年 7 月 30 日向浙江省 H 市中级人民法院（以下简称“H 中院”）提起行政诉讼。

【裁判结果】

H 中院依照《行政诉讼法》第 79 条、[2]第 70 条[3]第 4 项之规定，于 2020 年 7 月 24 日作出（2019）浙 01 行初 478 号行政判决：一、撤销中国人民银行作出的（银）复决字［2019］第 25 号《行政复议决定书》；二、撤销人行 H 中支于 2019 年 3 月 20 日向李某虹作出的《答复书》。案件受理费人民币 50 元，由人行 H 中支负担。

李某虹、人行 H 中支均不服，向浙江省高级人民法院（以下简称“浙江高院”）提起上诉。

---

2 《行政诉讼法》第 79 条：复议机关与作出原行政行为的行政机关为共同被告的案件，人民法院应当对复议决定和原行政行为一并作出裁判。

3 《行政诉讼法》第 70 条：行政行为有下列情形之一的，人民法院判决撤销或者部分撤销，并可以判决被告重新作出行政行为：（一）主要证据不足的；（二）适用法律、法规错误的；（三）违反法定程序的；（四）超越职权的；（五）滥用职权的；（六）明显不当的。

浙江高院于2020年8月26日立案受理后，依法组成合议庭并于2020年11月4日公开开庭审理了本案。浙江高院认为，一审判决适用法律错误，应予纠正。李某虹上诉理由不能成立，不予支持。人行H中支的上诉理由部分成立，予以支持。依照《行政诉讼法》第89条第1款[4]第2项、第69条[5]之规定，判决如下：一、撤销H中院（2019）浙01行初478号行政判决；二、驳回李某虹的诉讼请求。一、二审案件受理费各50元，共计100元，由李某虹负担。本判决为终审判决。

【裁判理由】

一审法院认为，依据《征信业管理条例》第4条第1款、[6]第25条、第26条、[7]第27条、[8]第32条，[9]《个人信用信息基础数据库管理暂行办法》第2条[10]的规定，信息主体（个人）认为征信机构采集、保存、提供的信息存在错误，其提出异议要求更正的对象应为征信机构或者信息提供者，而不是征信业监督管理部门；对信息主体提出的异议进行核查、处理、答复的主体亦为征信机构或者信息提供者，而不是征信业监督管理部门。也就是说，征信业监督管理部门并不具有对信息主体信用信息异议申请进行核查、处理、答复的法定职责，

---

4 《行政诉讼法》第89条第1款：人民法院审理上诉案件，按照下列情形，分别处理：（一）原判决、裁定认定事实清楚，适用法律、法规正确的，判决或者裁定驳回上诉，维持原判决、裁定；（二）原判决、裁定认定事实错误或者适用法律、法规错误的，依法改判、撤销或者变更；（三）原判决认定基本事实不清、证据不足的，发回原审人民法院重审，或者查清事实后改判；（四）原判决遗漏当事人或者违法缺席判决等严重违反法定程序的，裁定撤销原判决，发回原审人民法院重审。

5 《行政诉讼法》第69条：行政行为证据确凿，适用法律、法规正确，符合法定程序的，或者原告申请被告履行法定职责或者给付义务理由不成立的，人民法院判决驳回原告的诉讼请求。

6 《征信业管理条例》第4条第1款：中国人民银行（以下称国务院征信业监督管理部门）及其派出机构依法对征信业进行监督管理。

7 《征信业管理条例》第26条：信息主体认为征信机构或者信息提供者、信息使用者侵害其合法权益的，可以向所在地的国务院征信业监督管理部门派出机构投诉。受理投诉的机构应当及时进行核查和处理，自受理之日起30日内书面答复投诉人。信息主体认为征信机构或者信息提供者、信息使用者侵害其合法权益的，可以直接向人民法院起诉。

8 《征信业管理条例》第27条：国家设立金融信用信息基础数据库，为防范金融风险、促进金融业发展提供相关信息服务。金融信用信息基础数据库由专业运行机构建设、运行和维护。该运行机构不以营利为目的，由国务院征信业监督管理部门监督管理。

9 《征信业管理条例》第32条：本条例第14条、第16条、第17条、第18条、第22条、第23条、第24条、第25条、第26条适用于金融信用信息基础数据库运行机构。

10 《个人信用信息基础数据库管理暂行办法》第2条：中国人民银行负责组织商业银行建立个人信用信息基础数据库（以下简称个人信用数据库），并负责设立征信服务中心，承担个人信用数据库的日常运行和管理。

而仅具有对信息主体认为征信机构或者信息提供者、信息使用者侵害其合法权益的投诉进行受理、核查、处理、答复的法定职责。

本案中，李某虹提出的是一个信用信息异议，并不是一个投诉，其在《个人信用信息异议申请书》中明确，其提出异议申请的法律依据为《征信业管理条例》第 25 条，但其在庭审中陈述，《个人信用信息基础数据库异议处理规程》的相关规定亦是其向人行 H 中支提出个人信用信息异议申请的法律依据。但事实上，该文件已被中国人民银行公告［2018］第 2 号《关于废止和现行有效的规范性文件目录的决定》列入废止目录，故该文件不能作为其提出异议申请的依据。另外，李某虹虽然直接向人行 H 中支提出个人信用信息异议申请，但其亦填写了《个人征信异议申请表》，以现场方式向征信中心提出个人征信异议申请，征信中心经过核查、处理，亦形成了《个人征信异议回复函》。在征信中心已经作出回复的情况下，人行 H 中支仍然向建行浙江省分行进行调查核实，并对李某虹的个人信用信息异议申请作出实质性的答复意见，明显超越了其法定职权，而且对李某虹后续可能采取的投诉或直接起诉等救济手段亦产生障碍，故依法应予撤销。中国人民银行经复议，以人行 H 中支已履行法定职责为由决定驳回李某虹的复议申请，构成适用法律错误，依法应一并予以撤销。

二审法院认为，本案争议的焦点是李某虹依据《征信业管理条例》第 25 条的规定提出征信异议，在征信机构或信息提供者处理该异议过程中，人行 H 中支是否具有进行监督管理的法定职责，其是否已经依法履行了该法定职责。根据《征信业管理条例》第 25 条的规定，对信息主体提出的征信异议由征信机构或信息提供者负责处理。根据《个人信用信息基础数据库管理暂行办法》第 16 条、[11] 第 23 条[12] 的规定，中国人民银行征信管理部门对征信异议申请具有引导、转送的职责。但对信息主体在征信机构或信息提供者处理征信异议的过程中，提出要求中国人民银行及其派出机构对征信异议处理履行监督管理职责的申请如何处理，《征信业管理条例》《个人信用信息基础数据库管理暂行办法》

---

11 《个人信用信息基础数据库管理暂行办法》第 16 条：个人认为本人信用报告中的信用信息存在错误（以下简称异议信息）时，可以通过所在地中国人民银行征信管理部门或直接向征信服务中心提出书面异议申请。中国人民银行征信管理部门应当在收到异议申请的 2 个工作日内将异议申请转交征信服务中心。

12 《个人信用信息基础数据库管理暂行办法》第 23 条：转交异议申请的中国人民银行征信管理部门应当自接到征信服务中心书面答复和更正后的信用报告之日起 2 个工作日内，向异议申请人转交。

均没有明确规定。根据《征信业管理条例》第4条、[13]第33条、[14]第40条[15]的规定，中国人民银行及其派出机构对征信异议处理具有监督管理的法定职责。据此，人行H中支在征信中心已经作出回复，李某虹提出要求履行对征信异议处理监督管理职责的情况下，向信息提供者建行浙江省分行进行调查核实后，遵循“服务行政”的理念，及时对李某虹的履职申请作出被诉答复，并无不当。从被诉答复的内容来看，李某虹主要是对其个人信用报告中显示的发放金额及还款方式有异议。对发放金额问题，人行H中支已于2017年8月5日作了回复，属于重复处理的告知行为；对还款方式的问题，建行浙江省分行已按李某虹的要求进行了变更。人行H中支作出的被诉答复是对该事实的确认，属于授益性行政行为的范畴，中国人民银行经复议认为，人行H中支已经履行法定职责，从而决定驳回李某虹的复议申请，亦无不当。

【案例注解】

该案件的一审、二审判决大相径庭，梳理其中的裁判思路，并透过裁判思路的差异分析相关的法律问题具有重要的理论意义与实践价值。

一、适用越权无效原则的前提是判断行政机关是否具有相应的法定职权

作为行政权中心的行政执法权，对其进行行政法制约必须落实越权无效原则。[16]

13　《征信业管理条例》第4条第2款：县级以上地方人民政府和国务院有关部门依法推进本地区、本行业的社会信用体系建设，培育征信市场，推动征信业发展。

14　《征信业管理条例》第33条：国务院征信业监督管理部门及其派出机构依照法律、行政法规和国务院的规定，履行对征信业和金融信用信息基础数据库运行机构的监督管理职责，可以采取下列监督检查措施：（一）进入征信机构、金融信用信息基础数据库运行机构进行现场检查，对向金融信用信息基础数据库提供或者查询信息的机构遵守本条例有关规定的情况进行检查；（二）询问当事人和与被调查事件有关的单位和个人，要求其对与被调查事件有关的事项作出说明；（三）查阅、复制与被调查事件有关的文件、资料，对可能被转移、销毁、隐匿或者篡改的文件、资料予以封存；（四）检查相关信息系统。进行现场检查或者调查的人员不得少于2人，并应当出示合法证件和检查、调查通知书。被检查、调查的单位和个人应当配合，如实提供有关文件、资料，不得隐瞒、拒绝和阻碍。

15　《征信业管理条例》第40条：向金融信用信息基础数据库提供或者查询信息的机构违反本条例规定，有下列行为之一的，由国务院征信业监督管理部门或者其派出机构责令限期改正，对单位处5万元以上50万元以下的罚款；对直接负责的主管人员和其他直接责任人员处1万元以上10万元以下的罚款；有违法所得的，没收违法所得。给信息主体造成损失的，依法承担民事责任；构成犯罪的，依法追究刑事责任：（一）违法提供或者出售信息；（二）因过失泄露信息；（三）未经同意查询个人信息或者企业的信贷信息；（四）未按照规定处理异议或者对确有错误、遗漏的信息不予更正；（五）拒绝、阻碍国务院征信业监督管理部门或者其派出机构检查、调查或者不如实提供有关文件、资料。

16　参见司湘伟：《职权法定与越权无效——略论行政执法权的行政法制约》，载《湖南行政学院学报》2008年第5期。

（一）行政越权无效原则的主要内容

越权无效原则最初创制于英国，也是英国行政法的首要原则。任何越权的或者超越权限的行政行为或者行政命令在法律上都是无效的，即“剥夺了法律上的有效性”。这就是英国关于越权无效原则的最基本的表述。越权之诉也是美国司法审查制度中的一项主要制度。在美国，超越职权是指超越法律规定的范围、权力和限度。法国被称为“行政法母国”，越权之诉是法国行政法上的最重要制度，这也是越权无效原则在法国行政法上的直接体现。在德国，法律要件的中心含义是一切行政权的实施都必须符合法律的授权，越权无效。

在中国，行政越权又称行政超越职权，是行政行为超越法定职权的简称，目前国内关于行政越权主要有如下几种有代表性的观点：[17]第一，行政越权是行政主体在积极的行政活动中超越了法定权力界限，从而在法律上不产生效力的行为。第二，行政越权是指行政机关及其工作人员、法律和法规直接授权或行政机关委托行使一定行政职权的组织所作出的具体行政行为，超越了法律法规规定的权限范围或授权委托范围。第三，行政越权是行政主体超越其法定行政职权（权限和权能）的违法具体行政行为。第四，行政越权是指行政主体在行政管理过程中超越了其法定的权限范围，行使了其他权力主体的法定职权的行为。第五，行政越权是指行政主体超越法定职权范围而作出的行政行为。第六，超越职权是指行政机关行使了法律、法规没有赋予它的权利，对不属于其职权范围内的人和事进行了处理，或者逾越了法律、法规所设定的必要的限度等情况，简言之，是指行政机关的职权没有法律根据。第七，超越职权是指行政机关超越了法律、法规授予的权限，实施了无权实施的具体行政行为。

关于越权无效原则的表现形式，有学者将其概括为无权限、层级越权、事务越权、地域越权、内容越权与内部越权等六种形式。[18]

（二）我国司法审判适用越权无效原则的前提是判断行政机关是否具有相应的法定职权

在黑龙江省丰泽源房地产开发有限责任公司与哈尔滨市国土资源局注销土地登记一案中，最高人民法院认为，根据2004年10月15日起施行的《黑龙江省土地登记办法》第33条规定，注销土地登记的权力应当由县级以上人民政府行使，哈尔滨市国土资源局注销丰泽源公司的土地登记，属超越职权的行为。越权无效是行政法的基本原则，根据《最高人民法院关于执行〈中华人民共和

17　参见曾小晔：《论行政越权》，载《辽宁行政学院学报》2011年第11期。

18　参见杨正平、李志雄：《论行政法上的越权无效原则》，载《南京大学法律评论》2005年秋季号。

国行政诉讼法〉若干问题的解释》第57条第2款第3项的规定，应当确认哈尔滨市国土资源局注销丰泽源公司的土地登记行为无效。一审判决确认该行为违法但不予撤销，保留了无效法律行为的效力，违反了上述规定和原则，依法应予纠正。依照《行政诉讼法》第92条第2款的规定，裁定如下：一、本案指令黑龙江省高级人民法院再审；二、再审期间，中止原判决的执行。[19]

黑龙江省高级人民法院再审后认为，根据2004年10月15日起实施的《黑龙江省土地登记办法》第33条的规定，注销土地登记的权利应由县级以上人民政府行使。哈尔滨市国土资源局注销丰泽源公司土地登记的行为，属超越职权行为，越权无效是行政法的基本原则，故应确认哈尔滨市国土资源局注销丰泽源公司土地登记行为无效。依照《行政诉讼法》第70条第1款第4项、第89条第1款第2项以及《最高人民法院关于执行〈中华人民共和国行政诉讼法〉若干问题的解释》第57条第2款第3项之规定，判决如下：撤销本院（2016）黑行再1号行政判决、大庆市中级人民法院（2012）庆行终字第30号行政判决及大庆市萨尔图区人民法院（2011）萨行初字第11号行政判决第二项；二、维持大庆市萨尔图区人民法院（2011）萨行初字第11号行政判决第一项；三、确认哈尔滨市国土资源局2011年11月29日作出的注销黑龙江省丰泽源房地产开发有限责任公司名下宗地号为1－18－6－41－1、1－18－7－41－1、1－18－10－41－1、1－18－9－41－1号登记的行政行为无效。一、二审案件受理费100元，由哈尔滨市国土资源局负担。本判决为终审判决。[20]

在该案件的裁判中，最高人民法院与黑龙江省高级人民法院在适用越权无效原则时，均确认相应的行政机关（哈尔滨市国土资源局）不具有相应的法定职权（注销丰泽源公司土地登记的行为）。因此，我们在判断李某虹与人行H中支、中国人民银行征信异议纠纷案能否适用越权无效时，应当考量人民银行及其分支机构在征信异议领域是否具有相关的行政职权。本案的一审法院与二审法院在这个问题上泾渭分明：一审法院认为人民银行及其分支机构在征信异议领域没有相关的行政职权，应当适用越权无效原则；二审法院认为人民银行及其分支机构在征信异议领域有相关的行政监督权，不应当适用越权无效原则。接下来，我们需要对征信投诉与异议领域相关的法律关系进行必要的梳理，以切实回答人民银行及其分支机构在征信异议领域有无相关行政职权的问题。

二、征信中心作为征信机构享有征信异议处置权

征信中心是中国人民银行直属的事业法人单位。2006年3月，经中编办批

19　最高人民法院（2014）行监字第175号行政裁定书。

20　黑龙江省高级人民法院（2016）黑行再13号行政判决书。

准，中国人民银行设立征信中心，作为直属事业单位专门负责企业和个人征信系统（即金融信用信息基础数据库，又称企业和个人信用信息基础数据库）的建设、运行和维护。2013年3月15日施行的《征信业管理条例》，明确了征信系统是由国家设立的金融信用信息基础数据库定位。目前，征信中心在全国31个省和5个计划单列市设有征信分中心。征信中心具有对信息主体信用信息异议申请进行核查、处理、答复的法定处置权。根据《征信业管理条例》第27条第2款之规定，金融信用信息基础数据库由专业运行机构建设、运行和维护。该运行机构不以营利为目的，由国务院征信业监督管理部门监督管理。由征信中心统一负责企业和个人征信系统（又称企业和个人信用信息基础数据库）的建设、运行和管理，该中心是独立的事业法人单位。该中心有权制定征信系统的管理制度、技术标准，负责征信系统的建设、运行、维护，以及数据采集。

三、人民银行及其分支机构在征信投诉和异议中具有不同的法律地位

（一）受理征信投诉是人民银行及其分支机构的法定职责

信息主体认为征信机构或者信息提供者、信息使用者侵害其合法权益的，依据职权法定原则及《征信业管理条例》第26条规定，人民银行分支机构作为征信业监督管理部门，应当依法受理、核查、处理、答复投诉，否则，构成行政不作为。信息主体对投诉处理答复不服的，可以提起行政复议或行政诉讼。

（二）人民银行及其分支机构不是征信异议处理民事行为的适格主体

根据《征信业管理条例》第25条第1款和第2款的规定，信息主体认为自己的征信信息存在错误、遗漏，有权向征信机构或者信息提供者提出异议，要求更正。征信机构或者信息提供者应当进行核查和处理，并将结果书面答复异议人。第25条规定的“征信机构或信息提供者”在实践中是征信中心和信贷机构（主要是商业银行）。根据行政法中行政机关“职权法定”“法无授权不可为”的原则，人民银行分支机构作为征信监督管理部门，禁止介入信息主体和征信机构、信息提供者之间征信异议处理的民事行为，具有超脱地位。

（三）法定征信异议受理主体与实际主体不一致，导致人民银行及其分支机构成为征信异议民事诉讼的被告或第三人

根据《征信业管理条例》第25条的规定，信息主体提出异议的受理主体是征信机构或者信息提供者。鉴于征信报告是征信中心生成，信息主体提出异议通常首选的是征信中心。但实践中，无论是邮寄还是现场，受理的主体是人民银行分支机构（县支行、地市州中心支行、计划单列市、省会中支、分行）。大体流程为：信息主体提出异议→所在地人民银行分支机构→征信中心（核查，数据库处理错误，更正）→所在地人民银行分支机构→答复信息主体；征信中心（核查，非数据库处理错误）→商业银行总行（如有错误遗漏，更正；无，

标注异议）→征信中心→所在地人民银行分支机构→信息主体。且制式表格的个人征信异议申请表和异议回复函没有受理和回复机构的名称。

中国人民银行和征信中心的关系、征信中心各分中心和人民银行分支机构的内部关系，人民银行分支机构受理转交、征信中心核查、商业银行核查、答复信息主体的内部流程，上述复杂内部关系不为信息主体所了解。综合以上因素，信息主体到人民银行分支机构提起异议，人民银行分支机构出具答复函，当然认为人民银行分支机构就是征信机构。依据《征信业管理条例》第26条第3款的规定，信息主体在对征信机构或信息提供者提起民事诉讼时，按照普通大众的思维把人民银行分支机构和征信机构的“人格混同”，“理所当然”将人民银行分支机构列为被告。

（四）人民银行及其分支机构具有法定的征信异议监督权

《征信业管理条例》赋予了征信业监督管理部门对异议的监督管理权。根据《征信业管理条例》第4条及第33条规定，征信业监督管理部门依法对征信业进行监督管理，有权对向金融信用信息基础数据库提供或者查询信息的机构遵守“本条例有关规定”的情况进行监督检查，这里，“本条例有关规定”，自然包括第25条异议。同时，《征信业管理条例》第38条[21]以及第40条分别规定了征信机构、金融信用信息基础数据库运行机构以及信息提供者违规处理异议行为应承担的法律责任，明确了征信业监督管理部门对异议违规行为的处罚权。

四、一审判决认定事实与适用法律均值得商榷

一审判决用了大量的篇幅，分别引用《征信业管理条例》及《个人信用信息基础数据库管理暂行办法》等内容，试图说明征信业监督管理部门“仅具有对信息主体认为征信机构或者信息提供者、信息使用者侵害其合法权益的投诉进行受理、核查、处理、答复的法定职责”，以证明只要是异议不是投诉，征信业监督管理部门就不能介入，介入了就是超越法定职权这一逻辑的合理性，但错误明显。

---

21 《征信业管理条例》第38条：征信机构、金融信用信息基础数据库运行机构违反本条例规定，有下列行为之一的，由国务院征信业监督管理部门或者其派出机构责令限期改正，对单位处5万元以上50万元以下的罚款；对直接负责的主管人员和其他直接责任人员处1万元以上10万元以下的罚款；有违法所得的，没收违法所得。给信息主体造成损失的，依法承担民事责任；构成犯罪的，依法追究刑事责任：（一）窃取或者以其他方式非法获取信息；（二）采集禁止采集的个人信息或者未经同意采集个人信息；（三）违法提供或者出售信息；（四）因过失泄露信息；（五）逾期不删除个人不良信息；（六）未按照规定对异议信息进行核查和处理；（七）拒绝、阻碍国务院征信业监督管理部门或者其派出机构检查、调查或者不如实提供有关文件、资料；（八）违反征信业务规则，侵害信息主体合法权益的其他行为。经营个人征信业务的征信机构有前款所列行为之一，情节严重或者造成严重后果的，由国务院征信业监督管理部门吊销其个人征信业务经营许可证。

（一）一审判决认定事实错误

一审庭审中，李某虹对人行H中支作出履职答复行为本身没有任何异议，只是对答复内容未满足其要求不满意，认为人行H中支没有完全履职，故主张要求撤销后重新作出；审判人员也未对人行H中支出具被诉答复行为提出异议，更没有提出超越职权问题给人行H中支一个答辩的机会，这部分事实从未经过认真核实和充分质证，造成认定事实错误。实际上，2019年3月5日，人行H中支接到李某虹来信，得知其反映的情况，3月8日与李某虹取得联系，3月12日人行H中支工作人员电话与李某虹联系当面提交异议事宜时，李某虹强调给人行H中支来信就是要人行H中支在异议处理中对建行浙江省分行进行监督，明确提出了履职的要求。3月13日，经人行H中支工作人员引导，李某虹按照《金融信用信息基础数据库个人征信异议处理业务规程》规定，通过征信系统当面递交异议申请从而启动异议程序，至3月18日系统生成《个人征信异议回复函》，异议程序结束，整个异议过程完整、独立，符合《征信业管理条例》第25条的规定。3月18日，异议回复生成后，人行H中支工作人员联系李某虹，其得知异议回复中建行浙江省分行不予修改的意见，当即要求人民银行处理。3月19日，李某虹来信，建议人民银行慎重对待，不要行政不作为。同日，考虑到李某虹多次向人行H中支反映问题需调查了解情况，其也提出履职要求，人行H中支依法履行异议监管职责，赴建行开展现场调查核实。3月20日，李某虹又补充提出，书面回复要有行印，并要人行H中支连同异议回复一起邮寄给她。同日人行H中支在调查核实基础上制作了被诉答复加盖行印，并于3月21日将《个人征信异议回复函》和被诉答复两份材料交邮。上述经过（有电话录音、短信记录为证），一审审判人员并不清楚，也没意向弄清楚李某虹与人行H中支工作人员的联系沟通以及要求的变更补充，其也从不知晓。

（二）一审认定缺乏法律依据

一审判决认为征信业监督管理部门“仅具有对信息主体认为征信机构或者信息提供者、信息使用者侵害其合法权益的投诉进行受理、核查、处理、答复的法定职责”缺乏法律依据。征信业监督管理部门履行投诉受理处理职责，并不能得出对异议行为不能进行监管的结论。根据《征信业管理条例》第四章的规定，异议与投诉虽均为信息主体主动发起，但发起条件不同，属于不同事项彼此完全独立，不存在逻辑上、时间上的关联，《征信业管理条例》第25条未赋予征信机构或信息提供者处理异议不接受征信业监督管理部门监管的效力。

（三）一审判决混淆了异议处理与对异议进行监管

一审判决认为，在征信中心运行的系统已经作出异议回复的情况下，人民银行再进行调查核实不当，显然混淆了异议处理与对异议进行监管的差别。人民银行履行的是对异议的监管职责，不是异议申请的接收处理，区别明显。根据《征信业管理条例》第32条，征信中心作为金融信用信息基础数据库运行机构适用第25条的规定，异议过程中相当于普通征信机构，由此，征信中心在异议中发挥的作用显然不能代替人民银行监管，更不能认为可以据此排斥人民银行监管。此外，根据《个人信用信息基础数据库管理暂行办法》第16条、第23条以及《金融信用信息基础数据库个人征信异议处理业务规程》的相关规定，人行H中支对李某虹来信提及的异议申请还具有引导、转送的职责（本案中具体体现为：由于《征信业管理条例》生效后严格的个人征信信息保护，需引导李某虹当面通过征信系统正式递交异议申请，并获得查询征信报告授权；以及系统生成《个人征信异议回复函》后，在李某虹不愿现场领取的情况下，邮寄李某虹）。一审判决认定人行H中支"仅具有对信息主体认为征信机构或者信息提供者、信息使用者侵害其合法权益的投诉进行受理、核查、处理、答复的法定职责"结论武断草率，适用法律错误。

（四）人行H中支的答复对李某虹的合法权益没有实际影响，对事后救济也不产生障碍

1. 被诉答复中只有两项内容，第一项"对于你提出的个人信用报告中显示'发放的15340元'金额的问题，我中心支行已于2017年8月5日作了回复，你本人已收悉"，属于重复处理的告知行为，对李某虹合法权益明显不产生实际影响。第二项关于还款方式已满足了李某虹的要求，对其合法权益更不可能造成侵害。

2. 一审判决称被诉答复对李某虹后续可能采取的投诉或直接起诉等救济手段产生障碍，故依法予以撤销，这一结论过于武断草率，且于法无据、与事实不符。被诉答复是为了维护李某虹的利益，有权机关依法履行异议监管职责后，给李某虹一个说法；而投诉需信息主体发起，且存在侵害其合法权益的情形，区别明显，显然被诉答复对投诉受理与否不产生任何影响，至于直接起诉是向人民法院提起，与行政机关无关，更是没有障碍。

五、人民银行对征信异议具有法定的监督权

（一）对异议行为实施监管十分必要

根据现行《金融信用信息基础数据库个人征信异议处理业务规程》，作为金融信用信息基础数据库运行机构，征信中心提供平台通过系统进行异议接收处理，征信中心主要看数据处理过程中，金融机构报数在数据处理前后是否一致，一致则由金融机构去办理，对金融机构办理结果，只要符合回复要求（内容清楚、明确），就予以接受，通过系统形成异议回复函。由此可以看到，金融机构异议办理行为的真实性、正（准）确性等难以保证，需要征信业监督管理部门实施监管。

（二）《征信业管理条例》规定了征信监督管理部门对征信异议的监管权

《征信业管理条例》第4条第1款规定："中国人民银行（以下称国务院征信业监督管理部门）及其派出机构依法对征信业进行监督管理"，规定了征信监督管理部门及派出机构对征信中心在内的监管权。而该条例第33条进一步对如何行使监管权作了规定："国务院征信业监督管理部门及其派出机构依照法律、行政法规和国务院的规定，履行对征信业和金融信用信息基础数据库运行机构的监督管理职责，可以采取下列监督检查措施：（一）进入征信机构、金融信用信息基础数据库运行机构进行现场检查，对向金融信用信息基础数据库提供或者查询信息的机构遵守本条例有关规定的情况进行检查；（二）询问当事人和与被调查事件有关的单位和个人，要求其对与被调查事件有关的事项作出说明；（三）查阅、复制与被调查事件有关的文件、资料，对可能被转移、销毁、隐匿或者篡改的文件、资料予以封存；（四）检查相关信息系统。进行现场检查或者调查的人员不得少于2人，并应当出示合法证件和检查、调查通知书。被检查、调查的单位和个人应当配合，如实提供有关文件、资料，不得隐瞒、拒绝和阻碍。"本案中，人行H中支到建行浙江省分行进行现场调查核实并处理，属于该条规定的履职行为。人行H中支作为本案征信业的监督管理部门，其监督管理的范围或程度不应局限于对征信机构投诉的处理，对征信机构的征信异议处理的过程及结果也有法定的监督管理义务和职权。

（三）征信异议监督不属于征信异议的处理行为

人行H中支对李某虹寄送的被诉答复内容均来自《个人征信异议回复函》的回复内容，是人行H中支在履行监督职能后向李某虹告知依法监督的情况，同时也是向李某虹转交《个人征信异议回复函》，没有对李某虹征信异议作出实质性的答复意见，不属于征信异议的处理行为。

1. 被诉答复的两项答复内容均来自《个人征信异议回复函》的回复内容，没有任何新的实质性答复意见，是人行H中支在履行监督职能后向李某虹告知依法监督的情况。一是人行H中支的被诉答复第一项内容是在《个人征信异议回复函》的回复内容基础上，以及2017年对李某虹的投诉处理结果上作出的答复，不属于异议处理行为，也不是新的实质性处理，对李某虹的合法权益不产生新的影响。早在2017年，李某虹已就贷款"发放金额为15840元"向人行H中支投诉，要求人行H中支进行调查核实，人行H中支接到李某虹的投诉后，向建行浙江省分行调取了《国家助学贷款借款合同》等相关资料进行调查核实，并对其投诉作出过回复处理，其中包括李某虹关于发放金额投诉的处理结果。且本次关于发放金额15840元的异议，征信中心已经生成《个人征信异议回复函》作出回复如下："经核查，发放金额显示正确，无须修改。"人行H中支正是基于《个人征信异议回复函》的上述回复内容以及在2017年的投诉处理情况的基础上作出的重复答复。二是被诉答复第二项内容也来自《个人征信异议回复函》的回复内容，没有任何新的实质性答复意见，是人行H中支在履行监督职能后向李某虹告知依法监督的情况。李某虹于2019年3月18日来到人行H中支通过征信系统递交的个人征信异议申请，已按照处理流程于2019年3月18日办理完结，并生成《个人征信异议回复函》。后李某虹要求人行H中支对该异议处理进行监管，人行H中支依其申请进行调查核实后，通过书面答复书的形式对征信中心关于李某虹的征信异议处理行为监督的情况和结果进行告知。根据《个人征信异议回复函》显示，李某虹否认还款方式为按揭归还，本金按合同约定及实际均为一次性归还，利息按合同约定为按揭归还，实际同本金一起同时归还。征信中心处理完上述异议后生成《个人征信异议回复函》对上述异议内容回复如下："还款频率改为'一次性归还'。"人行H中支是在该《个人征信异议回复函》已经对上述异议内容作出回复的前提下，向李某虹告知建行浙江省分行已将相关信息变更为"一次性归还"，并告知其目前数据正在更新中，后续请李某虹关注数据更新情况。人行H中支的上述告知，是对其监督情况和结果的尽职反馈。因此，人行H中支所作的被诉答复中关于李某虹的两个异议回复内容，均来自于《个人征信异议回复函》，是人行H中支在对李某虹征信异议过程及结果的调查监督后对监督情况的告知，并非异议处理行为，也没有任何新的实质性答复意见，对李某虹的合法权益也不产生新的影响。

2. 人行H中支对李某虹寄送被诉答复同时也是在履行征信异议处理结果的转交职能。根据《个人信用信息基础数据库管理暂行办法》第16条第2款、第23条的规定，人行H中支作为监管部门对李某虹异议申请具有引导、转送的职责。本案中具体体现为人行H中支引导李某虹通过征信系统递交的个人征信异议申请，并在处理完结后，在李某虹不愿现场领取的情况下邮寄给李某虹。

（四）人行H中支履行征信异议监督权系行政相对人申请所致

李某虹曾向人行H中支提出过要求其履行监督管理职责的要求，并要求人行H中支出具书面的回复。因此人行H中支才对李某虹的征信异议处理进行调查、核实和监督管理，并在调查、监督完毕后，通过向李某虹寄送书面《答复书》的方式，对其监督的情况和结果进行告知。人行H中支依法履行了《征信业管理条例》所规定的监督管理职责。本案中人行H中支对征信中心关于李某虹的征信异议处理的过程及结果进行监督管理，也是出于李某虹的申请。

（五）人行H中支对征信业的监督管理是按照法律规定的职权及程序依法开展

一审中，在主审法官的主持下，建行浙江省分行与李某虹达成和解，将发放金额进行更改，该更改并非行政行为，更与人行 H 中支的监督行为无关。对李某虹征信异议事项的处理并不属于人行 H 中支的法定职责，而在李某虹征信异议监督事宜中人行 H 中支已依法履职。人行 H 中支在李某虹递交征信异议申请的过程中引导其如何正确递交异议申请，该征信异议申请按照处理流程由征信中心系统转至建行浙江省分行核查，征信中心系统生成《个人征信异议回复函》。而在李某虹要求人行 H 中支进行监管后，人行 H 中支赴现场进行调查核实，并根据调查核实的结果及《个人征信异议回复函》向李某虹作出被诉答复再次进行告知，人行 H 中支已经按照法律规定的程序履行法定监督管理的职责。而中国人民银行在李某虹的复议申请中，审查了人行 H 中支的上述履职行为是否符合法律规定后，认定人行 H 中支已履行了法定职责，从而驳回李某虹的复议申请，事实清楚、决定正确。关于李某虹要求对“发放金额”进行修改的主张，其已在 2017 年就发放金额问题向人行 H 中支提交《投诉书》，要求人行 H 中支予以监督查处并更正。人行 H 中支在接到李某虹的投诉后，向建行浙江省分行调取了相关资料并进行了调查核实后，于 2017 年 8 月 5 日对李某虹的上述投诉作出答复。李某虹认为人行 H 中支未履行对建行浙江省分行监督管理并调查核实的法定职责，向中国人民银行提起行政复议，中国人民银行已于 2017 年 11 月 22 日作出行政复议决定，认定人行 H 中支已依法履行了对李某虹投诉事项的监管职责，相关履职行为并无不当。李某虹在上述行政复议决定作出后并未向法院提起相关诉讼。因此，关于本次李某虹再次提出的“发放金额”问题，属于 2017 年人行 H 中支及中国人民银行均已作出相关处理的事项，李某虹如不服该行政复议决定应当于 2017 年提出行政诉讼，但李某虹并未提出相关诉讼，其已就“发放金额”问题走完救济途径，相关机构业已就其异议及投诉依法进行了处理。而关于本次“发放金额”的修改，也不属于人行 H 中支新的行政行为，是在本案一审审理中，在法官主持调解时，李某虹表达了和解意愿，并提出第一条和解条件，就是将发放贷款由 15840 元修改为 3960 元。虽然建行浙江省分行多次强调，按照人民银行征信系统的数据上报规范，建行浙江省分行数据报送符合要求。但是，各方均希望通过和解，彻底解决长达 4 年的征信纠纷。所以，在调解时建行浙江省分行为表达和解诚意，于 2020 年 4 月 10 日主动向征信中心特别申请，将该笔贷款的“授信额度”和“共享授信额度”（即报告中展示的“借款金额”项），由 15840 元修改为 3960 元。此次修改的前提是诉讼中的调解，是基于和解作出的决定，体现的是互谅互让，不存在对错之分，各方不得将和解作出的让步决定作为后期争议处理的证据。所以，李某虹提出：“由此可见，举报人的助学贷款的真实、正确的征信记录就是‘2003 年 12 月 15 日中国建设银行浙江省分行发放的 3960 元（人民币）个人助学贷款，2009 年 5

月已结清’”，这违背调解时的本意，也与事实不符。

综上，人行H中支作为征信机构监管部门，有权依申请或依职权对征信机构的征信异议处理的过程及结果进行监督管理，本案中人行H中支尽职尽责履行了法定职责。根据《行政诉讼法》第89条第1款第2项“原判决、裁定认定事实错误或者适用法律、法规错误的，依法改判、撤销或者变更”的规定，应依法对一审判决予以撤销。

【相关法条】

《中华人民共和国行政诉讼法》第69条、第70条第4项、第74条第2款、第79条、第89条第1款；

《最高人民法院关于适用〈中华人民共和国行政诉讼法〉的解释》第69条第1款；

《征信业管理条例》第4条、第25条、第26条、第27条、第32条、第33条、第38条、第40条；

《个人信用信息基础数据库管理暂行办法》第2条、第16条、第23条。

法谈法议

论所得税包税条款的不正当性

胡　明　林思颖*

一、问题的缘起

随着经济蓬勃发展与税收征管体制完善，交易相关税费的缴纳问题越来越受关注重视。在二手房交易、不动产司法拍卖、人才引进、涉外经济交易等民商事实践中，合同双方通过约定“卖方最终取得净到手价”“交易所涉全部费用或税款由买受人承担”“人才引进安家费（税后）××万元”等内容事实变更税款承担者的条款（以下统称包税条款）普遍存在，由此引发的法律纠纷也与日俱增。

对包税条款效力及其正当性的判断，目前理论界与实务界多从整体上把握。但不同税种在性质与价值追求上存在差异，国家应在何种情形、多大程度予以干涉，需在满足民事主体的正当期待与实现民事行为的干预目的间权衡取舍。[1]对包税条款效力讨论只有限缩至特定税种语境，当存在扰乱税收征管秩序、危及社会公共利益情形时，国家的干预才属必要。在流转税、所得税和财产税的分类中，所得税最能体现量能课税。纳税人的纳税能力是衡量量能课税的关键，虽然消费和财产从总体上也可在一定程度上衡量税负能力，但财产税仅关注财产价值而忽视财产对不同个体的效用差异，且征收范围有限；而流转税多为可

---

* 胡明——华南理工大学法学院教授，博士生导师，广州财税治理现代化研究中心研究员，主要研究领域：财税法、经济法。林思颖——华南理工大学法学院硕士研究生，主要研究领域：税法。本文系国家社科基金后期资助优秀博士学位论文出版项目“税法确定性原则的解构、观省与增进”（项目编号：21FYB033）和重庆市社会科学规划项目“数字时代零工经济发展的税收保障问题研究”（项目编号：2021NDYB025）的阶段性成果。

1 参见杨小强、吴玉梅：《论〈民法典〉与税法的价值协调》，载《税务研究》2021 年第 1 期。

转嫁的间接税，且无法照顾到不同个体的能力差异。相较而言，一方面所得税以所得为客体，另一方面所得是扣除费用后的“纯所得”，能真实衡量纳税人的负担水平，在调整产业结构和实现分配正义上起着至关重要作用。因此有必要基于所得税在法律目标与制度设置上的特殊性对包税条款效力问题作进一步研究。

目前包税条款的效力问题在立法上悬而未决，在实践中主要依靠法官的自由裁量，主要呈现有效说、无效说以及回避讨论的三种裁判路径。[2] 理论上也多割裂地从意思自治或税收法定出发从而得出截然相反的结论。在经济交易日益纷繁复杂的今天，如果对包税条款效力认知不清，不仅将使判决陷入说理混乱而损害司法权威性，而且因法律规范缺乏系统性协调而造成税务机关执法、纳税人守法的无所适从，还将因条款履行时可能的涉税风险降低市场交易积极性。下文将以社会公平正义作为价值依归，遵循法秩序统一的原理来剖析所得税包税条款的效力，以期为其效力难题的破解提供理论支持和实务指引。

二、所得税包税条款的规范现状

（一）法律法规尚未明确规定

所得税包税条款相关法律法规规定如下表所示，主要为税收法定原则的直接体现，是法院认定包税条款无效的普遍依托——主张约定因违反税收法定的强制性规定从而构成《民法典》第 153 条“禁止权利滥用”的情形而归于无效。而反对者认为包税条款只是对税费实际承担者的约定更改，是对交易利益的另行分配，并未改变法定纳税主体或规避纳税义务，与上述强制性规定并不抵触，结果上也未导致税收的流失。

所得税包税条款的规范梳理

法律法规	主要内容
《税收征收管理法》第 4 条	明确纳税人和扣缴人的税法义务
《企业所得税法》第 1 条、《个人所得税法》第 1 条	明确纳税义务人范畴
《企业所得税法实施条例》第 2 ~ 5 条、《个人所得税法实施条例》第 2 ~ 5 条	对纳税义务人的定义进一步细化解释
《税收征收管理法实施细则》第 3 条第 2 款	与税法、行政法规相抵触合同无效

2　参见郭昌盛：《包税条款的法律效力分析——基于司法实践的观察和反思》，载《财经法学》2020 年第 2 期。

（二）法律适用缺乏统一标准

相关规范性文件对此态度不一，相关规定的合理性也值得商榷。包税条款最初常见于涉外经济合同，中方经营者为吸引外商投资常在合同中约定由己方负担交易相关一切税款，由于此类约定多数对中方经营者不利，可能造成税收流失，有损税法尊严。故1982年财政部明确表示，涉外合同应按照外国企业所得税法确定条款内容，包税条款应一律认定无效。[3]20世纪90年代对外贸易与经济合作部和国家税务总局也在其通知中明确，合同中不得规定或变相规定包税条款。[4]但2001年国家税务总局发文说明包税条款属于企业自主经营行为，是合法有效的商业约定。[5]近年来在不动产司法拍卖领域，《最高人民法院关于人民法院网络司法拍卖若干问题的规定》（法释〔2016〕18号，以下简称《网拍规定》）对网络司法拍卖形成的税费问题予以规范，明确税费由法律、行政法规规定的相应主体负担。2017年《江苏省高级人民法院关于正确适用〈最高人民法院关于人民法院网络司法拍卖若干问题的规定〉若干问题的通知》（苏高法电〔2017〕217号）、2020年国家税务总局办公厅《对十三届全国人大三次会议第8471号建议的答复》也肯定了《网拍规定》内容，严格禁止在拍卖公告中要求买受人概括承担全部税费。

综上，在既有规范层面，不同时间阶段、不同行政机关的看法曾产生分歧与冲突，近年来相关文件出台虽然解决了不动产司法拍卖这一特定领域中司法认定不一的问题，但在其他交易领域中包税条款的效力争议却未终止，对所得税包税条款的效力问题也未予以明确。

3　财政部《关于外国企业所得税法公布施行前已批准的技术引进、借贷款、租赁等合同有关税收问题的通知》（财税〔1982〕102号，已于1997年废止）规定："二 在外国企业所得税法公布施行以后签订的合同（包括税法施行前已草签尚未经批准的合同），应依照国家税收法令确定合同条款，不得再用包税办法，违反税法规定的有关合同条款，一律无效。"

4　《对外经济贸易部关于印发〈签订与审批技术引进合同指导原则〉的通知》（〔90〕外经贸技综字第1号，已于1993年废止）第24条规定："在合同中不得规定如下包税条款或变相包税条款：中国境内发生的一切税费由受方负担；在中国政府向供方征税的情况下，所发生的税费将加入合同总价。"《国家税务总局、文化部、国家体委关于来我国从事文艺演出及体育表演收入应严格依照税法规定征税的通知》（国税发〔1993〕089号）规定："三、任何单位对外签订的演出或表演合同中，不得列入包税条文。凡违反税法或税收协定的规定，在合同中擅自列入的包税条款，一律无效。"

5　参见《国家税务总局关于中国银行海外分行取得来源于境内利息收入税务处理问题的函》（国税函〔2001〕189号，已于2011年废止）。

三、所得税包税条款的效力争议

（一）意思自治：所得税包税条款的有效性认定路径

包税条款效力的肯认说主要是基于意思自治。包税条款实质是合同双方在合意基础上另行确定税款的实际债务人，属于对税收债务的约定转移，可参照民法关于债务承担的原则性规定予以解读。税收债务在负担形式上属金钱之债，原则上允许约定由第三人代为承担。在市场经济条件下，在商品交换过程中通过税负转嫁途径追求利益最大化，是普遍经济现象。合同当事人作为理性经济人，是经过深思熟虑、基于对条款效果肯认才最终缔结包税条款，且在缔约时无避税意图，表面上未造成税收流失。因此，在排除合同条款存在法定无效和意思表示瑕疵情形后，法律并未对包税条款作禁止性规定。[6] 民法出于对债务承担和转让秩序的尊重和鼓励商事交易，认定包税条款不违反强制性规定，是平等主体间的有效债权债务民事法律关系。[7]

民事司法实践也偏向将包税条款认定为有效。江苏省高级人民法院在其裁判[8] 中指出，包税条款实质上是约定由他人承担支付相当款额的义务，与税法规定并不矛盾，不构成《民法典》中导致合同无效的情形，不影响合同效力。

（二）税收法定：所得税包税条款的无效性分析路径

税收法定既要求税务机关征税须严格依据狭义立法规定，又体现了税收债务的不可规避性。《德国税收通则》第 42 条第 1 项规定“不得滥用法律形成自由规避税法”，体现了实质法治要求。我国两部所得税法均对征收行为、征收对象有明确规定，税收作为法定之债具有高度属人性而不能代履行[9] 。包税条款约定是对法定税收要素的实质性更改，有违税收法定。

税法强调税收要素必须法定：一是为控制公权力正确行使，避免其对私权的不当侵蚀，从而强化法律安定性和民主正当性，即便法律规定不完备或存纰漏时，税务机关和法院也无权恣意解释法律。二是便于买受人在交易时能预先知悉自己应负税款，形成稳定心理预期，据此测算交易收益和成本，提高民事

6　参见雷盟、雷江林：《非纳税义务人承担税收的合同条款效力探究》，载《税务研究》2019 年第 8 期。

7　参见肖太寿：《包税合同条款的法律效力与涉税分析》，载《财会学习》2012 年第 1 期。

8　参见林某狮与邳州市宏某达房地产开发有限公司股权转让纠纷二审民事判决书［江苏省高级人民法院（2016）苏民终 646 号］。

9　参见杨小强、叶金育著：《合同的税法考量》，山东人民出版社 2007 年版，第 58 – 61 页。

行为效率，保证法律生活稳定和预测可能性。三是由买受人承担的税负在属性上也是其为保证交易顺利进行所付出的成本，在税务处理中理应成为交易价格的一部分，故即使双方均不存在逃避税的恶意，包税行为本身就存在压低真实成交价格、降低计税依据的问题，在客观上必然导致所得税实际征收不到位、减损其计税税基的不利影响。

由于包税条款对税收法定构成实质侵害，在无锡宝铭房地产开发有限公司等与无锡市惠山区人民政府建设用地使用权转让合同纠纷上诉案[10]为代表的案件中，法院指出卖方具有法定纳税义务，包税协议约定有减少应税基数的税收逃避隐患，违反《税收征收管理法实施细则》和《民法典》的规定，因而否定其效力。

（三）法域调谐：所得税包税条款的效力判断路径选择

民法和所得税法对包税条款效力的不同处理映射出意思自治和税收法定的内在冲突，其根源于民法与所得税法不同的规范目的，民法奉行自治原则，而所得税法遵循宪法平等原则，强调税收公平和量能课税。

所得税法在追求税收正义时，应注意不妨害民法的基本建置原则，私法自治不仅是抽象的法律理念，还渗透于规范的性质与功能中，在税法适用中应得到尊重，同时，由于产生所得的交易市场的持续健康发展离不开国家调控与保障，受益于市场的纳税人负有社会义务，所得因而具有可税性。[11]所得税作为社会财富在国家与人民之间的二次强制性分配，具有公法意义的价值取向，因此相关合同的效力判断也须加入所得税法的评判机制和利益衡量标准，放任包税行为可能导致当事人以意思自治为由规避税法，损害税收利益。

当然，民法和所得税法均为实现公平正义的法律，并在宪法统领下共同维护法律价值判断体系的统一，相互间并非不可调和、非此即彼的关系，在价值上也无孰轻孰重、孰先孰后的问题，两者的差异只是如何解释适用共同实现正义规范目标的问题。[12]因此对包税条款效力问题不能割裂地从民法或所得税法角度予以分析，应立足于两者对公平正义的共同追求，适时协调并加速法域间的衔接和融合，更好地维护私人利益和社会公共利益的平衡。

10　参见无锡宝铭房地产开发有限公司与江苏省无锡惠山经济开发区管理委员会、无锡市惠山区人民政府建设用地使用权转让合同纠纷二审民事判决书［江苏省高级人民法院（2013）苏民终0129号］。

11　葛克昌：《综合所得税之宪法理论与问题——以大法官会议解释为中心》，载《台湾大学法学论丛》1997年第3期。

12　黄茂荣著：《法学方法与现代税法》，北京大学出版社2011年版，第296－306页。

四、基于交换正义的效力考察

交换正义所关注的是个体在财产交易过程中是否享有公平合理的对待。[13]《民法典》第 6 条规定："民事主体从事民事活动，应当遵循公平原则，合理确定各方的权利和义务。"合同双方订立合同内容，应维护契约公平正义。所得税包税条款约定对交换正义的威胁主要包括以下四个方面：

（一）不当增加买受人负担

包税条款使交易标的物的实际价值变得不透明且不确定，买受人处于被动地位，不当负担交易税费与风险。

一方面，双方存在严重的纳税信息不对称，包税约定极大地提高了相对方收集纳税信息、核算预估交易成本及费用的难度，所得税税收核算相关的税收信息多由法定纳税人掌握并由其承担协力义务，买受人几乎无从知晓，加之双方往往采用格式条款概括约定税负转嫁，也极易产生约定不明等风险。

另一方面，还存在具体数额难以准确预估的风险。确定个人所得税中经营所得额和企业所得税的应纳税所得额，均需扣除相关成本、费用、损失等，采用按月或按季预缴、年终汇算清缴的计征方式，计算程序复杂，应纳税所得额要到年终才最终确定，买受人在交易当时根本无法准确预估应缴税款金额，包税约定势必增加买受人的不确定性风险，还容易因不可预见风险导致最终所得税税负超出预期而产生纠纷。故有法院认为买受人在订立包税条款时对企业所得税缴纳问题存在重大误解而具备可撤销事由。[14]福建省税务局对网络拍卖中买受人"包税条款"是否包括企业所得税的答复中也指出企业所得税征纳方法的特殊性，买受人无替对方缴纳企业所得税的义务。[15]

正是出于保护买受人利益，在民事审判实践中法官虽普遍认可包税条款效力，但对卖方依约要求买受人履行缴纳义务的诉讼请求并非一概支持。对于当事人仅采用概括性条款约定税收净价，所涉税收义务、风险具体如何承担或分配不甚明晰的情形，有法院判决按约定不明处理，在结果上否认其法律

13　易军：《民法公平原则新诠》，载《法学家》2012 年第 4 期。

14　参见浙江浣美门窗工业有限公司与浙江诸暨一百物流有限公司建设用地使用权纠纷、买卖合同纠纷二审民事判决书［浙江省绍兴市中级人民法院（2013）浙绍民终 1432 号］。

15　《1 咨询司法拍卖中的企业所得税》，载国家税务总局 12366 纳税服务平台，https://12366.chinatax.gov.cn/nszx/onlinemessage/detail?id=bb27cdf3f2b9443fb514405e17ae4fe7，最后访问于 2022 年 1 月 15 日。

效力。[16]也有法院主张根据合同的实际履行情况推定包税条款是否有包含特定税种的意图。[17]而对于已明确约定税种及相关款项的情形，法官也会关注约定是否存在欺诈或重大误解导致买受人的合法权益受到不公平侵害[18]、考虑约定税种及相应款项与特定交易的关联性[19]、是否具备正当合理性，在尊重意思自治的同时尽可能充分地保护买受人的合法利益。

（二）税负成本税前扣除的失范

企业买受人还面临税负成本难以税前扣除的风险。由买受人实际承担的税款性质认定、能否作为成本或费用在计算应纳税所得额时扣除，目前存在不同看法。尽管从实质上看，买受人缴纳的税款属于企业日常交易所支付的对价，如国家天津市税务局在答2019年度企业所得税汇算清缴相关问题中指出，在对企业资产进行司法拍卖的过程中，公告所约定的买受人承担的税费也可计入该资产的交易价值，在其财务会计账簿中计算折旧或摊销扣除，即认可将税费认定为其成本费用而予以依法扣除的做法。[20]

但从企业所得税法对缴税凭证的形式外观要求看，只有具备税务机关依法为纳税人开具的完税凭证，相应税费才可扣除。而包税约定并不产生更改法定纳税人的效力，在形式上买受人并不具备合法的缴税凭证，无法进行税前扣除。有观点认为相关税费本应由卖方依法承担，包税行为并非合法合规的正常经营业务往来，不应对代缴税款予以税前扣除。[21]因此，合法性原则是对应税所得额的具体确定和相关成本费用扣除的基本要求，尤其是在法律法规未对包税条款效力予以明确前，所涉所得税款应认定为“与取得收入无关的其他支出”，买受人将面临无法列支扣除其实际税费负担的风险。

---

16 齐立梅与李健房屋买卖合同纠纷二审民事判决书［吉林省白城市中级人民法院（2016）吉08民终1459号］。

17 中国农业银行股份有限公司襄阳米公支行、襄阳正贤房地产开发有限公司合同纠纷二审民事判决书［湖北省襄阳市中级人民法院（原湖北省襄樊市中级人民法院）（2018）鄂06民终3258号］。

18 陈灵零等与蒋菊蓉居间合同纠纷二审民事判决书［广东省东莞市中级人民法院（2017）粤19民终8310号］。

19 固始县人民政府招待所诉河南省佳旺房地产开发有限公司建设用地使用权转让合同纠纷再审民事裁定书［最高人民法院（2015）民申1734号］。

20 《2019年度企业所得税汇算清缴相关问题》，载国家税务总局天津市税务局，http：//tianjin. chinatax. gov. cn/11200000000/0500/050002/20200306168265007. shtml，最后访问于2022年3月6日。

21 徐战成：《不动产司法拍卖购买者承担税费是否合法?》，载《中国税务报》2016年3月23日，第B3版。

（三）买受人权益救济面临困境

一方面，在当事人适格层面，买受人面临诉讼法或税法上主体不适格的救济困境。在正常情况下，当实际纳税人认为其合法权益在税收征纳中受到不法侵害时，可通过行政复议或行政诉讼的方式寻求权益救济。而在包税条款情形下，当发生纳税争议时，即使买受人代卖方缴纳了税费，但由于完税凭证中载明的缴纳主体依旧是卖方，根据《税收征收管理法》第88条第1款规定，买受人既不是纳税人，也不是扣缴义务人、纳税担保人，无论是申请行政复议还是提起行政诉讼，均会面临主体不适格的困境，只能申请为第三人，诉讼权利受限。而卖方作为适格原告却因复议或诉讼的预期结果不损及其直接利益而缺乏寻求救济的动力，买受人也就难以得到有效的程序性保障。

另一方面，在涉税案件审理层面，由于我国没有专门的税务法庭或税务法院，包税条款争议主要交由民事审判庭处理，法官在税款核查确认等方面往往更多听凭税务机关的处理意见。而征税权具有征纳双方主体地位不平等、权利义务不对等之特性，一旦被滥用，给纳税主体带来的权益侵害可能是毁灭性的。在包税条款争议中双方力量则更悬殊：卖方作为约定的非纳税义务人往往缺乏积极举证的动力；买受人又由于信息不对称而在主张自身合法权益中面临举证困难。故在实际争议解决中税务机关往往起决定性作用。

（四）显著增加卖方的履约风险

虽然在民事审判实践中，裁判者多是支持包税条款的有效性，但由于约定只约束合同双方，并不具备对抗所得税法对法定纳税主体规定的效力，因此在买受人拒绝履行约定缴纳义务时，卖方需先履行相关纳税义务，再根据合同约定通过诉讼向买受人追索相关款项，为保证包税条款履行，卖方需付出额外的时间成本和诉讼成本。并且，同税收这一公法之债的执行相比，民事强制执行在执行力度和执行效果上还有待提高，包税条款执行一旦发生追索不能，卖方仍应承担法定的纳税义务，条款目的实质上将无法实现。此外，卖方还有可能因买受人怠于履行包税条款而承担额外的税收滞纳金和罚款等风险。

生效的民事司法判决并不具备抵抗税法规定的纳税义务效力，这大大增加了卖方为确保合同顺利履行的诉累与合同履行不能的风险，使其在订立合同过程中产生不必要的顾虑。

五、基于分配正义的视角分析

分配正义为调节收入分配的基本原则，所得税法则是实现分配正义的重要方式。包税约定会使所得税法的制度设计丧失其应有之义，不利于发挥所得税法维护分配正义的职能，主要体现在以下三个方面：

（一）违背量能课税原则

量能课税原则基于宪法之平等原则，意在创设国家与纳税义务人之间的距离，纵向“着眼于国家和纳税人之间分配关系的妥善调整”，横向“强调税负能力相同者要获得相同对待，税负能力不同者要获得不同对待”，[22] 与分配正义目标有天然之契合，在所得税的制度设置中体现得最为明显，是评价其税制合理与否的基本原则。

所得税纳税义务的确定根源上取决于税收客体及其实际归属，特定主体与税收客体由于法律或经济上的关联而具备一定的税负能力，这种关联具有持续性和稳定性，最适合作为现代社会进行量能课税的标准。在具体税制设置上：一方面所得税是对净所得征税，与纳税负担成正比，这对纳税人来说不会触及最低生存费用与资本本体，是涵养税源、固本强基要求，也是可税性原理表征；另一方面企业所得税除了考量社会经济政策目的对特定收入类型给予特殊对待，对不同性质成本费用的扣除范围和标准规定也不尽相同，而个人所得税除了综合所得根据税负能力高低确定相应的纳税义务，在对待不同类型所得也会予以区分，最典型就是对待劳动所得和资本所得的税率差异。因此，量能课税要求所得税制既要关注纳税人量的税负能力，也要考虑纳税人所得在质上的税负差别，其目的在于从精细化层面对税收负担做合理分配，达到分配正义的最终目标。

因此，所得税包税条款将导致税收征管机关依据经济、政策以及技术对纳税人税负能力把握的失准甚至失灵，使所得税法的实施偏离量能课税原则轨道，使其调整分配正义的职能目标落空。

（二）有碍所得税制协同

所得税制攸关经济发展大局，以分配正义作为基本建制原则，呈现出统一、协同的税制体系设计，既要求企业和个人所得税间的体系互动，又包含国内与国际税制的协调处理。

---

22 侯卓：《重申量能课税的制度价值》，载《法学》2022 年第 4 期。

在企业所得税和个人所得税的互动层面，对于企业所得税的征收，常涉及经济性重复征税问题，企业所得税最典型特点是存在两次征税，企业所得的双重属性源于公司的拟制性：一方面公司被拟制为获取所得的实体，另一方面股息被拟制为独立于公司所得的股东所得来源。因此，股息在公司层面作为其财富创造缴纳企业所得税后，获取股息的股东仍应缴纳相应所得税，公司的分配股息所得实际被征收了两层税款，不仅加重了纳税人的税收负担，而且会使纳税人积极寻求经济替代品，力求在带来类似收益的同时不面临双重征税，造成各种扭曲经济市场正常运行的不利后果，不符合税收中性原则。[23] 为此，大多数国家会在公司或股东层面对股息所得所涉个人或企业所得税的课征进行税率调整或对已缴纳税款上予以相应减免，消除经济性双重征税的不利影响。我国目前采取股息减免税法，对符合条件的居民企业之间的股息、红利等权益性投资收益免税，对个人股东所获取的股息红利征收 20% 比例的个人所得税。

在国内税制与国际税制的协调层面，为避免不同国家同时对特定企业提出纳税要求、缓解法律意义上双重征税给相关公司带来的过重税负，实行全球性征税的国家几乎都通过提供税收抵免来消除双重征税。[24] 我国所得税法严格区分居民与非居民、境内所得和境外所得并予以不同的税收政策，同时与其他国家签订双边或多边税收协定，并运用税收抵免、税收饶让等制度对相关问题予以协调。

若所得税负担可以任意转嫁给无关第三人，那么双重征税问题将不复存在，国家间为避免法律意义双重征税的协调以及对国家税收利益的适度让步也就无从发挥预期效用。

（三）扰乱税收调控功能

所得税法是国家进行宏观调控和资源配置的重要抓手，其课税要素的具体安排无不体现对市场经济进行宏观调控以及对整体社会资源予以再分配从而实现分配正义的深层目的。

一方面，税收优惠政策具有明显的政策调控功能，引导纳税人为降低税收负担适时调整投融资决策、运营策略等，虽其主观上仅为了节省税收成本，但客观上也诱导纳税人朝着产业政策方向发展，从而实现国家对经济、产业和就业结构等的宏观调控。另一方面，合法的税收筹划是纳税人对相关税收政策实

23　［美］丹尼尔·沙维尔著：《解密美国公司税法》，许多奇译，北京大学出版社 2011 年版，第 32－36 页。

24　［美］维克多·瑟仁伊著：《比较税法》，丁一译，北京大学出版社 2006 年版，第 295 页。

施效果及优劣的重要反馈，便于立法机关发现制度的不足之处，及时修正或补充，实现良税、良法与善治。

在约定包税条款情形下，卖方失去了税收筹划动力，理性经济人假设在所得税领域无法充分发挥效用，不利于纳税人以降低税收负担为动力促进自身经济效益最大化从而进一步提高市场经济的整体效率，扰乱国家通过所得税实现宏观调控的功能。

前文基于公平正义原则对所得税包税条款的正当性予以考察，具体结合税收立法、行政与司法实践对其规范现状进行深入解读，得出应认定为无效的最终结论。所得税包税条款的正当性纷争根源在于如何正确处理所得税法与民法之间的价值冲突：所得税收关系体现为由民事主体之间的商行为引致而最终外化为商主体与国家间的交互关系，对所得税收关系的调整离不开对商行为及其经济效果的评价。同时所得税法基于自身立法目的，也具有相对独立性，所得税是国家汲取税款的重要途径，更被定位为国家调节收入分配差距和促进收入分配正义的税制类型。因此，唯有从民法和所得税法对公平正义的共同价值追求出发探讨所得税包税条款的正当性，方可维系整体法律秩序并实现二者的衔接与融合。

另外，目前各界对包税条款的普遍关注也映射出对直接税税负转嫁问题的担忧。“提高直接税比重”是近年来我国税制改革的重要主线，《国民经济和社会发展第十四个五年规划和2035年远景目标纲要》中关于“完善现代税收制度”和“完善再分配机制”更是强调“健全直接税体系”，其因在于直接税的税负具有不可转嫁性或难转嫁性，更符合现代税收制度所要求的税收公平和量能负担原则，能对收入再分配和促进共同富裕起到特殊的调节作用。[25] 所得税包税条款的存在意味着实践对直接税税负不可转嫁性之强烈冲击，如果放任其扩散，不仅将掏空直接税与间接税划分的理论根基，而且将影响未来我国直接税改革的深化。基于这种意义，本文从公平正义视角探讨所得税包税条款效力，其实也是更深层次地剖析直接税的税负转嫁问题，这是为了警醒当前深化直接税改革所可能陷入的“误区”。

25 梁季、陈少波：《完善我国直接税体系的分析与思考》，载《国际税收》2021年第9期。

“土坑酸菜”为何监管难

高秦伟*

近年来，全国食品安全形势持续向好，但是因食品安全风险点多、监管难度大，当前的食品安全工作依然面临诸多的困难与挑战。不可否认的是，在巨大利益的驱动下，许多企业的不法行为屡禁不止。以2022年央视“3·15”晚会曝光的“土坑酸菜”事件为例，涉事企业此前就曾因违反《食品安全法》，被当地市场监督管理部门实施过行政处罚。那么，公众不禁要问：为什么已有“前科”的企业依然继续违法生产？食品安全监管方式如何能够创新和完善？企业如何能够为食品安全作出努力？

对此类问题的思考与解答亦推动了中国十余年来食品安全监管体制的完善，从健全立法到组建权威的监管机构，从严刑峻法、提高威慑到发挥多方主体作用、实现社会共治格局，渐次形成了统一领导、分工负责、分级管理的监管体制。其中，对不法行为的行政处罚发挥了重要作用。与2009年相比，2015年修订的《食品安全法》明显加大了对违法行为的处罚力度，如2009年《食品安全法》规定：“违法生产经营的食品、食品添加剂货值金额不足一万元的，并处二千元以上五万元以下罚款；货值金额一万元以上的，并处货值金额五倍以上十倍以下罚款。”而2015年《食品安全法》则规定：“违法生产经营的食品、食品添加剂货值金额不足一万元的，并处五万元以上十万元以下罚款；货值金额一万元以上的，并处货值金额十倍以上二十倍以下罚款。”这一思路在理论上被称为威慑模式，即食品安全违法行为给公众带来严重损害，除惩治违法者外，对于潜在的违法者实施阻吓，避免危害，亦是行政监管的目标。

---

* 高秦伟——中山大学法学院教授、博士生导师，中国市场监督管理学会理事、广州市法学会学术委员会委员，主要研究领域：宪法与行政法学。

加大行政处罚效果明显，然而，威慑模式亦存在不足之处。2015 年修订的《食品安全法》第 124 条罚款的起限由原来的 2000 元提高到 5 万元，虽然 5 万元的处罚有充足的威慑，但小摊贩因本小利薄无法承受处罚，导致基层执法人员束手无策。同时，限于行政资源不足，监管机关无法全面对大中型企业展开检查，对行政监管如何提升效能，如何促进合规以及合规行为如何影响监管力量分配的问题均付之阙如。实践中往往简单地“一罚了之”，那些受到行政处罚的企业并不需要在建章立制、防范违规行为方面作出实质性改变，甚至将缴纳罚款作为对违法行为支付的代价。正是基于这些原因，一些曾经受到行政处罚的企业为追求极高的违法利润，持续不断地铤而走险，行政监管应有的威慑大打折扣。如何有效展开和实施威慑，值得进一步思考。

食品安全监管应当被视为系统工程来对待，既要严厉处罚，又要建立多元主体参与且长远的合规机制。就监管机关而言，既要通过正式的监管措施促进企业合规，还要通过一系列非正式方式，包括建议、说服以及协商等激励遵从。这种做法与威慑模式相对应，被称为合规模式，即监管机关要持续教育、规劝被监管者，要求他们遵从法律。这一模式一改被监管者的被动地位，以监管激励提升企业的回应性。各国监管机关往往会因势利导，采取不同的模式，进而提升监管效能。现阶段，监管机关应借助大数据、人工智能等数字化手段分类、分级对食品企业进行动态监管，对有“前科”且多次被要求整改的企业，要加大检查频次，利用信用惩戒等方式提升合规率。国家市场监管总局发布的《关于推进企业信用风险分类管理进一步提升监管效能的意见》，为今后建立以信用为基础的新型监管机制指明了发展路径。而就企业合规而言，“有效的合规计划及其实施的程度被认为是衡量一个企业是否应受惩罚的合理标准”。要展开自我监管的策略，以行政监管为契机，逐步淘汰不规范、不安全、不卫生的生产方式，转而研发、采用科学、可检测的生产经营方式。

当前，如何将行政监管的压力真正转化为企业建立合规计划的内在动力，亟待解决。对此，应当以行政监管与企业合规共同推进为策略，强调多种监管方式的运用、发挥多元主体的作用（如第三方合规机构），使监管和合规持续互动，以合规为目标，以风险防控弥补行政处罚的不足，方能化解前述行政监管有限性的问题，全面激励企业遵从法律、强化企业的责任观念。

食品安全监管是一项长期而艰巨的任务，每天都有大量的食品上市供应，食品与环境、农业耕作、生产工艺等相关联，潜在风险随时存在。对于食品安全事件，不能仅仅采取行政处罚的监管方式，还要从社会共治的视角，探讨政府、企业等主体各自的责任，从监管与合规良性互动出发，进一步创新监管理念、监管方式，堵塞漏洞、补齐短板，推进食品安全领域国家治理体系和治理能力现代化。

流量造假的“罪与罚”

孙占利*

流量一般是指用户对网站或网站上的产品、服务的访问数量，通常包括独立用户数量、总用户数量、浏览网页的总数量、每个用户或特定群体用户浏览网页的数量、用户在网站或网页的停留时间等。流量在一定程度上能够反映产品或服务的市场影响力、用户规模及发展潜力，是数字经济行业评价的重要标准。一些亏损的互联网企业能够上市甚至受到投资者的追捧，表面上看是因为其有庞大的用户群，但用户群可能并不活跃，投资者真正看重的是流量。

正因如此，在“注意力经济”时代，流量蕴含着巨大的商业利益，对流量的争夺已经成为市场竞争的重要场域。公平的竞争是受到法律保护的，也能得到市场的认可和欢迎。然而，一些市场主体在利益驱使下，通过不正当的手段制造虚假流量，一些“大V”的“粉丝”动辄数千万，微博浏览、转发量轻松破亿，直播间好评如潮……巨大的商业利益和“产业需求”甚至催生了一个完整的黑色产业链，其手段也已经不再满足于组织水军账号等传统方式进行刷量增粉，而是利用智能机器人实施规模化的自动评论、点赞、转发等流量造假行为。

流量造假貌似与他人无关，甚或无害于社会，然而，事实并非如此。信任是社会连接的基本纽带，也直接影响交易成本的高低。流量造假无疑破坏了对流量的信任，必然扭曲商业道德、损坏社会诚信和扰乱舆论生态。而且，流量造假也会引发“劣币驱逐良币”效应，使竞争者面临要么跟随造假要么可能被市场淘汰的二难选择，以致合法的质量、价格、服务竞争屈从于非法的虚假流量竞争，损害了市场主体追求规范发展与创新发展的动力，进而严重影响数字

* 孙占利——广东财经大学法学院教授，智慧法治研究中心主任。

经济的健康发展。

法治是治国理政的基本方式，公平正义是法治的首要价值追求。流量造假已经在法律上被明确认定为非法行为，其违法性体现在有违诚实信用原则，危害公序良俗，破坏公平的市场竞争秩序，甚至可能侵犯消费者的知情权。首先，流量造假背离了《民法典》中的诚实信用原则，《民法典》还明确规定，“违背公序良俗的民事法律行为无效”，公序良俗就包括市场公平竞争。其次，《反不正当竞争法》规定经营者不得利用技术手段，通过影响用户选择或者其他方式，实施妨碍、破坏其他经营者合法提供的网络产品或者服务正常运行的行为。最后，由于虚假流量使消费者对交易的产品或服务存在错误认识和基于错误认识做出了不符合其预期的交易行为，也侵犯了《消费者权益保护法》确立的消费者知情权。

这些法律规定为其他市场主体和消费者维护其合法权益提供了必要的法律依据，但对流量造假的治理并非局限于被侵权方的民事维权和民事司法的被动处理，行政执法部门也高度重视流量造假的执法治理。然而，由于流量造假具有技术性、虚拟性、隐蔽性及手法不断翻新的特点，且该黑色产业链绑定了诸多利益群体，查处难度较大。为此，我国不但制定了《互联网信息服务算法推荐管理规定》《网络信息内容生态治理规定》等新的立法，而且在执法实践中致力于强化协同治理和监管机制，不断完善多元共治新格局。

流量造假不仅涉及民事违法和行政违法，还可能涉嫌构成犯罪。换言之，违法者不仅要承担民事责任和行政责任，构成犯罪的还要承担刑事责任。民事责任主要是停止侵权和赔偿损失，需要讨论的是对流量造假产业链中的流量造假服务或设备买卖合同判定无效后的财产处理问题，有的法院判决因该合同取得的财产予以返还，有的法院则判决予以追缴，虑及不应变相肯定流量造假者的非法行为，判决收缴是较适宜的做法。关于行政责任，行政执法部门可以依法对违法者采取警示整改、限制功能、暂停更新、关闭账号、没收违法所得、罚款、责令关闭停业等处置或处罚措施。至于刑事责任，一些流量造假者已经被判决构成合同诈骗罪或提供侵入、非法控制计算机信息系统程序、工具罪等犯罪，因星援 APP 程序而被认定为构成提供侵入计算机信息系统程序罪的蔡某一案就是其中的典型案例，蔡某被判处有期徒刑 5 年、罚金人民币 10 万元及没收违法所得约 625 万元[1]。

---

1 王建、蔡丽：《星援 App 违法所得超 625 万，95 后开发者一审获刑五年》，载新浪科技网，https：//finance. sina. com. cn/tech/2021 – 03 – 10/doc – ikkntiak7213752. shtml，最后访问于 2022 年 8 月 3 日。

“节目主创”著作权认定之难

陈胜蓝*

《谭谈交通》是成都电视台于2005年推出的一档交通警示类节目，由时任成都公安局交警的谭某担任主持人，以路边采访教育的形式出镜普法。该节目因谭某诙谐幽默却又富有启示的主持风格而深入人心，并在各类短视频平台上广泛传播。2022年7月，《谭谈交通》节目下架了。下架事件引发了舆论的广泛关注，不但公众无法在社交平台上观看《谭谈交通》，连《谭谈交通》的节目主创谭某也被控侵权。该事件颠覆了大众关于节目主创人员天然拥有作品著作权的普遍认知，或将成为我国新《著作权法》实施后具有里程碑意义的典型案例。

公众几乎是一边倒地支持谭某，对于“篡夺”其劳动成果的某电视台及其授权维权行为极度不满。然而从专业角度看，这一事件所涉法律关系之复杂程度已超出公众的认知范围，就连法律专家们也是见仁见智，难以达成共识。

最大的争议点在于《谭谈交通》的作品类型划分。一般情况下，作品的作者是著作权人，但是在特殊作品中，作者与著作权人却不是同一主体，比如视听作品。《著作权法》第17条第2款规定，视听作品的著作权归属由当事人约定；没有约定或者约定不明确的，由制作者享有。什么是视听作品，《著作权法》并未明确规定。根据《视听作品国际注册条约》第2条，视听作品应为“一系列相关的固定图像组成，带有或不带伴音，能够被看到的，并且带有伴音时，能够被听到的任何作品”。如果把《谭谈交通》认定为视听作品，那么，其著作权在没有约定的情况下，应由制作者享有。

从目前披露的细节看，《谭谈交通》是成都市公安局与成都电视台联合推出

* 陈胜蓝——暨南大学法学院、知识产权学院副教授，主要研究领域：民商法、知识产权法。

的交通安全宣教节目，由交警支队民警谭某出镜主持，电视台摄制人员跟随拍摄并进行后期制作。因此，该作品的制作者应认定为成都市公安局与成都电视台，或是如最新关联案件的法院判决所示，单独由成都电视台享有。也就是说，谭某不享有该作品的著作权。

显然，这样的结论与公众的朴素认知及预期是存在一定差距的。一个真正对节目做出核心贡献的主创人员，一个使节目变成“网红作品”的灵魂人物，竟然不能获得著作权，并且有可能因为使用节目而承担巨额赔偿，这让很多人想不通。

那么，问题的症结在哪里呢？2020 年修订《著作权法》时，立法对电视剧、电影之外的视听作品著作权的规定，与实践产生了偏差。对于电影、电视剧作品，将其著作权授予制作者（实际即投资人），以促进电视、电影的生产与传播，公众能够接受并理解。然而，随着视频平台等新业态产业的业务不断发展、平台体验不断完善，网民只需制作方团队提供“拍摄”或“平台”服务，便可自编自导自演完成一个视听作品，“人人都能成为博主”，“人人皆可为导演”。在这样的短视频时代，针对电视剧、电影之外的视听作品，如果法律规定在当事人没有约定的情形下，把作品的著作权授予实际贡献较少的制作方，显然不符合公平原则。正因如此，各方专家才从不同角度对《谭谈交通》案件开出了解药良方。有专家建议不将该节目认定视听作品范畴；有专家建议将其认定为职务作品。这些观点都蕴含了创作者的收益应与其贡献相当的基本价值理念。在当前汹涌的舆论背景下，相信和解才是多方共赢的最佳选择。

对于广大乐于拍摄视频短片的公众而言，此次事件无疑是法律警钟的又一次敲响。在当前的立法背景下，具有独创性的短视频将大概率被认定为视听作品。在将短视频付诸商业合作时，一定要事先约定作品著作权的归属，以预防未知的法律风险。

在线民事庭前会议规则建构路径的思考

——以“倡导民事庭前会议全面在线化”为主旨

段铸舫*

完善以庭审为中心的民事诉讼制度改革系民事司法领域改革的重要组成部分。一段时期以来，关于在线民事诉讼的理论研究较多涉及理论观念，较少涉及规则建构；关于在线民事诉讼的实务探索较多涉及庭审程序，较少涉及庭前会议。作为审前准备程序的核心环节，庭前会议与庭审中心主义在动因上具有同向性，充分的审前准备是落实庭审中心主义的应有之义。在线民事庭前会议的规则建构理应受到关注，具有研究价值。文中所称的“庭审”“庭前会议”“在线庭审”“在线庭前会议”等全部概念均限于民事审判领域。

一、在线庭前会议规则建构的现状与困惑

2018年以来，最高人民法院制定了关于互联网法院在线诉讼规则的司法解释，各互联网法院、国内部分法院制定了一系列关于在线诉讼规则的规范性文件。文本梳理了在线庭前会议规则存在的必要性、应否独立化及内容。

（一）在线庭前会议规则存在的必要性

《民事诉讼法》第136条及《最高人民法院关于适用〈中华人民共和国民事诉讼法〉的解释》第225条对民事庭前会议制度及其功能作出了规定。实务中，在线庭前会议规则是否具有存在必要似乎并无定论。检视现有文本，《最高人民法院关于互联网法院审理案件若干问题的规定》虽涉及在线庭前会议规则，但

---

* 段铸舫——西南政法大学法学院博士研究生，主要研究方向：民商法。

仅作“庭前准备一般应当在线上完成”的笼统表述，全文无涉及在线庭前会议规则的具体内容。样本法院中，《杭州互联网法院诉讼规则汇编》（以下简称《杭州互联网法院规则》）[1]、《关于广州互联网法院案件管辖的规定》（以下简称《广州互联网法院规定》）[2]按前述最高法院司法解释，对在线庭前会议规则作了细化规定；《浙江法院网上诉讼指南（试行）》（以下简称《浙江法院指南》）[3]、《重庆市高级人民法院关于在线庭审工作的规则（试行）》（以下简称《重庆法院规则》）[4]、《宁波移动微法院诉讼规程（试行）》（以下简称《宁波法院规程》）[5]对在线庭前会议规则作了具体规定；尚有《北京互联网法院电子诉讼庭审规范（试行）》（以下简称《北京互联网法院规范》）[6]、《四川微法院网上立案操作指南》（以下简称《四川法院指南》）[7]暂未涉及在线庭前会议规则。

（二）在线庭前会议规则应否独立化

关于在线庭前会议规则应否独立化，样本法院的制度文本存在分歧或者语焉不详。《杭州互联网法院规则》明确在线庭前会议规则独立于在线庭审规则，其独立性主要表现在具体形式不同，在线庭前会议可择视频、语音、图文任一种，在线庭审仅能通过视频进行。《广州互联网法院规定》《重庆法院规则》明确在线庭前会议规则不具有独立性，应适用在线庭审规则。除此以外，其他样本法院的制度文本尚未涉及此问题。

（三）在线庭前会议规则内容

一是适用位阶。适用位阶包括两重含义，一为是否要求法官优先采用在线

1　参见《杭州互联网法院诉讼规则汇编》，载搜狐网，https：//www. sohu. com/a/166401104_549249，最后访问于2022年8月10日。

2　参见《关于广州互联网法院案件管辖的规定》，载广东法院网，https：//www. gdcourts. gov. cn/index. php？v = show&cid = 245&id = 55532，最后访问于2022年8月14日。

3　参见《浙江法院网上诉讼指南（试行）》，载浙江法院网，https：//www. zjcourt. cn/art/2020/10/22/art_474_22278. html，最后访问于2022年8月17日。

4　参见《重庆市高级人民法院发布关于规范在线庭审活动的工作规则（试行）》，载重庆法院网，http：//cqgy. cqfygzfw. gov. cn/article/detail/2020/03/id/4852619. shtml，最后访问于2022年8月17日。

5　参见《宁波市中级人民法院关于印发〈宁波移动微法院诉讼规程（试行）〉的通知》，载宁波法院网站，http：//www. nbcourt. gov. cn/art/2018/4/17/art_3430_73873. html，最后访问于2022年8月19日。

6　参见《北京互联网法院发布电子诉讼庭审规范》，载北京互联网法院网站，https：//www. bjinternetcourt. gov. cn/cac/zw/1582274924940. html，最后访问于2022年8月22日。

7　参见《四川微法院网上立案操作手册》，载成都法院网，http：//cdfy. scssfw. gov. cn/article/detail/2020/01/id/4784654. shtml，最后访问于2022年8月29日。

方式，二为是否倡导当事人优先选择在线方式。有研究认为“技术工具的有用性并不等同于其正当性，高科技给传统司法价值制造了威胁”[8]。实践探索则倾向于认为在线庭前会议并未减损正义价值，其在适用位阶上具有优先性。样本法院制度文本已规定在线庭前会议规则的，除《重庆法院规则》未涉及此问题，《浙江法院指南》《宁波法院规程》有“积极引导当事人使用”的表述，实为要求法官优先采用，并倡导当事人优先选择，表明在线方式在适用位阶上全面优先。《最高人民法院关于互联网法院审理案件若干问题的规定》所作“庭前准备一般应当在线上完成”的表述，表明法官应优先采用在线方式，亦含有倡导当事人选择在线方式之意。

二是适用范围。在线庭前会议应全面适用还是部分适用，样本法院认识不一。以互联网法院为例，《杭州互联网法院规则》明确限定为该院诉讼平台（网上审理涉网纠纷的专门平台）受理的特定类型互联网民事案件，而非该院所管辖的全部案件。按照《最高人民法院关于互联网法院审理案件若干问题的规定》第2条之规定，本属其管辖的互联网域名权属、侵权及合同纠纷等就不在其中。《广州互联网法院规定》对适用案件范围则未作限制。国内部分法院的文件中，《浙江法院指南》规定的适用范围最广，即全部民商事案件均可适用，《宁波法院规程》规定除涉国家秘密、商业秘密、个人隐私的案件，所有民商事案件均可适用，“重庆法院规则”采用列举加排除方式明确了适用范围。

三是具体方式。技术层面为在线庭前会议的开展供给了视频、语音及图文多种方式。样本法院的制度文本对具体方式的选择存在分歧。《杭州互联网法院规则》规定可择视频、语音、图文任一种，《宁波法院规程》规定“以图片、音频、文字等非视频形式组织”，《广州互联网法院规定》《重庆法院规则》规定需采用视频方式。至于在线庭前会议应采用同步方式组织完成，还是可扩展至异步方式，样本法院的制度文本均未涉及。

四是会议内容。在线庭前会议的内容可否超越《民事诉讼法》及相关司法解释之规定，实务中尚无定论。《宁波法院规程》严格遵循《最高人民法院关于适用〈中华人民共和国民事诉讼法〉的解释》第225条所规定的庭前会议内容，主要包括明确诉讼请求、答辩意见，依申请调查取证、证据保全，证据交换，归纳争议焦点，调解。按《杭州互联网法院规则》，在线庭前会议内容包括证据交换、固定无争议事实、确定争议焦点、调解，“固定无争议事实”在一定程度上超越了前述司法解释之规定。

五是秩序要求。在线庭前会议应否遵循秩序要求或应当遵循何种秩序要求，

8　谢承儒：《民事庭前会议制度的完善》，广西大学2019年硕士学位论文，第54页。

实践中存在分歧。因《广州互联网法院规定》《重庆法院规则》明确在线庭前会议适用在线庭审的规则，故其秩序要求与在线庭审要求一致。其他样本法院则未作规定，对此应作何理解，是否这类法院认为在线庭前会议无须秩序约束，抑或可参照适用在线庭审秩序规定。

六是会议主持人。关于线下庭前会议的主持人，理论和实务一直存在争议。理论上有观点认为，庭前会议主持者应为审理案件的法官，尤其是证据与争点整理、主持调解等实体性审理活动应由法官主持[9]。2012 年，深圳市南山区人民法院制定的《民商事案件审判流程管理规则（试行)》规定，庭前会议由司法辅助人员主持。2015 年，沈阳市中级人民法院制定《关于民事案件庭前会议（争点整理）的操作规程（试行)》明确，法官或法官助理均可主持庭前会议，但法官助理不得主持重大疑难复杂案件的庭前会议。此种争议顺理成章地延续至在线庭前会议，《浙江法院指南》规定需由法官主持，《宁波法院规程》明确法官主持庭前会议，法官助理可在法官指导下参与，何谓“参与”，是否等同于“主持”，该文件未作解释。

七是平台开放性。《最高人民法院关于互联网法院审理案件若干问题的规定》已作规定，互联网法院诉讼平台具有开放性，电子商务平台等涉案数据可有序接入。作为样本法院的国内其他法院，其文件均未涉及此问题。需思考平台开放性是否为互联网法院的先行先试举措，后期可否向全国推广。

二、在线庭前会议较线下庭前会议的优势分析

在线诉讼规则建构并非无章可循，而是要以线下程序为参照，立足诉讼法理，衡量在线程序较线下程序的优势，决定应否对其倡导鼓励或审慎限制。此应为诉讼程序线上再造之限度和边界的研究范式。

（一）得以承继在线诉讼固有的低成本优势

在线诉讼具有成本优势，在线庭前会议也概莫能外。人民法院可省却部分线下诉讼必需的工作步骤、人力投入，如不必进行安全检查，避免人员聚集所带来的风险防范成本；诉讼参与者可远程在线参与诉讼程序，免去奔波法院之累。此为诸多在线诉讼程序所共同具备的低成本优势。

2019 年，《最高人民法院关于民事诉讼证据的若干规定》所作的修订虽未涉及此问题，但“为保证人民法院正确认定案件事实”之表述应为前述之延续。现行庭前会议制度对事实和证据的提出缺乏“刚性约束”，使其欠缺争点固定的

9　韦晓一：《刑事庭前会议主持人模式比较与分析》，载《河南社会科学》2016 年第 6 期。

效力[10]。从这个意义上看，通过线下方式组织庭前会议，存在成本与收益不匹配的问题，在一定程度上导致了庭前会议制度虚置。我国审理方式从“审前+庭审”的两阶段外观变为数次庭审的不间断审理。在现行法律及司法解释框架下，以在线方式组织庭前会议，可降低成本，破解成本与收益错位之症结，在一定程度上消解庭前会议制度虚置的问题。此为线上庭前会议较其他在线诉讼程序独有的低成本优势。

（二）具有高效率优势

效率系单位时间内完成的工作量。在通常语境下，审判效率与审理周期息息相关，缩短审理周期则意味着单位时间可审理更多案件。在线诉讼较传统线下诉讼无疑具有效率优势，可缩短案件审理周期。这一优势及于在线庭前会议，尤其在受案数量高居不下、法官工作饱和度日趋严峻的背景下，人民法院既可依托在线方式更好统筹法官与各方当事人的时间安排，缩短庭前会议的完成时限，还可避免因线下方式难以实现时间统筹而放弃庭前会议安排，导致庭审时间拉长或多次进行对诉讼效率的影响。

三、在线庭前会议的规则的原则构建与内容

（一）在线庭前会议规则的原则构建

在辨析在线庭前会议的比较优势和比较劣势的基础上，可对规则建构的主要原则作如下阐释。

1. 在线诉讼规则需规定在线庭前会议规则

现代民事诉讼程序结构的重要特征之一，即以开庭审理为中心。一旦强调以开庭审理为中心，即面临如何为开庭审理作准备的问题。如此便证立审前准备程序的存在必要性，而在现行法律和司法解释框架下，无论民事庭前会议存有何种待完善之处，其业已成为审前准备程序核心之一。更为重要的是，在线庭前会议较线下庭前会议具有比较优势，且无比较劣势，故在线庭前会议规则的存在必要性毋庸置疑。在线诉讼规则需对在线庭前会议规则作专门规定。

2. 在线庭前会议规则需独立于在线庭审规则

庭前会议的灵活性、简便性与开庭审理的复杂性、昂贵性存在本质区别，决定了与之对应的线下规则应当二元化。如庭前会议一般无须公开进行、无须

---

10 秦鹏、易凌波：《民事电子准备程序的构建》，载《西南民族大学学报（人文社会科学版）》2021年第12期。

组织辩论等，庭审则应公开进行，并应贯彻辩论原则等，此为审前准备程序与庭审程序之二阶化构造。虽然在线规则并非线下规则的简单复制，但在线诉讼的本质仍为诉讼，线下诉讼法律关系主体之间的法律交往方式形塑了其线上法律交往方式，因此在线庭前会议与在线庭审规则同样应当二元化。由此，在线庭前会议规则应当具有独立性，一般不应全面适用在线庭审规则。

3. “倡导民事庭前会议全面在线化”为规则主旨

在线诉讼较传统线下诉讼的比较优势及于在线庭前会议，比较劣势无涉在线庭前会议，在线化还得以消解了线下庭前会议之固有难题。从价值哲学的视角看，此系作为客体的在线庭前会议，更好地满足了作为主体的人民法院、当事人、其他诉讼参与者之需要。因此，倡导全面以在线方式进行庭前会议应为规则主旨。“倡导”意为优先适用，“全面”意为适用边界不作限制。

（二）在线庭前会议规则的内容

围绕在线庭前会议规则的存在必要性、独立性及倡导全面在线化之主旨，对其规则内容作如下阐释。

1. 适用范围和适用位阶

（1）适用范围：除涉国家秘密、商业秘密、个人隐私的案件外，均可适用。前文论及，在线庭前会议并未因直接言词原则、法庭仪式感等程序保障要求受到减损，故其适用范围一般无须法官进行个案衡量。考虑到信息技术在助力司法公开的同时，也加剧了信息泄露的风险，如被非法截取、录制、传播等，涉国家秘密、商业秘密、个人隐私案件依法不应公开审理，其诉讼程序保密性和安全性应受到特别保护，故此类案件的庭前会议不宜在线完成。

（2）适用位阶：在线方式优位于线下方式。前文论及，在线方式组织庭前会议不仅未受到功能减损，且带来了价值增益，故在线方式宜优位于线下方式。优位包括两重含义，法官不仅应优先采用在线方式组织庭前会议，还应积极引导当事人选择在线方式进行庭前会议，对具有在线诉讼意愿，但在线诉讼能力不足的当事人应作必要辅导和协助。

2. 当事人选择权

（1）一般当事人有选择权。倡导和鼓励当事人选择在线方式进行庭前会议，仍应遵循“审判权—诉权”之分析范式，尊重和保障当事人的程序选择权。对自然人、个体工商户、合伙企业等一般当事人而言，选择在线方式不应成为一种诉讼义务，而应以当事人自愿为前提。

（2）特定主体无选择权。国家机关、银行保险等金融机构、互联网从业企业等特定主体，具有较强的互联网应用能力，在网络强国战略背景下，其还应当负有推动在线诉讼发展之责任，应明确其具有选择在线方式进行庭前会议之义务，即应强制适用在线方式。

（3）有选择权的当事人应达成合意。在线诉讼的启动，以单方选择抑或合意选择为前提不能一概而论。一方当事人与法院之间具有传递性质的诉讼行为，如起诉、受理、送达等通过单方选择即可启动。而当事人在人民法院主持下进行双向交互的诉讼行为则需合意选择方能启动。立足庭前会议之争点归纳功能，当事人双向交互确有必要，在线庭前会议启动需双方当事人达成合意。

3. 会议内容和具体形式

（1）会议内容遵循《民事诉讼法》及司法解释之规定。在线庭前会议之规则建构高度依赖其功能定位，其功能定位的规范依据来自法律和司法解释之规定。故在线庭前会议之内容不得超越《民事诉讼法》及司法解释之规定，若有所超越，涉及有关庭审的内容，应当适用在线庭审之规则，涉及其他诉讼程序的内容，应当适用其他在线诉讼程序之规则。

（2）具体形式可择同步视频、语音、图文中的一种。按照《最高人民法院关于适用〈中华人民共和国民事诉讼法〉的解释》第225条所作规定，民事庭前会议的主要功能为证据交换、争点整理和调解，不能询问证人，组织辩论，法官也无须形成最终心证。从这个意义上看，虽视频方式有利于法官观察双方表情神态、肢体语言，有利于形成初步心证，但非为必需，语音或图文方式即可满足制度功能所需。以效益价值考量，图文、语音、视频具有位阶性，图文位阶最高，语音次之，视频最低。当事人选择的具体方式不同的，以位阶高者即效益价值高者为准。

至于是否可采用异步方式进行在线庭前会议，建议采取审慎态度。2018年4月，杭州互联网法院首推异步审理模式，该院将其定义为法官与原告、被告等诉讼参与人在规定期限内按照各自方便的时间登陆平台，以非同步、非面对面的方式完成诉讼的审理模式。此种审理方式极大地改变了当事人的临场参与感，挑战了通常意义上的对席原则。互联网法院的诉讼规则之主旨应为“涉网案件网上审理”，若由其他法院审理一般民事案件作全面承继，短期内恐冲击诉讼法理、妨碍程序正义。汉语语义中，“会议”本就指涉对席。根据《民事诉讼法》及相关司法解释的规定，民事庭前会议不仅为组织证据交换和调解，还为归纳争议焦点所设，其间虽无须组织辩论，但仍需贯彻对席原则以听取并整备争点。意即贯彻双方审寻主义，在诉讼审理中，平等地赋予双方当事人陈述其主张机会之原则，也被称为当事人对等原则或武器对等原则。庭前会议主持者需引导原告提出明确诉讼请求，通过追问以厘清模糊处，还需引导被告针对原告请求进行回应，明确表示承认、否认或提出抗辩，形成有效交锋。故庭前会议虽可在线进行，但仍宜采用同步方式组织完成。

4. 会议主持人

在全面推进司法体制改革的过程中，作为司法体制改革重要环节的司法人事体制改革也应当充分考虑与诉讼制度改革的契合，通盘考虑，整体布局。考虑到在线庭前会议的高度便利性（可使用图文方式进行），及破解线下庭前会议制度虚置之优势，未来一段时期，在线庭前会议适用率可能面临大幅增长。若由员额法官作为会议主持者，恐不堪重负；加之法官助理制度所承载的审判辅助与法官后备的双重功能定位，由其担任在线庭前会议主持人确有必要。庭前会议主持者与庭前会议所涉事项的决定权行使者宜遵循审判权与审判辅助权划分之基本范式，当事人调查取证、委托鉴定等申请应否被允许，在我国民事诉讼由职权主义转向当事人主义的背景下，因需审查该申请与待决案件的关联等，应慎重对待，交由法官决定。

5. 秩序规范

庭前会议的低仪式保障诉求并不意味着其无须秩序约束。从功能等价的视角看，在线庭前会议与线下庭前会议具有同等法效果。在线庭前会议同样需维护司法权威和礼仪。当事人恣意扰乱庭前会议秩序的，可等同按违反线下庭前会议秩序处理。视频方式进行时，需有场所、着装要求，语音方式进行时，需所处环境无噪声干扰。

6. 在线平台开放性与固定场所设施建设

（1）在线平台开放性逐步由互联网法院推广至全国法院。虽然互联网法院暂未被确立为专门法院，但其具有管辖范围专门化和审理模式在线化之“二元”属性。在“网上案件网上审理”的主旨下，理应开放诉讼平台，接入电子商务平台等涉案数据。这一主旨不适用于非互联网法院，但基于庭前会议“倡导全面在线化”的主旨，围绕庭审中心主义，理应开放诉讼平台，接入包括但不限于电子商务平台等各类涉案数据，以契合庭前会议的审前准备功能。

（2）增设在线诉讼固定场所和设施供当事人就近自主选用。面对在线诉讼与线下诉讼并行的大背景，若让择线下诉讼的一方适应择在线诉讼的一方，可能导致双方机会不均等。在线诉讼具有公共产品属性，理应为社会公众提供均等服务。既以倡导庭前会议全面在线化为规则主旨，在各级法院诉讼服务中心增设固定场所和设施，确保硬件条件、在线诉讼能力受限之当事人得以就近参与，平等享受信息技术带来的诉讼便利确有必要，亦契合司法“接近正义”之面向。

我国法律应如何界定国家安全

谢 宇 高 远*

我国现行法律对国家安全的界定可以分为直接界定模式、反向列举模式以及未明确界定模式，现有界定模式在落实总体国家安全观、实现国家安全法制统一、促进执法部门依法维护国家安全方面仍存在一定不足。为了顺应总体国家安全观带来的深刻变革，我国法律界定国家安全应当采取“1+1+X”的模式，即在《国家安全法》对国家安全进行概括式界定，以及《刑法》进行反向列举的基础上，适时加强各个具体领域国家安全的法律界定。

近年来，随着我国对国家安全法治建设需求日益迫切，越来越多的法律在不同领域建立起了国家安全审查制度以及对危害国家安全行为的禁止与惩罚制度。从我国当前的立法实践来看，国家安全不仅是一个政治概念，更是一个重要的法律概念，该概念目前已构成数据安全审查制度、外商投资安全审查制度、生物安全制度、进出口商品检验制度等重要法律制度的基础概念，[1]并相应地成为判断相关国家机关职权职责范围的重要依据。因此，要推进国家安全法治，完善各个领域国家安全法律制度，保障国家机关充分正确行使职权，不得不解决一个重要的法治难题，即我国法律应当如何界定国家安全。为了尝试解决这一难题，本文将依次探讨以下问题：我国现行法律是如何界定国家安全的；现有界定方式是否能够满足实践需求；如果现有界定方式不能满足实践需求，又

---

* 谢宇——广东外语外贸大学区域法治研究院讲师、云山青年学者，主要研究领域：宪法学与行政法学。高远——山东政法学院硕士研究生，主要研究方向：法理学。

1 例如，《数据安全法》规定，“国家建立数据安全审查制度，对影响或者可能影响国家安全的数据处理活动进行国家安全审查”，意图通过数据安全审查制度以维护数据领域的国家安全。《外商投资法》规定，“国家建立外商投资安全审查制度，对影响或者可能影响国家安全的外商投资进行安全审查”，意图通过外商投资安全审查制度以维护经济、政治等领域的国家安全。

应当如何完善我国法律对国家安全的界定。

一、我国现行法律对国家安全的界定

尽管国家安全已经成为我国法律体系中一个重要的法律概念，但从现有的立法实践来看，2015 年以前，我国法律并未对国家安全进行明确界定。[2] 直到 2015 年，《国家安全法》才首次以法律的形式对国家安全进行直接界定。即使如此，到目前为止，我国在法律层面也仅有 2015 年《国家安全法》对国家安全进行了概括式界定，《生物安全法》《数据安全法》对生物安全、数据安全等国家安全的个别具体领域进行了专门界定，以及《刑法》对危害国家安全罪行进行了列举。除此之外，其他法律鲜有对国家安全的界定。具体而言，我国现行法律对国家安全的界定主要可以归纳为以下三种模式：

（一）直接界定模式

到目前为止，我国仅《国家安全法》《生物安全法》《数据安全法》对国家安全进行了直接界定，根据其界定的方式不同，又可以分为对国家安全的概括式界定和对国家安全某一具体领域的专门界定。

1. 对国家安全的概括式界定。目前仅《国家安全法》采取了这种模式，该模式的核心内容是对总体国家安全观下 16 个具体领域国家安全[3] 的最大公约数进行概括。《国家安全法》第 2 条规定，“国家安全是指国家政权、主权、统一和领土完整、人民福祉、经济社会可持续发展和国家其他重大利益相对处于没有危险和不受内外威胁的状态，以及保障持续安全状态的能力”，将国家安全同时界定为一种“状态”和“能力”。该规定将总体国家安全观下国家安全的最大公约数概括为两点：（1）国家安全所要保护的本质内容是“国家重大利益”，这种“国家重大利益”具体可以体现为国家政权、主权、统一和领土完整、人民福祉、经济社会可持续发展和国家其他重大利益；（2）国家安全保障所要达到的标准，既是一种状态，又是一种能力，即上述国家重大利益“相对处于没有危险和不受内外威胁的状态”，以及“保障持续安全状态的能力”。尽管《国家安全法》的这种界定远不意味着我国现行法律对国家安全的界定已经充分，

---

2 参见肖君拥、谭伟民：《〈国家安全法〉中的“国家安全”概念》，载《河南警察学院学报》2019 年第 6 期。

3 总体国家安全观涵盖了政治安全、国土安全、军事安全、经济安全、文化安全、社会安全、科技安全、网络安全、生态安全、资源安全、核安全、海外利益安全、生物安全、太空安全、极地安全、深海安全 16 个领域的国家安全。

但该规定为我们认识国家安全提供了重要的法律依据，体现了总体国家安全观下的立法进步。

2. 对国家安全某一具体领域的专门界定。2020 年以来，我国法律开始在《国家安全法》的基础上，对某些具体领域的国家安全进行专门界定，以使法律对国家安全的界定更为精细化，这种尝试主要体现在《生物安全法》和《数据安全法》之中。2020 年制定的《生物安全法》首次对生物安全进行了界定，规定“本法所称生物安全，是指国家有效防范和应对危险生物因子及相关因素威胁，生物技术能够稳定健康发展，人民生命健康和生态系统相对处于没有危险和不受威胁的状态，生物领域具备维护国家安全和持续发展的能力”。该法不仅以法律的形式对国家安全中的生物安全进行了界定，还进一步指出了涉及的活动包括防控重大新发突发传染病、动植物疫情，生物技术研究、开发与应用，病原微生物实验室生物安全管理，人类遗传资源与生物资源安全管理等。从当前的立法实践来看，《生物安全法》是目前对国家安全某一具体领域界定最为详细和明确的法律，反映了我国法律在界定国家安全上的重要进步。随后，2021 年《数据安全法》也对数据安全进行了界定，该法规定：“数据安全，是指通过采取必要措施，确保数据处于有效保护和合法利用的状态，以及具备保障持续安全状态的能力。”尽管《数据安全法》并未像《生物安全法》一样对数据安全相关活动进行明确列举，但通过法律直接界定数据安全同样反映了国家安全法治的进步。

（二）反向列举模式

除了《国家安全法》《数据安全法》《生物安全法》，还有个别法律采取了反向列举模式，即不直接界定国家安全，但对“危害国家安全”的具体情形进行明确列举，最主要的体现是《刑法》和《香港特别行政区维护国家安全法》中关于危害国家安全罪行的规定。

《刑法》分则第一章专章规定了“危害国家安全罪”，但并未对“国家安全”进行界定，[4]而是对构成“危害国家安全”的犯罪进行了明确列举，并对危害国家安全罪各个罪名的具体内涵进行了界定，具体罪名包括背叛国家罪，分裂国家罪，武装叛乱、暴乱罪，颠覆国家政权罪，煽动颠覆国家政府罪，资助危害国家安全犯罪活动罪，投敌叛变罪，叛逃罪，间谍罪，为境外窃取、刺探、收买、非法提供国家秘密、情报罪，资敌罪等。与《刑法》类似的法律是《香港特别行政区维护国家安全法》，该法作为维护国家安全的专门法律也未对

4 参见马章民、张琛：《危害国家安全犯罪及立法完善》，载《河北法学》2014 年第 11 期。

"国家安全"的内涵进行界定，[5]但是其第三章"罪行和处罚"专章明确了危害国家安全的具体罪行，包括分裂国家罪、颠覆国家政权罪、恐怖活动罪、勾结外国或者境外势力危害国家安全罪。

与直接界定模式不同，这种反向列举模式的目标本身就不在于对国家安全进行全面界定，而是侧重于界定危害国家安全的犯罪行为，其适用范围较为局限性，主要被用于刑事法领域，而无意也无法为界定国家安全的内涵提供明确指引。具体原因在于：（1）从功能来看，《刑法》的主要任务是规定犯罪与刑罚，其关于国家安全的规定主要涉及构成犯罪的行为，而对未构成犯罪的其他危害国家安全的行为则并无规定，范围较小。这一点从《刑法》与《反间谍法》关于"间谍罪"和"间谍行为"界定的不同就能看出。《刑法》规定的间谍罪主要限于参加间谍组织或者接受间谍组织及其代理人的任务，以及为敌人指示轰击目标。而《反间谍法》第38条规定的间谍行为的范围则远大于《刑法》的规定。[6]（2）从内容来看，《刑法》和《香港特别行政区维护国家安全法》对于危害国家安全罪行的规定有所不同。例如，《刑法》并未将"组织、领导、参加恐怖组织罪""帮助恐怖活动罪""准备实施恐怖活动罪"纳入危害国家安全罪，而是作为"危害公共安全罪"，《香港特别行政区国家安全法》中，却将恐怖活动罪明确作为危害国家安全的罪行。

（三）未明确界定模式

除了上述两种模式，多数涉及国家安全的法律虽然将国家安全作为一项重要法律概念以及国家机关行使职权的重要标准，但既未直接界定国家安全，也未对危害国家安全的具体情形进行列举。在这种模式下，立法实际上在许多国家安全领域留下了法律空白。根据是否有明确的被授权主体，还可以细分为两种具体的模式：

1. 立法未明确界定国家安全，但授权特定主体予以界定。例如，《进出口商品检验法》第4条规定："进出口商品检验应当根据……维护国家安全的原则，由国家商检部门制定、调整必须实施检验的进出口商品目录（以下简称目录）并公

5　参见饶戈平：《香港特别行政区维护国家安全法：学习与解读》，载《港澳研究》2020年第3期。

6　《反间谍法》第38条规定的间谍活动包括：间谍组织及其代理人实施或者指使、资助他人实施，或者境内外机构、组织、个人与其相勾结实施的危害中华人民共和国国家安全的活动；参加间谍组织或者接受间谍组织及其代理人的任务的；间谍组织及其代理人以外的其他境外机构、组织、个人实施或者指使、资助他人实施，或者境内机构、组织、个人与其相勾结实施的窃取、刺探、收买或者非法提供国家秘密或者情报，或者策动、引诱、收买国家工作人员叛变的活动；为敌人指示攻击目标的；其他间谍活动。

布实施。”根据该规定，制定和调整必须实施检验的进出口商品目录的依据之一即“维护国家安全”，但对于什么是国家安全该法律并未进行明确规定，实际上赋予了国家商检部门判断什么是进出口商品检验领域国家安全的职权。与此类似，《出口管制法》第10条规定：“根据维护国家安全和利益、履行防扩散等国际义务的需要，经国务院批准，或者经国务院、中央军事委员会批准，国家出口管制管理部门会同有关部门可以禁止相关管制物项的出口，或者禁止相关管制物项向特定目的国家和地区、特定组织和个人出口。”该法同样未对国家安全进行界定，但实际上赋予了国务院、中央军事委员会等特定主体判断国家安全的职权。除此之外，《出口管制法》《网络安全法》《密码法》《测绘法》《对外贸易法》《档案法》《出境入境管理法》《企业国有资产法》《突发事件应对法》《护照法》《海域使用管理法》等法律均属此类情况。

2. 立法既未规定国家安全，也未授权其他国家机关予以界定。例如，《外商投资法》第35条第1款规定：“国家建立外商投资安全审查制度，对影响或者可能影响国家安全的外商投资进行安全审查。”该法规定了外商投资安全审查制度，但既未规定什么是国家安全，也未授权特定主体来界定国家安全。《海南自由贸易港法》《种子法》等分别建立起了海南自贸区外商投资安全审查制度、种业国家安全审查机制等国家安全审查制度，同样既未规定什么是国家安全，也未规定或授权谁来界定国家安全。除此之外，《政府采购法》《统计法》《科学技术进步法》《反垄断法》《行政许可法》《招标投标法》《公司法》《慈善法》等法律均属此类情况。

二、我国现行法律对国家安全界定存在的问题

如上文所述，仅《国家安全法》明确了各个领域国家安全的最大公约数，《刑法》等刑事法律则主要限于对危害国家安全罪行的列举，除《生物安全法》《数据安全法》对国家安全具体领域进行了专门界定外，其他具体领域的国家安全则并未得到法律的界定，使得许多具体领域的国家安全界定尚存在空白，这种情况将给理论和实践带来一系列的问题。

（一）无法顺应总体国家安全观对国家安全法治带来的深刻变化

习近平总书记指出，“当前我国国家安全内涵和外延比历史上任何时候都要丰富，时空领域比历史上任何时候都要宽广，内外因素比历史上任何时候都要复杂，必须坚持总体国家安全观”。[7]在总体国家安全观提出之前，《国家安全

7 《习近平谈治国理政》（第一卷），外文出版社2018年版，第200页。

法》对国家安全内涵的界定局限于传统国家安全，主要涉及的领域包括阴谋颠覆政府、分裂国家、推翻社会主义制度的行为，参加间谍组织或者接受间谍组织及其代理人的任务的行为等。然而，总体国家安全观极大地扩展了国家安全的内涵，既重视传统安全，又重视非传统安全，所要构建的是“集政治安全、国土安全、军事安全、经济安全、文化安全、社会安全、科技安全、信息安全、生态安全、资源安全、核安全等于一体的国家安全体系”。[8]

由于总体国家安全观对国家安全的理解更为系统、全面和精细，对国家安全领域进行了扩展，这就决定了国家安全的内涵也更为广阔和复杂，[9]传统的仅仅对国家安全进行概括式界定的方式已经不能满足法治实践的需要，也难以为各机关维护国家安全提供有效的指引。在对国家安全进行概括式界定的基础上，还需要对政治安全、国土安全、军事安全、经济安全、文化安全等各个领域的国家安全进行更为精细的专门界定。然而，目前只有《生物安全法》《数据安全法》直接回应了这种立法需求，其他领域的立法则尚未及时反映总体国家安全观带来的这种立法需求。

（二）不利于国家安全法制统一

由于《国家安全法》主要是明确各个具体领域国家安全的最大公约数，而除生物安全、数据安全等个别领域外，多数具体领域国家安全并未得到法律界定，导致这些领域国家安全的界定在法律层面缺乏统一的规范基础，只能留待地方立法、行政立法进行具体界定，进而容易导致不同地方立法、行政立法之间的冲突。以地方立法为例，地方对国家安全立法具有较强的需求，实践中，很多地方都专门制定了维护国家安全的地方性法规，例如《河南省国家安全技术保卫条例》《山东省国家安全技术保卫条例》，还有部分地方制定了地方政府规章，如《重庆市实施国家安全法规定》《天津市实施〈中华人民共和国国家安全法〉规定》等，上述规范几乎都赋予了地方国家机关基于国家安全进行执法的权力，因此，如何界定国家安全对于上述机关执法就变得至关重要。在总体国家安全观之下，国家安全的领域被扩展为16个领域，如果国家立法缺乏相对统一和基础的界定，那么，地方立法之间实现统一的难度更大。除了上述问题，如果地方立法和行政立法对国家安全作出不合理的界定，不仅会破坏国家安全法治，还可能会给公民权利保障带来负面影响，因此，需要及时地监督和

8　《习近平谈治国理政》（第一卷），外文出版社2018年版，第201页。

9　参见周叶中、庞远福：《论国家安全法：模式、体系与原则》，载《四川师范大学学报（社会科学版）》2016年第3期。

纠正。然而，由于多数国家安全领域法律界定的缺失，这种监督和纠正也缺乏明确的法律依据，将会给中央监督和纠正地方立法和行政立法带来困难。

（三）不利于执法部门依法维护国家安全

在总体国家安全观所涉及的16个领域，只有《生物安全法》对生物安全进行了明确界定，以及《数据安全法》对数据安全的界定涉及网络安全等内容，其他领域的国家安全界定则存在法律空白。这些尚未被国家法律细化的诸多安全领域，同样需要被纳入国家安全保障的体系，但由于文化安全、科技安全、生态安全等诸多领域缺乏统一的认定标准，在这些新型国家安全领域要判断哪些行为符合国家安全、哪些行为不符合国家安全并非易事，实践中，执法部门在确定上述领域国家安全内涵和外延时基本只能依靠自身判断，由于缺乏统一标准，就容易出现两种错误的倾向：一种是部分执法部门可能超越职权，对未危害国家安全的行为进行限制；另一种是部分执法部门可能怠于行使职权，使原本危害国家安全的行为未被依法查处。这两种错误倾向都会导致总体国家安全观将难以被完全贯彻落实。

三、我国法律界定国家安全的模式选择

在总体国家安全观之下，对国家安全进行更为精细的界定，不仅是落实总体国家安全观的必然要求，也是保障国家安全法治，促进执法机关依法维护国家安全的必然要求。为了解决上述问题，笔者认为，我国法律应当选择“1+1+X”的模式界定国家安全。

（一）“1+1+X”模式的基本内涵

所谓“1+1+X”模式并非否定原有的国家安全界定模式，而是在现有界定模式的基础上进行完善。其中“1+1”仍是对原有国家安全界定模式的延续，主要表现为：（1）一部《国家安全法》对国家安全进行概括式界定。尽管总体国家安全观使国家安全的内涵变得更加广阔，导致对国家安全的界定需要更加精细化，但是法律仍然有必要对国家安全进行基础性和概括式的界定，以明确各个领域国家安全的最大公约数。这种界定不仅对各个具体领域的国家安全界定都具有指导意义，而且当对具体领域的国家安全界定存在缺漏时，《国家安全法》的概括式界定可以成为一种兜底规定。（2）一部《刑法》基于罪刑法定原则，对危害国家安全的罪行进行列举。由于刑事法领域具有特殊性，基于罪刑

法定原则，法无明文规定不为罪，法无明文规定不处罚，[10]对于涉及国家安全的犯罪行为，仅依靠对国家安全的概括式界定难以满足定罪量刑的需要，有必要由《刑法》进行更为明确的列举。

所谓“X”是指若干部具体领域的国家安全法对本领域的国家安全进行专门界定。正如上文所述，总体国家安全观包括了“政治安全、国土安全、军事安全、经济安全、文化安全、社会安全、科技安全、网络安全、生态安全、资源安全、核安全、海外利益安全、生物安全、太空安全、极地安全、深海安全”16个具体领域，《国家安全法》对国家安全的界定只是给出了各个领域国家安全的最大公约数。在落实总体国家安全观过程中，法律需要对各个领域的国家安全分别进行界定。目前，仅《生物安全法》和《数据安全法》已在本领域作出了有益的尝试，分别对生物安全和数据安全进行了界定。未来“X”应当扩展至总体国家安全观之下的所有国家安全领域。同时，需要指出的是，其他具体领域的国家安全立法当然不是一蹴而就的，在界定方式上也是多元的。

（二）各个领域国家安全界定的具体方式

在对国家安全各个领域进行具体界定时，每部立法也可以采取不同的方式。目前来看，界定具体领域国家安全的方式主要包括：

1. 明确界定本领域国家安全的具体内涵，同时对具体情形进行列举。这种界定方式最为明确，也最便于执法机关理解和执行，《生物安全法》即采取了这种界定方式。《生物安全法》规定：“本法所称生物安全，是指国家有效防范和应对危险生物因子及相关因素威胁，生物技术能够稳定健康发展，人民生命健康和生态系统相对处于没有危险和不受威胁的状态，生物领域具备维护国家安全和持续发展的能力。”同时明确列举了生物安全活动，包括防控重大新发突发传染病、动植物疫情，生物技术研究、开发与应用，病原微生物实验室生物安全管理，人类遗传资源与生物资源安全管理，防范外来物种入侵与保护生物多样性，应对微生物耐药、防范生物恐怖袭击与防御生物武器威胁这7种具体类型，使人们对生物安全的理解相较于其他领域，更为明确，也更具有可操作性。

2. 明确界定本领域国家安全的具体内涵，同时授权特定主体进一步细化。在这种界定方式中，首先由全国人大或其常委会通过立法对本领域国家安全给出明确界定，同时通过立法授权特定国家机关进行具体细化，如授权国务院制定行政法规或相关主管机关制定部门规章。这种方式对本领域涉及国家安全活

10 参见陈兴良：《罪刑法定主义的逻辑展开》，载《法制与社会发展》2013年第3期；陈兴良：《罪刑法定的价值内容和司法适用》，载《人民检察》2018年第21期。

动的具体情形不进行列举，无法做到像《生物安全法》那样明确，但是，通过立法明确授权特定主体（如国务院或国务院主管机关）的方式，可以对有权界定本领域国家安全的主体进行限定，由国务院等行政机关制定行政法规或部门规章，为执法提供更为明确的界定，以避免其他机关随意理解和认定国家安全。《数据安全法》就是采用了这种模式，该法在第 3 条对数据安全进行了明确界定，同时，在第 17 条规定："国务院标准化行政主管部门和国务院有关部门根据各自的职责，组织制定并适时修订有关……数据安全相关标准。"这种做法虽然不似第一种方式那样明确，但是也有利于实现国家安全法治的统一，能够为行政机关执行国家安全法律提供相对统一的执法标准，同时具有更强的灵活性。

3. 明确列举具体情形。在国家安全法治实践中，由于主客观因素的限制，暂时难以对某些新型领域的国家安全进行十分明确的界定，但这并不意味着国家立法机关无法进行立法，以至必须将界定国家安全的权力完全留待行政机关或地方立法机关行使。相反，国家立法机关通过列举涉及本领域国家安全的具体活动，或者危害国家安全的具体活动的方式，同样能够通过立法为国家安全的界定提供一定的依据。这种做法虽然不像前两者做法那么明确，但国家立法仍然发挥了重要的作用，有利于国家安全法制的统一，同时有利于执法机关正确认定国家安全的范围，不至于超越职权或怠于执法。

结语

国家安全在任何国家都是最为根本和重要的价值之一，维护国家安全对任何国家而言都十分重要。在全面依法治国的时代背景下，国家安全法治化必然要求将全面依法治国重要理念与总体国家安全观有机结合，[11] 并将其体现在国家立法实践之中。通过完善我国法律对国家安全的界定方式，不仅有利于落实总体国家安全观，还有利于维护国家安全法制的统一，[12] 并为执法机关提供充分和明确的法律依据。目前，我国《生物安全法》《数据安全法》已经开始逐渐尝试新的界定方式，其他领域的国家安全立法也应当重视并完善。当然，对国家安全的全面理解本身需要一个过程，国家安全法治建设非一朝一夕，相关立法工作应当稳步推进，而非一蹴而就。

11　参见莫纪宏：《用法治保障总体国家安全观的贯彻落实》，载《人民法治》2016 年第 8 期。

12　参见吴庆荣：《法律上国家安全概念探析》，载《中国法学》2006 年第 4 期。

著作权默示许可在司法实践中的适用标准与原则分析

尹卫民*

著作权默示许可在英美法系司法实践中产生和发展，属于特殊的授权许可，其适用标准一直在变化。总体而言，其适用门槛逐渐降低。我国司法实践中，对著作权默示许可的适用越来越频繁，但并未形成统一的标准。为了保障各个私主体利益以及公共利益的实现，适用著作权默示许可应遵循基本的原则。适用著作权默示许可应遵循诚实信用原则以实现各个私主体之间诚信相待，遵循利益平衡原则以实现私主体利益与公共利益之平衡，遵循效益原则以实现著作权默示许可制度效益最大化。

一、著作权默示许可的缘起及其适用标准变化

（一）著作权默示许可的缘起

默示许可发端于合同法，随后英国司法机关将该原则运用于专利产品销售以及专利产品的平行进口案件之中，此后英国司法机关又将默示许可运用于著作权领域。在 British Leyland Motor Co. v. Armstrong Patents Co. Ltd 案中，被告 Armstrong 没有获得授权制造由原告 British Leyland 设计和制造的名为 Marina 的汽车排气管备用件。由于原告对自己设计和制造 Marina 汽车排气管备用件并未取得专利权，因此，原告认为被告侵犯了其著作权。上议院审理此案之后认为，

---

* 尹卫民——广东技术师范大学法学与知识产权学院讲师，广州市人文社会科学重点研究基地广东技术师范大学广州知识产权研究与服务中心研究员，主要研究领域：知识产权法。本文为广东省哲学社会科学规划 2020 年度一般项目“著作权默示许可立法问题研究”（GD20CFX13）的阶段性成果、广州市人文社会科学重点研究基地广东技术师范大学广州知识产权研究与服务中心研究成果。

被告在生产Marina汽车排气管备用件时并未侵犯原告的著作权。原因在于被告仅以间接方式复制了原告的设计图纸，而Marina汽车用户有权以最经济和最方便的方式保养和维护所购汽车，被告所生产的汽车排气管既然能够适用于汽车用户的车辆，汽车用户当然可以购买被告的产品。[1]上议院在审理该案时运用了默示许可原理，原告将Marina汽车售予他人，表明原告以默示的方式允许汽车用户可以适当的方式维护和保养所购汽车，即使该汽车包含原告的著作权。

著作权默示许可在美国司法中产生和演进的历程与之在英国的情形一样。典型案件是Effects Associates. Inc. v. Cohen案。一部名为“The Stuff”的恐怖电影由被告Cohen制作，被告聘请了原告Effects Associates特效公司为电影制作特效镜头。由于被告对原告制作的特效镜头并不满意，因此只向原告支付了一半酬金。原告向被告主张剩余酬金，但被拒绝。而后被告在其电影中使用了该作品。原告认为被告的使用行为侵犯了其著作权，遂起诉至法院。[2]法官认为，原告在被告的邀请之下创作作品并交付被告，原告的交付行为表明原告同意被告复制且发行。如果原告将作品向被告交付时并未授权被告在电影中使用，则表明原告并没有对电影做出有价值的贡献，而该假设与被告向原告支付将近56000美元的酬金且原告接受了该酬金的事实不符。因此，法官认为原告以默示许可的方式允许被告将作品添加至电影之中。该判决得到了上诉法院的确认，从而确立了该判决的判例指导地位。[3]

虽然著作权默示许可在美国司法领域已有适用，但其适用范围非常有限。直至Field v. Google. Inc.案件的出现，该许可的适用范围得以拓宽。该案原告Field自建了一个网站，并将其创作的51部作品上传至网站。2004年，Field以Google公司为被告向法院起诉，认为Google公司擅自将其网站中的作品下载并存储于公司的数据库且允许网络用户读取这些作品的行为侵犯了其著作权，要求Google公司承担侵权责任。[4]在该案发生之前，Google公司采取了相应措施，建立“选择—退出”（Opt-Out）机制，在该机制下网站可以拒绝Google的搜索。Field也知道Google公司的“选择—退出”机制，但未采取任何措施以避免或者拒绝其网站页面被Google搜索。法官认为，Field明知Google公司的“选择—退出”机制，但未采取相应措施以避免或者拒绝Google公司搜索其网站。因此，Field的行为表明自己以默示的方式许可Google公司搜索其网站。法院认定Google公司的搜索、下载以及储存等一系列行为并不构成侵权。

---

1 See British Leyland Motor Co. v. Armstrong Patents Co. Ltd UKHL 7 (1986).

2 See Effects Associates. Inc. v. Cohen, 908 F. 2d555 (1990).

3 参见郭威著:《版权默示许可制度研究》，中国法制出版社2014年版，第83页。

4 See Field v. Google. Inc., 412 F. Supp. 2d 1106 (2006).

（二）著作权默示许可适用标准的变化

默示许可在著作权法领域适用的过程中，其适用标准一直在变化，该变化则体现于前述判例之中。在 British Leyland Motor Co. v. Armstrong Patents Co. Ltd 案中，上议院认为，既然原告已将 Marina 汽车售予他人，则其出售行为表明原告已同意汽车用户以适当的方式保养和维修所购汽车，即使该汽车包含原告的著作权。而在 Effects Associates. Inc. v. Cohen 案中，法官适用默示许可引发了美国法官的思考。美国部分法官认为应满足三个条件才能适用默示许可：首先，作者根据使用者的要求创作了作品；其次，作者向使用者交付了作品；最后，作者具有让使用者复制发行其作品的意愿。另一些法官则认为适用著作权默示许可应当考虑三个因素：第一，作者与使用者的关系是暂时性交易还是长期合作；第二，作者是否使用了书面协议；第三，作者创作作品及向使用者交付作品的行为是否表明在缺乏作者参与或不存在作者许可的情形下使用者仍可以使用其作品。[5]

随着默示许可在数字作品领域的适用，其适用标准进一步发生了变化。在 Field v. Google. Inc. 案中，法院在审理该案时适用著作权默示许可的标准之一为作品作者明知使用者在使用其作品。同时，Field 针对 Google 公司搜索引擎的搜索行为，并未采取 Google 公司的“选择—退出”机制，即作者许可使用者使用其作品的意思表示以沉默的方式作出，此为法院在审理该案时适用著作权默示许可的标准之二。

从英、美两国早期的司法案例以及美国法院所提出适用著作权默示许可的条件或因素之中，我们可以发现这些司法案例或条件、因素具有一个共同特点，即使用者都是通过作者的特定行为推定作者许可使用者使用其作品。以美国法官提出的条件说和因素说为例，前者以作者创作了作品并向使用者交付其作品为条件而推定作者同意使用者使用其作品；后者亦表明作者向使用者交付作品的行为是使用者推定作者同意应当考虑的因素。因此，在著作权默示许可适用之初，判定作者是否同意使用者使用其作品的必备要素是作者是否向使用者交付了作品。而在 Field v. Google. Inc. 案中，法官对著作权默示许可的适用确立了两个标准。相较于法官先前提出的条件或因素，法官在该案中降低了著作权默示许可的适用门槛，只要作者知晓他人使用其作品，同时作者对使用行为保持沉默即可推定作者同意他人使用其作品，使用者将免予承担侵权责任。

---

5 参见张今、陈倩婷：《论著作权默示许可使用的立法实践》，载《法学杂志》2012 年第 2 期。

二、著作权默示许可在我国司法中的典型运用

著作权默示许可在我国《著作权法》及相关条例中初见端倪，而在我国司法实践中也得以运用。法院在相关案件中适用著作权默示许可进行裁判，其中有的案件已成典范。

（一）高某诉徐州市泉山区城管局等著作权权属、侵权纠纷案

原告高某发现其浮雕作品被用于美化市容，但未经其许可。被告徐州市泉山区城管局和云龙区城管局在使用原告作品时擅自删除作者署名，作品粗制滥造，未支付任何报酬。原告认为被告的行为侵犯了自身的著作权，遂诉至法院，要求二被告承担侵权责任，第三人江苏建筑学院与被告共同承担赔偿责任。

法院认为，涉案浮雕设计图构成著作权法意义上的作品，原告在构图及集字过程中做出了具有独创性的工作，系涉案作品著作权人。原告由他人介绍加入设计团队，第三人对原告的加入是明知的。原告加入设计团队之后，可以视之同意将其作品的复制权、展览权等经济性权利许可第三人和二被告使用，但作品中的著作人身权不可让渡。即使二被告、第三人根据委托设计合同向原告足额给付了设计报酬，也不代表二被告可以任意的方式使用浮雕设计作品而不经原告同意，因为原告未明示放弃署名权、修改权等权利。经对比原告的设计图与二被告实际施工完成的浮雕照片，二被告在施工中对浮雕设计图做了超出正常范围的增删及改变，多幅浮雕省略了相关背景人物或者减少了背景人物数量。有的浮雕删除了大部分文字说明内容，有的改变了主题名称，有的浮雕人物造型、神态变更较大。二被告在浮雕作品施工中将“集字作品”中“高某集字”署名删除，且将本应作为原告个人作品的浮雕设计作品对外宣传为他人作品，侵犯了原告的署名权。二被告与第三人根据默示许可合同使用浮雕设计作品时超出了正常许可范围，其行为存在过错，从而使当事人之间的关系从设计合同关系转化为侵权关系。[6] 该判决为一审判决，根据笔者掌握的材料，被告并未提出上诉。因此，可以认为被告也认可法院所认定的事实。

著作人身权具有人身属性，发表权、修改权等著作人身权不能转让和继承。但是著作权人自己行使或者许可他人行使著作财产权时，往往伴随著作人身权的行使。以发表权为例，无论是作者本人还是他人将创作好的作品进行复制、发行、展览或者表演等，即意味着该作品公之于众，属于著作权法意义上的发表。可以说，著作人身权的行使与著作财产权密切相关。但是并不能因此而否

6 参见徐州市中级人民法院（2013）徐知民初字第 0421 号判决书。

认著作人身权的本质属性，他人应当在尊重著作权人的著作人身权的前提下行使著作权人的著作财产权。对于著作权默示许可这一特殊的授权许可，立法以及司法机关应当严格控制被许可人的行为。他人可以通过著作权默示许可行使著作权人的著作财产权，而著作人身权不应属于授权权项范围。此限制符合著作人身权的固有属性。

（二）张某诉北工大出版社等著作权侵权纠纷案

原告张某系涉案图书《新编办公室事务综合文书写作大全》的著作权人，原告认为，北工大出版社未经其授权，擅自出版发行涉案图书，当当公司销售涉案图书，均侵犯了原告对涉案图书享有的著作权，因此诉至法院，要求北工大出版社与当当公司承担停止侵权、损害赔偿、赔礼道歉的民事责任。北工大出版社认为，原告主动将涉案图书稿件提供给该社，系原告同意涉案图书的出版，本案并非侵权纠纷。原告不仅交付书稿，还参与了图书排版等工作，只是因为后来原告不签署协议，北工大出版社才未向其支付稿酬，但并不影响双方合同关系的成立。

法院认为该案的焦点问题之一是北工大出版社出版发行的涉案图书是否侵害了原告的著作权。经法院审理查明，北工大出版社与原告长期就图书出版进行合作，双方合作的方式为“包销”。北工大出版社印刷、出版涉案图书获得了原告的默示许可，原告与北工大出版社之间成立图书出版合同关系，因此原告主张北工大出版社出版涉案图书构成著作权侵权并不成立。经法院释明后，原告仍坚持选择以侵权责任的请求权基础提起诉讼，鉴于法院审理民事案件不得超出当事人的诉讼请求范围，在原告主张的著作权侵权不成立的前提下，法院驳回了原告主张北工大出版社、当当公司承担侵权责任的诉讼请求。[7]原告不服一审判决，上诉至二审，二审法院维持原判。

著作权默示许可的讨论语境应当与网络时代创作的草根化、传播平台的公共化、作品使用方式的多元化这一时代背景相契合；此外，必须严格设计著作权默示许可的适用条件，避免他人利用著作权默示许可架空著作权人的权利。[8]著作权默示许可可以作为裁判依据，但是其适用必须具备相应条件。该制度不能适用于所有的著作权纠纷，否则相关主体的权利将无端受到侵害。前述案例表明著作权默示许可已经走向我国著作权司法领域，司法机关也较准确地把握

---

7 参见北京市朝阳区人民法院（2017）京0105民初37337号民事判决书。

8 参见李宗辉：《论著作权的绝对权性质、交易安全保护与默示许可——兼评方正宝洁字体侵权案二审判决》，载《电子知识产权》2012年第10期。

了著作权默示许可的适用空间。在适用该理论的同时，司法机关应当严格把握其适用原则，在促进作品利用、流通和传播的同时，保障著作权人的权利不被侵害。

三、适用著作权默示许可应遵循的原则

如前文所述，著作权默示许可的适用标准一直在变化，尤其出现数字作品后，其适用标准也随之发生变化。与此同时，网络著作权侵权纠纷越发频繁，法院以著作权默示许可为裁判依据的空间增大。因此，有必要对著作权默示许可的适用作出相应规范。笔者认为，著作权默示许可的适用应遵循诚实信用原则、利益平衡原则以及效益原则，从而保障著作权人、作品传播者以及作品使用者的利益，最终实现公共利益和社会福祉的增长。

（一）诚实信用原则

诚实信用原则起源于罗马法，[9] 其初衷在于规制经济与诉讼活动中主观及客观上存有恶意之人。此原则得到了各国立法的认可和确立。《法国民法典》第 1134 条规定，依法成立的契约，对于缔结契约的人，有相当于法律之效力。缔约之人应善意履行之。[10] 该条是有关契约效果的一般规定，该条明确债务人应当善意履行债务，从契约关系的角度确立了诚实信用原则。《德国民法典》第 242 条规定，债务人负有依诚实及信用并考虑交易习惯为给付之义务。[11] 相较于《法国民法典》第 1134 条，《德国民法典》第 242 条将诚实信用原则的适用覆盖了整个债法领域，而非仅限于契约关系。我国《民法典》第 7 条亦是有关诚实信用原则的规定。徐国栋教授将诚实信用分为主观诚信与客观诚信，笔者以此为准，将著作权默示许可所涉诚信分为著作权默示许可中的主观诚信与著作权默示许可中的客观诚信加以分析。

1. 著作权默示许可中的主观诚信

主观诚信是指毋害他人的内心状态，可以为不知，也可以是错误。[12] 主观诚信主要具有如下特点：它是行为人对其行为在法律或道德上的确信，这种确信

9 参见徐国栋著：《民法基本原则解释——诚信原则的历史、实务、法理研究》，北京大学出版社 2013 年版，第 89 页。

10 参见罗结珍译：《法国民法典》，北京大学出版社 2010 年版，第 303 页。

11 参见台湾大学法律学院、台大法学基金会编译：《德国民法典》，北京大学出版社 2017 年版，第 230 页。

12 参见徐国栋著：《民法基本原则解释——诚信原则的历史、实务、法理研究》，北京大学出版社 2013 年版，第 84 页。

诚实且合理，行为人构建这种确信时已尽合理注意义务且不存在故意和过失。[13]由主观诚信的概念及其特征可知，主观诚信关注的是行为人的内心如何。在主观诚信中，行为人的心理处于不知或者确信自己并没有侵害他人的权利这一状态。

由于著作权默示许可是一种特殊的授权许可，因此在授权许可的过程中也体现了当事人的主观诚信。于使用者而言，著作权人的沉默或者其特定行为使作品使用者确信著作权人允许使用其作品。而这种确信是基于著作权人的沉默或者其特定行为，而非其他因素。与此同时，使用者在形成这种确信的过程中并不存在过失。基于此，使用者根据著作权人的沉默或者其特定行为而作出著作权人允许使用其作品这一判断。该判断即体现了使用者的主观诚信。除了授权许可过程体现了使用者的主观诚信之外，在作品使用过程当中亦体现了使用者的主观诚信。在使用作品过程中，使用者应当在既定的范围以确定的方式使用作品，而这种确信的形成也是主观诚信的体现。最后，无论是《著作权法》第24条第4项和第5项，还是第35条第2款，抑或《信息网络传播权保护条例》第9条等条款都含有著作权默示许可，这些条款都规定了使用者应当向著作权人支付报酬的规定。向著作权人支付报酬这一确信的形成也体现了使用者的主观诚信。

于著作权人而言，著作权人在著作权默示许可中也体现了主观诚信。他人通过著作权人的沉默或者其特定行为而认定著作权人允许使用其作品，而著作权人在允许他人使用其作品这一过程中所形成的确信即体现了其主观诚信。其原因在于著作权默示许可的适用空间及适用主体特定，著作权人在作出沉默或者特定行为之前必然对其作品的适用空间和适用人群作出选择，这一选择的过程也是著作权人就授权许可形成内心确信的过程。该确信体现了著作权人的主观诚信。虽然著作权人能够以不满报酬或者其他原因而退出著作权默示许可，但是在作品使用过程中，著作权人仍然应当恪守由其沉默或者特定行为所形成的授权许可。著作权人应当允许使用者按照既定的使用方式和范围使用作品。这种恪守协议的内心确信也体现了著作权人的主观诚信。

2. 著作权默示许可中的客观诚信

客观诚信是指毋害他人甚至有益他人的行为。[14]客观诚信主要包含以下特

---

13 Vé ase Manual Dela Puente y Lavalle , El contrato en general, El fondo para publicacion del PUC del Peru , 1996. 30. 转引自徐国栋著：《民法基本原则解释——诚信原则的历史、实务、法理研究》，北京大学出版社2013年版，第97页。

14 参见徐国栋著：《民法基本原则解释——诚信原则的历史、实务、法理研究》，北京大学出版社2013年版，第84页。

征：它属于行为人道德上的义务，该义务的目的是非必要不得损害他人合法权益，存在客观标准对行为人的行为是否道德进行评价。[15] 通过客观诚信的概念和特征可知，客观诚信关注的是行为人的外在行为，其侧重点是行为人忠实地履行了自己的义务。

首先，著作权人在以沉默或者特定行为的方式作出允诺的过程中，使用者并未实施诱导等导致著作权人作出错误意思表示的行为，完全由著作权人依据自身意志作出许可的意思表示。在此过程中使用者的行为体现了其客观诚信。其次，使用者在既定的范围内以特定的方式使用作品，亦体现了其客观诚信。以《信息网络传播权保护条例》第9条为例，网络服务提供者应当向农村地区的公众提供作品，而非向其他主体提供作品。再次，网络服务提供者所提供的作品应当限于已发表的与种植养殖、防病治病、防灾减灾等与扶助贫困有关的作品和适应基本文化需求的作品，即网络服务提供者所提供的作品不能超越扶助贫困和适应基本文化需求的范围。网络服务提供者按照《信息网络传播权保护条例》第9条的规定通过信息网络向既定的主体提供既定的作品，体现了网络服务提供者的客观诚信。最后，使用者应当向著作权人支付相应的报酬，其支付报酬的行为也体现了其客观诚信。

著作权人在著作权默示许可中也体现了其客观诚信。在授权许可的过程中，使用者通过著作权人的沉默或者其特定行为推断著作权人许可使用其作品，由于著作权人主观上已经形成了允许使用者使用其作品的确信，著作权人将此确信以沉默或者特定行为的方式表现于外部。因此，在授权许可过程中，著作权人恪守了客观诚信，以其沉默或者特定行为表示同意他人使用其作品。著作权人也可以选择退出从而终止他人对其作品的使用。但是，著作权人选择退出并不意味着在作品使用过程中，其可肆意干扰使用者使用其作品。使用者在使用著作权人作品的过程中，著作权人应当认同使用者的使用行为，并且不得做出干扰、阻碍等行为从而影响使用者对其作品的使用。著作权人不予干扰和阻碍之表现，表明了著作权人在使用者使用作品的过程中恪守了客观诚信。著作权人可以随时选择退出从而终止他人对其作品的使用，但是著作权人在选择退出之前应当告知使用者。其一在于尽量减少因终止使用而给使用者带来不利影响，其二使用者有充分的时间全面停止作品的使用，这也是对著作权人权利的保护。著作权人提前告知的行为也体现了其客观诚信。

---

15 Vé ase Manual Dela Puente y Lavalle , El contrato en general, El fondo para publicacion del PUC del Peru , 1996. 33. 转引自徐国栋著：《民法基本原则解释——诚信原则的历史、实务、法理研究》，北京大学出版社2013年版，第97页。

（二）利益平衡原则

早在19世纪，人们就已经注意到了知识产权法中的利益平衡原理。1875年，英国法官罗兹就知识产权的保护指出，我们应当对两个方面给予平等的对待：其一，对他人以其休闲时间为公众服务应当予以重视，不得剥夺他人劳动的价值、智慧以及劳动报酬；其二，不应忽视包括艺术在内的整个社会的进步和发展。[16]德国法学家赫克曾言，法律不仅是一个逻辑结构，而且是各种利益的平衡。著作权默示许可作为一个法律概念决定了它必然与利益相关联。著作权默示许可涉及著作权人、作品传播者、作品使用者等主体。无论是立法，还是司法，其最终的目的是实现各方主体的利益，促进各方利益实现平衡状态。

1. 著作权人与作品传播者之间的利益平衡

在著作权默示许可中，他人通过著作权人特定的行为或者沉默以推断著作权人同意使用其作品。虽然此方式具有特殊性，但是仍应肯定著作权默示许可属于授权许可。同一般的授权许可一样，著作权默示许可仍然属于著作权人实现其利益的方式。著作权人通过默示许可的方式许可期刊、出版社、网络服务提供商等传播者传播其作品。传播者的传播行为不仅帮助著作权人实现和增加了经济利益，同时也增加了作品的受众，作者的精神利益在无形之中得以增长。著作权默示许可的特殊性决定了其适用空间的特定性，同时也应当对传播者提供作品的行为是否获利作出规定。《信息网络传播权保护条例》第9条第2款规定，提供作品的网络服务提供者不得直接或者间接获得经济利益。作此规定主要是为了防止作品传播者滥用著作权默示许可损害著作权人的利益。虽然作品传播者不得直接或者间接获得经济利益，但是立法赋予传播者在特定条件下以著作权默示许可的方式传播作品的权利，于传播者而言是一种肯定，该肯定本身就属于利益上的增长。因此，在著作权默示许可之下，著作权人的经济利益与其精神利益都在一定程度上得以实现，而传播者的利益也得以增长，两者的利益处于平衡状态。

2. 著作权人与作品使用者之间的利益平衡

在著作权默示许可中，作品传播者只是著作权人与其他相关主体的媒介和平台。作品经传播者传播之后最终流向使用者，由此著作权人与作品使用者建立了相应的法律关系，二者之间也因此产生了利益关联。通过著作权默示许可，可实现作品流通和传播，著作权人的利益都得以增长。与此同时，通过著作权

16 See S Siebrasse N. A Property Rights Theory of the Limits of Copyright [J]. U. toronto lJ, 2001, 51 (1): 1-62.

默示许可而接触作品的使用者的利益也得以实现。著作权默示许可不仅可以解决“孤儿作品”、延伸性著作权集体管理等问题，更具意义的是还可解决海量网络作品授权问题。使用者以著作权默示许可的方式获得著作权人授权，不仅可以节约授权成本，还获得了使用作品的权利。一般而言，使用者使用他人作品的目的在于实现其利益。因此，著作权人与作品使用者的利益均得以实现且处于平衡状态。此外，在著作权默示许可中，当著作权人不再愿意其作品被传播或者被使用时，传播者或使用者应当停止传播或者使用。设置该机制也是为了平衡著作权人与作品的传播者和使用者之间的利益。

3. 私人利益与公共利益之间的平衡

公共利益原则是著作权法中的重要原则，著作权的公共产品属性决定了著作权法不可能回避公共利益。《著作权法》第4条规定，著作权人行使著作权，不得违反宪法和法律，不得损害公共利益。虽然著作权为私权，但是其最终目的是实现公共利益。虽然公共利益的内涵难以界定，但公共利益的主体应当是社会群体中不特定的群体成员。著作权法制度、概念的设计必然要考虑公共利益的安排，如合理使用、法定许可、著作权保护期限等制度的设计都是为了公共利益的实现。著作权默示许可实现了著作权人、作品使用者等私主体的利益；在该制度之下，公共利益也得以实现。著作权默示许可属于授权许可，因此一旦授权成功，不仅著作权人的利益得以实现，被许可人的利益也得以增长。作品的流通和传播意味着作品受众得以增加，表明更多受众能够接触到作品。受众可从中获得启发从事新的创作，也可将所学新技术用于生产、生活等。无论受众如何使用作品，都表明公共利益获得增长。因此，私人利益增长的同时，公共利益也得以实现。虽然著作权法的宗旨和最终目的是实现公共利益，但是公共利益的增长依赖于私人利益的实现。在保障公共利益的同时，应当维护著作权人等私主体的利益。私人利益与公共利益二者不得偏颇。唯有如此，两种利益才都能实现。

（三）效益原则

法律制度或概念的设计和安排在追求公平正义等价值之余，应当考虑这一法律制度或概念所产生的效益，通过效益原则以评判该制度或概念是否科学、合理。所有的法律活动包括立法和司法，都应当以效益最大化为目的。著作权默示许可亦不例外，在考虑诚实信用、利益平衡之余，应当将效益原则纳入考量体系。效益可分为社会效益和经济效益。社会效益是指生产活动产生的产品能够满足社会中所有人民日益增长的物质文化需求。经济效益则是指社会生产实践活动中的组织者和参与者的个人利益。

1. 著作权默示许可中的经济效益

著作权包含著作人身权和著作财产权两大权利，而著作权的载体是作品，因此作品也具有精神和物质两大属性。作品作为一种文化产品同样体现出应有的社会效益和经济效益。作品的精神属性和财产属性都体现出该作品应有的社会效益，作品的财产属性则体现出该作品应有的经济效益。虽然著作权默示许可适用的空间有限，但是仍然能够产生一定的经济效益。其经济效益主要体现于著作权人、作品传播者、作品使用者等私主体利益的满足。

首先，著作权人从著作权默示许可之中获益。一般而言，他人为了获得著作权的许可使用权不仅要经过著作权人的同意，也要向著作权人支付相应报酬。虽然著作权默示许可的授权方式有其特殊性，但并不意味着被许可人无须向著作权人支付报酬。在著作权默示许可之中，著作权人仍然可以从中获取经济利益。

其次，作品传播者亦可从著作权默示许可中获得相应利益。虽然《信息网络传播权保护条例》第9条规定网络服务提供者不得因向农村地区的公众提供与扶贫有关以及适应基本文化需求的作品而直接或者间接获得经济利益，但并不意味着网络服务提供者不得通过其他途径获得经济利益。立法允许网络服务提供者通过网络向农村地区传输与扶贫有关以及适应基本文化需求的作品，是对其资质和条件的认可，这种认可将为网络服务提供者带来积极和正面的效应，进而从其他方面为网络服务提供者带来经济利益。

最后，作品使用者也将从著作权默示许可中获益。作品使用者不仅能够从接触和阅读作品之中获取知识，也能够将其中的知识转化为生产力，最终产生经济效益。仍以《信息网络传播权保护条例》第9条为例，农村地区的公众获得和学习与种植养殖、防病治病、防灾减灾有关的作品之后，农牧产品的产量得以增加，其生产效率及农产品质量得以提高，最终实现财富上的增加。

2. 著作权默示许可中的社会效益

虽然著作权默示许可所涉主体包括著作权人、作品传播者、作品使用者等私主体，但是著作权默示许可的适用必将产生一定的社会效益。其根本原因在于作品的公共物品属性，该属性决定了作品不仅是私权利的载体，也是公共利益的载体。公共利益的实现意味着作品社会效益的产生。通过著作权默示许可授权成功则表明特定作品可在特定方式下流通、传播和使用，由此必将产生相应的社会效益。著作权默示许可产生的社会效益主要体现在以下三个方面。

其一，著作权默示许可作为一种授权许可，必将促进作品的流通和传播。著作权默示许可本质上属于授权许可，取决于两方面的因素。一方面是基于著作权默示许可属于双方民事法律行为且包含“选择—退出”机制，另一方面也是基于著作权法的最终目的和宗旨作出的选择。著作权法保护著作权人等主体的私权利，但是其最终目的和宗旨是公共利益的实现。作品的流通和传播增加了社会公众接触、阅读和使用作品的可能性。而作品能够丰富社会公众的精神生活，提升社会公众的精神生活品质。

其二，著作权默示许可能够满足人们的求知欲，促进科学、文学和艺术作品的推陈出新。著作权默示许可能够实现“孤儿作品”、网络作品等特定作品的流通，解决授权难的问题。以“孤儿作品”为例，相较于其他作品，“孤儿作品”是所有作品中的一小部分，但并不代表“孤儿作品”不具价值。每一部作品的价值取决于其具体内容，“孤儿作品”也不例外。通过著作权默示许可不仅可以实现“孤儿作品”的流通和传播，而且能够开拓其他作者的创作思维，为之创作新作品奠定一定的基础。

其三，在“孤儿作品”、网络作品等特定作品中，部分作品具有很强的实用性。通过著作权默示许可实现这些作品的流通和传播，实现人们对这些作品的利用，不仅可以为人们带来经济效益，也将产生一定的社会效益。此外，除了前述社会效益之外，通过著作权默示许可实现流通和传播的部分作品同样可以培养人们的道德品质，同样能够激发人们的爱国情怀和民族自豪感。

结语

著作权默示许可属于特殊的授权许可，但其适用所应遵循的原则不应存在特殊性，其适用应当遵循诚实信用原则、利益平衡原则以及效益原则。唯有如此，才能顾及各方利益，最终才能实现社会公共利益的增长。此外，在坚持前述三原则的前提下，应进一步合理构建我国著作权默示许可，从《民法典》《著作权法》以及《信息网络传播权保护条例》等法律法规对著作权默示许可作进一步安排和设计，如界定其适用条件、空间、作品类型等，保障相关主体的权利，明确相关主体的义务，促进公共利益的增长，彰显其在立法中的地位和功能。

《反不正当竞争法》“互联网专条”适用存在的问题及破解

栾　媛*

随着互联网技术和互联网产业的高速发展，日渐白热化的互联网经济加剧了行业竞争，发生在互联网领域的不正当竞争行为也随之涌现，互联网不正当纠纷日益增多。而具体法律规定的缺失，使得在法律实践中对互联网不正当竞争认定出现了《反不正当竞争法》第2条“一般条款”泛化适用的情况。为应对上述问题，2017年修订的《反不正当竞争法》增加了第12条互联网不正当竞争条款（以下简称“互联网专条”）。并且，该条款采用了“概括+列举-兜底”的立法模式，学界普遍认为此种立法模式可以使互联网不正当竞争行为依据具体条款和自由裁量相结合进行规制，填补《反不正当竞争法》面对繁杂的新型互联网不正当竞争行为规制不足的问题，纾解“一般条款”解决互联网不正当竞争行为的压力。然而，“互联网专条”施行已经三年有余，实践中却出现了“互联网专条”类型化条款闲置，过度依赖“互联网专条”兜底条款，认定互联网不正当竞争行为的法律依据和裁判规制不统一等问题。

对于上述问题的成因及解决出路，本文分析如下：现实方面的原因是互联网领域的竞争行为纷繁复杂，使得大量的互联网不正当竞争行为难以纳入现有列举的类型。法律规范层面的原因在于“互联网专条”类型化条款较为呆板而兜底条款又高度概括。同时，未树立起消费者权益保护的理念。针对上述问题，需要在确定比例原则下的利益衡量理念的基础上，明确“互联网专条”与“一般条款”的适用条件，完善“互联网专条”的概括性规定，明晰“互联网专

* 栾媛——武汉大学法学院知识产权专业2019级博士研究生，深圳市罗湖区人民法院民一庭副庭长，一级法官，主要研究领域：知识产权、民法。

条”兜底条款的构成要件，并严格按照构成要件分析具体案件，乃是解决互联网不正当竞争纠纷法律适用的根本出路。

一、“互联网专条”之解构与司法实践检视

（一）“互联网专条”之解构

1. “互联网专条”的立法目的

1993年的《反不正当竞争法》不足以调整花样翻新、层出不穷的互联网不正当竞争，实践中出现了“一般条款”泛化适用的情况。“一般条款”具有高度概括性和抽象性的特点，法律实施难以统一，不能较好地发挥对竞争行为的指引、评价和预测等作用，最终导致降低司法公信力的问题。为此，2017年新修订的《反不正当竞争法》增设“互联网专条”旨在明确竞争边界，增强可操作性，统一裁判标准。

2. “互联网专条”内容解构

从内容上看，“互联网专条”[1]包含三层次的内容：

其一，第1款属于宣示性条款，明确本条所规制的范围是互联网环境下的生产经营活动，表明网络不是法外之地。第1款所说的“应当遵守本法的各项规定”包括了本法第二章第6条至第11条关于传统类型的不正当竞争行为规制的规定、本条第2款的规定、本法第2条关于不正当竞争行为定义的规定。[2]

其二，第1款与其下属的项之间是包含与被包含的关系，主要体现在“下列”二字上。第2款主款表述构成要件有三个：一是手段上利用技术，二是方式上通过影响用户选择或其他方式，三是结果上妨碍、破坏其他经营者合法网络产品或服务正常运行。

其三，列举三种关于“妨碍、破坏其他经营者合法提供的网络产品或服务正常运行”的具体情形。列举的情形是对以往实践中的典型案例进行的提炼。最后，为挂一漏万，还规定了一项兜底条款。

---

1 《反不正当竞争法》第12条规定：“经营者利用网络从事生产经营活动，应当遵守本法的各项规定。经营者不得利用技术手段，通过影响用户选择或者其他方式，实施下列妨碍、破坏其他经营者合法提供的网络产品或者服务正常运行的行为：（一）未经其他经营者同意，在其合法提供的网络产品或者服务中，插入链接、强制进行目标跳转；（二）误导、欺骗、强迫用户修改、关闭、卸载其他经营者合法提供的网络产品或者服务；（三）恶意对其他经营者合法提供的网络产品或者服务实施不兼容；（四）其他妨碍、破坏其他经营者合法提供的网络产品或者服务正常运行的行为。”

2 王瑞贺、杨红灿主编：《中华人民共和国反不正当竞争法释义》，中国民主法制出版社2017年版，第60页。

3. “互联网专条”实现了“一般条款”的部分具象化

“一般条款”概括了不正当竞争行为的特点：一是违反自愿、平等、公平、诚实信用原则；二是违背商业道德；三是扰乱竞争秩序；四是权益受到侵害。从“互联网专条”的表述看，“强制跳转”属于违反自愿原则的范畴，“未经同意”“误导欺骗”属于违反诚信原则的范畴，“恶意不兼容”属于违反商业道德的范畴。尽管“互联网专条”在某些方面对“一般条款”进行了具体化，但是，尚未达到可以通过事实判断进行规范分析的程度，“一般条款”仍起到价值引领的作用。

（二）互联网不正当竞争司法现状检视

“大数据分析表明，2018 年至 2020 年 10 月，涉及网络不正当竞争行为的判决案件虽然仅占全部以反不正当竞争法判决案件的 3.6%，但其社会关注度高达 72%”[3]。因此，尽管现有的案例不多[4]，但仍有必要对其进行分析。

1. 法律适用

在笔者检索到的有效案例中，涉案行为适用“互联网专条”类型化条款的案件有 12 件，占比 19%，适用兜底条款的案件有 50 件，占比 81%。大部分互联网不正当竞争行为纳入“互联网专条”兜底条款规制范围。

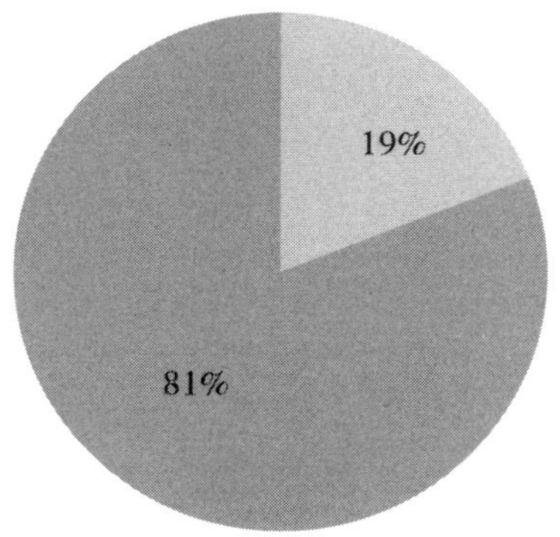

图 1　适用类型化条款与兜底条款的情况

对于互联网不正当竞争纠纷法条的适用，存在单独援引“互联网专条”或

3　徐绍史：《全国人民代表大会常务委员会执法检查组关于检查〈中华人民共和国反不正当竞争法〉实施情况的报告——2020 年 12 月 23 日在第十三届全国人民代表大会常务委员会第二十四次会议上》，载《中华人民共和国全国人民代表大会常务委员会公报》2021 年第 1 期。

4　笔者在裁判文书网上以“反不正当竞争法第 12 条”和“不正当竞争纠纷”为关键词进行检索，经过阅读，检索 2018 年至 2021 年 6 月有效案例 62 份。

者与“一般条款”并行适用两种情形，且单独适用“互联网专条”的比例高达92%。

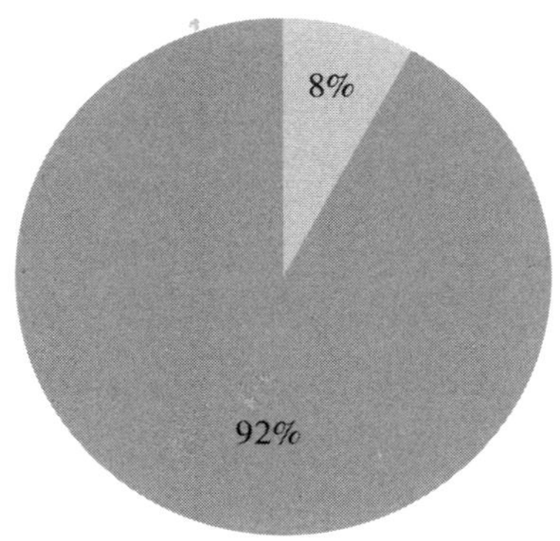

图2 单独援引兜底条款和与一般条款并用的情况

2. 胜诉率

原告胜诉（含部分改判）的案件共58件，原告胜诉率高达93.5%。

3. 竞争关系的认定

表1 竞争关系的认定情况

竞争关系的认定	案件数	百分比
存在竞争关系	54	87%
不存在竞争关系	0	0
未论述竞争关系	8	13%
合计	62	100%

由于互联网具有开放性的特点，因此，法院对竞争关系的认定均认可竞争关系的广义性。例如，在“爱奇艺诉清奇科技不正当纠纷案”[5]中，二审法院认为“反不正当竞争法的适用并未限制竞争关系的主体必须是同业竞争者或以直接、狭义的竞争关系为前提，只要具体行为损害了其他经营者包括用户、交易机会等市场资源在内的竞争利益，损害了市场竞争秩序和消费者的相关利益，即应受到反不正当竞争法的调整”。对于未论述竞争关系的判决中，被告对双方是否存在竞争关系未作为抗辩理由，笔者推测，可能有的法官认为只有当被告将“双方不存在竞争关系”作为抗辩理由时，法院才主动审查和回应。

5 北京知识产权法院（2021）京73民终710号。

4. 行为不当性的判断

行为不当性，包括主观过错和损害结果两个方面。在62份判决中，仅有12份判决书对主观过错进行阐述，占比为19%。

对于损害结果认定的路径，包括对经营者利益、竞争秩序、消费者利益、诚实信用、商业道德等方面的考察，但对具体的内容，各案例存在差异。（详见表2）

表2　损害结果的认定考量因素

案例	损害考量因素
淘宝公司与易车公司不正当竞争纠纷案[6]	经营者利益、竞争秩序、消费者利益、诚实信用、商业道德
腾讯公司与硕文公司不正当竞争纠纷案[7]	经营者利益、诚实信用、商业道德
搜狗公司与百度公司不正当竞争纠纷案[8]	经营者利益、竞争秩序
优酷公司与遨游科技公司不正当竞争纠纷案[9]	经营者利益、竞争秩序、消费者利益
腾讯公司与厦门易科技公司不正当竞争纠纷案[10]	经营者利益、诚实信用、商业道德

二、适用“互联网专条”规制存在的问题及原因

（一）存在的问题

1. 法律适用上的“主动逃逸”

根据前述法律适用的分析，适用类型化条款认定的案件仅占19%，高达81%的互联网不正当竞争纠纷适用“互联网专条”兜底条款进行认定，虽然这在一定程度上缓解了“一般条款”的压力，符合立法者之前的预期，但是，这导致类型化条款闲置，这种看似寻求具体规则条款以增强法律适用的可操作性的行为，实则是一种新的“逃逸”。

2. 行为认定上的“被动造法”

由于“互联网专条”兜底条款本身的模糊性和不确定性，使得在认定互联

6　杭州中级人民法院（2020）浙01民终8743号。

7　杭州铁路运输法院（2019）浙8601民初1661号。

8　北京市海淀区人民法院（2018）京0108民初42023号。

9　北京知识产权法院（2020）京73民终2702号。

10　广州市天河区人民法院（2019）粤0106民初38290号。

网不正当竞争案件的裁判规制并未统一，在不当行为认定上各案件迥然各异。

（1）竞争关系考量存在差异

尽管法院在论述双方是否存在竞争关系的问题上，基本都采用了广义的竞争关系。但是，从选取的案例看，并非所有的判决书中都对双方是否存在竞争关系展开论述。通常仅是被告提出与原告不存在竞争关系作为抗辩理由时，法院才主动审查和回应此问题。有学者认为，在诉讼中，竞争关系可作为确定原告资格的考量因素，但并非不正当竞争的构成要件。[11] 笔者认为，既然竞争关系是原告资格的考量因素，那么在裁判文书中仍需要对双方是否存在竞争关系进行说理，而不论被告是否对此提出抗辩。

（2）过错问题没有得到应有的关注

如前所述，仅有占比 19% 的判决书对被诉行为是否是主观明知或应知进行了论述，大多数判决绕开主观过错的论述，直接通过论述行为造成损害结果而推导出构成不正当竞争。

（3）损害的考量因素存在差异

对于损害的考量因素，包括经营者利益、经营者预期利益、消费者利益、市场竞争秩序、诚实信用、商业道德等。但是，在实践中，对于上述考量因素，各法院选取的变量不同。

3. “一般条款”和“互联网专条”适用衔接存在问题

一般情况下，有具体规则条款时，无须再适用原则性条款。但是，也有法院认为，“《反不正当竞争法》第 12 条第 2 款第 4 项应属指示类概括性规定，系对该条前三款互联网领域不正当竞争行为之外的兜底性概括条款，应满足不正当的市场竞争导致市场行为本身就具损害性的属性，故在适用该条款时要结合该法第 2 条一般条款的构成元素和判断范式进行具体认定”。[12] 甚至有的案例虽然认为被诉行为仅适用“互联网专条”兜底条款，但是，在对被诉行为进行分析时，又对被诉行为是否对竞争秩序、公共利益有所破坏以及是否有违商业道德等展开论述，而这些属于第 2 条“一般条款”的内容，已经超出了“互联网专条”兜底条款的构成要件。

（二）问题揭示

1. 类型化条款适用范围窄

“互联网专条”类型化条款是在以往典型案例中抽象出来的，类型化规定内

---

11 孔祥俊著：《反不正当竞争法新原理（原论）》，法律出版社 2019 年版，第 119 页。

12 杭州互联网法院（2020）浙 0192 民初 1329 号。

容具体，针对性强，经营者可以按图索骥，适用新技术下的新行为可避开法律禁止性规定的行为。另外，还存在与其他条款产生竞合的问题。例如：第 2 款第 2 项中的“误导、欺骗、强迫用户”的行为与第 8 条第 1 款中所述的“欺骗、误导消费者”产生竞合。上述情况导致“互联网专条”类型化条款遇冷。

2. 兜底条款缺乏实质性要素

无论是“被动造法”抑或同时援引“一般条款”增强裁判说理，根本原因在于“互联网专条”兜底条例缺乏实质性要素，适用标准不明。如前所述，“互联网专条”仅在某些方面对“一般条款”进行了具体化，但是，其程度尚未达到可以通过事实判断进行规范分析的程序，“一般条款”仍起到价值引领的作用。

3. 主观方面规定存在差异

“互联网专条”中规定的互联网不正当竞争的各类行为的主观方面规定差异较大，即有“未经其他经营者同意”，也有“误导、欺骗、强迫”，甚至还有主观性极强的表述——“恶意”。因此，便出现了法院在裁判时绕开主观过错论述的情况。笔者认为，在该条款的表述上，无论是“未经同意”，抑或是“误导”“恶意”都体现出过错，只是程度上是故意还是过失的差异。

4. 利益保护失衡

根据前面的分析发现，在互联网不正当竞争纠纷中，原告的胜诉率高达 93.5%，并且，从损害结果认定上，尽管各法院存在差异，但无疑都首先强调优先保护经营者的利益，对消费者利益存在忽视保护的问题。事实上，在互联网领域消费者本身就处于相对弱势地位，对于很多不合理交易，只能选择被动接受。而在司法认定中，消费者利益没有得到应有的重视。

三、破解之道：回归《反不正当竞争法》本源

增强“互联网专条”的确定性和适用性，发挥之前所预想的作用，需要明晰兜底的构成要件。如何合理确定构成要件，回归《反不正当竞争法》的本源——保护客体和价值导向——是破解之道。

（一）保护客体的多元化

2017 年修改的《反不正当竞争法》第 2 条第 2 款不但增加了消费者权益保护，还将“市场竞争秩序”列在了损害对象的首位，这意味着消费者利益也属于行为正当性的考量因素。并且，当市场竞争秩序、经营者利益和消费者利益发生冲突时，应首先考虑是否损害市场竞争秩序。因为只有维护竞争秩序的健康有效，才能从根本上维护经营者和消费者的合法权益，这也是市场竞争秩序

需要优先保护的根本所在。有学者提出，如果将上述按照价值轻重作出优劣排序的话，正当顺位应当是保护竞争秩序 > 保护消费者利益 > 保护经营者竞争权益。[13] 这种对维护市场竞争机制的优先保护，突出了《反不正当竞争法》在理念上更倾向于保护竞争而不是保护竞争者。

（二）行为规制法的价值判断

《反不正当竞争法》立足于规范竞争行为，其目的是遏制破坏竞争秩序或正当竞争利益的行为。因此，竞争方式和手段是否合法才是考察行为是否构成不正当竞争行为的关键，而不能简单地从权利保护的逻辑进行认定。对于互联网出现的新型不正当竞争，在适用“互联网专条”兜底条款时，应抛开原告具体权利基础的预设，适用“行为谴责式的判断模式”[14]。在具体裁判时，不能直接由损害结果推导出竞争行为的非正当性，而需要判断行为是否扰乱竞争秩序，衡量被诉行为对经营者、消费者利益的损害。

（三）比例原则下的利益衡量理念

《反不正当竞争法》规制的是竞争行为，而竞争行为不是一成不变的，是一直在变化的。特别是在数字经济时代，商业模式日新月异，市场利益也是处于动态变化的，这导致判断标准具有不确定性。《反不正当竞争法》在原则性规定上都是以自愿、公平、诚实信用、商业道德等概括性和描述性的语言来确定的。因此，在进行个案规制时，法官需要结合具体案情，对案件所涉的各方主体利益进行权衡与考量，考量互联网的特性和价值，在自由与公平之间作出平衡，用“利益权衡”的规制理念指导司法裁判行为。这是因为，“单纯的演绎推理不足以摆脱法律的缺陷，无法获得案件的可接受答案，而利益衡量依托的实质性判断则有效弥补法律漏洞”。[15]

关于利益衡量的方法，拉伦茨指出，维护利益平衡需基于价值秩序序列，在诸多冲突法益中，若存在单个法益高于其他法益的情况，则先对此法益进行保护。在位阶相同的法益存在冲突的情况下如何选择，还需要适用比例原则、最轻微侵害手段或尽可能微小限制原则。[16] 因为互联网环境下涉及多方利益主

13 于是：《〈反不正当竞争法〉一般条款适用的泛化困局与绕行破解——以重构“二维指征下的三元目叠加”标准为进路》，载《中国应用法学》2020 年第 1 期。

14 孔祥俊著：《反不正当竞争法新原理（原论）》，法律出版社 2019 年版，第 88 页。

15 张伟强：《利益衡量及理论的反思——一个经济分析的视角》，载《法学论坛》2012 年第 4 期。

16 ［德］卡尔·拉伦茨著：《法学方法论》，陈爱娥译，商务印书馆 2003 年版，第 285 页。

体，对行为正当性的判断，适用比例原则可使分析更加客观具体。[17]

四、具体路径：明晰“互联网专条”兜底条款要件并优化法条适用关系

互联网不正当竞争行为种类变化多样，行为表现也呈现出多种形态，类型化条款难以穷尽，因此，对现有“互联网专条”兜底条款进行细化，增加一些限定因素，并优化“一般条款”与“互联网专条”兜底条款的适用关系，是解决向“一般条款”逃逸和法官适用“互联网专条”被动造法问题的有效路径。

（一）明晰“互联网专条”兜底条款要件

1. 适用范围

以数字化和信息技术为依托，在互联网环境下产生的不正当竞争纠纷。

2. 适格主体

竞争关系可作为确定原告资格的考量因素。尽管在互联网商业模式下采取广义竞争关系是必要要求，但是，这并不意味着在行为认定时不考量竞争关系。竞争关系认定可以从经营范围、经营行为、竞争利益、目标用户几个维度考量。

3. 行为类型

（1）主观方面

由于不正当竞争行为的认定对过错的要求与《反不正当竞争法》保护法益的成熟程度成反比关系，《反不正当竞争法》所保护的法益边界越清晰，在侵权判定时越不存在争议，对过错的要求就越弱；反之，法益边界越模糊，对过错的要求就越强。[18]因此，应依据互联网不正当竞争行为的行为类型和侵害的法益确定过错的要求。类型化条款中所列的误导、欺骗、恶意行为，对于过错可仅作为参考因素。对于兜底条款，需要增加过错条款，并明确过错为竞争者阻碍条款的地位。

（2）行为方式

从“互联网专条”的内容来看，行为方式为“利用技术手段”，就是指利用互联网技术。行为的方式是“影响用户选择”或“其他方式”。这里所指的“用户”，是普通消费者标准，既不是相关领域的专业人士，也不是存在缺乏生

17　兰磊：《比例原则视角下的〈反不正当竞争法〉一般条款解释》，载《东方法学》2015 年第 3 期。

18　王文敏：《反不正当竞争法中过错的地位及适用》，载《法律科学（西北政法大学学报）》2021 年第 2 期。

活经验的情况，仅指具备一般生活经验的消费者。行为的结果是导致其合法提供的网络产品或服务无法正常运行。

（3）损害结果

损害结果的认定上，要逐一审查行为是否损害市场竞争秩序、消费者利益、竞争者权益因素以及是否有违诚实信用原则和商业道德。

在考察市场竞争秩序时，由于市场竞争秩序是个抽象的概念，因此，可将市场竞争秩序的要素细分为市场准入机制、市场供求机制、价格机制、信息机制、信用机制和创新机制。[19] 在具体案件中，可根据具体行为对上述某一种或几种机制的破坏来认定损害了市场竞争秩序。

考察消费者利益时，可以从用户的隐私权、知情权和自主选择权等方面是否受到侵害去考虑。并且，消费者利益是认定不正当竞争行为的独立性因素，并非从属于公共利益之下的因素。当然，在竞争法意义下对消费者利益的保护与《消费者权益保护法》所保护的个体利益不同，竞争法所保护的是一种集体利益。

考察经营者权益时，需要注意的是，法益受损不足以作为主张权利的充分依据。这是因为市场竞争的一般逻辑是优胜劣汰，有竞争就必然有损害，因此，只有当被告对于数据竞争者的数据竞争行为符合“合法权益＋行为无依据＋实质性损害”的条件时，其行为才存在被认定具有不正当性的可能。

对违反诚实信用原则和商业道德的考察，应避免“泛道德化”的认定，可以综合考虑行业规范、自律公约、行业惯例等因素的考量。无行业惯例或自律公约的，则从“诚实信用”的基本原理出发，确定竞争行为的性质。

（4）抗辩事由

若存在通过技术手段实施的行为对其他经营者造成了损害的行为，还应考虑竞争行为是否有合理的理由。例如，为维护消费者利益或者利用新技术提供新的产品或服务等。

（二）对行为认定因素考量方式

以比例原则下的利益衡量的方式对上述因素进行认定。反不正当竞争法固有的属性决定了竞争行为正当性的判断具有与生俱来的利益权衡属性。[20] 具体到互联网新型不正当纠纷案件中，在竞争行为正当性的认定，引入比例原则综

19　丁文联：《市场机制与竞争秩序——反不正当竞争新范式下的分析进路》，载中国上海司法智库，https：//mp. weixin. qq. com/s/kUMEzQZ5MtMMszlK0HqTTg，最后访问于2021年7月28日。

20　孔祥俊著：《反不正当竞争法新原理（原论）》，法律出版社2019年版，第209页。

合考虑多个法益的比重，具体适用比例原则进行判断时需要实行三个步骤，即比例原则的三个子原则：适当性原则、必要性原则和均衡性原则。以“妨碍”为例，适当性原则指损害利益的行为有助于行为人目的的实现。适当性原则以考量行为人的主观意图为准，强调目的性。必要性原则指为实现目的有多个方法，行为人应选择对利益侵害最小的方法，也就是“两害相权取其轻”。均衡性原则是指行为造成的损害不能明显超过其获得的利益。比例原则的三个子原则的适用存在逻辑顺序，只有在符合上一个子原则的条件后才能继续适用下一个子原则。

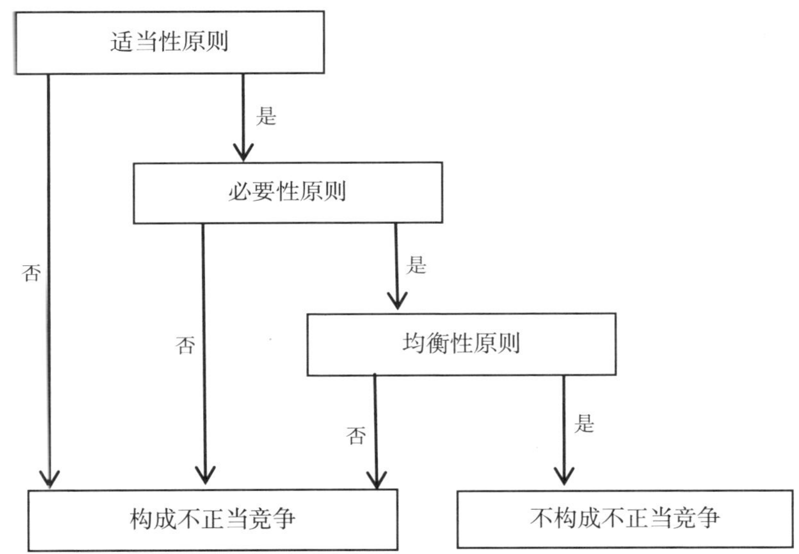

图 3　互联网不正当竞争纠纷比例原则适用示意图

（三）优化“一般条款”与“互联网专条”的适用关系

第一，明确二者的关系。“互联网专条”与“一般条款”是补充与被补充的关系，在满足一定条件的情况下，两个法条可以同时适用。

第二，明确适用顺序。坚持特殊条款优先适用的规制，在类型化条款或兜底条款足以认定行为时，可不再适用“一般条款”。

第三，明确兜底条款适用范围。“互联网专条”兜底条款仅仅是对本条款的兜底，仅适用于符合第 12 条内容所涉及的互联网不正当竞争行为才可适用第 12 条进行规制，其他类型的涉及互联网不正当竞争行为的应纳入相应的条款进行调整。例如，仿冒混淆行为、误导性宣传行为和商业诋毁行为等均可适用于互联网市场竞争领域，但是这些行为不应适用“互联网专条”兜底条款。

结语

实践中，互联网经营者之间的纠纷日益增多，在类型化难以满足纷繁复杂的不正当竞争样态的情况下，裁判者应当回归反不正当竞争法的本源，立足反不正当竞争法“三元利益叠加”和市场行为法的角度，明晰“互联网专条”兜底条款构成要件并优化“一般条款”和“互联网专条”的适用关系。对于处于新兴产业的互联网市场，采取鼓励和包容的态度，坚持效率和创新的竞争观，给市场足够的弹性和自由竞争的空间，是破解互联网不正当竞争问题的出路。

浅议刑事诉讼中案外人财产权的保护

牟治伟*

一、问题的提出

随着法治建设的推进，国家在宏观政策层面上越来越重视对公民和企业财产权的保护。对财产权的保护，已成为依法治国的重要标尺。[1]中国的市场经济是法治经济，法治经济让恒产者有恒心，让投资者有信心，让各类合法产权的所有者都安心。[2]刑事诉讼的任务不仅包括打击犯罪、保护人权，还包括保护公民的财产权。[3]我国《刑事诉讼法》明确规定，与案件无关的财物，不得查封、扣押。对查封、扣押、冻结的财物，经查明确实与案件无关的，应当在三日内解除查封、扣押、冻结，予以退还。[4]《最高人民法院关于适用〈中华人民共和国刑事诉讼法〉的解释》中规定，法庭必须对查封、扣押、冻结的涉案财物的权属进行审理。对于不能确认查封、扣押、冻结的财物属于违法所得或者依法应当追缴的，不得没收。[5]然而，由于立法、司法、观念等方面的原因，我国刑事诉讼程序针对案外人财产权的保护，仍然需要进一步予以完善。本文拟通过分析与涉案财物存在利害关系的案外人财产权保护不周的原因，在检讨现行法

---

* 牟治伟——西南政法大学法学院博士研究生，四川自由贸易试验区人民法院一级法官，主要研究领域：诉讼法、司法制度。

1 参见贺小荣：《保护产权是依法治国重要标尺》，载《人民日报》2016 年 11 月 21 日，第 5 版。

2 参见吴志红：《法治：各类产权人的长效定心丸》，载《人民政协报》2018 年 4 月 13 日，第 7 版。

3 参见《刑事诉讼法》第 2 条。

4 参见《刑事诉讼法》第 141 条、第 145 条。

5 参见《最高人民法院关于适用〈中华人民共和国刑事诉讼法〉的解释》第 279 条。

律和司法制度对案外人财产权保护模式的基础之上，立足我国国情和司法实践，提出完善我国案外人财产权保护的具体措施。

二、我国刑事诉讼中案外人财产权保护不周的原因

（一）查封、扣押、冻结随意性大，缺乏司法审查

根据我国《刑事诉讼法》的规定，只要在侦查活动中发现可用以证明犯罪嫌疑人有罪或者无罪的财物，公安机关、检察机关就可以根据办理案件的需要，自行决定对涉案财物采取查封、扣押、冻结措施。[6] 为防止办案人员随意查封、扣押、冻结他人的财物，公安部制定的《公安机关办理刑事案件程序规定》要求，公安机关决定查封、扣押、冻结涉案财物的，应当经办案部门负责人或者县级以上公安机关负责人批准。[7] 最高人民检察院制定的《人民检察院刑事诉讼规则》要求，人民检察院决定查封、扣押、冻结的，应当经检察长批准。[8] 为方便侦查，提高办案效率，我国采取内部行政审批的方式决定对涉案财物采取查封、扣押、冻结措施。然而，如果缺乏程序上的制约和司法审查，查封、扣押、冻结的财物范围可能被扩大和误用。由于法律对查封、扣押、冻结的财产范围没有限制性的规定，侦查人员查封、扣押、冻结的随意性很大。[9] 侦查机关认为财物与犯罪嫌疑人有关，与犯罪事实有关，就可以根据侦查犯罪的需要自行决定对财物采取查封、扣押、冻结措施。对于侦查机关而言，为了保全证据、追回赃物、维护社会稳定、抚慰被害人的情绪，很可能会倾向于扩大查封、扣押、冻结的财物范围。如果由其单方面决定查封、扣押、冻结措施的实施，很容易导致查封、扣押、冻结措施的随意和扩大使用，导致一些本来不属于犯罪嫌疑人所有的财物，被侦查机关不当地查封、扣押、冻结。[10] 本来属于案外人的合法财产，很可能被不当地查封、扣押、冻结。

现行《刑事诉讼法》规定的强制措施仅限于针对人身性质的强制措施，查封、扣押、冻结这类针对物的措施却没有包括在强制措施的范围内。公民的人身自由权、财产权同是我国《宪法》和《刑事诉讼法》所保护的，与拘留、逮捕等剥夺公民人身自由的措施相比，查封、扣押、冻结等证据保全措施实际上

6　参见《刑事诉讼法》第 141 条、第 144 条。

7　参见《公安机关办理刑事案件程序规定》第 228 条。

8　参见《人民检察院刑事诉讼规则》第 210 条。

9　参见王秋玲：《刑事搜查扣押中的被追诉人财产权保障与非法证据排除》，载《法学杂志》2019 年第 4 期。

10　参见李长坤著：《刑事涉案财物处理制度研究》，上海交通大学出版社 2012 年版，第 152 页。

限制或者剥夺了公民的财产自由，同样构成对公民基本权利的干预。对于查封、扣押、冻结措施的必要性、合理性，同样应当进行相应的司法审查。刑事诉讼立法之所以不能对财产权与人身权予以同等程度的保护，很大程度上是因为我国将查封、扣押、冻结措施排除在强制措施之外，忽视了这些措施对公民财产权的侵害。[11]

（二）“重打击犯罪，轻财产保护”的办案思维

我国过去的刑事司法政策和观念倾向于“重打击犯罪，轻财产保护”。“通常认为，只将犯罪人绳之以法，就意味着正义已经得以实现。”[12]在侦查阶段，被采取查封、扣押、冻结措施的财物是否属于涉案财物，往往由侦查机关自己决定、自行判断。在“重打击犯罪”的办案思维下，侦查机关为了最大限度地定罪量刑成功，倾向于扩大查封、扣押、冻结的财物范围。公诉机关也倾向于将全部精力用在确保提起公诉的被告人能够被成功定罪上。至于涉案财物的权属证据和处置问题，公诉机关在法庭举证和发表公诉意见时往往不够重视，有时并未在法庭上出示关于涉案财物权属的证据。[13]由于涉案财物权属不明，有的法院则直接在判决说理中陈述涉案财物由扣押机关依法处置，在判决主文部分对涉案财物的处置问题不予表述。[14]法官在进行法庭调查时，同样是重在调查被告人被指控的罪名是否能够成立上，至于被查封、扣押、冻结的财物是否是涉案财物，权属、来源如何，是否系案外人合法所有或者通过合法途径取得，则重视不足。对于涉案财物，有的判决书仅在说理部分表述由扣押机关核实来源后依法处置。[15]有的判决书虽在说理部分已经明确扣押的物品不是涉案财物，却陈述由公安机关查明权属后依法处置，而非通过庭审查明后直接退还案外人。[16]

（三）忽视对涉案财物权属证据的收集和审查

侦查机关在对涉案财物采取查封、扣押、冻结措施时，往往忽视对涉案财物权属证据的收集。对于动产，占有具有权利正确性推定的效力。某人占有某物，即可推定其系该物的权利人。“占有人对占有物行使权利，推定其适法有其

11 樊崇义主编：《刑事诉讼法学》，法律出版社 2016 年版，第 130 页。

12 戴长林主编：《刑事案件涉案财物处理程序》，法律出版社 2014 年版，导言，第 1 页。

13 参见贵州省贵阳市花溪区人民法院（2022）黔 0111 刑初 350 号刑事判决书。

14 参见贵州省贵阳市花溪区人民法院（2022）黔 0111 刑初 408 号刑事判决书。

15 参见四川省成都高新技术产业开发区人民法院（2021）川 0191 刑初 939 号刑事判决书。

16 参见广东省广州市番禺区人民法院（2021）粤 0113 刑初 1092 号刑事判决书。

权利。”[17] 对于不动产，除法律另有规定外，一般以不动产登记簿上记载的内容为判断权属的根据。[18] 然而，无论是动产还是不动产，都存在法律物权与事实物权不一致的情况。[19] 根据《民法典》第 311 条的规定，即使物权登记在犯罪嫌疑人名下，亦存在第三人善意取得的情况。例如，对于登记在犯罪嫌疑人名下的机动车，实际上已经出卖并交付给了案外人，案外人也已经支付了价款并占有了该机动车。根据《民法典》的规定，案外人已经取得了该机动车的所有权。此时，如果侦查机关仅根据机动车登记在犯罪嫌疑人名下就将机动车从案外人处扣押，必然出现案外人的财产被不当扣押的情况。在非法集资案件中，有的公司将非法集资的款项用于房地产开发。如果购房者已经支付了全部款项并占有了该房屋，即使房屋没有登记在购房者名下，购房者也属于房屋的实际权属人。[20] 侦查机关在采取查封、扣押、冻结措施时，如果不对涉案财物的权属进行甄别，不注重收集涉案财物权属关系的证据，很可能导致案外人的财产被错误查封、扣押、冻结。在法庭审理阶段，由于缺乏涉案财物权属的证据，最后法院又在判决书中要求公安机关在查清权属后依法处置。[21]

（四）案外人缺乏独立的诉讼主体资格

从程序正义的角度讲，当司法机关的决定对一个人的财产利益造成不利影响时，受不利影响的人有权通过诉讼的方式来维护自己的权利。案外人有权获得一个公正的听审机会。公正的听审要素包括：（1）它应当是一个公开的且及时的听审；（2）作出了适当的通知并且准备应诉时间适当；（3）在律师的帮助下提交并反驳证据；（4）听审的内容应当被正式记录在案；（5）决定是依据听审时记录在案的内容合理作出的；（6）有就该决定提起上诉的机会。[22] 我国《刑事诉讼法》在违法所得没收程序中，规定了与拟没收的违法所得的财产存在利害关系的案外人有权申请参加诉讼。案外人参加诉讼的，人民法院应当开庭

17　最高人民法院民法典贯彻实施工作领导小组主编：《中华人民共和国民法典物权编理解与适用（下册）》，人民法院出版社 2020 年版，第 1330 页。

18　参见《民法典》第 209 条、第 214 条、第 216 条。

19　已经纳入登记的物权，以及由占有表示的物权，即由法定公示方式表征的物权，为法律物权；而真正权利人实际享有的物权，为事实物权。参见孙宪忠著：《论物权法》，法律出版社 2008 年版，第 56 页。

20　参见《最高人民法院关于审理建筑物区分所有权纠纷案件适用法律若干问题的解释》第 1 条。

21　参见广东省东莞市第一人民法院（2021）粤 1971 刑初 4132 号刑事判决书。

22　［美］迈克尔·D. 贝勒斯著：《程序正义——向个人的分配》，邓海平译，高等教育出版社 2005 年版，第 51 页。

审理。案外人对法院作出的没收裁定不服的，可以提出上诉。[23]案外人与案件的处理结果具有直接的利害关系，因此具有类似于当事人的诉讼主体地位。[24]然而，在定罪没收程序中，与涉案财物的处理结果存在利害关系的案外人却没有参与诉讼的主体资格，更不享有上诉权。《刑事诉讼法》第108条规定的“当事人”是指被害人、自诉人、犯罪嫌疑人、被告人、附带民事诉讼的原告人和被告人。显然，案外人不属于刑事诉讼法规定的当事人，不具有参与刑事庭审的主体地位和资格。在定罪没收程序中，当案外人的财产被司法机关不当查封、扣押、冻结后，案外人无法在法庭上就涉案财物的权属问题进行举证、质证、辩论，进而影响法院对涉案财物作出的处置决定。

三、现行法对案外人财产权保护模式之检讨

根据现行法律及司法解释的规定，案外人在刑事诉讼中没有独立的诉讼主体地位，只能够通过申诉、控告、提出异议、申请抗诉的方式来表达意见，寻求救济。

（一）案外人在侦查阶段的申诉权和控告权

我国《刑事诉讼法》第117条规定了案外人的申诉权和控告权。在侦查阶段，与被采取查封、扣押、冻结措施的涉案财物存在利害关系人的案外人，对于司法机关及其工作人员侵害自己财产权利的行为，有权向该机关提出申诉或者控告。对处理结果不服的，可以向同级人民检察院申诉。对于人民检察院直接受理的案件，案外人可以向上一级人民检察院申诉。然而，案外人的申诉权和控告权，并不是诉权，案外人无法通过参与法庭审判的方式来获得充分的司法救济。在诉讼构造上，公检法三机关主要表现为单方线性结构，由司法机关自行决定涉案财物的处理，利害关系人有效参与程序的途径欠缺。[25]法律规定案外人向作出查封、扣押、冻结决定的机关提出申诉或者控告，无异于让作出决定的机关自己做自己案件的法官，这样的程序设计有违“任何人不得做自己案件的法官”的程序正义原则。

（二）案外人在审判阶段的异议权

2021年施行的《最高人民法院关于适用〈中华人民共和国刑事诉讼法〉的

23 参见《刑事诉讼法》第299条、第300条。

24 参见陈卫东、李响：《论违法所得没收特别程序中的利害关系人》，载《政法论坛》2015年第1期。

25 戴长林：《刑事案件涉案财物处理程序》，法律出版社2014年版，第113页。

解释》将2012年司法解释中第364条关于涉案财物法庭调查和案外人权利保护的条款调整至一审程序第279条中，以期提醒审判人员和诉讼参与人在审判程序中要高度重视对涉案财物的处理。[26] 法庭在审理过程中，对查封、扣押、冻结的财物及其孳息，应当调查其权属情况，由公诉人说明情况、出示证据、提出处理建议，并听取被告人、辩护人等诉讼参与人的意见。案外人对查封、扣押、冻结的财物及其孳息提出权属异议的，人民法院应当听取案外人的意见；必要时，可以通知案外人出庭。[27] 与2012年的司法解释相比，2021年司法解释增加了人民法院在必要时可以通知案外人出庭的规定。但是，案外人以什么身份出庭，仍然并没有明确。对涉案财物权属调查，是通过庭外听证的方式进行，还是设置一个单独的涉案财物调查程序，抑或在量刑程序中一并对涉案财物权属进行调查，目前并没有明确的规定。对于案外人提出异议的渠道、方式、期限，案外人提出的异议如何处理，案外人能否参与到刑事诉讼中，以什么身份参加，在法庭中如何举证、质证、认证等，司法解释均没有具体的规定。[28]

司法实践中，有的地方通过依职权审查的方式判断扣押的涉案财物是否系案外人所有。[29] 有的地方案外人在庭前对涉案财物提出书面权属异议的申请，由法院对案外人的申请进行书面审查。[30] 有的地方将案外人作为证人听取其陈述，了解其对涉案财物的权属和处置意见。[31] 有的地方通过召开听证会的方式，决定对扣押在案的案外人财物予以解封。[32] 还有的地方法院明确规定，案外人与涉案财物处理存在利害关系的，人民法院应当告知其相关诉讼权利，通知其参加诉讼并听取其意见。[33] 然而，根据笔者亲身的司法经验，实践中很少有法院通知案外人到庭参加诉讼。由于案外人并非刑事诉讼法上规定的当事人，其在法庭上无法通过举证、质证、辩论的方式来实质性地参与庭审，进而影响裁

---

26 参见《刑事诉讼法司法解释》起草小组：《〈关于适用刑事诉讼法的解释〉的理解与适用》，载《人民司法》2021年第7期。

27 参见《最高人民法院关于适用〈中华人民共和国刑事诉讼法〉的解释》第279条。

28 最高人民法院研究室著：《新刑事诉讼法及司法解释适用解答》，人民法院出版社2013年版，第348页。

29 参见广东省东莞市第二人民法院（2018）粤1972刑初2030号刑事判决书。

30 参见湖南省长沙市芙蓉区人民法院（2020）湘0102刑初82号刑事判决书。

31 参见广东省深圳市福田区人民法院（2020）粤0304刑初1055号刑事判决书。

32 参见德阳市旌阳区人民法院（2015）旌刑初字第362号刑事判决书。

33 参见《四川省高级人民法院关于进一步规范刑事诉讼涉案财物认定、处置等若干问题的意见（试行）》（川高法〔2017〕86号）第9条："案外人与涉案财物处理存在利害关系的，人民法院应当告知其相关诉讼权利，通知其参加诉讼并听取其意见。"

判结果的作出。当法院在涉案财产处置方面作出不利于案外人的裁判时，案外人并不享有上诉权。

（三）案外人的提请抗诉权

中共中央办公厅、国务院办公厅在《关于进一步规范刑事诉讼涉案财物处置工作的意见》，以及最高人民检察院在《人民检察院刑事诉讼涉案财物管理规定》中均明确规定，被害人或者与涉案财物存在利害关系的案外人对涉案财物处理决定不服的，可以请求人民检察院抗诉。[34] 由此可见，在涉案财物的处理上，案外人的救济渠道与被害人的救济渠道一样，二者对涉案财物的处理不服的，都享有提请检察院抗诉的权利。然而，不同的是，被害人具有刑事诉讼法规定的当事人的诉讼主体地位，有权通过参与法庭审理的方式来影响法院对涉案财物的处理结果。案外人在法律上则缺乏独立的诉讼主体地位，无法参与法庭调查和法庭辩论，难以通过举证、质证、辩论的方式来影响法院对涉案财物的处理。

对于涉案财物的处理结果，案外人具有独立的诉讼利益，这种利益不依附于控、辩双方，而是类似于民事诉讼中有独立请求权的第三人。[35] 被害人的利益和诉求在一定程度上与检察机关具有一致性，双方都具有惩罚犯罪行为人的动机和目的。即使在被害人不欲惩罚被告人时，还可以通过刑事和解程序满足自己的利益和诉求。但是，案外人并不具有与检察机关一致的立场和利益，相反，案外人的立场和利益自始至终就与检察机关的主张处于冲突之中。因为正是检察机关向人民法院提起公诉，要求人民法院对查封、扣押、冻结的涉案财物进行没收、追缴或者退赔受害人的。案外人请求检察机关抗诉支持自己的主张，无异于让检察机关自己否定之前的立场和决定，这种救济途径的有效性值得怀疑。“案外人的意见只能在诉讼过程中通过申请检察机关表达。而此时，检察机关的监督者与被监督者身份混同，很难取得良好的监督效果。”[36]

（四）案外人在执行程序中的异议权和听证权

在刑事裁判生效后移送执行阶段，《最高人民法院关于刑事裁判涉财产部分执行的若干规定》第 14 条中赋予了案外人提出执行异议和参与听证的权利。案外人对执行标的主张足以阻止执行的实体权利，向执行法院提出书面异议的，

34　参见 2015 年中共中央办公厅、国务院办公厅在《关于进一步规范刑事诉讼涉案财物处置工作的意见》第 12 条，2015 年最高人民检察院《人民检察院刑事诉讼涉案财物管理规定》第 32 条。

35　参见李蓉、邹啸弘：《涉案财物异议人诉讼地位探析》，载《湖南社会科学》2016 年第 5 期。

36　纪格非：《刑事涉案财物处置程序中的案外人权利保护》，载《法学杂志》2020 年第 8 期。

执行法院应当自收到书面异议之日起15日内审查；案外人对裁定不服的，可以自裁定送达之日起10日内向上一级人民法院申请复议。人民法院应当通过公开听证的方式审查案外人提出的执行异议、复议。执行机构经审理后认为可以通过裁定补正的，执行机构应当将异议材料移送刑事审判部门处理，由刑事审判部门对原来错误的涉案财物处理作出裁定补正；对于无法通过裁定补正的，执行机构应当告知异议人通过审判监督程序处理。由于刑事裁判涉财产部分的执行由一审法院负责，在案外人对涉财产部分的二审生效裁判提出异议后，由一审法院的执行机构审查二审法院作出的裁判，并将案件移送二审法院的刑事审判部分处理，在实践中几乎不具有可行性。司法解释虽然规定执行机构可以告知案外人通过审判监督程序处理存在错误的涉财产部分判决，但是，根据《刑事诉讼法》第252条的规定，有资格提出申诉的人仅包括当事人及其法定代理人、近亲属。案外人并不是案件的当事人，他没有申请再审的诉讼主体资格。即使由人民法院自行启动再审，案外人依然没有参与再审程序的资格，无法通过参与法庭审理的方式来表达诉求，维护自己的财产权利。

综上所述，我国现行刑事诉讼程序赋予了案外人在财产权受到侵害时多种救济途径。案外人在侦查阶段享有申诉权、控告权，在审判阶段享有异议权，在一审判决作出后享有提请抗诉权，在涉案财物执行程序中享有异议权和听证权。然而，上述权利均无法体现以审判为中心的诉讼制度改革要求，无法保障案外人在法庭上通过充分的举证、质证、辩论来维护自己的财产权益。

四、案外人财产权保护的完善路径

产权制度是社会主义市场经济的基石，[37]必须严格规范涉案财产处置的法律程序。从比较法的角度看，《德国刑事诉讼法》专门设立了“狭义没收及财产扣押程序”，对案外人参与刑事诉讼的权利和程序进行了具体的规定。[38]案外人具有独立的诉讼主体资格，在审判中享有同被告人一样的权利。案外人可以根据法院的参与命令，直接参与到被告人的审判程序中。对法院的裁判结果不服的，案外人可以在收到判决书之日起1周内提起上诉。在日本，扣押属于侦查手段规定的强制处分，要受到强制处分法定主义与令状主义的双重制约。[39]根据日本《宪法》第33条和第35条的规定，对任何人的财产进行扣押时，都必

37 参见2016年《中共中央、国务院关于完善产权保护制度依法保护产权的意见》。

38 参见连孟琦译：《德国刑事诉讼法》，元照出版社2015年版，第389－440页。

39 参见［日］松尾浩也著：《日本刑事诉讼法（上卷）》，丁相顺译，金光旭校，中国人民大学出版社2005年版，第40页。

须有正当的理由和法官签发的扣押物品的令状。由于日本法实行扣押令状主义，没有法官签发的令状，侦查机关无权对物品进行扣押，这就避免了侦查机关随意扩大扣押物品的现象发生。为保护案外人的财产权利，日本专门制定了《没收第三人所有物程序法》。[40] 根据该法的规定，在对涉案物品进行没收时，案外人享有与被告人同等的诉讼权利。案外人可以向法院书面申请参加被告案件的审理。对于到庭的案外人，法庭应当告知其诉讼权利、涉案物品的相关事项。案外人有权申请证人出庭作证，有权在法庭上发表意见，并参与对涉案物品权属进行的法庭调查。对法院涉财产部分的判决不服的，案外人可以提出上诉。德日两国在刑事诉讼中对案外人财产权的保护机制，对我国具有借鉴意义。

针对我国刑事诉讼法对案外人财产权保护不足的问题，可以在刑事诉讼的不同阶段完善对与涉案财物存在利害关系的案外人财产权的保护措施。

（一）侦查阶段

1. 确立对涉案财物采取查封、扣押、冻结措施的司法审查。查封、扣押、冻结措施是对公民和企业财产权的重大干预措施，如果侦查机关既是查封、扣押、冻结措施的决定者，又是审查查封、扣押、冻结措施是否正确的裁判者，就会使人对侦查机关是否能够同时履行好行政职能和司法职能产生合理的怀疑。为防止公权力的不当行使，充分保护公民和企业的财产权不受侵犯，应当由一个中立无偏倚的机构对查封、扣押、冻结措施的合法性、必要性、合理性进行审查。从客观中立和权利保护的角度来说，由法院对查封、扣押、冻结措施进行司法审查最为适当。

2. 强调侦查机关对涉案财物权属证据的收集调查。侦查机关在采取查封、扣押、冻结措施前，应当先收集拟采取查封、扣押、冻结措施的财物的权利归属，以确定其采取查封、扣押、冻结措施的财物是否系涉案财物。只有确保被采取查封、扣押、冻结措施的财物不是案外人的合法财产，而是与案件有关的涉案财物，才能避免案外人的财产遭到侵害。

3. 当与涉案财物存在利害关系的案外人对查封、扣押、冻结的涉案财物提出权属异议时，侦查机关应当告知其相关权利并听取其意见。侦查机关告知案外人享有的权利包括：（1）委托诉讼代理人的权利；（2）对侦查机关违法查封、扣押、冻结的行为提出申诉和控告的权利；（3）要求解除已查封、扣押、冻结的与案件无关的财物并及时退还的权利；（4）要求侦查机关倾听其对涉案

40 参见张凌、于秀峰编译：《日本刑事诉讼法律总览》，人民法院出版社 2017 年版，第 241－246 页。

财物权属提出意见的权利；（5）对于确因客观原因不能自行收集证明涉案财物权属关系的证据，可以申请侦查机关调查取证的权利；（6）要求侦查机关对其提交的证明其系涉案财物权利人的证据材料和书面意见附卷的权利。

（二）审查起诉阶段

案外人在审查起诉阶段享有的诉讼权利应当包括：（1）委托诉讼代理人的权利；（2）对错误查封、扣押、冻结行为提出申诉和控告的权利；（3）查阅、复制与涉案财物有关的案卷材料的权利；（4）要求检察机关听取其对涉案财物权属的意见并就其提交的书面证据材料附卷的权利；（5）要求检察机关解除已查封、扣押、冻结的与案件无关的财物并及时退还的权利；（6）对于确因客观原因不能自行收集证明涉案财物权属关系的证据，申请检察机关调查取证的权利。

（三）审判阶段

在违法所得没收程序中，我国《刑事诉讼法》已经赋予了与涉案财物具有利害关系人的案外人拥有类似于被告人的诉讼地位和权利。案外人可以申请参加诉讼，在法庭上发表意见，出示证据，参与法庭辩论。对一审法院涉案财物处理结果不服的，还可以提出上诉。根据类似情况类似处理的正义原则，在定罪没收程序中，案外人应当具有违法所得没收程序中的利害关系人一样的诉讼权利和地位。

在审判阶段，案外人有权参与法庭审理，有权向法庭申请证人出庭作证，在法庭上出示与涉案财物有关的权属证据，向到庭的证人、鉴定人、被告人发问，就涉案财物的权属问题进行辩论和发表最后陈述意见。对于确因客观原因不能自行收集证明涉案财物权属关系的证据，案外人可以申请法庭调查取证。为了保障审理程序的顺利进行，应当将案外人参与法庭审理的范围限于涉案财物的权属和处置问题上，案外人不能就被告人的定罪量刑问题发表意见或者提出异议。[41] 判决作出后，案外人有权获得法院涉财产部分的判决书。对涉财产部分的判决不服时，案外人有权提出上诉。如果案外人参与诉讼与被告人的定罪量刑无关，且会导致诉讼程序的不当拖延，影响对被告的审判时，人民法院在征求人民检察院的同意后，或者人民检察院向人民法院提出建议并经人民法院同意后，可以不允许案外人参与被告审理程序。此时，人民检察院如果要没

---

41 参见吴光升：《案外人定罪没收参与模式：比较、反思与重构》，载《中国刑事法杂志》2015年第4期。

收与案外人存在利害关系的涉案财物，可以参照违法所得没收程序，由人民检察院另行提起违法所得没收之诉。

（四）执行阶段

在执行阶段，对于因不可归责的事由未能参与到被告审理程序中的案外人，可以在知道生效裁判之日起向作出生效裁判的人民法院申请再审。为维护法秩序的安定性和生效裁判的权威性与既判力，可以规定在刑事涉财产部分的裁判生效后执行完超过2年才提起再审申请的，人民法院不予受理。案外人提出再审申请时，应当提供存在下列情形的证据材料：（1）因不能归责于自身的事由未参与被告审理程序；（2）刑事涉财产部分的判决确实存在错误；（3）刑事涉财产部分的判决错误损害了案外人的财产权。人民法院经审查后认为上述证据材料属实的，应当裁定对刑事涉财产部分的裁判内容进行再审。发生法律效力的裁判是由第一审法院作出的，按照第一审程序审理，所作的裁判，案外人可以上诉；发生法律效力的裁判是由第二审法院作出的，按照第二审程序审理，所作的裁判，是发生法律效力的裁判。再审期间，对于刑事涉财产部分的判决，是否需要中止执行，由人民法院视情况决定。

结语

由于现行刑事诉讼法没有赋予案外人参与刑事诉讼的独立诉讼主体地位，导致案外人无法通过参与法庭审理的方式来维护自身的财产权益。为了强化对案外人财产权的保护，贯彻以审判为中心的诉讼制度改革要求，应赋予案外人在刑事诉讼中具有当事人的诉讼主体地位，享有与被告人一样的诉讼权利。案外人有权在审查起诉阶段查阅、复制与涉案财产相关的证据材料，有权亲自或者委托诉讼代理人参与法庭审理，在法庭上就涉案财物的权属情况进行举证、质证、辩论，通过对庭审的实质性参与来影响裁判结果的作出。当对法院涉财产部分的判决结果不服时，案外人有权就涉财产部分的判决提出上诉。

图书在版编目（CIP）数据

法治论坛．第67辑／广州市法学会编．—北京：中国法制出版社，2023.3

ISBN 978-7-5216-3333-7

Ⅰ.①法… Ⅱ.①广… Ⅲ.①法学—丛刊 Ⅳ.①D90-55

中国国家版本馆CIP数据核字（2023）第037632号

责任编辑：王佩琳（wangpeilin@zgfzs.com）　　封面设计：周黎明

法治论坛·第67辑

FAZHI LUNTAN·DI-67 JI

编者/广州市法学会

经销/新华书店

印刷/三河市紫恒印装有限公司

开本/710毫米×1000毫米　16开　　印张/22.75　字数/386千字

版次/2023年3月第1版　　2023年3月第1次印刷

中国法制出版社出版

书号 ISBN 978-7-5216-3333-7　　定价：85.00元

北京市西城区西便门西里甲16号西便门办公区

邮政编码：100053　　传真：010-63141600

网址：http://www.zgfzs.com　　编辑部电话：010-63141798

市场营销部电话：010-63141612　　印务部电话：010-63141606

（如有印装质量问题，请与本社印务部联系。）

编辑部版权声明

《法治论坛》稿件要求和格式规范

一、稿件要求

1. 本出版物坚持正确的政治导向，秉承实用为先、学术为导的办刊理念，坚持学术为实践服务，具有原创性、前沿性、创新性、实用性、独特性的突出风格，文章要求未在公开发行的刊物发表。一经刊用，将向作者支付稿费。

2. 以学术质量过硬为刊用标准，恪守法律专业规范，来稿须侧重应用型、问题导向型研究，以法律实践中的热点难点问题为切入点进行理论探讨，具有较高的决策参考价值。

3. 文章要求观点鲜明、逻辑缜密、论据充分、格式规范。字数不超过15000字。图表须为可在word文档中编辑的格式。

4. 质量过硬的前提下优先选用独署文章。署名作者最多两位，超过3位一律不采用。

5. 所有来稿请在正文末尾附上作者简介（包括法律职称、研究领域）、手机号码、通讯地址、邮政编码、电子邮箱，以便编辑及时联系作者退改稿件。

6. 投稿请用电子邮件方式，邮件主题：单位+作者姓名（例如北京大学法学院+张三）。

7. 提倡文责自负，反对抄袭剽窃。本出版物已获中国知网授权使用" 学术不端文献检测系统"，查重率超过30%一律不予刊用。

二、格式规范

1. 正文要有内容提要和关键词。内容提要言简意赅，字数200字以内。无需附英文摘要、关键词。

2. 注解采用脚注形式，并用横线与正文隔开；序号左顶格，以数字1、2、3……标示，全文连续编排。引用的专著、杂志的文章和网络文章均用书名号。例：

范愉著：《纠纷解决的理论与实践》，清华大学出版社2007年版，第565页。

姜大伟：《离婚冷静期：由经验到逻辑——〈民法典〉第1077条评析》，载《华侨大学学报（哲学社会科学版）》2020年第4期。

引用期刊文章不需注明页码。援引自学位论文集的文章用书名号，学位论文集无需书名号，要有具体页码。引用学位论文集应当标明作者毕业的学术单位、年份和学位层级，例如：李小明：《准政府组织的行政法定位及其权利规制》，吉林大学2016年博士学位论文，第139页。

3. 文章正文法条使用阿拉伯数字表述，脚注法条同。

例：参见《中华人民共和国民法典》第1207条。

4. 不使用参考文献。如有参考文献，可转化为脚注。

5. 有纸质产品的情况下，不建议引用网站内容。如引用网站内容，请标明网站名字和频道、网址、最后访问时间。例：王利明：《标准合同的若干问题》，载中国民商法律网民事法学频道，http：//www. civillaw. com. cn/weizhang/default. asp？id＝22250，最后访问于2022年1月26日。

6. 引用报纸要注明版面。例：胡云腾：《聚焦〈刑法修正案（十一）〉草案》，载《法制日报》2020年7月22日，第9版。

《法治论坛》2017年1月起入选南京大学CSSCI集刊目录，文章同时被中国知网（www. cnki. net）署名转载，如不同意转载，请在投稿时作出声明。

编辑部地址：广州市越秀区小北路113号8楼广州市法学会。邮编：510046

投稿方式：微信小程序搜索“广州市法学会”，进入后点击“我的”，选择“微信登陆”。进入主页点击《法治论坛》—我的文章—我要投稿。审核进度将以短信告知。

特别提醒：本出版物不收版面费及其他任何费用。任何个人或机构向作者索要版面费或其他费用的行为均为诈骗。